W9-BUF-140

DATE DUE SEP - 7 2004			

Glencoe French 1

Bienvenue

Conrad J. Schmitt
Katia Brillié Lutz

Glencoe
McGraw-Hill

New York, New York   Columbus, Ohio   Woodland Hills, California   Peoria, Illinois

Photography

Front Cover: © Craddock, Erika/Tony Stone Images.
Allsport USA/Vandystadt: 252/2; Air France: 193, 194/1; Amantini, S./ANA: 111/3; Antman, M./Scribner: xM, xiT, 16T, 26B, 55, 66B, 67, 72, 76, 83/4, 98, 99, 101, 107/3, 117, 136, 138, 144/2, 161, 187, 205, 212B, 214B, 243, 276/3, 289, 294, 295, 322/1/2/3, 323/5, 324, 350, 359/3, 374T, 389, 397, 428, 439, 486, 494, 499; Archive Photos/Archive France: 233; Art Resource, NY: 122BL; Ascani M./Hoa-Qui: 221/5; Banahan, Lawrence/Allsport/Vandystadt: xB, 300/3; Bayer, Carol/La Photothèque SDP: 381/6; Billow, Nathan/Allsport USA: 380/3; Boehm, M./La Photothèque SDP: 111/4; Bohin, JL/Explorer: 31B; Brun, J./Explorer: 113/10; Bureau de Poids et Mésures: 229R; © California Newsreel, San Francisco: 437/9, 437/10; Canedi, Daniel/La Photothèque SDP: 359/5; Carle, Eric/Bruce Coleman: 253/4; Chadefaux, A./Top Agence: 420; Chardon, Phillipe/Option Photo: 119BR; Château d'Agneaux Hôtel, Eliophot, Aix en Provence: 472BR; Cogan, Michel/Top Agence: 491; Collection Lausat/Explorer: 446L; Collection Violet/Roger Viollet/Gamma Liaison: 446R; Comnet/Westlight: 30; Costa, S./Explorer: 250; Courlas, Tim/Horizons: 60, 172T, 183T, 218T, 297, 312T, 355, 393; Crallé, Gary/The Image Bank: 223/9; Christian, Erwin/Leo de Wys Inc.: 113/11; Cuny, C./Rapho/Gamma Liaison: 252/1; Damn, Fridmar/Leo de Wys Inc.: 463; Deschamps, Hervé/Gamma Liaison: 372; Ducasse, F./Rapho/Gamma Liaison: 404/1; Dung, Yo Trung/Gamma Liaison: 40; Duomo: 300-301, 357, 359/4, 438; Eschet, Zviki/La Photothèque: 380/1; Fischer, Curt: iv, v, viM, viB, vii, viiiT, ixT, xii, 2TR, 4R, 5, 6, 9T, 16B, 20B, 32-33, 32/1, 33/6, 34, 35R, 48T, 50/1, 50/3, 50/5, 59/1, 102B, 105B, 106-107, 109, 115, 116, 124-125, 135, 142L, 145/3, 160, 166B, 168B, 169, 170-171, 170/2, 170/3, 173, 179, 183, 186T, 188, 194-195, 195/3, 207, 212, 216-217, 216/1, 217/3, 218, 227, 256-257, 265, 275, 276/2, 277/4, 279, 293, 325, 352, 380, 406, 430-431/1, 470-471, 483, 502; Fleurent, C./Rapho/Gamma Liaison: 299; Florenz, David/Option Photo: 32/3; FPG: 249; Ford, Matthew/FSP/Gamma Liaison: 329/7; Foto World/The Image Bank: 436/7; Freed, Leonard/Magnum: 417; Gabriel/Explorer: 50/4; Gaveau, Alain: viT, ixM, ixB, xT, xiii, 90, 105T, 106/2, 280-281, 316, 320, 321, 354, 400, 418, 429, 456, 472TR, 474-475, 487, 497/4; Geiersperger, W./Explorer: 335B; Gely/Imapress: 434/1; Gerda, Paul/Leo de Wys: 110/2; Gerometta Soncin, Roberto/Photo 20-20: 50/6, 66T, 107/4, 134; Gibson, Mark/Photo 20-20: 327/3; Giraudon/Art Resource, NY: 58/2, 123B, 444, 445L, 445R; Gordon, Larry D./The Image Bank: 202; Gossler/Schuster/Explorer: 222/6, 327/4; Gritscher, Helmut/Peter Arnold: 339; Gschiedle, Gerhard/Scribner: 70, 238, 276-277; Guichaqua, Yann/Allsport/Vandystadt: viiiB; Gunn, F./Canapress: 348; Harlingue/Viollet/ Gamma-Liaison: 337; Hazat, V./Explorer: 20T; Heaton, Dallas & John/Westlight: 460; Hinous, Pascal/Top Agence: 217/4; Hoa-Qui: 220/1, 221/3; Holmes, Robert/Photo 20-20: 377, 381/5; Horowitz, Ted/The Stock Market: 121R; Hôtel de Paris, Cannes: 472L; Hôtel Idéal, Mont Blanc: 472M; Huet, M./Hoa-Qui: 165; Index Stock Photography: 120; Jalain, F./Explorer: 423; Jeffrey, David/The Image Bank: 3; Jenny, Andre/Photo 20-20: 112/8; Jenny, Andre/International Stock: 220/2; Joana M./La Photothèque SDP: 253, 358-359, 379; Jones, Spencer/Bruce Coleman: 214T; Kenny, Gill C./The Image Bank: 59/3; Kent, Keith/Peter Arnold: 339T; Kiki, Ozu/La Photothèque SDP: 29T; Kirtley, M&A/ANA: 33/4, 221/4, 329/8; Louvet, AM/Explorer: 31T; Lenfant, J.P./Vandystadt/Allsport USA: 251; Lessing, Eric/Art Resource, NY: 435/4; Lisl, Dennis/The Image Bank: 436/8; Losito, Brian/Air Canada: 185; Machatschek, Charles/La Photothèque SDP: 374, 382; Manceau, M./Rapho/Gamma Liaison: 145/4; Marché, Guy/FPG: 75; Marché, Guy/La Photothèque: 332; Martin, Richard/Allsport USA: 300/1; McCurry, Steve/Magnum: 334; Menzel, Peter/Peter Menzel: 27, 31M, 83/2, 431/4, 470/2; Merlin/La Photothèque SDP: 416; Messerschmidt, Joachim/FPG: 501; Meyer, Carl F.: 108; Moati/Kleinefenn/Opéra de Paris-Bastille: 123T; Naci, Jean Paul/Leo de Wys Inc: 366; N'Diaye, Jean Claude/Imapress: 314; Neumiller, Roberto/ANA: 113/9, 435/3; Nouvel, Daniel/Option Photo: 119BL; Parks, Claudia/The Stock Market: 326/1; Paireault, J.P./ANA: 328/6; Pelletier, M./Gamma Liaison: 434/2; Petit, Christian/Allsport USA/Vandystadt: 298; Photothèque de l'Institut Pasteur: 404/3L, 442, 443TL, 443TR; Pronin, Anatoly/Art Resource, NY: 419; Radford, Ben/Allsport USA: 351; Rega/Rapho/Gamma Liaison: 322-323; Renard, Éric/Agence Temp Sport: 301/4, 358/2; Renaudeau, M./Hoa-Qui: 97, 189, 326/2, 328/5, 436/5; Rey, Jean/ANA: 56; Romanelli, Marc/The Image Bank: 427; Rondeau, Pascal/Allsport USA: 380/4; Roux, Aimé/Explorer: 301/5; Rowe, Wayne: xiv-1, 2TL, 2B, 3, 4L, 9B, 10, 12-13, 19, 22, 26T, 28T, 32/2, 35L, 36-37, 45, 50/3, 54, 58-59, 62-63, 70, 78, 80, 82-83, 82/1, 83/4, 84, 86-87, 96, 102T, 103, 122BR, 140, 141, 142R, 144-145, 148-149, 152, 153, 158, 163, 166T, 168T, 170/1, 172, 174-175, 196, 198-199, 211, 234-235, 245, 248, 261, 266, 269, 270, 272T, 274, 288, 296T, 304-305, 312B, 313, 318, 319, 329/9, 340-341, 347, 353, 376, 384-385, 395, 396, 402, 403, 408-409, 416, 417, 425, 426, 430/2, 448-449, 466, 471/3, 478, 484, 487, 492, 496-497; Sanson, Nanette/Profolio: 362-363, 378; Scala/Art Resource, NY: 59/4, 421; Simmons, Ben/The Stock Market: 33/6; Sioen, Gérard/Rapho/Gamma Liaison: 48B; SNCF: 215; Streshinsky, Ted/Photo 20-20: 255; Stock, Dennis/Magnum: 197; Suaiton, Ken/The Stock Market: 436/6; SuperStock: 254, 278T, 371, 457; Talby, I/Rapho/Gamma Liaison: 83/3; Tauquer, Siegfried/Leo de Wys Inc.: 111/5; Tauqueuer, Siegried/Leo de Wys, Inc.: 380-381/2; Testelin, X/Rapho/Gamma Liaison: 404-405/2; Tetefolle, F./Explorer: 121L; Thomas, Marc: xiM, xiB, 114, 143, 147, 190B, 254B, 272B, 291, 296B, 344, 360, 370, 388, 394, 458, 489; Tovy, Adina/Photo 20-20: 29B, 119TR, 252-253; TPH/La Photothèque SDP: 278B; Travelpix/FPG: 110/1; Truchot, R./Explorer: 119TL; V&A/Art Resource, NY: 123M; Vaisse, C./Hoa-Qui: 111/6; Valentin, C./Gamma Liaison: 223/8; Vanni/Art Resource, NY: 122TR; Vidler, Steve/Leo de Wys Inc.: 224; Vielcanet, Patrick/Allsport-Vandystadt: 50T; Viollet Collection/Roger-Viollet/Gamma Liaison: 229TL; Watts, Ron/Westlight: 112/7; Weiss, S./Rapho/Gamma Liaison: 277/5; Wolf, A./Explorer: 192, 4043R, 443L; Wysocki, P./Explorer: 323/4, 335T, 405/4; Zuckerman, Jim/Westlight: 28.

Illustration

Abadie, Stéphane: 100, 464; Accardo, Anthony: 373, 461, 480, 481, 485; Allaire, Michele: 88, 89; Broad, Dave: 391; Collin, Marie Marthe: 38, 39, 74, 128, 208, 309, 310, 342, 343, 364, 365, 450, 451, 454, 455, 462, 488; Daylight, Heather: 150,151; Gorde, Monique: 92, 93, 94T, 290, 368, 369, 452; Gregory, Lane: 14, 15, 17, 18, 46, 47, 49, 77, 236, 237, 242, 258, 259, 260, 262, 263, 345, 346, 361, 367, 388; Kieffer, Christa: 7, 10, 156, 337; Lao, Ralph/Lotus Art: 228B; Locoste-Laplace, Nathalie: 41, 226; Metivet, Henry: 71, 137, 180, 181, 203, 204, 306, 307, 308, 324; Miller, Lyle: 126, 127, 176, 177, 200, 201, 210, 386, 387; Miyamoto, Masami: 52, 53, 91R, 94B, 104, 393, 422; Nicholson, Norman: 349, 410, 411; Preston, Heather: 120,121, 228T; Spellman, Susan: 24, 25, 64, 65, 282, 283, 390, 391T, 416; Taber, Ed: 42, 54, 79, 103, 140, 167, 191, 213, 248, 264, 273, 289, 297, 302, 316, 318, 355, 376, 391, 401, 426, 467, 482, 493, 498; Thewlis, Diana: 8, 44, 51, 68, 69, 95, 129, 130, 131, 154, 155, 178, 230, 231, 239, 240, 241, 286, 287, 414, 415; Watorek, Kena: 284, 476, 477.

Glencoe/McGraw-Hill

*A Division of The **McGraw-Hill** Companies*

Printed in the United States of America.

Send all inquiries to:
Glencoe/McGraw-Hill
8787 Orion Place
Columbus, OH 43240

ISBN 0-02-636678-9 (Student Edition)
ISBN 0-02-636679-7 (Teacher's Wraparound Edition)

7 8 9 0   003   03 02 01

Realia

Air Canada: 185; Air France: 191, 194, Air Inter: 179, 182; Air Orient, ©ARS, New York/ADAGP, Paris, illustration Paul Colin: 195; Allo Pizza: 146; A.N. Rafting, Le Grand Liou: 246; Banque Industrielle et Mobilière Privée: 497; Banque Nationale de Paris: 479L; Caisse d'Épargne Écurreuil: 496B; Cartotec, illustration Yannick Intesse: 303; Christian Dior: 277; Collections de la Comédie-Française: 413; Collège Eugène Delacroix: 85; Crédit Agricole: 496T; Éditions Gallimard: 233; Éditions Les Quatre Zéphires: 13; © Éditions S.A.E.P., 1993, Elle Magazine: 260; Espace Soleil: 244; France Télécom: 465; Galeries Lafayette, illustration Mats Gutafson: 267; Hachette-Gautier Languereau, illustration M. Boutet de Monvel: 14; Jazz Magazine: 139; Laboratoire Conseil Oberlin: 398, 399; Les ÉDITIONS ALBERT RENÉ/GOSCINNY-UDERZO, Carte postale éditée par ADMIRA: 91L, *Les Lauriers de César*, Dargaud Éditeur: 429T; Le Train Bleu Restaurant, Gare de Lyon: 219; Ligue Française pour les Auberges de la Jeunesse: 469; Locapark: 311; Michelin Red Guide France, 1992 Edition, Pneu Michelin, Services de Tourisme: 471; Ministère de l'Éducation Nationale: 81; Monoprix: 271; Okapi Magazine: 43; Pariscope Magazine, Backdraft, © by Universal City Studios, Inc. courtesy of MCA Publishing Rights, a Division of MCA Inc: 424; Pomme de Pain: 9; La Poste: 479R; La Redoute Catalogue: 371; Restaurant Marty: 133; Rev'Vacances: 440; SNCF: 206; Societé IAG: 472; © Télérama: 60, 354; Vélo Sprint 2000 Magazine: 348.

Fabric designs by *Les Olivades*.

Maps

Eureka Cartography, Berkeley, CA.

In appreciation

Special thanks to the following people in France for their cordial assistance and participation in the photo illustration:

M. le Maire d'Ansouis; M. le Proviseur, les professeurs et les élèves du Lycée Henri IV; M. le Proviseur, les professeurs et les élèves du Lycée Val de Durance; Mme le Principal, les professeurs, en particulier Mlle Marie-Claude Éberlé, et les élèves du Collège Mignet; M. le Principal, les professeurs et les élèves du Collège du Pays d'Aigues; M. Jacques Lefèbvre et les élèves du Lycée du Parc Impérial; Groupe Scolaire Sainte-Anne

Dr Christian Amat, Marie-Françoise, Camille, Emmanuel et Alexandre Amat/Jean-Pierre Antoine et Bébé le caniche/Helena Appel/La Famille Baud/Sonia Benaïs/La Famille Bérard/Jérôme Bernard/Sylvain Casteleiro/Adelaïde Chanal/Amy Chang/Andréa Clément/Émilie Cusset/La Famille Dandré et Josué/Michèle Descalis/Denise Deschamps/Mme Duclos/Élisabeth Éberlé/Jeanne Grisoli/Hélène Guion/David Hadida/Amelle Hafafsa, Amar et Riad/Thomas Hardy/Simone Kayem/Marie-France Lamy/Olivier Lucas/Harry Magdaléon/Dr Francis Maguet/Barbara Marone et Jessie le collie/Katy Martin/Jean Martinez/Dr Jean Mori/Claudette Mori/Elarif M'Ze/Magali Parola/Daniel Pauchon/Olivier Perrière/Élodie Perrin/Nelly Pouani/Estelle et Hélène Puigt/Claude Rivière/Nadège Rivière/Elzéar, Foulques et Amic de Sabran-Pontevès/Maître Frédéric Sanchez, avocat/Kalasea Sanchez/Martine Serbin/Michel Skwarczewski/Florence Vareilles/Maître Marie-Christine Viard-Vassiliev, avocate/Jonathan Viretto/Bernard et Jacqueline Vittorio

Air France (M. Philippe Boulze)/L'Art Glacier/Banque Marseillaise de Crédit/Boutique Frenchy's/Cabinet du Dr Amat/Cabinet du Dr Maguet/Charcuterie Guers/Compact Club/Complexe Sportif du Val de l'Arc/Fromagerie Gérard Paul/les Gendarmes de Beaumont/Grand Café Thomas/Le Grand Véfour (M. Guy Martin)/Hôtel Le Moulin de Lourmarin/ Pâtisserie Chambost/Pharmacie de l'Europe/Restaurant La Récréation/Restaurant Le Viêt-Nam/Salon de Coiffure Sylvie

About the Cover

Notre-Dame Cathedral, a masterpiece of Gothic architecture, is located in the heart of Paris on the Île de la Cité in the Seine. Pope Alexander III laid the first stone in 1163 and construction was completed about 1330. The spectacular flying buttresses shown here are characteristic of Gothic architecture.

Acknowledgments

We wish to express our deep appreciation to the numerous individuals throughout the United States and France who have advised us in the development of these teaching materials. Special thanks are extended to the people whose names appear below.

Esther Bennett
Notre Dame High School
Sherman Oaks, California

Brillié Family
Paris, France

Kathryn Bryers
French teacher
Berlin, Connecticut

G. Gail Castaldo
The Pingry School
Martinsville, New Jersey

Veronica Dewey
Brother Rice High School
Birmingham, Massachusetts

Lyne Flaherty
Hingham High School
Hingham, Massachusetts

Marie-Jo Hoffmann
Poudre School District
Fort Collins, Colorado

Marcia Brown Karper
Fayetteville-Manlius Central Schools
Manlius, New York

Annette Lowry
Ft. Worth Independent School District
Ft. Worth, Texas

Fabienne Raab
Paris, France

Sally Schneider
Plano Independent School District
Plano, Texas

Faith Weldon
Schalmont Central School District
Schenectady, New York

TABLE DES MATIÈRES

BIENVENUE

CHAPITRE 1

UNE AMIE ET UN AMI

CHAPITRE 2

LES COPAINS ET LES COURS

CHAPITRE 3

EN CLASSE ET APRÈS LES COURS

LA FAMILLE ET LA MAISON

AU CAFÉ ET AU RESTAURANT

CHAPITRE 6

ON FAIT LES COURSES

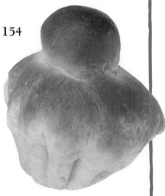

CHAPITRE 7

L'AÉROPORT ET L'AVION

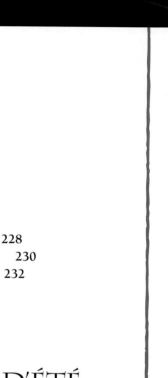

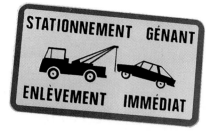

CHAPITRE 18

L'ARGENT ET LA BANQUE

APPENDICES

BIENVENUE

A

BONJOUR!

—Salut, Daniel!
—Salut, Stéphanie!

—Bonjour, Jean-Paul!
—Bonjour, Pierre!

When greeting a friend in French, you say *Salut* or *Bonjour*.
Salut is a less formal way of saying hello.

—Bonjour, Madame.

—Bonjour, Mademoiselle.

—Bonjour, Monsieur.

1. When greeting an adult in French, you say *Bonjour* with the person's title. You do not use the person's name with the title.

2. The following are abbreviations for these titles.

     M.   Monsieur   Mme   Madame   Mlle   Mademoiselle

Activités de communication orale

A **Salut!** Choose a partner. Greet each other. Be sure to shake hands.

B **Bonjour.** Greet your French teacher.

C **Monsieur, Madame, Mademoiselle.** Choose a partner. Greet the following people. Your partner answers for the other person.

1. the principal of your school
2. your English teacher
3. a young saleswoman at the record store
4. your neighbor, Mr. Smith
5. your parents' friend, Mrs. Jones

B
ÇA VA?

—Salut, Marc.
—Salut, Valérie. Ça va?

—Ça va bien, merci. Et toi?
—Pas mal!

1. When you want to find out from a friend how things are going, you ask:

   Ça va?

2. Responses to *Ça va?* include:

   Ça va, merci.
   Bien, merci.
   Pas mal! Et toi?

Activités de communication orale

A **Salut!** Greet a classmate using the following expressions. Then reverse roles.

1. Salut!
2. Ça va?

B **Ça va?** You are walking down a street in Arles in southern France when you run into one of your French friends (your partner).

1. Greet each other.
2. Ask each other how things are going.

C

AU REVOIR

—Au revoir, Didier.
—Au revoir, Martine.

—Ciao, Gérard.
—Ciao. À tout à l'heure.

1. A common expression to use when saying good-bye is:

   Au revoir!

2. If you plan to see someone later in the day you say:

   À tout à l'heure!

3. An informal expression that you will hear frequently is:

   Ciao!

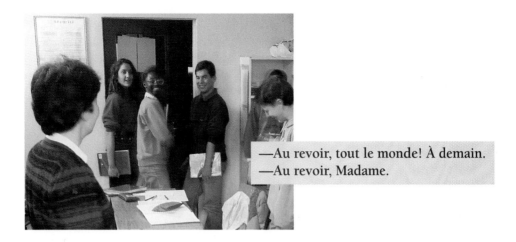

—Au revoir, tout le monde! À demain.
—Au revoir, Madame.

4. If you plan to see someone the next day, you say:

À demain.

Conversation

—Salut, Christian.
—Salut, Francine. Ça va?

—Ça va bien, et toi?
—Pas mal, merci.

—Ciao, Christian.
—Ciao. À tout à l'heure!

Activités de communication orale

A **Salut!** Say the following to a classmate. He or she answers.

1. Salut!   3. Au revoir.
2. Ça va?   4. Ciao!

B **Au revoir!**

1. Say good-bye to your French teacher. Say you'll see him or her tomorrow.
2. Say good-bye to a friend. Say that you'll see him or her later in the day.

D

QUI EST-CE?

Conversation

GARÇON 1: Qui est-ce?
GARÇON 2: Qui ça?
GARÇON 1: La fille là-bas.
GARÇON 2: C'est Mireille Claudel.

(She comes up to them.)
GARÇON 2: Mireille, c'est Guillaume.
FILLE: Salut, Guillaume.
GARÇON 1: Salut, Mireille.

1. When you want to know who someone is, you ask:

   Qui est-ce?

2. When you want to identify a person or introduce a person to someone else,
   you use *c'est* + the person's name.

   C'est Mireille Claudel.

Activités de communication orale

A **Qui est-ce?**   Ask a classmate who someone else in the class is.

B **C'est…**   Introduce someone you know to another person in the class.

C **Qui ça?**   Prepare the following conversation with two classmates.

1. Greet your classmate.
2. Ask him or her who someone else in the class is.
3. Say hello to the new person.
4. Ask him or her how things are going.
5. Say good-bye to one another.

E

QU'EST-CE QUE C'EST?

un cahier

un crayon

une chaise

un stylo

une table

un ordinateur

un livre

un autre livre

une calculatrice

un sac à dos

une feuille de papier

une autre feuille de papier

un bureau

un tableau

un morceau de craie

un devoir

1. When you want to know what something is, you ask:

   Qu'est-ce que c'est?

2. When you want to identify the object, you use *C'est* + the name of the object.

   C'est un cahier.

Activité de communication orale

A C'est un (une)…   Work with a partner. He or she will hold up or point out five classroom objects and ask you what each one is.

F

OÙ EST... ?

Où est le livre?

sur le bureau

dans le bureau

Où est Pierre?

devant Paul
derrière Monique

Paul   Pierre   Monique

Exercices

A **Où est... ?** Répondez d'après le dessin. (*Answer according to the illustration.*)

1. Où est le livre?
2. Où est le crayon?
3. Où est le cahier?
4. Où est l'ordinateur?
5. Où est la calculatrice?

B **Qui est devant ou derrière?**
Répondez d'après le dessin. (*Answer according to the illustration.*)

1. Qui est devant Marie?
2. Qui est derrière Paul?
3. Qui est devant Marc?
4. Qui est derrière Suzanne?

A

B

Suzanne   Marie   Paul   Marc

Activités de communication orale

A **Où est... ?** Place a classroom object somewhere in the room. Have a classmate tell you where the item is using *sur, dans, devant,* or *derrière*.

B **Devant ou derrière?** Choose a row of students and tell where each person is seated in relation to another classmate in the row.

G

C'EST COMBIEN?

—C'est combien, Madame?
—Six francs, Mademoiselle.
—Merci, Madame.

1. When you want to find out how much something is, you ask:

   C'est combien?

2. In order to understand the answer, you must know some numbers. On the right are the numbers in French from zero to sixty.

LES NOMBRES DE ZÉRO À SOIXANTE			
0	zéro		
1	un	21	vingt et un
2	deux	22	vingt-deux
3	trois	23	vingt-trois
4	quatre	24	vingt-quatre
5	cinq	25	vingt-cinq
6	six	26	vingt-six
7	sept	27	vingt-sept
8	huit	28	vingt-huit
9	neuf	29	vingt-neuf
10	dix	30	trente
11	onze	31	trente et un
12	douze	40	quarante
13	treize	41	quarante et un
14	quatorze	50	cinquante
15	quinze	51	cinquante et un
16	seize	60	soixante
17	dix-sept		
18	dix-huit		
19	dix-neuf		
20	vingt		

Dix francs.

Activités de communication orale

A **C'est combien?** Tell how much French money is in each picture.

1.

2.

3.

4.

B **À la papeterie.** You are spending the school year in France and are buying the following supplies at the stationery store. Ask the saleperson (your partner) how much each item is.

H

UN CAFÉ, S'IL VOUS PLAÎT

—Bonjour.
—Un café, s'il vous plaît.

(The waiter brings the coffee.)
—Merci.
—Je vous en prie.

(He's ready to leave.)
—C'est combien, le café, s'il vous plaît?
—Dix francs, Monsieur.

1. Expressions of politeness are always appreciated. Below are the French expressions for "Please," "Thank you," and "You're welcome."

FORMAL	INFORMAL
S'il vous plaît.	S'il te plaît.
Merci.	Merci.
Je vous en prie.	Je t'en prie.

2. Other formal ways to say "You're welcome" are:

> **Ce n'est rien.**   **Il n'y a pas de quoi.**

Other informal ways to say "You're welcome" are:

> **De rien.**   **Pas de quoi.**

Activités de communication orale

A Un coca, s'il vous plaît. You are at a café in Dinard, a lovely resort in Brittany. Order the following items from the waiter or waitress (your partner).

1. un coca
2. un café
3. un sandwich
4. une limonade
5. un thé
6. une soupe à l'oignon
7. une salade
8. une omelette
9. une tarte aux fruits

B C'est combien, la limonade? You are now ready to leave the café. Ask the waiter or waitress how much you owe for the following items. (He or she can check the prices on the menu on the right.)

1. le café
2. le sandwich
3. la limonade
4. le dessert
5. la soupe
6. la salade

Café de Dinard

Sandwich	18,00
Salade	20,00
Omelette	24,00
Soupe à l'oignon	25,00
Tarte aux fruits	15,00
Coca	10,00
Café	6,00
Limonade	11,00
Thé	6,00

Vocabulaire

NOMS

un tableau
un morceau de craie
un bureau
un ordinateur
une calculatrice
une table
une chaise
un crayon
un stylo
une feuille de papier
un devoir
un cahier
un livre
un sac à dos

une fille
un garçon
Madame (Mme)
Mademoiselle (Mlle)
Monsieur (M.)

PRÉPOSITIONS

derrière
devant
dans
sur

AUTRES MOTS
ET EXPRESSIONS

Bonjour.
Salut.

Ça va.
bien
Pas mal.
Au revoir.
ciao
À tout à l'heure.
À demain.

s'il vous plaît
s'il te plaît
Merci.
Je vous en prie.
Je t'en prie.
Ce n'est rien.
De rien.
(Il n'y a) pas de quoi.

autre
c'est
là-bas
oui
tout le monde

combien
où
Qu'est-ce que c'est?
Qui est-ce?

NOMBRES

zéro–soixante (0–60)

UNE AMIE ET UN AMI

OBJECTIFS

In this chapter you will learn to do the following:

1. ask or tell where someone is from
2. ask what someone is like
3. describe yourself or someone else
4. name people and things
5. tell some differences between French and American schools

VOCABULAIRE

MOTS 1

Comment est la fille?

petite   grande   brune

contente   amusante

Voici Yvonne Delacroix.
Yvonne Delacroix est française.
Salut, Yvonne!

D'où est Yvonne?
Elle est de Paris.

Comment est le garçon?

petit

grand

brun

LYON

content

amusant

Voici Jean-Luc Charpentier.
Jean-Luc Charpentier est français
   aussi.
Salut, Jean-Luc!

D'où est Jean-Luc?
Il est de Lyon.

Note: You have already seen that many words in French and English look alike even though they are pronounced quite differently. Such words are called cognates. The following are some cognates used to describe people.

américaine	américain
blonde	blond
impatiente	impatient
intelligente	intelligent
intéressante	intéressant
patiente	patient
confiante	confiant

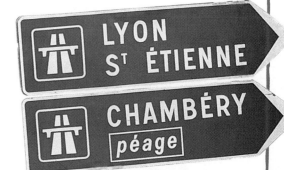

Exercices

A Une Française, Yvonne Delacroix.   Répondez. *(Answer.)*

1. Yvonne Delacroix est française?
2. Elle est grande ou petite?
3. Elle est amusante?
4. Elle est contente?
5. Yvonne est brune?
6. Elle est de Paris?

B Salut, Jean-Luc!   Répondez. *(Answer.)*

1. Jean-Luc Charpentier est français ou américain?
2. Il est brun ou blond?
3. Il est intelligent?
4. Il est amusant aussi?
5. Il est content?
6. Jean-Luc est intéressant?
7. Il est de Lyon?

C Un Français et un Américain.   Répondez d'après les photos. *(Answer according to the photos.)*

1. Qui est américain, Marc ou Paul?
2. Qui est français?
3. Qui est de Paris?
4. Qui est de New York?
5. Qui est brun?
6. Qui est blond?
7. Qui est content?
8. Qui est impatient?

Marc Hugot

Paul Green

VOCABULAIRE

MOTS 2

une amie

un ami

une école américaine

une élève

un élève

un lycée français

Yvonne Delacroix
la sœur

Paul Delacroix
le frère

Claude Gautier
un ami

Yvonne Delacroix est française.
Yvonne est élève dans un lycée.
Yvonne est la sœur de Paul Delacroix.
Yvonne est une amie de Claude Gautier.
Paul est un ami de Claude aussi.

Bonjour, tout le monde.
Je suis Richard, Richard Williams.
Moi, je suis américain.
Je ne suis pas français.
Je suis de Miami.
Je suis élève dans une école secondaire américaine.
Je suis très populaire, n'est-ce pas?

Note: The following are other cognates used to describe people.

aimable	fantastique
désagréable	énergique
timide	populaire
comique	célèbre
sincère	

There are many French words for which there is no exact English equivalent. Such a word is *sympathique*. It has the meanings "nice," "pleasant," and "friendly." In informal French *sympathique* is often shortened to *sympa*. Its opposite is *antipathique*.

Exercices

A **Une élève française.** Choisissez. (*Choose the best answer.*)

1. ___ est française.
   a. Yvonne Delacroix
   b. Claude Gautier

2. Yvonne est élève dans ___.
   a. une école américaine
   b. un lycée français

3. Yvonne est ___.
   a. de Paris   b. de Miami

4. Yvonne est ___ de Paul Delacroix.
   a. une amie   b. la sœur

5. Yvonne est ___ de Claude Gautier.
   a. une amie   b. la sœur

6. Paul Delacroix est ___ d'Yvonne.
   a. un ami   b. le frère

7. Et Claude Gautier est ___ d'Yvonne.
   a. un ami   b. le frère

B **Comment est Richard Williams?** Répondez. (*Answer.*)

1. Richard est français ou américain?
2. D'où est Richard?
3. Il est élève dans une école secondaire américaine ou dans un lycée français?
4. Comment est Richard? Il est brun ou blond?
5. Il est petit ou grand?
6. Il est aimable ou désagréable?
7. Richard est sympathique ou antipathique?

C **Élisabeth Gautier.** Complétez. (*Complete.*)

1. Élisabeth Gautier est la sœur de Claude Gautier. Elle est de quelle ville? Elle est de Paris. Elle est ___. Elle n'est pas ___.
2. Élisabeth est élève dans un ___. Elle n'est pas élève dans une école secondaire américaine.
3. Élisabeth est ___. Elle n'est pas blonde.
4. Elle est aimable. Elle n'est pas ___.
5. Élisabeth est une amie ___. Elle n'est pas antipathique.

Activités de communication orale

Mots 1 et 2

A **Gilles Baud.** Here's a photo of Gilles Baud. He's a student from Strasbourg. Say as much as you can about Gilles.

B **Caroline Baud.** The blond girl in the photo below is Gilles Baud's sister, Caroline. She's a student in Strasbourg, too. Say a few things about her.

C **Qui est-ce?** Describe a classmate but don't mention his or her name. Someone in the class has to guess who it is.

STRUCTURE

Les articles indéfinis et définis au singulier

Talking about One Person or Thing

LES ARTICLES INDÉFINIS

1. The name of a person, place, or thing is a noun. In French, every noun has a gender, either masculine or feminine. Many words that accompany nouns can indicate their gender in French. They are called gender markers. An article is such a word.

2. The French words *une* and *un* are indefinite articles. They correspond to *a (an)* in English. You use an indefinite article when speaking about a non-specific person or thing: *a girl, an exam*. Study the following examples with the indefinite article.

FÉMININ	MASCULIN
une fille	un garçon
une sœur	un frère
une école	un lycée
une calculatrice	un ordinateur

3. You use the indefinite article *une* before all feminine nouns. You use the indefinite article *un* before all masculine nouns.

Exercices

A   Alain et Charles.   Complétez avec «un» ou «une». (*Complete with* un *or* une.)
1. Alain est ___ garçon très sympathique.
2. Alain est ___ ami de Charles.
3. Charles est ___ élève très intelligent.
4. Il est élève dans ___ école secondaire à New York.
5. Annette est la petite sœur d'Alain. Elle est élève dans ___ école primaire.
6. Suzanne est ___ amie d'Alain, pas d'Annette.

B **Qu'est-ce que c'est?** Répondez d'après les photos. (*Answer according to the photos.*)

1.

2.

3.

5.

4.

6.

7.

1. C'est un stylo ou un crayon?
2. C'est un cahier ou une feuille de papier?
3. C'est une calculatrice ou un ordinateur?
4. C'est un livre ou un cahier?
5. C'est un tableau ou un bureau?
6. C'est une table ou une chaise?
7. C'est une feuille de papier ou un sac à dos?

LES ARTICLES DÉFINIS AU SINGULIER

1. You use the definite article when referring to a definite or specific person or thing: *the boy, the desk.* Study the following examples of definite articles.

FÉMININ	MASCULIN
la fille	le garçon
la sœur	le frère
la chaise	le bureau

2. You use the definite article *la* before a feminine noun. You use the definite article *le* before a masculine noun.

3. You use the definite article *l'* before a masculine or feminine noun that begins with a vowel or silent *h.* The vowels are *a, e, i, o, u.*

l'élève   l'école
l'ami   l'hôtel
l'amie

Exercice

A **Richard Williams et Claudine Simonet.** Complétez avec *le, la* ou *l'*. *(Complete with* le, la, *or* l'*.)*

___ garçon, Richard Williams, est américain mais ___ fille, Claudine Simonet,
  1   2

n'est pas américaine. Elle est française. Claudine est ___ amie de Gilbert
                                                         3

Duhamel et ___ sœur de Christian Simonet. Richard n'est pas ___ ami de
           4   5

Claudine: il est de Miami et Claudine est de Lille. Richard est ___ ami de
                                                                 6

Suzanne Jackson et ___ frère de Cassandra Williams. Richard est élève et
                   7

Claudine est élève aussi. ___ école de Richard est à Miami et ___ lycée de
                           8   9

Claudine est à Lille.

L'accord des adjectifs au singulier
Describing a Person or Thing

1. A word that describes a noun is an adjective. The italicized words in the following sentences are adjectives.

   La fille est *française*.   **Le garçon est** *français*.
   Yvette est *intelligente*.   **Robert est** *intelligent*.

2. In French, an adjective must agree with the noun it describes or modifies. If the noun is masculine, then the adjective must be in the masculine form. If the noun is feminine, the adjective must be in the feminine form. An adjective is therefore a gender marker. Most adjectives follow the noun.

   une fille blonde   **un garçon blond**

3. Many feminine adjectives end in *e*. When the *e* follows a consonant, you pronounce the consonant.

   peti*te*   **gran*de***   **intelligen*te***

4. Many masculine adjectives end in a consonant. Since the consonant is not followed by an *e*, you do not pronounce the final consonant.

   peti*t*   **gran*d***   **intelligen*t***

5. Certain feminine adjectives, such as *brune*, end in *ne*. You pronounce the *n* in these words. The masculine form is written without the *e*. The vowel that goes before the *n* is nasal.

   brune   **brun**

6. Many adjectives that end in an *e* have only one singular form. You use this form with both masculine and feminine nouns. Study the following examples.

> **Charles est un garçon sincère. Il est sympathique.**
> **Carole est une fille sincère. Elle est très sympathique.**

Exercices

A **Prononciation.** Répétez après votre professeur. (*Repeat after your teacher.*)

FÉMININ	MASCULIN		FÉMININ	MASCULIN
1. américaine	américain	5.	petite	petit
2. blonde	blond	6.	intelligente	intelligent
3. brune	brun	7.	intéressante	intéressant
4. grande	grand	8.	française	français

B **Marie-Thérèse et François.** Répondez d'après le dessin. (*Answer according to the illustration.*)

1. Marie-Thérèse est française ou américaine?
2. Elle est blonde ou brune?
3. Elle est grande ou petite?
4. Elle est amusante?
5. François est le frère de Marie-Thérèse?
6. François est blond ou brun?
7. Il est grand ou petit?
8. Il est amusant?
9. Marie-Thérèse est élève dans un lycée français ou dans une école américaine?
10. Et le frère de Marie-Thérèse est élève dans un lycée français ou dans une école américaine?

François et Marie-Thérèse Leroux

C **Carole et André.** Complétez. (*Complete.*)

1. Carole Colbert est une amie ___ et ___. (amusant, sincère)
2. André est le frère de Carole. André est ___ aussi. Il est ___. Il n'est pas ___. (amusant, aimable, désagréable)
3. Carole est élève dans un lycée ___ ___. (français, célèbre)
4. Et moi, je suis ___ (*your name*). Je suis ___. Je ne suis pas ___. (américain, français)
5. Je suis élève dans une école ___ ___. (secondaire, américain)
6. Je ne suis pas élève dans un lycée ___. (français)

Le verbe *être* au singulier

1. The verb "to be" in French is *être*. Note that the form of the verb changes with each person. Study the following.

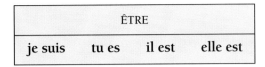

ÊTRE			
je suis	tu es	il est	elle est

2.

You use *je* to talk about yourself.

You use *tu* to address a friend.

You use *il* or the person's name to talk about a male.

You use *elle* or the person's name to talk about a female.

3. You also use *il* and *elle* when referring to things.

> **Le stylo est sur la table. Il est sur la table.**
> **La calculatrice est dans le bureau. Elle est dans le bureau.**

Exercices

A **En France.** Répétez la conversation. *(Practice the conversation.)*

B **Pardon!** Répondez d'après le modèle. (*Answer according to the model.*)

> Élève 1: Je suis de Paris.
> Élève 2: Pardon, tu es d'où?

1. Je suis de Nice.   3. Je suis de Lille.
2. Je suis d'Antibes.   4. Je suis de Strasbourg.

C **Je suis…** Donnez des réponses personnelles. (*Give your own answers.*)

1. Je suis ___ (*name*).   3. Je suis ___ (*nationality*).
2. Je suis de ___ (*place*).   4. Je suis ___ (*occupation*).

D **Une interview.** Posez des questions à un(e) ami(e). (*Ask a friend the following questions.*)

1. Tu es français(e) ou américain(e)?
2. Tu es de quelle ville? De New York? De Chicago?
3. Tu es élève dans une école secondaire?
4. Tu es impatient(e) ou patient(e)?

E **Jean-Paul.** Voici une photo de Jean-Paul Tonone. Il est de Nîmes. Posez des questions à Jean-Paul d'après le modèle. (*Ask Jean-Paul questions following the model. Your partner will answer for him.*)

> français
> Élève 1: Jean-Paul, tu es français?
> Élève 2: Oui, je suis français.

1. élève
2. de Nîmes
3. élève dans un lycée à Nîmes
4. content
5. intelligent

F **Germaine.** Voici une photo de Germaine LeBlanc. Décrivez-la d'après les indications. (*Here's a photo of Germaine LeBlanc. Describe her using the following cues.*)

1. canadienne
2. blonde
3. sympathique
4. de Québec
5. étudiante universitaire à Québec

G **Luc Delacourt.** Complétez. (*Complete.*)

Voici Luc Delacourt. Il ___ français. Il ___ de Lyon. Moi aussi, je ___ de Lyon.
                  1   2   3

Lyon ___ une ville importante en France. Luc ___ élève dans un lycée à Lyon.
      4   5

Le lycée ___ assez grand. Et toi? Tu ___ français(e) ou américain(e)? Tu ___
        6   7   8

de quelle ville? Tu ___ élève dans une école secondaire? L'école ___ petite?
                9   10

La négation   *Making a Sentence Negative*

1. The sentences in the first column are affirmative and the sentences in the
second column are negative.

AFFIRMATIF	NÉGATIF
Je suis américain.	**Je *ne* suis *pas* français.**
Tu es sympathique.	**Tu *n'*es *pas* antipathique.**
Il est aimable.	**Il *n'*est *pas* désagréable.**
Elle est de Lyon.	**Elle *n'*est *pas* de Paris.**

> *ne* + verb + *pas*

2. You place *ne* before the verb and *pas* after the verb.
Ne becomes *n'* before a vowel. This is called elision.

    Il est américain?   Non, il *n'*est *pas* américain.

Exercices

A **Non, Marie-France n'est pas américaine.**   Mettez à la forme négative.
(*Change to the negative.*)

1. Marie-France est américaine.
2. Elle est de San Francisco.
3. Elle est élève dans une école
   secondaire à San Francisco.
4. Et moi, je suis français(e).
5. Je suis de Paris.
6. Je suis élève dans un lycée
   à Paris.

B **Tu es français(e)?**   Donnez des réponses personnelles. (*Give your own answers.*)

1. Tu es français(e)?
2. Tu es de Lyon?
3. Tu es élève dans un lycée célèbre à Lyon?
4. Tu es très, très désagréable?
5. Tu es l'ami(e) de Claudine Simonet?

CONVERSATION

Scènes de la vie *Tu es d'où?*

CHRISTIAN: Bonjour.
CAROLE: Bonjour.
CHRISTIAN: Tu es Carole, n'est-ce pas?
CAROLE: Oui, je suis Carole Winters. Et tu es l'ami français de Stéphanie, n'est-ce pas?
CHRISTIAN: Oui, je suis Christian.
CAROLE: Tu es de Paris, Christian?
CHRISTIAN: Non, je ne suis pas de Paris. Je suis de Nice, sur la Côte d'Azur.
CAROLE: La Côte d'Azur? Oh, là, là! C'est fantastique ça!

A **Christian est niçois.** Répondez d'après la conversation. (*Answer according to the conversation.*)

1. Qui est américain?
2. Qui est français?
3. Qui est l'amie de Christian?
4. Christian est de quelle ville?
5. Où est Nice?
6. Comment est la Côte d'Azur?

La Côte d'Azur

Prononciation *L'accent tonique*

1. In English, you stress certain syllables more than others. In French you pronounce each syllable evenly. Compare the following.

fantastic	**fantastique**	popular	**populaire**
timid	**timide**	impatient	**impatient**

2. Repeat the following sentence. Notice how each word is linked to the next so that the sentence sounds like one long word.

   Élisabeth est l'amie de Nathalie.

Activités de communication orale

A **Un élève français.** You've just met Laurent Dumas (your partner), an exchange student from Toulouse. You strike up a conversation with him.

1. Greet him and tell him who you are.
2. You think you know who he is, but ask him anyway.
3. Ask him where he's from.

B **Le café Rive Gauche.** You are at a café near Notre-Dame Cathedral in Paris. A student at the next table strikes up a conversation with you. Answer her questions.

1. Bonjour.
2. Tu es des États-Unis, n'est-ce pas?
3. Tu es d'où?

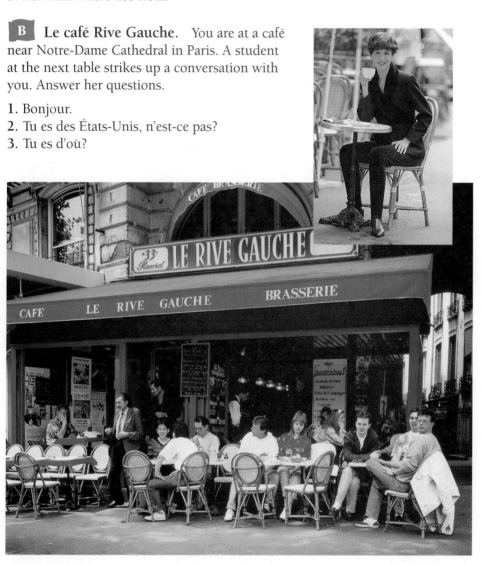

C **Il/Elle est intéressant(e) ou pas?** Describe someone to a classmate. He or she will say whether the person is interesting or not.

UN PARISIEN ET UNE PROVENÇALE

Jacques Poulain est français. Il est de Paris, la capitale de la France. Jacques est un garçon intelligent. Il est très sympathique aussi. Il est élève dans un lycée à Paris, le Lycée Henri IV. Le Lycée Henri IV est très célèbre. C'est un lycée excellent.

Chantal Lévêque est française aussi. Mais Chantal n'est pas de Paris. Elle est d'Èze, un petit village pittoresque sur la Côte d'Azur. Elle est élève dans un lycée à Nice. Chantal est une amie de Jacques. Maintenant[1] Jacques est en vacances à Èze.

[1] Maintenant   *Now*

Èze Village

Étude de mots

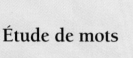 **Le français, c'est facile.**   Trouvez au moins trois mots apparentés dans la lecture. *(Find at least three cognates in the reading.)*

B **C'est quel mot?**   Trouvez la définition. *(Find the definition.)*

la capitale   la Côte d'Azur   un lycée   un village

1. une école secondaire française
2. une région de la France sur la mer Méditerranée
3. la ville principale d'une nation, où le gouvernement est situé
4. une très petite ville dans une zone rurale

Compréhension

C **C'est Jacques ou Chantal?**   Décidez. *(Decide if it's Jacques or Chantal.)*

1. Elle/Il est de Paris.
2. Elle/Il est de la capitale.
3. Elle/Il est de la Côte d'Azur.
4. Elle/Il est d'un petit village pittoresque.
5. Elle/Il est d'Èze.

D **À Paris et à Èze.** Répondez. *(Answer.)*

1. Jacques est élève dans quel lycée?
2. Comment est le Lycée Henri IV?
3. Qui est d'Èze?
4. Où est Èze?
5. Èze est grand ou petit?
6. Qui est un ami de Chantal?
7. Où est Jacques maintenant?
8. Il est en vacances à Èze?

E **Des faits.** Trouvez les renseignements suivants dans la lecture. *(Find the following information in the reading.)*

1. the capital of France
2. a famous *lycée* in Paris
3. a small town on the French Riviera

F **Un peu de géographie.** Trouvez les lieux suivants. *(Locate the following places on the map of France on page 504 [Part A, page 237].)*

1. Paris
2. la Seine
3. la Côte d'Azur
4. Nice
5. la mer Méditerranée

DÉCOUVERTE CULTURELLE

AUX ÉTATS-UNIS	EN FRANCE
L'éducation est obligatoire.	L'éducation est obligatoire.
l'école primaire ou «élémentaire»	l'école primaire
l'école «intermédiaire»	le collège
l'école secondaire	le lycée
l'université	l'université

Point essentiel! En France le collège et le lycée sont des écoles secondaires. Un collège en France n'est pas une université.

1

2

3

V oici Gilbert Bertrand **1**. Il est de Strasbourg, une ville française importante. Gilbert est élève dans un lycée. Gilbert est aimable ou désagréable?

Salut. Je suis Anne André **2**. Je suis de Schœlcher, un petit village martiniquais. La Martinique est une île dans la mer des Caraïbes. Je suis élève au Lycée Bellevue à Fort-de-France, la capitale. La Martinique est un département français d'outre-mer.

Voici Karim Ashour **3**. Il est de Tunis, la capitale de la Tunisie. La Tunisie est un pays en Afrique du Nord.

Bonjour. Moi, je suis Yvonne Senghor **4**. Je suis d'Abidjan. Abidjan est la ville principale de la Côte d'Ivoire. La Côte d'Ivoire est un pays africain francophone.

Bonjour. Je suis Raymond LeClerc **5**. Je suis canadien. Je suis étudiant à l'Université Laval à Québec.

Tiare Teuira est de Bora Bora, une île volcanique en Polynésie française **6**. La Polynésie française est dans le Pacifique Sud. Tiare Teuira est sympathique?

4

5

6

33

CULMINATION

Activités de communication orale

A **Roissy-Charles-de-Gaulle.** You are going through Immigration at the Roissy-Charles-de-Gaulle Airport on the outskirts of Paris. Give the immigration officer the following information.

1. your nationality
2. your occupation
3. where you are from in the U.S.

B **Mireille Gaudin.** Here's a photo of Mireille Gaudin. She's a French student from Cannes, which is near Nice. Describe Mireille and say as much about her as you can.

C **Un(e) élève français(e).** You've just met a French student (your partner) who's visiting the U.S. Ask him or her some questions using the following words.

> d'où
> grande ville ou petite ville
> élève
> lycée

Nice, Côte d'Azur

Activités de communication écrite

A **Qui est-ce?** Write down four things about yourself on a piece of paper. Your teacher will collect everyone's descriptions and have students read them to the class. You'll all try to guess who's being described.

> Je suis blond. Je ne suis pas brun.
> Je suis très amusant et très populaire.
>
> Qui est-ce? C'est ___.

B **Une lettre.** You have a new pen pal in France. She just sent you this photo and you want to answer her immediately—in French, of course! Write and tell her who you are, your nationality, where you're from, and where you're a student. Give her a brief description of yourself and be sure to include your photo.

Le - septembre, 199-

Chère Sophie,

Je suis...

Bien amicalement,

Vocabulaire

NOMS
le frère
la sœur
l'ami (m.)
l'amie (f.)
l'élève (m. et f.)
l'école (f.)
le lycée

ADJECTIFS
aimable
amusant(e)
comique
célèbre

confiant(e)
content(e)
désagréable
énergique
fantastique
patient(e)
impatient(e)
intelligent(e)
intéressant(e)
populaire
sincère
sympathique
antipathique
timide

grand(e)
petit(e)
brun(e)
blond(e)
français(e)
américain(e)

AUTRES MOTS ET EXPRESSIONS
aussi
moi
n'est-ce pas
ou
voici

CHAPITRE 2

LES COPAINS ET LES COURS

OBJECTIFS

In this chapter you will learn to do the following:

1. describe people and things
2. talk to people formally or informally
3. tell what subjects you take and indicate whether you find them difficult or easy
4. tell what classes you have on different days of the week
5. ask yes or no questions
6. tell time
7. tell time using the 24-hour system

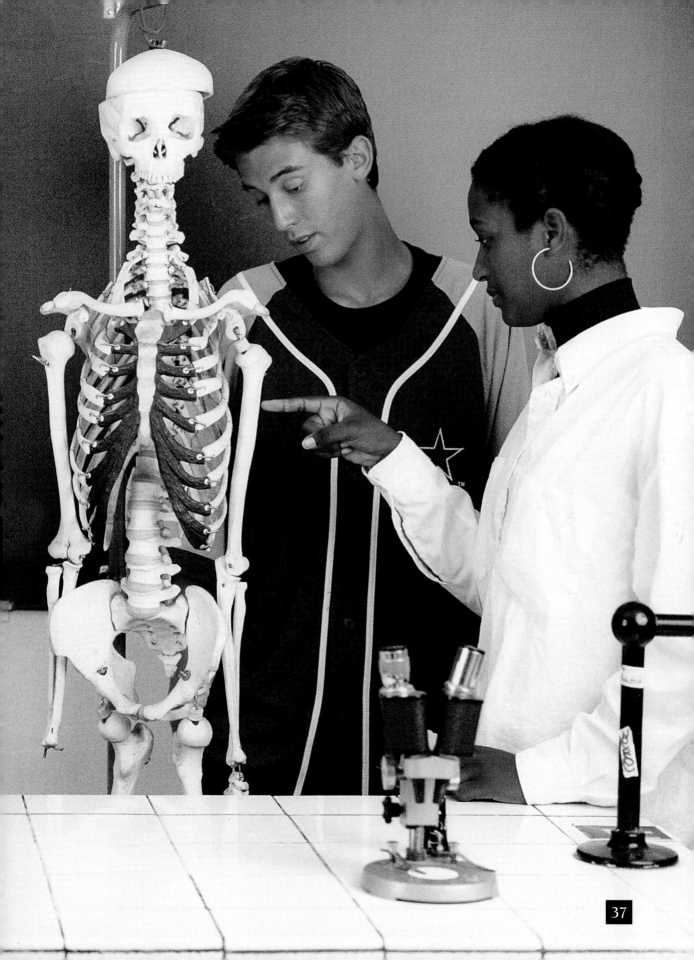

VOCABULAIRE

MOTS 1

les professeurs (les profs)

un homme

une femme

les élèves

Anne   Lise

brunes

françaises

Guy   Alain

bruns

français

les amies = les copines

les amis = les copains

Sylvie et Catherine sont françaises.
Jean-Paul et Philippe sont français.
Les quatre copains sont de Giverny.
Ils sont élèves dans le même lycée.

la salle de classe

le cours

la classe

Bonjour! Nous sommes élèves dans la classe de Monsieur Bétancourt.

M. Bétancourt est le prof de français.

Maintenant, nous sommes dans la salle de classe 21.

facile

difficile

Le cours de français est très facile.

Mais le cours d'anglais est vraiment difficile.

Tu es d'accord ou pas?

Exercices

A **Sylvie et Catherine.** Répondez. *(Answer.)*

1. Qui sont les deux amies?
2. Elles sont françaises ou américaines?
3. Elles sont de Paris?
4. Elles sont élèves dans un lycée ou étudiantes à l'université?
5. Elles sont élèves dans le même lycée à Giverny?

B **Jean-Paul et Philippe.** Répondez. *(Answer.)*

1. Jean-Paul et Philippe sont copains?
2. Les deux copains sont contents?
3. Jean-Paul et Philippe sont lycéens (élèves dans un lycée)?
4. Ils sont élèves dans le même lycée?
5. Le lycée est à Paris?
6. Le lycée est à Giverny?

C **Le cours de français.** Donnez des réponses personnelles. *(Give your own answers.)*

1. Qui est le prof ou la prof de français?
2. Le professeur est un homme ou une femme?
3. Il/Elle est sympa?
4. Le cours de français est difficile ou facile?
5. Les élèves sont en classe maintenant?
6. Le cours de français est intéressant?

D **Des mots.** Trouvez les mots qui correspondent. *(Find the corresponding word or phrase.)*

1. français
2. l'amie
3. l'élève
4. brun
5. l'ami
6. le prof

a. la copine
b. l'étudiant, l'écolier
c. de France
d. le copain
e. le professeur
f. le contraire de blond

Le professeur explique comment utiliser l'ordinateur.

VOCABULAIRE

MOTS 2

LES MATIÈRES (f.)

Les sciences (f.)

la biologie

la chimie

la physique

Les maths (f.)

la géométrie

l'algèbre (f.)

la trigonométrie

Les langues (f.)

l'anglais (m.)

l'espagnol (m.)

le latin

le français

D'autres cours (m.)

la géographie

l'art (m.)

la gymnastique

la littérature

l'histoire (f.)

la musique

l'informatique (f.)

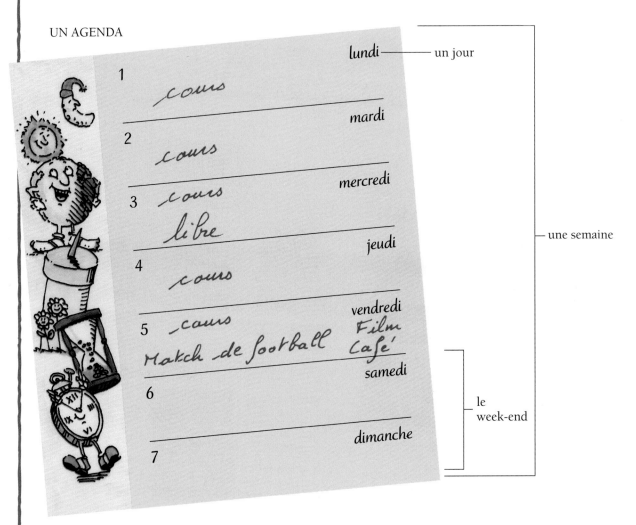

un jour — lundi

1 — cours

mardi

2 — cours

mercredi

3 — cours

libre

jeudi

4 — cours

vendredi

5 — cours
Match de football — Film Café

samedi

6

dimanche

7

une semaine

le week-end

C'est quel jour, aujourd'hui? C'est lundi.
Et demain? Demain, c'est mardi.

Voilà l'agenda de Jean-Paul.
Il est très occupé vendredi, n'est-ce pas?
Mais samedi et dimanche, il n'est pas occupé. Il est libre.

Note: *Vendredi* means "on Friday." *Le vendredi* means "every Friday" or "on Fridays."

On the right are some informal words in French which you may use to describe people and things.

Note that *terrible* can have either a positive or a negative meaning, depending on the tone of voice or intonation.

POSITIF	NÉGATIF
chouette	moche
super-chouette	
terrible	terrible
extra	
super	

Exercices

A **C'est quel cours?** Identifiez le cours. *(Identify the course.)*

> **Un problème, une solution, une équation—c'est quel cours?**
> *C'est le cours d'algèbre.*

1. la littérature, la composition, la grammaire
2. la conversation, la culture française
3. un poème, une pièce de théâtre, une fable
4. un microbe, un animal, une plante, un microscope
5. un cercle, un rectangle, un triangle, un parallèlogramme
6. un piano, un violon, un concert, un opéra
7. les montagnes, les villes, les villages, les capitales, les océans, les produits agricoles
8. le gouvernement, les partis politiques, l'État, la communauté
9. la peinture, la statue, la sculpture, les artistes célèbres
10. une disquette, un moniteur, un bit, un microprocesseur

B **C'est quel jour?** Répondez. *(Answer.)*

> **Aujourd'hui, c'est lundi. Et demain?**
> *Demain, c'est mardi.*

1. Aujourd'hui, c'est mercredi. Et demain?
2. Aujourd'hui, c'est vendredi. Et demain?
3. Aujourd'hui, c'est samedi. Et demain?
4. Aujourd'hui, c'est mardi. Et demain?
5. Aujourd'hui, c'est dimanche. Et demain?
6. Aujourd'hui, c'est jeudi. Et demain?
7. Aujourd'hui, c'est lundi. Et demain?

C **L'emploi du temps de David.** Répondez d'après l'emploi du temps de David. *(Answer according to David's schedule.)*

> **le cours de maths**
> *Le cours de maths est le lundi, le mercredi et le vendredi.*

1. le cours d'anglais
2. le cours de physique
3. le cours de latin
4. le cours de musique
5. le cours de français
6. le cours d'éducation civique

	Lundi	Mardi	Mercredi	Jeudi	Vendredi
8h–8h30		Sc. Nat	MATH	PHYSIQUE	MATH
8h30–9h30	HIST/GÉO		ED. CIVIQUE	ANGLAIS	HIST/GÉO
9h30–10h30	MATH	ALLEMAND	1er SEMESTRE 2e SEMESTRE	MUSIQUE	E.P.S.
10h30–11h30	INFOR-MATIQUE	ANGLAIS	E.P.S. DESSIN	ALLEMAND	
11h30–12h30		LATIN			
12h30–13h					
13h30–14h	FRANÇAIS	HIST/GÉO		FRANÇAIS	LATIN
14h–15h				LATIN	
15h–16h	ALLEMAND	FRANÇAIS		FRANÇAIS	
16h–17h	ANGLAIS				
17h–18h					

Activités de communication orale

Mots 1 et 2

A **La classe de Mme Martin.** Make up a few true or false statements about the illustration. Your partner will either agree with your statement or correct it.

> Élève 1: Les élèves sont dans la classe de Monsieur Laurent.
> Élève 2: Non, ils sont dans la classe de Madame Martin.
>   (Oui, je suis d'accord.)

B **Mon prof favori.** Describe your favorite teacher to a classmate.

> M. Jones est le prof de biologie. Il est…

C **À ton avis.** Make a chart like the one below. List all your classes and rate them—*pas difficile, assez difficile, très difficile.* Compare your chart with a classmate's and see whether the two of you agree or not.

> Élève 1: Pour moi, le français est facile. Tu es d'accord?
> Élève 2: Oui, je suis d'accord. (Non, je ne suis pas d'accord. Pour moi,
>   le français est
>   très difficile.)

COURS	Pas difficile	Assez difficile	Très difficile
l'anglais	X	X	X
le français	X	X	

STRUCTURE

Le pluriel: Articles et noms

Talking About More than One Person or Thing

1. Plural means more than one. To make most nouns plural in French, you add *s*, as you do in English. You do not pronounce this final *s*. If the noun ends in *s* in the singular, you do not add another *s* in the plural.

2. The plural form of the definite articles *le, la, l'* is *les*. You do not pronounce the *s* of *les* when it is followed by a consonant. When *les* is followed by a vowel or silent *h*, you pronounce the *s* like a *z*, connecting the sound to the next word. This is called "liaison."

SINGULIER	PLURIEL
le garçon	les garçons
le cours	les cours
la fille	les filles
la classe	les classes
l'amie	les amies
l'élève	les élèves

Exercice

A **Tous les deux.** Mettez au pluriel. *(Give the plural.)*

Le garçon est blond.
Les garçons **sont blonds.**

1. La fille est blonde.
___ sont blondes.

2. Le garçon est brun.
___ sont bruns.

3. Le professeur est intelligent.
___ sont intelligents.

4. Le cours est difficile.
___ sont difficiles.

5. Le livre est intéressant.
___ sont intéressants.

6. La classe de M. Dupont est petite.
___ de M. Dupont sont petites.

7. L'ami de Paul est sympathique?
___ de Paul sont sympathiques?

8. La copine de Marie est très amusante.
___ de Marie sont très amusantes.

9. L'élève de M. Bétancourt est vraiment intelligent.
___ de M. Bétancourt sont vraiment intelligents.

10. L'amie de Sophie est très populaire.
___ de Sophie sont très populaires.

Le verbe *être* au pluriel

Talking About More than One Person or Thing; Asking Yes-or-No Questions

You have already learned the singular forms of the verb *être*, "to be." Now study the plural forms of *être*.

SINGULIER	PLURIEL
je suis	nous sommes
tu es	vous êtes
il/elle est	ils/elles sont

1. You use *nous* when referring to yourself and other people.

2. You use *vous* when talking to two or more people.

3. You use *elles* when referring to two or more females.

4. You use *ils* when referring to two or more males or when referring to a group of males and females.

5. You also use *ils* and *elles* when referring to things.

Les stylos sont sur la table.	Ils sont sur la table.
Les chaises sont dans la salle 21.	Elles sont dans la salle 21.

6. Note that in order to form a yes-or-no question, you can raise the tone of your voice at the end of the statement or put *est-ce que* in front of the statement. *Est-ce que* becomes *est-ce qu'* in front of a vowel.

Vous êtes français?	Est-ce que vous êtes français?
Il est américain?	Est-ce qu'il est américain?

Exercices

A **Le cours d'histoire.** Répondez d'après le modèle en utilisant «il(s)» ou «elle(s)». (*Answer with* il[s] *or* elle[s] *according to the model.*)

Est-ce que les garçons sont derrière les filles?
Oui, ils sont derrière les filles.

1. Est-ce que la prof est devant la classe?
2. Est-ce que Paul est devant Monique?
3. Les élèves sont intelligents?
4. Les filles sont sympathiques?
5. Est-ce que Paul et Pierre sont copains?
6. Est-ce que Monique et Paul sont amis?
7. Monique et Marie sont brunes?
8. Est-ce que les quatre copains sont dans le même cours?

B **Vous êtes d'où?** Répétez la conversation. (*Practice the conversation.*)

LES FILLES: Vous êtes d'où?
LES GARÇONS: Nous? Nous sommes de New York.
LES FILLES: Ah, alors vous êtes américains?
LES GARÇONS: Oui, nous sommes américains. Et vous?
LES FILLES: Nous sommes françaises. Nous sommes de Grenoble.

Complétez d'après la conversation. (*Complete according to the conversation.*)

1. Les deux garçons ___ américains.
2. Ils ne ___ pas de Chicago.
3. Ils ___ de New York.
4. New York ___ une très grande ville américaine.
5. Les deux filles ne ___ pas américaines.
6. Elles ___ françaises.
7. Elles ___ de Grenoble.
8. Grenoble ___ une grande ville française.

C **À votre tour.** Répondez en utilisant «nous». (*Answer with* nous.)

1. Vous êtes américains?
2. Vous êtes de quelle ville?
3. Vous êtes élèves?
4. Vous êtes élèves dans une école secondaire?
5. Vous êtes très intelligents?
6. Vous êtes maintenant dans la classe de quel professeur?

D **L'ami de Christophe.** Complétez avec «être». (*Complete with* être.)

Je ___₁ un ami de Christophe. Christophe ___₂ très sympa et très amusant. Nous ___₃ français, Christophe et moi. Nous ___₄ de Cancale, un petit village breton (en Bretagne). Cancale ___₅ vraiment très pittoresque.

Nous ___₆ élèves dans un lycée. Où ___₇ le lycée? À Dinard. Nous ___₈ élèves d'anglais. Mademoiselle Fielding ___₉ la prof d'anglais. Elle ___₁₀ anglaise. Elle ___₁₁ de Liverpool. Le cours d'anglais ___₁₂ assez difficile. Mais les élèves dans la classe de Mademoiselle Fielding ___₁₃ très intelligents.

E **Et vous?** Complétez avec «être». (*Complete with* être.)

1. Et vous? Vous ___ américains, n'est-ce pas?
2. Vous ___ élèves dans une école secondaire?
3. Vous ___ maintenant dans quel cours?
4. Qui ___ le professeur?
5. Les élèves ___ intelligents?
6. Pour vous, le cours ___ facile ou difficile?

Cancale, en Bretagne

Vous et tu

Talking to People Formally or Informally

As you already know, in French there are two ways to say "you:" *tu* and *vous*.

1. You use *tu* when talking to one friend, one person your own age, or to a family member.

2. You use *vous* when talking to two or more people.

3. You also use *vous* when talking to an older person, a person whom you do not know well, or to anyone to whom you wish to show respect.

Exercices

A **Ils sont français?** Regardez les photos et posez la question en utilisant «tu» ou «vous». (*Ask the people in each of the pictures if they are French.*)

Tu es français?

1.

2.

3.

4.

5.

6.

B *Tu ou vous?* Posez la même question. (*Ask the following people in your class if they are French.*)

　　　un élève
　　　Tu es français?

1. le professeur
2. la personne devant vous
3. la personne derrière vous
4. une fille
5. deux garçons

L'accord des adjectifs au pluriel　　*Describing More Than One Person or Thing*

1. When a noun is in the plural, any adjective that describes or modifies the noun must also be in the plural. Study the following sentences.

　　　Les deux filles sont américaine<u>s</u>.　　Les garçons aussi sont américain<u>s</u>.
　　　Les deux filles sont sympathique<u>s</u>.　　Les garçons aussi sont très sympathique<u>s</u>.
　　　Les classes sont petite<u>s</u>.　　　　　Les livres sont intéressant<u>s</u>.

2. To form the plural of most French adjectives, you add *s* to the singular masculine or feminine form of the adjective. This *s* is not pronounced.

3. If a singular adjective ends in *s*, you do not add another *s* to the plural form.

> **Le garçon est français.**
> **Les garçons sont français.**

Exercices

A **Érica et Brigitte.** Décrivez les deux filles. (*Describe the two girls.*)

> **populaire**
> *Érica et Brigitte sont populaires.*

1. français
2. timide
3. brun
4. énergique
5. américain

B **Jean-François et Yann.** Décrivez les deux garçons. (*Describe the two boys.*)

> **intéressant**
> *Jean-François et Yann sont intéressants.*

1. français
2. américain
3. brun
4. musclé
5. content

C **Luc et Anne.** Récrivez le paragraphe d'après le modèle. (*Rewrite the paragraph according to the model.*)

> **Sophie et Marie sont françaises.**
> *Luc et Anne sont français.*

Sophie et Marie sont élèves dans un lycée à Paris. Les deux amies sont très amusantes. Elles sont aussi très énergiques. Maintenant elles sont en vacances. Elles sont à Nice. C'est chouette ça, des vacances à Nice. Vous n'êtes pas d'accord?

1. Observe the following examples of how to tell time.

Il est une heure.

Il est deux heures.

Il est trois heures.

Il est sept heures dix.

Il est huit heures
vingt-cinq.

Il est neuf heures
moins dix.

Il est dix heures
moins cinq.

Il est quatre heures
et quart.

Il est cinq heures moins
le quart.

Il est six heures et demie.

Il est midi.

Il est minuit.

2. To indicate a.m. and p.m. in French, you use the following expressions.

Il est cinq heures du
matin.

Il est trois heures de
l'après-midi.

Il est onze heures du soir.

3. Note the way times are abbreviated in French.

> 9h30   neuf heures et demie
> 11h15   onze heures et quart
> 3h45   quatre heures moins le quart

4. To ask what time it is, you say: **Il est quelle heure?**
   A more formal way to ask the time is: **Quelle heure est-il?**

5. Note how to ask and tell what time something (such as French class) takes place.

> Le cours de français est *à* quelle heure?
> Le cours de français est *à* neuf heures.

6. Note how to give the duration of an event (to indicate from when until when).

> Le cours de français est *de*
> neuf heures *à* dix heures.

Exercices

A | **Il est quelle heure?** Répondez d'après le modèle. (*Answer according to the model.*)

> **2h**
> Élève 1: Il est quelle heure?
> Élève 2: Il est deux heures.

1. 9h   3. 5h10   5. 7h55   7. 10h25   9. 6h40   11. 1h30
2. 3h35   4. 8h15   6. 12h ☀   8. 9h45   10. 2h05   12. 12h30 ☽

B | **Quand?** Posez les questions suivantes à un copain ou une copine. (*Ask a classmate the following questions. Then reverse roles.*)

1. Il est quelle heure maintenant?
2. Le cours de français est à quelle heure?
3. Le cours de maths est à quelle heure?
4. Le cours d'anglais est le matin ou l'après-midi?
5. Le cours d'histoire est le matin ou l'après-midi?

C | **À quelle heure sont les cours?** Répondez. (*Tell when four of your classes begin and end.*)

> Le cours d'anglais est de dix heures et quart à onze heures.

CONVERSATION

Scènes de la vie *Vous êtes de quelle nationalité?*

SYLVIE: Vous êtes américains?

MARK: Oui, nous sommes américains. Et vous, vous êtes françaises, n'est-ce pas?

CATHERINE: Oui, nous sommes de Nice.

DAVID: Nice? C'est où ça?

SYLVIE: Sur la mer Méditerranée.

MARK: Nice est une grande ville ou une petite ville?

CATHERINE: C'est une assez grande ville sur la Côte d'Azur.

SYLVIE: Et vous, vous êtes d'où?

DAVID: Nous sommes de Los Angeles.

CATHERINE: Los Angeles! C'est chouette, ça!

A **Nice et Los Angeles.** Répondez d'après la conversation. (*Answer according to the conversation.*)

1. D'où sont les Américains?
2. Et les Françaises?
3. Où est Nice?
4. Nice est une grande ville ou une petite ville?
5. Et Los Angeles?

Prononciation *Les consonnes finales*

l'art

1. In French, you do not usually pronounce the final consonant you see at the end of words. Repeat the following.

salut devant maintenant un restaurant l'anglais

2. In the same way, you do not pronounce the final *s* you add to a word to make it plural. This is why a singular noun and its plural sound alike. Repeat the following.

le copain les copains le livre les livres la fille les filles

Les garçons et les filles sont devant le restaurant.
Ils sont impatients.

Activités de communication orale

A **Aux États-Unis.** You and your partner are French students visiting the U.S. Ask two other students for the following information, then reverse roles.

1. their nationality
2. where they're from
3. if it's a large city or a small town
4. if they're high school students
5. if classes are easy or difficult
6. what the teachers are like
7. what the students are like

B **«Mieux vaut tard que jamais».** Anne's philosophy is "Better late than never," but she's trying hard to be more punctual. With a partner, compare her arrival times with her schedule and tell if she's on time (*à l'heure*), late (*en retard*), or early (*en avance*).

(7. le dentiste)
Anne arrive à: 4h

Élève 1: Il est quelle heure?
Élève 2: Il est quatre heures.
Élève 1: Anne est en avance.

Anne arrive à:

1. 8h05	6. 3h20
2. 9h13	7. 4h30
3. 10h10	8. 6h30
4. 12h	9. 9h
5. 12h47	

1. le cours de français	8h
2. le cours de maths	9h15
3. la récréation	10h10
4. la cantine/cafétéria	12h
5. le cours de biologie	12h45
6. le tennis	3h15
7. le dentiste	4h15
8. le dîner	6h30
9. un programme à la télé	8h55

UNE LETTRE

Antibes, le 15 juillet

Chers amis,

Salut! Je suis Christian Capet. Je suis de Saint-Germain-en-Laye. Saint-Germain-en-Laye est une petite ville près de[1] Paris, dans la banlieue[2]. Je suis élève dans un lycée. Mais maintenant je ne suis pas à Saint-Germain. Je suis à Antibes avec la famille de Gilbert Berthollet. Gilbert et moi, nous sommes copains. Nous sommes élèves dans le même lycée. Et nous sommes dans le même cours d'anglais. Le prof d'anglais est très sympa, mais l'anglais, ce n'est pas très facile. Mais maintenant, pas de profs, pas de classes! Nous sommes libres! Nous sommes en vacances à Antibes. Antibes est une petite ville très pittoresque sur la Côte d'Azur. Pour moi les vacances, c'est toujours extra. Vous êtes d'accord?

Affectueusement,
Christian

---

[1] près de   *near*   [2] dans la banlieue   *in the suburbs*

Étude de mots

A **Quel est le mot?** Trouvez les mots qui correspondent. (*Find the corresponding word or phrase.*)

1. Bonjour!
2. super
3. pas difficile
4. une langue
5. pas différent
6. période de temps libre
7. une petite ville près d'une grande ville

a. l'anglais
b. la banlieue
c. extra
d. facile
e. le même
f. Salut!
g. les vacances

Antibes: La vieille ville

Compréhension

B **Vous avez compris?** Répondez d'après la lecture. (*Answer according to the reading.*)

1. D'où est Christian?
2. Où est Saint-Germain-en-Laye?
3. Où est Christian maintenant?
4. Il est à Antibes avec qui?
5. Les deux garçons sont copains?
6. Ils sont dans le même cours d'anglais?
7. Comment est le prof d'anglais?
8. Le cours d'anglais est facile ou difficile?
9. Les deux copains sont en vacances? Où?

C **Un peu de géographie.** Oui ou non? (*Answer "yes" or "no."*)

1. Saint-Germain-en-Laye est dans la banlieue parisienne.
2. Antibes est aussi dans la banlieue parisienne.
3. Les villages et les villes de la Côte d'Azur sont très agréables pour les vacances.

DÉCOUVERTE CULTURELLE
LES 24 HEURES ET LE DÉCALAGE HORAIRE

DANS LA CONVERSATION	SUR LES HORAIRES
huit heures du matin	8h (huit heures)
deux heures de l'après-midi	14h (quatorze heures)
quatre heures et demie de l'après-midi	16h30 (seize heures trente)
dix heures et quart du soir	22h15 (vingt-deux heures quinze)

L'heure n'est pas la même partout. À New York il est midi. À Paris il est dix-huit heures. La différence entre l'heure de New York et l'heure de Paris (le décalage horaire) est de six heures. Il est midi à Paris. Quelle heure est-il à New York? Il est neuf heures à San Francisco. Quelle heure est-il à New York?

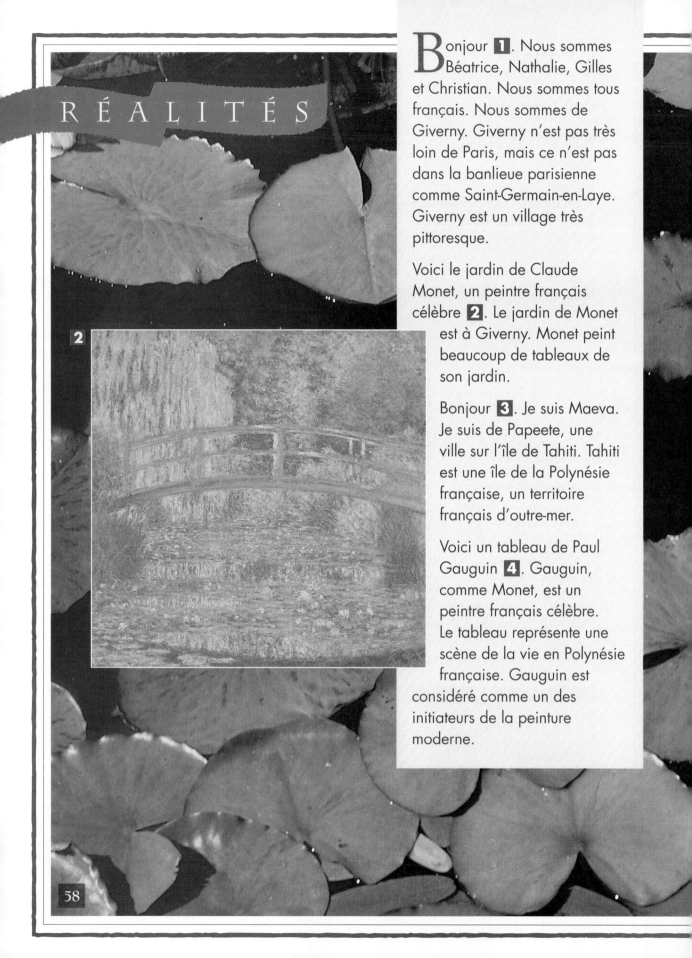

Bonjour **1**. Nous sommes Béatrice, Nathalie, Gilles et Christian. Nous sommes tous français. Nous sommes de Giverny. Giverny n'est pas très loin de Paris, mais ce n'est pas dans la banlieue parisienne comme Saint-Germain-en-Laye. Giverny est un village très pittoresque.

Voici le jardin de Claude Monet, un peintre français célèbre **2**. Le jardin de Monet est à Giverny. Monet peint beaucoup de tableaux de son jardin.

Bonjour **3**. Je suis Maeva. Je suis de Papeete, une ville sur l'île de Tahiti. Tahiti est une île de la Polynésie française, un territoire français d'outre-mer.

Voici un tableau de Paul Gauguin **4**. Gauguin, comme Monet, est un peintre français célèbre. Le tableau représente une scène de la vie en Polynésie française. Gauguin est considéré comme un des initiateurs de la peinture moderne.

1

3

4

CULMINATION

Activités de communication orale

A **Roissy-Charles-de-Gaulle.** You and your friend Suzanne have just arrived at Roissy-Charles-de-Gaulle Airport on the outskirts of Paris. Since she doesn't speak French, answer the immigration officer's questions for both of you.

1. Vous êtes de quelle nationalité?
2. Vous êtes d'où?
3. Vous êtes en vacances?

B **Mes programmes favoris.**

1. Name a few TV shows you watch.
2. Give the time and day each program is on.
3. Give your opinion of each show.
4. Ask a classmate if he or she agrees with you.

Samedi 16 Novembre

9.50 La5 10.20
Les animaux du soleil
Documentaire français. Rediffusion. Rives de Cunene.

10.00

10.00 M6 10.05 **Infoprix**
10.05 M6 10.30
M6 Boutique
Présentation : Pierre Dhostel et Julie.

10.20 La5 10.55
Chevaux et casaques
Magazine de Patrice Dominguez et Jean-Louis Burgat. Présentation : Caroline Avon.
Sauts d'obstacles à Auteuil.

10.30 FR3 12.00
Espace 3 entreprises
11.50 L'homme du jour.

10.30 M6 12.00 **Multitop**
Présentation : Laurent Petitguillaume.

10.35 C+ 10.40
Journal du cinéma

10.40 C+ 12.30
T Susie et les Baker Boys
Film américain de Steve Kloves (1989). 110 mn. Voir Tra 2182 page 111. La «vie d'artiste», calamiteuse, remarquablement décrite par un cinéaste doué et chaleureux. Les acteurs sont parfaits, l'actrice, une révélation : Michelle Pfeiffer, éclatante. Rediffusions : mardi 19 à 13.35, samedi 23 en v.o à 0.35.

à la recherche d'un mode de garde pour son enfant. La crèche modèle de Lille. L'adaptation et les problèmes d'infection dans les crèches. Les livres et les objets transitionnels des enfants. Question aux enfants : «Est-ce que tu es content que tes parents travaillent ?»

10.55 La5 11.50
Mille et une pattes
Magazine animalier. Présentation : Pierre Rousselet-Blanc et Pétra. Réalisation : P. Lumbroso. Invités : André Pittion-Rossillon, de la Société Centrale Canine, et Claude Fargeon, spécialiste du comportement animal. Gros plan : le dogue argentin. Reportages.

11.00

11.15 TF1 11.50
Auto moto
Magazine de Jacques Bonnecarrère. Supercross à Bercy. L'essai de la Mazda MX3. Salon de Tokyo.

11.20 A2 11.45
Motus
Jeu. Présentation : Patrice Laffont.

11.45 A2 11.55
Flash infos

11.50 TF1 12.25
Tournez manège
Jeu de Noël Coutisson et Claude Savarit. Présentation : Evelyne Leclercq, Simone Garnier et Charly Oleg.

11.50 La5 11.55
TT Ecrire contre l'oubli

12.25 A2 12.50
T Le français tel qu'on le parle
Documentaire français de Pierre Nivollet. A Antananarivo, capitale de l'île de Madagascar, on parle un français très coloré, un peu créole et souvent remarquable. Jean et sa femme Laura nous font visiter la ville, de l'école française au «zoma», le plus grand marché de «Tana». Ou quand la langue française facilite les rapports entre les gens et permet à certains de s'ouvrir sur le monde.

12.30 C++ 12.35
Flash infos

12.30 M6 13.00
Cosby show
Série américaine. Redif.

12.35 C++ 13.30
T 24 heures
Magazine d'Hervé Chabalier, Erik Gilbert, Claude Chelli. Programme non communiqué.

12.45 La5 13.20
Journal

12.50 A2 13.00
1, 2, 3, théâtre
Reprise.

13.00

13.00 TF1 13.15
Journal

13.00 A2 13.25
Journal

13.00 A2 13.55
O'Hara
Série américaine.

13.15 TF1 13.50
T Reporter

13.30 C++ 13.35
Journal du cinéma

13.35 C+ 15.10
Désastre à la centrale 7
Téléfilm américain de Larry Elikann (1988). Michael O'Keefe : Le sergent Fitzgerald. Perry King : Le commandant Hicks. Peter Boyle : Le général Sanger. Patricia Charbonneau : Kathy Fitzgerald. Deux soldats maladroits endommagent un missile dans une base militaire du Texas. Adulé par les siens, le sergent Fitzgerald arrive sans se presser pour constater les dégats. Stupeur et terreur : le missile fuit et vrombit. Il risque d'exploser...

13.45 A2 14.15
T Objectif jeunes
Magazine de Raymond Tortora et du service éducation de la rédaction. Présentation : Dominique Laury et Philippe Lefait. Réalisation : Roger Gomez.

Etudier en Europe (Patrick Redslob). Grâce au programme «Erasmus», soixante mille étudiants, dont dix mille Français, fréquentent les universités d'Europe. Reportage à Grenoble II, qui accueille Anglais, Allemands, Hollandais... Louvain-la-Neuve (Marc Maisonneuve). L'université de Louvain, en Belgique, qui reçoit des étudiants d'Europe entière, est réputée pour ses filières Sciences agronomiques.

Activité de communication écrite

A   Mon emploi du temps.   Make a chart like the one below and fill it out in French based on your weekly schedule. For each class give the time, the teacher, and your opinion of the teacher and the class itself.

Cours	Jours	Heure	Prof	Opinion: Prof	Opinion: Cours
anglais	le lundi le mardi le mercredi le vendredi	de 9h à 9h45	Mlle Shaw	assez intéressante	difficile

Vocabulaire

NOMS

le copain
la copine
le prof
la prof
le professeur
l'homme (m.)
la femme

la classe
la salle de classe
le cours
l'agenda (m.)
la matière
les maths (f.)
l'algèbre (f.)
la géométrie
la trigonométrie
l'informatique (f.)
les sciences (f.)
la biologie

la chimie
la physique
la littérature
la langue
le français
l'anglais (m.)
l'espagnol (m.)
le latin
l'histoire (f.)
la géographie
la musique
l'art (m.)
la gymnastique

le jour
lundi
mardi
mercredi
jeudi
vendredi
samedi

dimanche
aujourd'hui
demain
le week-end
la semaine
l'heure (f.)
midi
minuit
le matin
l'après-midi (m.)
le soir

ADJECTIFS
difficile
facile
chouette
extra
super
terrible
moche
libre

occupé(e)
même

VERBE
être

AUTRES MOTS
ET EXPRESSIONS
être d'accord
maintenant
vraiment

CHAPITRE
3

EN CLASSE ET APRÈS LES COURS

OBJECTIFS

In this chapter you will learn to do the following:

1. discuss what you do in school
2. describe some things you do with your friends after school
3. talk about people in general
4. express "some" or "not any"
5. tell what you or others like or don't like to do
6. tell which subjects are electives and which are required
7. compare school in the U.S. and in France

63

VOCABULAIRE

MOTS 1

une maison

habiter à Paris

une rue

quitter la maison

arriver

entrer

écouter

parler

étudier

travailler

regarder le
tableau noir

poser une question

passer un examen

Voici Paul Lafontaine.
Paul habite à Paris.
Il habite rue Saint-Dominique.

Paul quitte la maison à sept heures et demie.

Il arrive à l'école à huit heures.

À huit heures et quart, il entre dans la salle de classe.

Il quitte l'école à cinq heures et il rentre à la maison.

Note: The expression *passer un examen* is a false cognate. A false cognate is a word that looks like an English word but means something different. *Passer un examen* means "to take an exam," not "to pass an exam."

Quand est-ce que Paul étudie?
Paul étudie beaucoup le soir.

Exercices

A **À l'école le matin.** Répondez. *(Answer.)*

1. Est-ce que Paul habite à Paris?
2. Il habite rue Saint-Dominique?
3. Le matin, il quitte la maison à quelle heure?
4. Il arrive à l'école à quelle heure?
5. Il entre dans la salle de classe?
6. Le professeur est là?
7. Le professeur parle?
8. Paul écoute le professeur?
9. Paul regarde le tableau noir?
10. Il pose une question?
11. Il étudie le français?
12. Il passe un examen?
13. L'après-midi, il quitte l'école à quelle heure?
14. Il travaille beaucoup le soir?

L'Arc de Triomphe

B **Des expressions.** Trouvez les mots qui correspondent aux verbes. *(Find the words or phrases that correspond to the verbs.)*

1. parler
2. arriver
3. quitter
4. habiter
5. écouter
6. regarder
7. passer
8. entrer
9. poser
10. rentrer

a. avenue des Champs-Élysées
b. à l'école
c. français
d. le prof
e. anglais
f. la maison
g. à Paris
h. le tableau noir
i. quand le prof parle
j. dans la salle de classe
k. une question
l. un examen
m. à la maison

C **Le lycéen, Paul.** Choisissez la bonne réponse. (*Choose the correct answer.*)

1. Où habite Paul?
   a. À Paris.   **b.** Le matin.   **c.** À l'école.

2. Quand est-ce que Paul quitte la maison?
   a. Rue Saint-Dominique.   **b.** Le matin.   **c.** Avec un copain.

3. Où est-ce qu'il arrive?
   a. À huit heures.   **b.** À l'école.   **c.** Le matin.

4. Qui parle?
   a. Le prof.   **b.** La salle de classe.   **c.** Français.

5. Qui écoute quand le prof parle?
   a. Le prof.   **b.** La salle de classe.   **c.** La classe.

6. Quand est-ce que Paul arrive à l'école?
   a. Le matin.   **b.** L'après-midi.   **c.** Le soir.

7. Quand est-ce qu'il quitte l'école?
   a. Le matin.   **b.** L'après-midi.   **c.** Le soir.

D **Qu'est-ce que... ?** Répondez d'après les indications. (*Answer according to the cues.*)

1. Qu'est-ce que Paul regarde? (le livre)
2. Qu'est-ce qu'il étudie? (le vocabulaire)
3. Qu'est-ce qu'il passe? (un examen)
4. Qu'est-ce qu'il parle? (français)
5. Qu'est-ce qu'il pose? (une question)

VOCABULAIRE

MOTS 2

APRÈS LES COURS

un magasin de disques

une cassette

des cassettes

un magazine

un compact disc

une vidéo(cassette)

des magazines

un walkman

l'argent

Voici Pauline.
Pauline travaille après les cours.
Elle travaille dans un magasin de disques à
Montréal.

Pauline

lundi
mardi   de 16h à 20h
mercredi
jeudi   de 16h à 20h
vendredi
samedi   de 10h à 17h
dimanche

Elle travaille quinze heures par semaine.
Elle travaille à mi-temps.
Elle ne travaille pas à plein temps.

Elle gagne cinquante dollars par semaine.

Les copains parlent.
Ils parlent au téléphone.

Ils regardent la télé.
Ils n'écoutent pas la radio.

une fête

Vendredi soir Caroline donne une fête.
Caroline aime (adore) les fêtes.
Elle invite des amis.

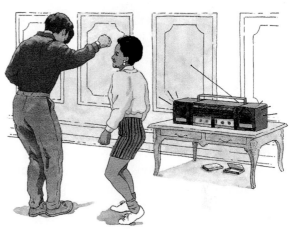

Pendant la fête les amis dansent.
Ils écoutent des cassettes.

Ils rigolent.

Note: The verb *rigoler* is an informal word which means "to joke around," "to have a good time."

Ils chantent.

Exercices

A **Qu'est-ce que c'est?** Identifiez. *(Identify each item.)*

1.

2.

3.

4.

5.

6.

B **Après les cours.** Répondez. *(Answer.)*

1. Après les cours les copains écoutent des compact discs ou des cassettes?
2. Ils aiment la musique classique ou populaire?
3. Les copains regardent la télé?
4. Qui donne une fête?
5. Elle invite des amis?
6. Quand est-ce qu'elle donne la fête?

C **Pauline travaille!**
Répondez. *(Answer.)*

1. Pauline est française ou canadienne?
2. Après les cours elle est libre?
3. Elle travaille?
4. Où est-ce qu'elle travaille?
5. Elle travaille à mi-temps ou à plein temps?
6. Elle gagne combien d'argent par semaine?

Armand et Justine travaillent au Chalet Suisse.

Activités de communication orale

Mots 1 et 2

A **Au magasin de disques.** You're in a record store in Quebec. Ask the salesperson (your partner) the price of each of the following items.

> un disque ($5)
>
> Élève 1: S'il vous plaît, Mademoiselle (Monsieur).
>   C'est combien, le disque?
> Élève 2: C'est cinq dollars.

1.   2.   3.

4.   5.   6.

B **En classe ou après les cours?** Tell a few things a friend of yours does almost every day. Your partner will decide whether your friend does these things in class or after school.

> Élève 1: Il/Elle regarde la télé.
> Élève 2: Il/Elle regarde la télé après les cours.
>
> Élève 1: Il/Elle passe un examen.
> Élève 2: Il/Elle passe un examen en classe.

STRUCTURE

Le pronom *on*

*Talking About People in General:
"We," "People," "They"*

1. You will use the word *on* a great deal in French. It can have many different meanings. One of its most common meanings is "we." Its other equivalents in English are words such as "people" and "they."

     On parle français en France.   *They (People) speak French in France.*

2. You can also use *on* to make suggestions about doing something.

     On regarde la télé?   *Let's watch TV. (Are we going
                                         to watch TV?)*
     On écoute la cassette?   *Shall we listen to the cassette?*

3. With *on* you use the same form of the verb as you do with *il* and *elle*.

     Il parle français en classe.
     On parle français en Belgique.

Exercice

A **Aux États-Unis.** Un(e) élève français(e) pose des questions à un(e) élève américain(e). *(You are a French student. Ask a classmate about life in the U.S.)*

     On arrive à l'école à quelle heure?
     On arrive à l'école à huit heures.

1. On entre dans la salle de classe à quelle heure?
2. On quitte l'école à quelle heure?
3. On déteste les examens?
4. On travaille beaucoup à l'école?
5. On aime le cinéma?
6. On travaille après les cours?
7. On écoute des disques rock?
8. On regarde la télé?
9. On parle au téléphone?

Les verbes réguliers en -er au présent

Describing People's Activities

1. A verb is a word that expresses an action or a state of being. Words such as *parler, travailler,* and *aimer* are verbs. These are called regular verbs because they all follow the same pattern and have the same endings.

2. The infinitive form of these verbs ends in -*er.* The infinitive is the basic form of the verb that you find in the dictionary.

   parler   *to speak, to talk*
   travailler   *to work*
   aimer   *to like*

3. You drop the -*er* of the infinitive to form the stem.

   parler   **parl-**
   aimer   **aim-**

4. You add the endings for each subject to this stem. Study the following chart.

INFINITIVE	PARLER	AIMER	
STEM	**parl-**	**aim-**	ENDINGS
	je parle	j'aime	-e
	tu parles	tu aimes	-es
	il parle	il aime	
	elle parle	elle aime	-e
	on parle	on aime	
	nous parlons	nous aimons	-ons
	vous parlez	vous aimez	-ez
	ils parlent	ils aiment	
	elles parlent	elles aiment	-ent

5. You pronounce the *je, tu, il, elle, on, ils,* and *elles* forms of the verb the same even though they are spelled differently.

6. When a verb begins with a vowel or a silent *h, je* is shortened to *j'.*

   J'aime Paris.
   J'habite à Lyon.

7. In the negative, you shorten the *ne* to *n'* before a vowel or a silent *h.*

   Je n'aime pas les maths.
   Je n'habite pas à Paris.

8. With all verbs beginning with a vowel or a silent *h* there is a liaison between the subject and the verb with the plural forms *nous*, *vous*, *ils*, and *elles*. The *s* is pronounced like a *z*.

nous étudions   vous aimez   ils habitent

Exercices

A **Thérèse parle français.**   Répondez d'après les dessins. (*Answer according to the illustrations.*)

1. Thérèse est américaine ou française?
2. Elle habite à Chicago ou à Paris?
3. Elle habite avenue Gambetta ou avenue Saint-Pierre?
4. Elle parle anglais ou français?
5. Elle quitte la maison le matin ou l'après-midi?
6. Elle arrive à l'école à quelle heure?

B **Les élèves ou les profs?**   Dites si ce sont les professeurs, les élèves ou les deux. (*Tell who is doing the following activities—the students, the teachers, or both.*)

> **Qui arrive à l'école le matin?**
> *Les profs et les élèves arrivent à l'école le matin.*

1. Qui entre dans la salle de classe?
2. Qui parle en classe?
3. Qui écoute en classe?
4. Qui regarde le tableau noir?
5. Qui donne les examens?
6. Qui passe les examens?
7. Qui corrige les examens?
8. Qui étudie beaucoup?
9. Qui pose des questions?

C **Tu parles français?** Répétez la conversation. (*Practice the conversation.*)

BARBARA: René, tu n'es pas français, n'est-ce pas?
RENÉ: Non, je ne suis pas français.
BARBARA: Mais tu parles français.
RENÉ: Bien sûr, je parle français.
BARBARA: Mais comment ça, si tu n'es pas français?
RENÉ: Mais je suis belge.
BARBARA: Ah, c'est vrai. On parle français en Belgique.

La Grand-Place à Bruxelles, en Belgique

D **À votre tour.** Donnez des réponses personnelles. (*Give your own answers.*)

1. Tu habites dans quelle ville?
2. Tu quittes la maison à quelle heure le matin?
3. Tu arrives à l'école à quelle heure?
4. Est-ce que tu parles français avec les copains?
5. Tu parles quelle langue dans la classe de maths?
6. Tu aimes quels cours? quels profs?
7. Tu détestes quels cours?
8. Est-ce que tu travailles après les cours?
9. Est-ce que tu chantes quand tu écoutes la radio?
10. Quand est-ce que tu regardes la télé?

E **Pardon?** Posez des questions d'après le modèle. (*Ask questions according to the model.*)

> **Nous écoutons des compact discs.**
> *Pardon? Qu'est-ce que vous écoutez?*

1. Nous détestons la musique classique.
2. Nous regardons la télé.
3. Nous regardons les magazines.
4. Nous écoutons la radio.
5. Nous aimons les fêtes.
6. Nous donnons une fête.

F **Vous donnez une fête?** Donnez des réponses personnelles avec «nous». (*Give your own answers with* nous.)

1. Vous donnez une fête?
2. Pendant la fête, vous dansez?
3. Vous chantez?
4. Vous écoutez des disques?
5. Vous regardez la télé?

Notre fête. Complétez. *(Complete.)*

1. Nous ___ une fête. (donner)
2. Nous ___ la fête pour célébrer l'anniversaire *(birthday)* de Claude. (donner)
3. Nous ___ les amis de Claude. (inviter)
4. Claude ___ à l'heure. (arriver)
5. Les amis ___ à la fête. (arriver)

6. Pendant la fête les amis ___. (rigoler)
7. On ___ et on ___. (danser, chanter)
8. Et vous, vous ___ les fêtes? (aimer)
9. Vous ___ danser? (aimer)
10. Vous ___ à quelle heure? (rentrer)

L'article indéfini au pluriel; La négation des articles indéfinis

Expressing "Some" and "Not Any"

1. You have already learned the singular indefinite articles *une* and *un*. The plural of *une* and *un* is *des*, which means "some" or "any" in English.

Il regarde un magazine.	Il regarde *des* magazines.
Elle écoute une cassette.	Elle écoute *des* cassettes.
Il invite un(e) ami(e).	Il invite *des* ami(e)s.

2. In the negative all the indefinite articles change to *de*. Note that *de* is shortened to *d'* before a vowel or silent *h*.

J'écoute un disque.	Je *n'*écoute *pas de* disque.
Tu regardes une vidéo.	Tu *ne* regardes *pas de* vidéo.
Nous invitons des copains.	Nous *n'*invitons *pas de* copains.
Les élèves passent des examens.	Mais ils *ne* passent *pas d'*examens aujourd'hui.

Exercices

A **Le temps libre.** Donnez des réponses personnelles. *(Give your own answers.)*

1. Quand tu es libre, est-ce que tu regardes des livres scolaires ou des magazines?
2. Tu écoutes des cassettes ou des disques après les cours?
3. Pendant le week-end, tu regardes des livres ou des vidéos?
4. Quand tu donnes une fête, tu invites des amis?
5. Pendant une fête tu regardes des vidéos?

B **En classe.** Répondez négativement. (*Answer in the negative.*)

1. Tu écoutes des compact discs?
2. Tu regardes une vidéo?
3. Tu chantes une chanson populaire?
4. Tu regardes un magazine?
5. Le professeur passe des examens?
6. Il donne des devoirs amusants?

Le verbe + l'infinitif

Talking About What You Like or Don't Like to Do

1. In French when the verbs *aimer, adorer,* and *détester* are followed by another verb, the second verb is in the infinitive form.

     J'aime chanter.   J'adore danser.   Je déteste étudier.

2. In a negative sentence the *ne... pas* goes around the first verb.

     Il *n'*aime *pas* chanter.

Exercices

A **Tu aimes danser?** Posez les questions suivantes à un copain ou à une copine. (*Ask a classmate the following questions.*)

> Élève 1: Tu aimes danser?
> Élève 2: Bien sûr. J'aime beaucoup danser. (Mais non! Pas du tout. Je déteste danser.)

1. Tu aimes écouter la radio?
2. Tu aimes regarder la télé?
3. Tu aimes étudier?
4. Tu aimes parler au téléphone?
5. Tu aimes rigoler?
6. Tu aimes chanter?

B **Ils aiment danser?** Décidez si ces personnes aiment ces activités. (*Decide if these people like the following activities.*)

> **Elle aime (adore) chanter.**

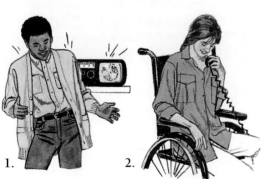

1.   2.   3.   4.

CONVERSATION

Scènes de la vie *Après le cours de français*

JEANNE: Charles, tu aimes le français?
CHARLES: Beaucoup. C'est extra, vraiment.
JEANNE: Pourquoi ça?
CHARLES: Le prof est très intéressant.
JEANNE: Et tu aimes parler?
CHARLES: Beaucoup.
JEANNE: Et tu parles très, très bien le français, Charles.
CHARLES: Merci, Jeanne.

A **Charles et Jeanne.** Répondez d'après la conversation. (*Answer according to the conversation.*)

1. Charles aime quel cours? Pourquoi?
2. Comment est le prof?
3. Charles aime parler français?
4. Charles parle bien ou pas?
5. Jeanne est française ou pas?
6. Et Charles, il est français ou pas?

B **À votre tour.** Donnez des réponses personnelles. (*Give your own answers.*)

1. Tu aimes le français? Pourquoi?
2. Comment est le professeur?
3. Tu aimes parler français?
4. Tu parles bien ou pas?

Prononciation *Les sons /é/ et /è/*

There is an important difference in the way French and English vowels are pronounced. When you say the French word *des*, your mouth is tense, in one position. You can actually repeat the vowel sound /é/ as many times as you want without moving your mouth at all. But when you pronounce the English word "day," your mouth is relaxed and you actually say two vowel sounds.

Now listen to the word *élève*. There are two distinct vowel sounds. The sound /é/ is a "closed" sound and /è/ an "open" sound. This describes the positions of the mouth for each of these sounds. Repeat the following.

| Le son /é/ | la télé | le café | l'école | écoutez |
| Le son /è/ | après | la fête | vous êtes | la cassette |

Après l'école, les élèves aiment écouter des cassettes.

élève

Activités de communication orale

A **Des préférences.** Ask a classmate which courses he or she likes or dislikes and why. Then tell the class what he or she said.

B **Un copain français ou une copine française.** You're spending the summer in France and you've just met a French student (your partner) who'd like to know more about you. Tell him or her:

1. where you're from
2. where you're a student
3. what time you leave home in the morning
4. what your French class is like
5. what your French teacher is like
6. when you leave school
7. some things you do after school

C **Vous aimez ou vous n'aimez pas... ?** Divide into small groups and choose a leader. Using the list below, the leader finds out what each person in the group likes and doesn't like to do and then reports to the class.

> étudier
>
> Élève 1: Tu aimes étudier?
> Élève 2: Moi, j'aime étudier. (Je déteste étudier.), etc.
> Élève 1 (*à la classe*): Martin et Anne aiment étudier...

1. danser
2. chanter
3. passer des examens
4. regarder la télé
5. donner des fêtes
6. parler au téléphone

LECTURE ET CULTURE

UNE ÉLÈVE PARISIENNE

Geneviève habite rue Saint-Julien-le-Pauvre à Paris. La rue Saint-Julien-le-Pauvre est près de la Sorbonne. La Sorbonne est une université célèbre à Paris. Geneviève quitte la maison à huit heures moins le quart. Elle est élève au Lycée Saint-Louis. Les cours commencent à huit heures et demie. Geneviève arrive au lycée à huit heures. Elle aime arriver de bonne heure[1]! Avant[2] les cours elle parle avec les copains dans la cour[3]. Elle aime ça. Elle quitte le lycée à cinq heures.

Les lycéens français passent à peu près[4] trente heures par semaine à l'école. En France la plupart[5] des matières sont obligatoires et très peu de[6] matières sont facultatives. On est libre le mercredi après-midi.

En France les élèves passent un examen difficile, le baccalauréat (le bachot ou le bac) avant d'être diplômés.

[1] de bonne heure   *early*
[2] Avant   *Before*
[3] cour   *courtyard*
[4] à peu près   *about*
[5] la plupart   *most*
[6] peu de   *few*

Étude de mots

A   Des mots apparentés.   Choisissez le bon mot. (*Choose the correct word.*)

arrive	commencent
cours	obligatoire

1. J'___ à l'école à sept heures et demie du matin.
2. Les cours ___ à huit heures.
3. Le ___ de Madame Benoît est très intéressant.
4. L'anglais est un cours ___.

B   En France.   Trouvez les mots qui correspondent. (*Find the corresponding word or phrase.*)

1. célèbre
2. le lycée
3. la matière
4. une matière facultative
5. le baccalauréat
6. les vacances

a. le bachot, le bac
b. la discipline, le cours
c. fameux, illustre
d. une école secondaire française
e. le contraire d'une matière obligatoire
f. la période de temps où on est libre

Compréhension

C **Vous avez compris?** Répondez. (*Answer.*)

1. Où est-ce que Geneviève habite?
2. Elle habite dans quelle rue?
3. Où est la rue?
4. Geneviève quitte la maison à quelle heure?
5. Les cours commencent à quelle heure?

D **Les écoles en France.** Trouvez les renseignements suivants dans la lecture. (*Find the following information in the reading.*)

1. the name of a university in Paris
2. a test taken by French students
3. the number of hours spent weekly by French students in school
4. when French students are free
5. the time school begins in France

E **Aux États-Unis.** Répondez. (*Answer.*)

1. Les cours commencent à quelle heure?
2. Les élèves américains passent combien d'heures par semaine à l'école?
3. On est libre quels jours aux États-Unis?

DÉCOUVERTE CULTURELLE

Aux États-Unis beaucoup d'élèves travaillent après les cours. Ils travaillent à mi-temps. Ils travaillent, par exemple, dans un magasin, dans un supermarché ou dans un restaurant. Ils gagnent de l'argent—quarante ou cinquante dollars par semaine. Ils dépensent[1] l'argent pour aller au cinéma, pour acheter[2] des cassettes ou des jeans.

En France, au contraire, relativement peu de lycéens travaillent après les cours. Les élèves ne travaillent pas à mi-temps. C'est assez rare.

[1] dépensent *spend*
[2] acheter *to buy*

LE DIPLÔME NATIONAL DU BREVET

SÉRIE : COLLÈGE

RÉPUBLIQUE FRANÇAISE

MINISTÈRE DE L'ÉDUCATION NATIONALE

VU les textes en vigueur *VU le procès verbal du jury*

EST DÉLIVRÉ

à **MADEMOISELLE BRILLIÉ** **MARINA DIANE AVIVA**

né(e) le 01 AVRIL 1982 à 075 PARIS 14

le 22 OCTOBRE 1997

fait à **ARCUEIL**

Signature du Titulaire,

ACADÉMIE DE PARIS

DÉPARTEMENT DE PARIS

Le Directeur du Service Interacadémique des examens et concours

J. KOOIJMAN

No. 7506094

Vous êtes priés de faire des photocopies certifiées conformes à l'original: il ne sera pas délivré de duplicata

Voici un couple de jeunes dans le jardin du Luxembourg à Paris **1**. Le jardin du Luxembourg est au Quartier Latin, pas loin de la Sorbonne.

C'est la Sorbonne **2**. C'est une université célèbre. La Sorbonne est à Paris, au Quartier Latin.

Ce sont deux élèves et un professeur du Lycée Henri IV à Paris **3**. Le Lycée Henri IV est dans le cinquième arrondisse-ment. Un arrondissement est un quartier ou une zone de la ville. Le cinquième est très fréquenté par des lycéens et des étudiants universitaires.

Voici la rue de la Harpe **4**. C'est une rue du Quartier Latin. Après les cours les étudiants et les lycéens fréquentent les cafés du Quartier Latin.

3

4

83

CULMINATION

Activités de communication orale

A **Au café.** You're seated at a café in Aix-en-Provence. You're chatting with a French student, Paul, who wants to know about life in the U.S. Answer his questions.

Paul

1. Tu passes combien d'heures par semaine à l'école?
2. Les cours commencent à quelle heure?
3. Tu es libre quel jour?
4. Les jeunes Américains travaillent après les cours?
5. Tu travailles à mi-temps?

B **La fête.** You're showing your French friend Alain Dumont a photo of a party at your house. Tell him what an American party is like.

Activité de communication écrite

A **Et toi?** Write a paragraph about yourself by answering the following questions.

1. Où est-ce que tu habites?
2. Où est-ce que tu es élève?
3. Tu arrives à l'école à quelle heure?
4. Les cours commencent à quelle heure?
5. Tu aimes le cours de français?
6. Qui est le prof?
7. Tu aimes quelle autre matière?
8. Tu quittes l'école à quelle heure?
9. Tu travailles à mi-temps après les cours?
10. Tu aimes donner des fêtes pendant le week-end?

Réintroduction et recombinaison

A **À l'école.** Donnez des réponses personnelles. (*Give your own answers.*)

1. Tu es de quelle ville?
2. Où est-ce que tu es élève?
3. Tu études quelles matières?
4. Tu aimes quels cours?
5. Tu n'aimes pas quels cours?
6. Tu passes des examens?
7. Les examens sont faciles ou difficiles? Et les devoirs?
8. Qui donne les examens?
9. Qui est le prof de français?

B **Un autoportrait.** Complétez. (*Complete.*)

1. Bonjour! Je suis ___.
2. Je ___ de ___. (ville)
3. Je parle ___ et ___.
4. J'habite ___.
5. J'arrive à l'école ___.
6. À l'école j'étudie ___, ___ et ___.
7. Je quitte l'école ___.
8. Avec les copains j'aime ___ et ___.

Vocabulaire

NOMS	VERBES	
la maison	aimer	rigoler
la rue	adorer	travailler
la fête	détester	à mi-temps
la télé	arriver	à plein temps
la radio	chanter	
le walkman	danser	AUTRES MOTS ET EXPRESSIONS
le magazine	donner	
le disque	écouter	parler au téléphone
le compact disc	entrer	poser une question
la cassette	étudier	passer un examen
la vidéo(cassette)	gagner	par jour
le magasin	habiter	par semaine
l'argent (m.)	inviter	pendant
l'examen (m.)	parler	après
	quitter	beaucoup
	regarder	quand
	rentrer	

COLLÈGE:
EUGÈNE DELACROIX
13/15, rue Eugène Delacroix
75116 PARIS

1er TRIMESTRE ANNÉE 19 96 –

NOM ET PRÉNOM: BAILLY Cami
DATE DE NAISSANCE: 17.11.83 CLASSE:
PROFESSEUR PRINCIPAL: N. Rivière EFFECT

DISCIPLINES	NOTES	LA PLUS BASSE	MOYENNE	LA PLUS HAUTE	SENS DE L'ÉVOLUTION	APPRÉCIATIONS DES PROF
ORTHOGRAPHE		17,75	00	14,5	13,75	Excellent travail
GRAMMAIRE						Bonne participati
EXPLICATION DE TEXTES		15,5	07	11	13,5	Résultats très satis
COMPOSITION FRANÇAISE	ORAL	A				
LANGUE VIVANTE 1 Allemand	ECRIT	14				Bien dans l'ensem
	ORAL					Bon Travail
LANGUE VIVANTE 2 Anglais	ECRIT	17,5	9	14	19	
	ORAL					
L.V. RENFORCÉE	ECRIT					Très bon trim
	ORAL	19	13	16	10	
DC LATIN		20				
GREC						Trimestre et satisfaisants un peu lent
HISTOIRE						
GEOGRAPHIE		12	08	11	14	Excellent t Attitude très satis
ECONOMIE						
EDUCATION CIVIQUE						
MATHÉMATIQUES		17,5	5	11	17,5	Assez b
SCIENCES PHYSIQUES		12		10		Ensemble u faudra cours trimestre
SCIENCES NATURELLES		10	5,4	10	15	Bon trim
TECHNOLOGIE		17	15	9	15	
ARTS PLASTIQUES						Ensemble i J'attends beauc
EDUCATION MUSICALE		08,5				Résultat Bonne
EDUCATION PHYSIQUE ET SPORTIVE		11,5	10,5	08	13,5	

AVIS DU CONSEIL DE CLASSE

FÉLICITATIONS
ENCOURAGEMENTS
AVERTISSEMENT
– TRAVAIL
– CONDUITE
BLAME

Très bon trimestre.
Mes compliments

CHAPITRE
4

LA FAMILLE ET
LA MAISON

OBJECTIFS

In this chapter you will learn to do the following:

1. talk about your family
2. describe your home
3. give today's date
4. give the date of your birthday and that of others
5. give your age and find out someone else's age
6. tell what belongs to you and others
7. use certain adjectives to describe people and things
8. talk about housing in France and the U.S.

VOCABULAIRE

MOTS 1

les grands-parents

M. Girard

Mme Girard

le grand-père

la grand-mère

les parents

M. Revel

Mme Revel

Mme Debussy

M. Debussy

l'oncle

la tante

la mère | la femme

le père | le mari

les enfants

Guy

Anne

Philippe

Monique

le neveu | le cousin | la nièce | la cousine | le fils | le petit-fils | la fille | la petite-fille

Minou

Médor

le chat

le chien

Monique est la fille de M. et Mme
    Debussy.
Elle a quatorze ans.
C'est quand, l'anniversaire de Monique?
L'anniversaire de Monique est
    le 4 novembre.
C'est aujourd'hui!
Monique et Philippe sont jeunes.
Ils ne sont pas vieux.

Voici la famille Debussy.
M. et Mme Debussy ont deux enfants, un fils et
    une fille.
La famille Debussy a un appartement à Paris.
Les Debussy ont un chien, Médor.
Ils n'ont pas de chat.
Philippe Debussy est le fils de M. et Mme Debussy.
Il a quel âge?
Il a seize ans.

Les mois de l'année sont:

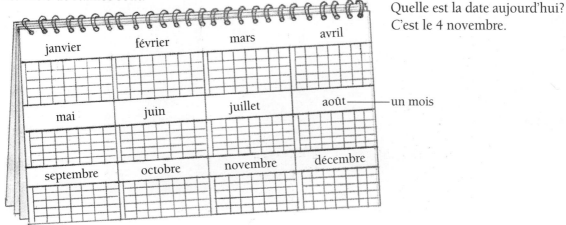

Quelle est la date aujourd'hui?
C'est le 4 novembre.

Note: For the first day of the month, you say *le premier*.

    le 1er avril   le premier avril

Exercices

A **La famille Debussy.** Répondez. (*Answer.*)

1. La famille Debussy a un appartement à Paris?
2. M. et Mme Debussy ont deux enfants?
3. La famille Debussy est grande ou petite?
4. Le fils a quel âge?
5. La fille a quel âge?
6. Les Debussy ont un chien ou un chat?
7. Les enfants de M. et Mme Debussy ont des cousins?
8. Ils ont des oncles et des tantes?
9. Ils ont des grands-parents?

B **Ma famille et moi.** Complétez. (*Complete.*)

1. Le frère de mon père est mon ___.
2. La sœur de mon père est ma ___.
3. Le frère de ma mère est mon ___.
4. La sœur de ma mère est ma ___.
5. Le fils de mon oncle et de ma tante est mon ___.
6. Et la fille de mon oncle et de ma tante est ma ___.
7. Les enfants de mes oncles et de mes tantes sont mes ___.
8. Et moi, je suis ___ de mon oncle et de ma tante.
9. Le père de ma mère est mon ___.
10. La mère de mon père est ma ___.
11. Je suis ___ de mes grands-parents et ___ de mes parents.

C **Les anniversaires.** Indiquez l'anniversaire de chaque personne d'après le carnet d'anniversaires. *(Give the date of each person's birthday according to the birthday book.)*

Maman
L'anniversaire de Maman est le 4 mars.

1. Papa
2. Philippe
3. Oncle Pierre
4. Tante Marie
5. Céline
6. Grégoire
7. Marie-France
8. Grand-mère

mars
4 Maman

janvier
10 Papa

octobre
20 Philippe

avril
12 Céline

mai
17 Grégoire

juin
22 Marie-France

juillet
31 Grand-mère

décembre
15 _____
Tante Marie

février
1 _____
Oncle Pierre

JOYEUX ANNIVERSAIRE!

VOCABULAIRE

MOTS 2

une vieille maison

un garage

une voiture

un jardin

une terrasse

un immeuble

un quartier

un appartement

le troisième étage

le deuxième étage

un balcon

le premier étage

le rez-de-chaussée

une entrée

une station de métro

Les Debussy ont un joli appartement près de la station de métro.
L'appartement n'est pas loin de la station de métro.
Il y a dix appartements dans l'immeuble.

un ascenseur

bavarder

une cour

un voisin

une voisine

Il y a un ascenseur dans l'immeuble.
Il n'y a pas de garage dans l'immeuble.
M. Debussy bavarde avec les voisins.

Il y a six pièces dans l'appartement.

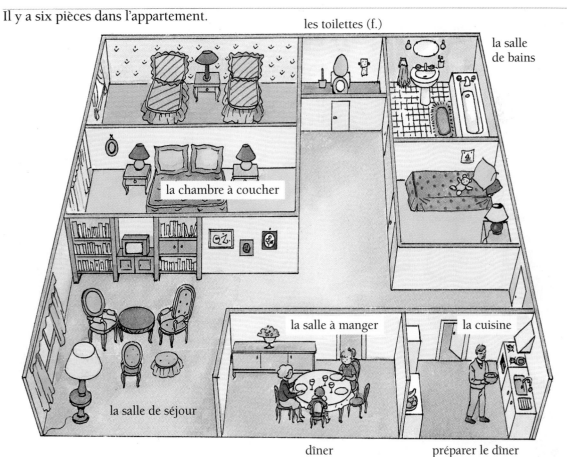

les toilettes (f.)

la salle
de bains

la chambre à coucher

la salle à manger

la cuisine

la salle de séjour

dîner

préparer le dîner

Exercices

Un très bel immeuble.
Identifiez. *(Identify.)*

1. C'est le premier étage ou le rez-de-chaussée?
2. C'est le balcon ou la cour?
3. C'est l'entrée ou le rez-de-chaussée?
4. C'est le premier étage ou le deuxième étage?
5. C'est le balcon ou l'ascenseur?

B **La vieille maison.** Répondez d'après le dessin. *(Answer according to the illustration.)*

1. La maison a combien de pièces?
2. Les pièces sont grandes?
3. Il y a combien d'étages?
4. Il y a une grande cuisine?
5. Il y a combien de chambres à coucher?
6. Il y a combien de salles de bains?
7. Il y a combien de toilettes?
8. Il y a un balcon?

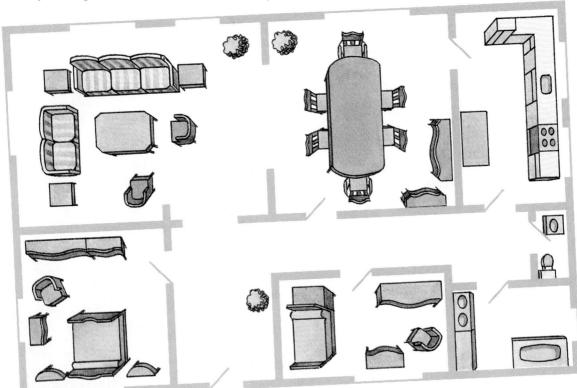

C **Quelle pièce?** Choisissez la bonne réponse. *(Choose the correct answer.)*

1. On regarde la télé dans ___.
   a. la salle à manger **b.** la salle de bains **c.** la salle de séjour

2. On prépare le dîner dans ___.
   a. la salle à manger **b.** la cuisine **c.** la chambre à coucher

3. On bavarde avec les voisins dans ___.
   a. la chambre à coucher **b.** la cour **c.** la salle de bains

4. On dîne dans ___.
   a. la salle de séjour **b.** la cuisine ou la salle à manger
   c. la chambre à coucher

5. On dîne sur ___ de la maison en juillet et en août.
   a. la terrasse **b.** l'étage **c.** la pièce

D **Ma maison.** Donnez des réponses personnelles. *(Give your own answers.)*

1. Où habites-tu?
2. Tu habites quelle rue?
3. Tu habites dans un appartement ou dans une maison?
4. Il y a combien de pièces dans l'appartement ou la maison?
5. Il y a combien de chambres à coucher?
6. Il y a une terrasse ou un balcon?
7. Il y a un ascenseur dans l'immeuble?
8. La maison ou l'immeuble a un garage?
9. La voiture est dans le garage le soir?
10. Tu bavardes avec les voisins?

Activités de communication orale
Mots 1 et 2

A **La famille Lapeyre.** Here's a picture of the Lapeyre family. Say as much as you can about them.

B **Ma maison.** During a visit to Nîmes in Southern France you meet a French student. He or she wants to know:

1. whether you live in a house or an apartment
2. what your house or apartment is like
3. whether there's a yard and what it's like

STRUCTURE

Le verbe *avoir* au présent

Telling What You and Others Have; Telling People's Ages

1. The verb *avoir*, "to have," is an irregular verb. Study the present tense forms of this verb. Note that there is a liaison in the plural. The *s* is pronounced like a *z*.

AVOIR	
j'ai	nous avons
tu as	vous avez
il a	ils ont
elle a	elles ont

2. You also use the verb *avoir* to express age in French.

> **Tu as quel âge?**
> **Moi, j'ai seize ans.**

Exercices

A **Les Lefèvre.** Répondez d'après la photo. *(Answer according to the photo.)*

1. Catherine Lefèvre a un frère?
2. Jacques a une sœur?
3. Monsieur et Madame Lefèvre ont deux enfants?
4. Ils ont un appartement à Paris?
5. Ils ont un jardin?
6. Les Lefèvre ont un chat?

B **Qu'est-ce qu'il a, Robert?** Répondez d'après le modèle. *(Answer according to the model.)*

> **Robert a une cassette?**
> *Non, il n'a pas de cassette.*

1. Il a un stylo?
2. Il a une voiture?
3. Il a un chat?
4. Il a un chien?
5. Il a un éléphant?
6. Il a des livres?

C Tu as un frère?   Répétez la conversation. (*Practice the conversation.*)

THÉRÈSE: René, tu as un frère?
RENÉ: Non, je n'ai pas de frère, mais j'ai une sœur.
THÉRÈSE: Tu as une sœur? Elle a quel âge?
RENÉ: Elle a quatorze ans.
THÉRÈSE: Et toi, tu as quel âge?
RENÉ: Moi, j'ai seize ans.
THÉRÈSE: Ta sœur et toi, vous avez un chien?
RENÉ: Non, nous n'avons pas de chien. Mais nous avons un petit chat.

Complétez d'après la conversation. (*Complete according to the conversation.*)

1. René n'___ pas ___ frère.
2. Mais il ___ une sœur.
3. Sa sœur ___ quatorze ans.
4. René ___ seize ans.
5. René et sa sœur n'___ pas ___ chien.
6. Mais ils ___ un petit chat.

D J'ai.   Donnez des réponses personnelles. (*Give your own answers.*)

1. Tu as des frères? Tu as combien de frères?
2. Tu as des sœurs? Tu as combien de sœurs?
3. Tu as un chien?
4. Tu as un chat?
5. Tu as des amis?
6. Tu as des cousins?
7. Tu as combien de cousins?
8. Tu as combien d'oncles?
9. Tu as combien de tantes?
10. Tu as une petite ou une grande famille?
11. Tu as quel âge?

E Dans ton sac à dos.   Posez des questions à un copain ou à une copine d'après le modèle. (*Ask a classmate questions according to the model.*)

un crayon

Élève 1: Tu as un crayon dans ton sac à dos?
Élève 2: Oui, j'ai un crayon. (Non, je n'ai pas de crayon.)

1. un stylo
2. une calculatrice
3. un livre d'espagnol
4. des cassettes
5. un chien
6. un cahier
7. des devoirs
8. un ordinateur

F Qu'est-ce que vous avez?   Posez des questions d'après le modèle. (*Ask questions according to the model.*)

une maison ou un appartement
Maurice et Pauline, vous avez une maison ou un appartement?

1. un chien ou un chat
2. un frère ou une sœur
3. un neveu ou une nièce
4. des disques ou des cassettes
5. une voiture ou une bicyclette

G **Ma famille et moi.** Donnez des réponses personnelles en utilisant «nous». (*Give your own answers about you and your family using* nous.)

1. Vous avez une maison?
2. Vous avez un appartement?
3. Vous avez un chien?
4. Vous avez un chat?
5. Vous avez une voiture?
6. Vous avez un jardin?

H **La famille Duhamel.** Complétez avec «avoir». (*Complete with* avoir.)

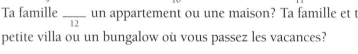

Voici la famille Duhamel. La famille Duhamel ____ un très
1
joli appartement à Paris dans le cinquième arrondissement.

L'appartement ____ six pièces. Les Duhamel ____ aussi une
2   3
maison à Juan-les-Pins. La maison à Juan-les-Pins est une petite

villa ou un bungalow où la famille Duhamel passe les vacances.

La villa ____ cinq pièces.
4

   Il y a quatre personnes dans la famille Duhamel. Olivier est

le fils. Olivier ____ une sœur, Gabrielle. Gabrielle ____ dix-sept
5   6
ans et son frère ____ quinze ans. Olivier et Gabrielle ____ un
7   8
petit chien, Milou. Ils adorent Milou.

   Tu ____ un chien? Si tu n'____ pas de chien, tu ____ un chat?
9   10   11
Ta famille ____ un appartement ou une maison? Ta famille et toi, vous ____ une
12   13
petite villa ou un bungalow où vous passez les vacances?

Les adjectifs possessifs

Telling What Belongs to You and Others

1. You use possessive adjectives to show possession or ownership. Like other
   adjectives, the possessive adjectives must agree with the nouns they modify.
   For example, if the noun is feminine, the adjective is feminine. If the noun is
   plural, the adjective is plural.

2. Study the following forms of the possessive adjectives: *mon, ma, mes* (my);
   ton, ta, tes (your); *son, sa, ses* (his *or* her).

MASCULIN SINGULIER	FÉMININ SINGULIER	PLURIEL
mon père	ma mère	mes parents
ton père	ta mère	tes parents
son père	sa mère	ses parents

3. You use *mon, ton, son* before a masculine singular noun.
   You use *ma, ta, sa* before a feminine singular noun.
   You use *mes, tes, ses* before a plural noun.

4. Note that *son, sa, ses* can mean either "his" or "her." The agreement is with the item owned, not the owner.

   le chien de Charles → son chien
   la maison de Charles → sa maison

5. Before a masculine or feminine singular noun that begins with a vowel or silent *h,* you use *mon, ton,* or *son.*

MASCULIN	FÉMININ
mon ami	*mon* amie
ton ami	*ton* amie
son ami	*son* amie

Exercices

A **À votre tour.** Donnez des réponses personnelles. (*Give your own answers.*)

1. Où est ta maison ou ton appartement?
2. Ta maison (Ton appartement) a combien de pièces?
3. Ta maison est grande ou petite? (Ton appartement est grand ou petit?)
4. C'est quand, ton anniversaire? Tu as quel âge?
5. Quel âge a ton frère, si tu as un frère?
6. Quel âge a ta sœur, si tu as une sœur?
7. Il y a combien de personnes dans ta famille?
8. Tes oncles et tes tantes habitent près ou loin de ta ville (ton village)?

B **J'ai une question pour toi.** Complétez avec «ton», «ta» ou «tes» et posez les questions à un copain ou à une copine d'après le modèle. (*Complete with* ton, ta, *or* tes *and then ask a classmate the questions according to the model.*)

   Où est ___ maison?

   Élève 1: Où est ta maison?
   Élève 2: Ma maison est près de l'école.

1. Qui est ___ amie?
2. Qui est ___ ami?
3. Où habitent ___ grands-parents?
4. ___ frère a quel âge?
5. ___ sœur a quel âge?
6. Où est ___ maison ou ___ appartement?
7. Tu aimes ___ cours de français?
8. ___ prof de français est sympa?

C **Le frère de Suzanne ou de Jacques.** Changez d'après le modèle.
(*Change according to the model.*)

> **le frère de Suzanne**
> *son frère*

1. le père de Suzanne
2. la sœur de Suzanne
3. la sœur de Jacques
4. la maison de Jacques
5. l'appartement de Suzanne
6. les cousins de Jacques
7. les grands-parents de Jacques
8. les oncles de Jacques
9. l'amie de Suzanne

Adjectifs qui précèdent le nom *Describing People and Things*

ADJECTIFS RÉGULIERS

In French most adjectives follow the noun they modify. However, some
frequently used adjectives come before the noun. You already know a few of
them: *joli, jeune, petit, grand.*

> **Ils ont un petit appartement à Paris.**
> **L'appartement est près d'une grande station de métro.**
> **Marlène est une jeune fille.**
> **Elle a un joli petit chien.**

Exercice

A **Marie-France.** Répondez
d'après le dessin. (*Answer according to
the illustration.*)

1. Marie-France est une jeune fille ou
   une jeune femme?
2. Elle a une grande famille ou une
   petite famille?
3. Elle a un petit chien adorable ou un
   grand chat?
4. Marie-France a un joli appartement
   à Paris?
5. Il y a un petit restaurant près de
   l'appartement?

ADJECTIFS IRRÉGULIERS

1. The adjectives *beau* (beautiful), *nouveau* (new), and *vieux* (old) also come before the noun. These adjectives have several forms.

FÉMININ SINGULIER	MASCULIN SINGULIER + VOYELLE	MASCULIN SINGULIER + CONSONNE
une belle maison	un bel appartement	un beau quartier
une nouvelle maison	un nouvel appartement	un nouveau quartier
une vieille maison	un vieil appartement	un vieux quartier

FÉMININ PLURIEL	MASCULIN PLURIEL	
de belles maisons	de beaux appartements	de beaux quartiers
de nouvelles maisons	de nouveaux appartements	de nouveaux quartiers
de vieilles maisons	de vieux appartements	de vieux quartiers

2. Note the special singular forms *bel, nouvel,* and *vieil* that come before masculine singular nouns beginning with a vowel or silent *h*.

3. In the masculine plural form, you pronounce the *x* like a *z* when it is followed by a vowel or silent *h*.

4. When an adjective comes before a plural noun, *des* becomes *de*.

> Il y a *de* petites et *de* grandes stations de métro dans la ville.
> Il y a *de* nouveaux et *de* vieux immeubles dans la ville.

Exercice

A **Le bel appartement des Dubois.** Complétez. *(Complete.)*

1. Les Dubois ont un ___ appartement dans un ___ immeuble dans un ___ quartier. (beau, vieux, beau)
2. Il y a de ___ et de ___ quartiers à Paris. (nouveau, vieux)
3. L'appartement des Dubois est près d'une ___ ou d'une ___ station de métro? (vieux, nouveau)
4. L'appartement des Dubois a de ___ pièces. (beau)
5. Il a de ___ pièces et un très ___ balcon. (grand, beau)
6. De l'appartement il y a une ___ vue sur la ville. (beau)
7. Les Dubois ont une ___ voiture. (nouveau)
8. La ___ voiture est ___. (nouveau, beau)

CONVERSATION

Scènes de la vie *Danielle, la nouvelle voisine*

MICHEL: Bonjour, Madame. Il y a une nouvelle famille dans le quartier?

LA VOISINE: Oui, les Smith. Ils sont américains.

MICHEL: Ils sont d'où?

LA VOISINE: De Dallas.

MICHEL: Il y a des enfants?

LA VOISINE: Oui, il y a deux enfants. David, le fils, a sept ans. Danielle, la fille, a quinze ans.

MICHEL: Ah, juste comme moi! Et… comment est Danielle?

LA VOISINE: Elle est très jolie et très sympathique. Le petit David est adorable. Mais ils ont un vieux chien et moi je n'aime pas beaucoup les chiens, surtout les vieux chiens.

MICHEL: Mais Danielle, elle aime les chiens?

LA VOISINE: Oui, elle est comme toi, mon petit Michel! Vous les jeunes, vous aimez beaucoup les chiens et les chats.

A **Les voisins.** Corrigez les phrases. *(Correct the sentences.)*

1. Michel habite à Dallas.
2. La vieille voisine est la mère de Danielle.
3. Les nouveaux voisins sont français.
4. Michel a sept ans.
5. Le frère de Danielle est désagréable.
6. Les Smith sont de New York.
7. Ils ont un vieux chat.
8. La vieille voisine adore les chiens.

Prononciation   *Le son /ã/*

There are three nasal vowel sounds in French: /ã/ as in *cent*, /õ/ as in *sont* et /ẽ/ as in *cinq*. They are called "nasal" because some air passes through the nose when they are pronounced. In this chapter, you will practice only the sound /ã/ as in *cent*.

Repeat the following. Notice that there is no /n/ sound after the nasal vowel.

Jean	**cent**	**grand**	**amusant**
français	**parent**	**fantastique**	

Voilà les grands-parents, les parents et les enfants.
Jean-François est fantastique. Il est français, grand, amusant.

grand

Activités de communication orale

A   **Les nouveaux voisins.**   Imagine that your family is living for a while in Paris. A new family, the Lamberts, has just moved into your apartment building. Make up a few questions that you'd want to ask one of your neighbors to find out about the Lambert family.

B   **Une rencontre.**   As you're walking along the Seine in Paris, a friendly French woman strikes up a conversation with you. Answer her questions.

1. Tu habites où?
2. Tu habites dans une maison ou dans un appartement?
3. La plupart *(majority)* des Américains habitent dans une maison ou dans un appartement?
4. La plupart des familles américaines sont petites ou grandes?

C   **Ton quartier.**   Ask a classmate if his or her neighborhood has the following. Your partner will then ask you about your neighborhood.

> Élève 1: **Il y a une station de métro?**
> Élève 2: **Non, il n'y a pas de station de métro.**

1. Un cinéma?
2. Un parc?
3. Des immeubles?
4. Une discothèque?
5. Un lycée?
6. Des restaurants?
7. Des cafés?
8. Une banque?

UNE FAMILLE FRANÇAISE

Les Debussy habitent à Paris. Comme[1] beaucoup de familles à Paris, ils habitent dans un appartement. Ils ont un très bel appartement dans un vieil immeuble dans le septième. Le septième arrondissement[2] à Paris est un très beau quartier. Le septième est un quartier assez résidentiel.

Dans l'immeuble il y a six étages. Les Debussy habitent au quatrième. Il y a six pièces dans l'appartement. Le salon donne sur[3] la rue mais les chambres à coucher donnent sur la cour. L'appartement a un balcon. Du balcon il y a une très belle vue sur la tour Eiffel.

[1] comme   *like*
[2] arrondissement   *district in Paris*
[3] donne sur   *faces*

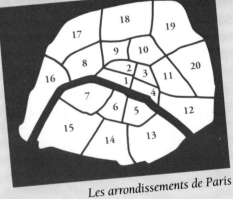

Les arrondissements de Paris

Étude de mots

A   **Quel est le mot?**   Choisissez la bonne réponse. (*Choose the correct answer.*)

1. Une partie (une zone) d'une ville est ___.
   a. un village   **b.** une banlieue   **c.** un quartier

2. Un bâtiment (un building) qui a des appartements est ___.
   a. une école   **b.** un immeuble   **c.** un arrondissement

3. Il y a des maisons ou des appartements privés dans un quartier ___.
   a. résidentiel   **b.** industriel   **c.** universitaire

4. Le père, la mère et les enfants sont ___.
   a. une famille   **b.** une classe   **c.** un groupe de copains

5. La ville de Paris est divisée en vingt ___.
   a. étages   **b.** arrondissements   **c.** pièces

Compréhension

B **La famille Debussy.** Corrigez les phrases. (*Correct the statements.*)

1. Les Debussy habitent dans la banlieue de Paris.
2. Ils ont une grande maison.
3. L'appartement est dans un nouvel immeuble.
4. Ils habitent dans le sixième arrondissement.
5. Le septième arrondissement est commercial et industriel.
6. Il y a huit pièces dans l'appartement de la famille Debussy.
7. Les chambres à coucher donnent sur la rue.
8. L'appartement est au rez-de-chaussée.

DÉCOUVERTE CULTURELLE

*B*eaucoup de Français habitent dans un appartement, surtout[1] les habitants des grandes villes. Il y a des appartements de grand standing pour les gens[2] riches et il y a des H.L.M. (Habitations à Loyer Modéré[3]) pour les gens qui n'ont pas beaucoup d'argent. Les H.L.M. sont généralement à l'extérieur des villes, à la périphérie ou en banlieue.

Il y a aussi des catégories de maisons privées. Pour les très riches il y a de grands châteaux à la campagne et pour les gens plus modestes il y a des pavillons, de petites maisons confortables en banlieue.

En France, comme aux États-Unis, dans beaucoup de familles la mère et le père travaillent. Il y a des crêches municipales[4] où les petits enfants passent la journée[5] quand les deux parents travaillent. Comme aux États-Unis, le taux de divorces[6] augmente en France. Beaucoup d'enfants habitent avec un seul parent, la mère ou le père. Il y a beaucoup de familles à parent unique.

[1] surtout *especially*
[2] gens *people*
[3] H.L.M. *low-income housing*
[4] crêches municipales *day-care centers*
[5] journée *day*
[6] taux de divorces *divorce rate*

1

BRIGITTE PI

2

RODIER

Voici une rue avec un immeuble typique dans le septième arrondissement de Paris **1**. Et voici une autre vue de cet immeuble **2**. Trouvez l'entrée principale et la cour. Au rez-de-chaussée il y a des magasins et des boutiques. Aux autres étages il y a des appartements. Remarquez qu'il y a des pièces qui donnent sur la rue et des pièces qui donnent sur la cour.

Les Debussy ont une vue sur la tour Eiffel **3**. La tour Eiffel est un monument célèbre de Paris construit pour l'Exposition Universelle de 1889. Les touristes montent en haut de la tour Eiffel. Du haut de la tour Eiffel il y a une vue sur tout Paris.

La tour Eiffel est dans le septième au Champ-de-Mars **4**. Jusqu'à la Révolution Française de 1789 le Champ-de-Mars est un champ de manœuvres de l'armée française. Aujourd'hui il y a de très beaux jardins au Champ-de-Mars.

CULMINATION

Activités de communication orale

A Quelle maison? You and your family are planning to spend a month in France. Which of the following houses, as described in the newspaper ads below, would suit your family best? Explain why, using the model as a guide.

J'ai une grande famille. Nous sommes six. Nous aimons la jolie villa avec quatre chambres. Nous aimons aussi les chats et les chiens.

Appartement

dans bel immeuble, cinq pièces (deux chambres à coucher), avec grande cuisine moderne, bien situé au centre de la ville, près d'une banque et d'un cinéma.

Petit bungalow

dans un vieux quartier, beaucoup de charme. Trois pièces (une chambre à coucher), salle à manger avec belle table et chaises anciennes. Vingt minutes de la ville.

Jolie villa

avec jardin et balcon avec vue sur la mer. Huit pièces (quatre chambres à coucher), garage pour deux voitures, chien et chat inclus. Située dans une rue très calme, assez loin de la ville.

Une maison de campagne dans la Creuse

B Une nouvelle identité. Imagine you're someone else. Describe your new family members and their personalities, your house or apartment, and yourself.

Activités de communication écrite

A Mon arbre généalogique. Draw your own family tree. Give the names of all your relatives and their relationship to you.

B Mon parent favori. On your family tree, circle the name of your favorite relative and write a short paragraph about him or her. Be sure to include the following information.

1. name
2. relationship to you
3. age
4. physical description
5. personality
6. what he or she likes to do and doesn't like to do

Réintroduction et recombinaison

A **À votre tour.** Donnez des réponses personnelles. *(Give your own answers.)*

1. Tu es élève dans une école primaire?
2. Les élèves dans ton cours de français sont intelligents?
3. Tu as des cours le samedi?
4. Tes copains et toi, vous étudiez quelles matières?
5. Tes parents adorent écouter de la musique rock? Et toi?
6. Où est-ce que tu regardes la télé?
7. Tu invites des copains pendant le week-end?

B **Ma famille et ma maison.** Complétez. *(Complete with your own answers.)*

1. Il y a ___ personnes dans ma famille.
2. Je ressemble à ___.
3. J'ai ___ ans.
4. Nous habitons à ___.
5. Notre maison (appartement) a ___ pièces.
6. Ma pièce favorite est ___.
7. Dans ma chambre, il y a ___ et ___.

Vocabulaire

NOMS

la famille
le père
la mère
les parents (m.)
la femme
le mari
l'enfant (m.)
le fils
la fille
la grand-mère
le grand-père
les grands-parents
le petit-fils
la petite-fille
l'oncle (m.)
la tante
le cousin
la cousine
le neveu
la nièce
le chat
le chien

la maison
l'appartement (m.)
l'immeuble (m.)
l'ascenseur (m.)
le balcon
la cour
l'entrée (f.)
l'étage (m.)
le rez-de-chaussée
la pièce
les toilettes (f.)
la salle de bains
la chambre à coucher
la cuisine
le dîner
la salle à manger
la salle de séjour
le garage
la voiture
le jardin
la terrasse
le voisin
la voisine

le métro
la station de métro
le quartier

l'âge (m.)
l'année (f.)
la date
l'anniversaire (m.)

le mois
janvier
février
mars
avril
mai
juin
juillet
août
septembre
octobre
novembre
décembre

ADJECTIFS

beau (bel), belle
nouveau (nouvel),
   nouvelle
vieux (vieil), vieille
joli(e)
jeune
premier, première
deuxième
troisième

VERBES

avoir
bavarder
dîner
préparer

**AUTRES MOTS
ET EXPRESSIONS**

avoir… ans
il y a
loin de
près de

LE MONDE FRANCOPHONE

LES PAYS

Le français est une langue importante. Plus de 120.000.000 (cent vingt millions) de personnes parlent français dans le monde: en Europe, en Amérique du Nord, en Amérique du Sud, en Afrique et en Asie. Incroyable!

Regardez la carte du monde à la page 506. Identifiez les pays francophones.

On parle français dans beaucoup de pays. Pourquoi? Parce que, pendant 300 ans, la France explore et colonise une grande partie du monde. Aujourd'hui on continue à parler français dans un grand nombre d'ex-colonies françaises et dans certains pays européens proches de la France.

L'EUROPE

1 De ces immeubles à Dinant, en Belgique, il y a une très belle vue sur la Meuse. En Belgique on parle deux langues. Au sud les Wallons parlent français et au nord les Flamands parlent néerlandais (flamand).

2 En Suisse il y a trois langues officielles: l'allemand, le français et l'italien. À Lausanne, sur le Lac Léman, on parle français.

L'Afrique

3 Abidjan est la ville principale de la Côte d'Ivoire, en Afrique occidentale. Abidjan est un port très actif. C'est aussi une ville moderne de plus d'un million d'habitants. Beaucoup d'Abidjanais habitent dans des immeubles modernes. Ces grands immeubles ont plus de 20 étages.

4 Voilà des Haoussas devant une maison typique du Niger, un autre pays de l'Afrique occidentale. Les Haoussas sont des cultivateurs, des artisans et des commerçants. Ils habitent la frontière Niger-Nigeria.

5 Il y a de la *neige* en Afrique? Mais oui! Voilà une vue superbe de la vallée d'Ourika au pied de l'Atlas, une chaîne de montagnes en Afrique du Nord. Ce petit village isolé est situé au Maroc. Remarquez le minaret de la mosquée. Les Marocains, qui parlent arabe et français, sont des musulmans.

6 L'île Maurice est dans l'océan Indien à l'est de Madagascar. Ces petites Mauriciennes sont dans la cour d'une école primaire à Port-Louis, la capitale de l'île Maurice. Ici on parle deux langues: le français et l'anglais.

LE MONDE FRANCOPHONE

L'Amérique du Nord

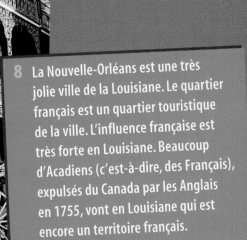

7 Le Château Frontenac est un hôtel superbe à Québec, ville fondée par l'explorateur français Champlain en 1608. Le Château Frontenac porte le nom du comte de Frontenac, gouverneur au 17ème siècle de la Nouvelle-France, aujourd'hui le Canada. Québec est la capitale de la province canadienne du Québec. Ces maisons pittoresques sont dans la vieille ville.

8 La Nouvelle-Orléans est une très jolie ville de la Louisiane. Le quartier français est un quartier touristique de la ville. L'influence française est très forte en Louisiane. Beaucoup d'Acadiens (c'est-à-dire, des Français), expulsés du Canada par les Anglais en 1755, vont en Louisiane qui est encore un territoire français.

LES ANTILLES

9 Haïti, une île dans la mer des Caraïbes, est une république indépendante. C'est la seule république noire de notre hémisphère. Les Haïtiens parlent français et créole. Beaucoup d'Haïtiens habitent dans des choucounes. Les choucounes sont des maisons typiques des régions rurales du pays.

10 La Martinique est une belle île francophone située tout près des États-Unis dans la mer des Caraïbes. Ces yoles rondes à Grand-Rivière sont les bateaux typiques des pêcheurs (fishermen) martiniquais. Les couleurs vives sont très jolies, n'est-ce pas?

LA POLYNÉSIE FRANÇAISE

11 Bora Bora est une île volcanique en Polynésie française, un territoire français d'outre-mer du Pacifique Sud. Cette famille polynésienne rentre à la maison dans un petit canoë décoré de palmes.

LE MONDE FRANCOPHONE

Conversation   *Paul est français.*

ANNICK: Paul, tu es canadien ou français?
PAUL: Moi, je suis français.
ANNICK: Tu habites à Paris?
PAUL: Non, je n'habite pas à Paris. J'habite à Toulouse.
ANNICK: Tu as une grande famille?
PAUL: Oui, ma famille est grande. Nous sommes six.
ANNICK: Ta famille habite dans une maison ou dans un appartement?
PAUL: Nous avons une maison.

A **Paul et sa famille.**   Complétez d'après la conversation. (*Complete according to the conversation.*)

1. Paul ___ français.
2. Il n'est pas ___.
3. Il habite à ___.
4. Il ___ à Paris.
5. Il n'a pas une petite famille. Il a une ___ famille.
6. Il y a six personnes dans ___ famille.
7. Paul et sa famille n'ont pas ___. Ils ___ une maison.

Structure

Les verbes en *-er*

Review the following forms of regular *-er* verbs.

ÉTUDIER	
j' étudie	nous étudions
tu étudies	vous étudiez
il/elle/on étudie	ils/elles étudient

A **A la fête.** Choisissez un verbe pour compléter les phrases. (*Choose a verb to complete the sentences.*)

aimer	étudier	parler
chanter	gagner	regarder
danser	inviter	travailler

1. Alain et Catherine ___ vraiment bien ensemble.
2. Du courage! J'___ Marie-Claire à danser.
3. J'aime beaucoup cette cassette. Qui ___?
4. Nous ___ beaucoup la musique classique.
5. Vous ___ la télé?
6. Où est Véronique? Elle ___ au téléphone?
7. Olivier et Philippe ne sont pas là. Olivier a un examen, alors il ___. Philippe ___ au magasin de disques.
8. Il ___ beaucoup d'argent.
9. Tu ___ à mi-temps? Tu ___ beaucoup d'argent?

Les verbes *avoir* et *être*

Review the following forms of the irregular verbs *avoir* and *être*.

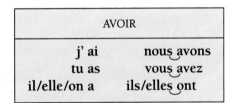

AVOIR	
j' ai	nous avons
tu as	vous avez
il/elle/on a	ils/elles ont

ÊTRE	
je suis	nous sommes
tu es	vous êtes
il/elle/on est	ils/elles sont

B **Ma famille.** Complétez avec *avoir* ou *être*. (*Complete with* avoir *or* être.)

Dans ma famille nous ___₁ cinq. Il y ___₂ mon père, ma mère, mon frère Christophe, ma sœur Stéphanie et moi. Moi, j'___₃ quatorze ans, mon frère ___₄ dix-sept ans et ma sœur ___₅ dix-huit ans. Mon frère ___₆ sympa. Ma sœur aussi, et elle ___₇ beaucoup d'amis, alors elle n'___₈ pas souvent à la maison. Nous ___₉ des parents sympathiques. Je ___₁₀ content. J'___₁₁ une famille très chouette. Tu ___₁₂ content(e) aussi?

Les articles et les adjectifs

1. Review the following forms of the indefinite and definite articles.

un garçon	une fille	un(e) ami(e)	des enfants
le garçon	la fille	l'ami(e)	les enfants

2. Adjectives that end in a consonant have four forms.

Le garçon est blond.   **La fille est blonde.**
Les garçons sont blonds.   **Les filles sont blondes.**

3. Adjectives that end in *e* have only two forms, singular and plural.

un ami sympathique   **une amie sympathique**
des amis sympathiques   **des amies sympathiques**

C **La famille de Christian.**   Complétez avec *un, une* ou *des*. (*Complete with* un, une, *or* des.)

1. Christian a une grande famille. Il a ___ père et ___ mère.
2. ___ frères et ___ sœurs? Oui, il a trois frères et quatre sœurs.
3. Il a aussi sept cousins, mais ___ seule cousine.
4. Il a ___ chien, Médor, et ___ chat, Minouche.
5. Christian et sa famille habitent dans ___ petite maison à Pontchartrain.
6. Pontchartrain est ___ village, ou ___ petite ville, près de Paris.
7. Christian est élève dans ___ lycée de la région.
8. C'est ___ élève excellent.

D **Sa sœur aussi.**   Répondez d'après le modèle. (*Answer according to the model.*)

Il est très intelligent.
Sa sœur est très intelligente aussi!

1. Il est content.
2. Il est amusant.
3. Il est sympathique.
4. Il est énergique.
5. Il est très intéressant.
6. Il est brun.

Les adjectifs possessifs

1. Review the following forms of the possessive adjectives.

mon livre	mes livres	ma cassette	mes cassettes
ton cousin	tes cousins	ta cousine	tes cousines
son appartement	ses appartements	sa maison	ses maisons

2. Remember that you use *mon, ton,* and *son* before a masculine or feminine noun beginning with a vowel or a silent *h*: *mon ami, mon amie.*

E **La famille de Marc.** Complétez. (*Complete.*)

ANNE: Marc, qui est ___ sœur?

MARC: ___ sœur? Je n'ai pas de sœur.

ANNE: Qui est ___ frère alors?

MARC: ___ frère? Je n'ai pas de frère. Je suis enfant unique. ___ parents n'ont pas d'autres enfants.

Marc n'a pas de sœur et il n'a pas de frère. ___ famille est très petite. Ils sont trois. ___ parents ont un seul fils, c'est Marc. ___ mère et ___ père adorent Marc.

Activités de communication orale et écrite

A **Un(e) jeune Français(e).** Imagine a French teenager. Describe him or her as well as his or her family and house or apartment.

B **Un(e) ami(e).** Describe one of your friends and his or her family and house or apartment.

C **Une conversation.** Imagine that the friend you described in *Activité B* and the French teenager in *Activité A* meet. Write the conversation they might have.

You have seen that French teenagers, like you, study many subjects. In this part of the textbook, we will introduce you to topics related to the subjects you are now studying or may study in the future. Who knows, you may soon have the opportunity to discuss them with some new French-speaking friends.

LES SCIENCES HUMAINES

Avant la lecture

The social sciences are fields that deal with history, human behavior, and social customs and interactions. One important social science is geography, which is the study of the surface of the earth. For a moment, think about the geography of your own state—its rivers, mountains, size, etc.

Lecture

Les sciences humaines étudient l'homme, son histoire, ses institutions et son comportement[1]. La sociologie étudie l'homme et ses rapports avec les autres membres de la société: la famille, le mariage, le divorce. L'anthropologie étudie l'homme, ses coutumes, son travail, ses cérémonies. L'histoire étudie le passé[2]. La géographie étudie la surface de la terre[3], des États-Unis ou de la France, par exemple.

Quand on parle de la France on utilise le mot «hexagone». Un hexagone est une forme géométrique qui a six côtés. La France est très bien située, en pleine zone tempérée (latitude entre[4] le 42e et le 51e parallèle Nord, longitude entre le 5e méridien Ouest et le 8e méridien Est).

La France n'est pas un grand pays; elle a une superficie de 551 695 km², mais elle a des paysages[5] très variés. Au sud-est et au sud il y a de très hautes montagnes, les Alpes et les Pyrénées. À l'ouest et au nord il y a des plaines. Au centre on trouve des plateaux et des montagnes pas très hautes, le Massif Central.

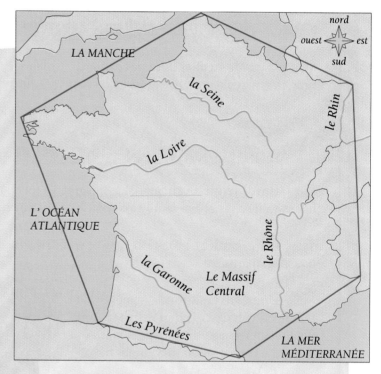

La France a cinq fleuves[6]. Le Rhin est la frontière entre l'Allemagne et la France. La Seine est un fleuve calme qui passe par Paris; la Loire est un fleuve très long; la Garonne est un fleuve «violent» et le Rhône est une grande source d'énergie électrique. Trouvez ces fleuves sur la carte. La France a des mers[7] sur trois des six côtés de l'hexagone. Trouvez les mers sur la carte— la Manche, l'océan Atlantique et la mer Méditerranée.

La France est un vieux pays, mais c'est aussi un pays très moderne qui occupe une place importante dans le monde.

1 comportement *behavior*
2 passé *past*
3 terre *earth*
4 entre *between*
5 paysages *landscapes*
6 fleuves *rivers*
7 mers *seas*

Un paysage d'hiver en Haute-Savoie

Strasbourg, en Alsace

Un port de pêche en Bretagne

Des vignobles en Bourgogne

Après la lecture

A **La géographie.** Vrai ou faux?

1. La France est un pays très grand.
2. Il y a cinq fleuves en France.
3. La France a des paysages très variés.
4. La France est un vieux pays.
5. La France n'est pas un pays moderne.

B **En Amérique du Nord.** Répondez.

1. Nommez deux ou trois fleuves américains.
2. Quelles sont les montagnes qui séparent l'est de l'ouest?
3. En quoi sont divisés les États-Unis?
4. Nommez des grandes villes.
5. Quels sont les océans?

C **Votre état.** Vous décrivez votre état à des amis français. Dites où sont les montagnes, les plaines, les grandes villes, les fleuves, les lacs, etc.

LES SCIENCES NATURELLES

Avant la lecture

The natural sciences are divided into three major categories—physics, chemistry, and biology. Each of these can be divided into subcategories. List as many subcategories and subspecialties as you can.

Lecture

Les sciences naturelles incluent la biologie, la physique et la chimie. La biologie, c'est la science de la vie[1] sous toutes ses formes. En biologie, il y a plusieurs catégories importantes: l'anatomie, la zoologie et la botanique. L'anatomie étudie le corps humain, la zoologie étudie les animaux et la botanique étudie les plantes.

La physique étudie la matière et l'énergie. La chimie étudie les caractéristiques des éléments.

Où travaillent les savants[2]? Dans un laboratoire, bien sûr, et un de leurs instruments indispensables est le microscope.

1 vie   *life*
2 savants   *scientists*

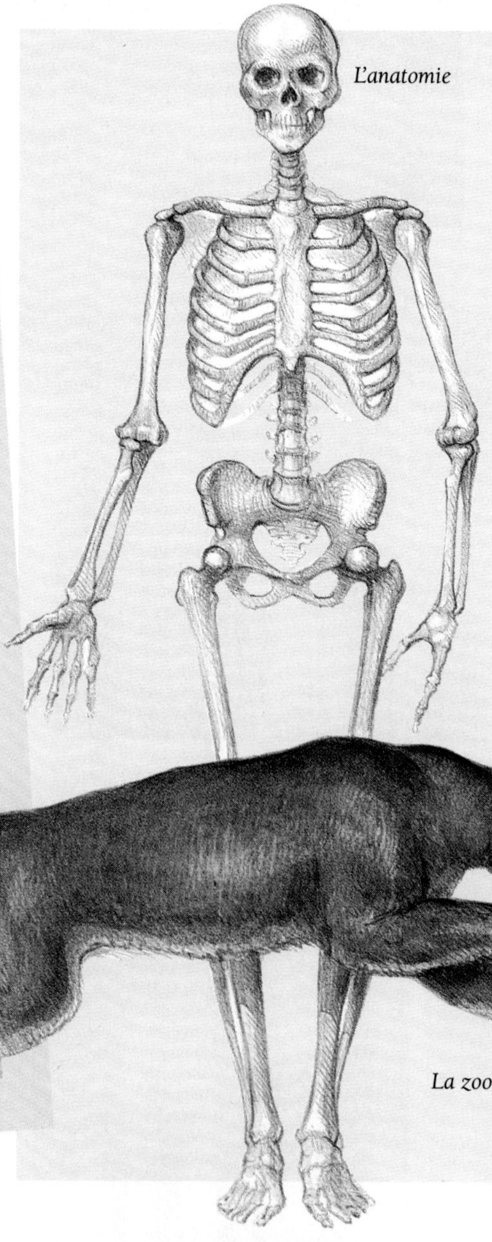

L'anatomie

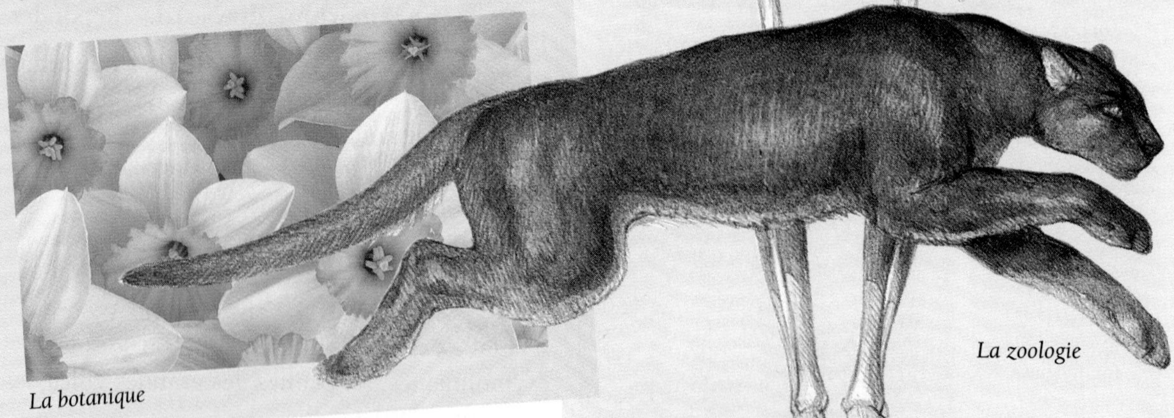

La zoologie

La botanique

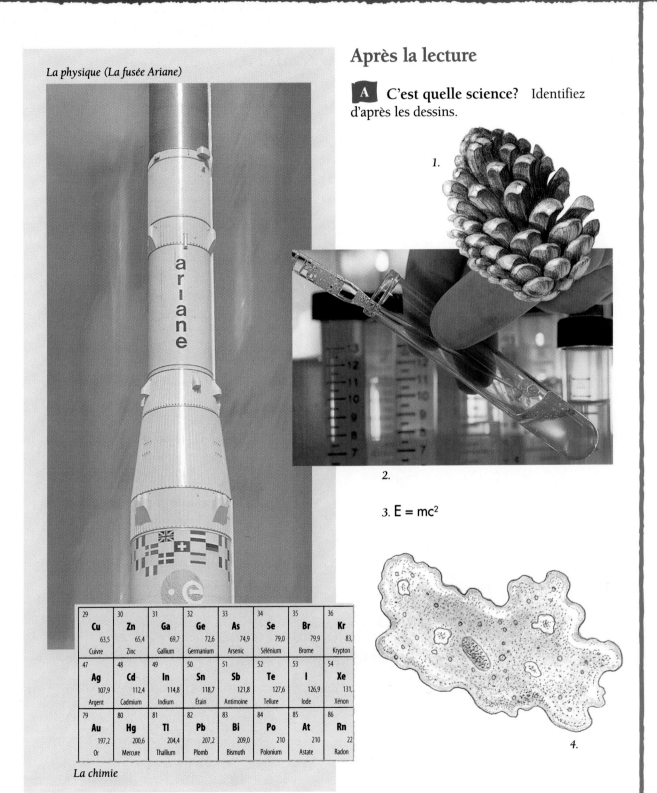

La physique (La fusée Ariane)

29 **Cu** 63,5 Cuivre	30 **Zn** 65,4 Zinc	31 **Ga** 69,7 Gallium	32 **Ge** 72,6 Germanium	33 **As** 74,9 Arsenic	34 **Se** 79,0 Sélénium	35 **Br** 79,9 Brome	36 **Kr** 83, Krypton
47 **Ag** 107,9 Argent	48 **Cd** 112,4 Cadmium	49 **In** 114,8 Indium	50 **Sn** 118,7 Étain	51 **Sb** 121,8 Antimoine	52 **Te** 127,6 Tellure	53 **I** 126,9 Iode	54 **Xe** 131, Xénon
79 **Au** 197,2 Or	80 **Hg** 200,6 Mercure	81 **Tl** 204,4 Thallium	82 **Pb** 207,2 Plomb	83 **Bi** 209,0 Bismuth	84 **Po** 210 Polonium	85 **At** 210 Astate	86 **Rn** 22 Radon

La chimie

Après la lecture

A **C'est quelle science?** Identifiez d'après les dessins.

1.

2.

3. $E = mc^2$

4.

LES BEAUX-ARTS

Avant la lecture

1. In your opinion, who are the best American painters and writers?
2. Do you know any French artists or writers? Which ones?

Lecture

Les Beaux-Arts, c'est le nom donné aux arts plastiques, c'est-à-dire, la peinture, la sculpture et l'architecture. Mais on inclut aussi souvent la musique, la danse et le théâtre. Les Beaux-Arts et les activités culturelles intéressent beaucoup les Français. Et il y a beaucoup de Français célèbres dans tous les domaines artistiques. En voici quelques exemples.

LA SCULPTURE
Auguste Rodin: «Le Penseur»

L'ARCHITECTURE
Pierre Lescot: Le Louvre

LA PEINTURE
Marc Chagall: «La Promenade»

LA MUSIQUE
Jacques Offenbach: «Les Contes d'Hoffmann»

LE THÉÂTRE
Molière: «Le Bourgeois gentilhomme»
(tableau de William Powell Frith)

LA POÉSIE
«Victor Hugo» par Bonnat

Après la lecture

A **D'autres Américains et Français célèbres.** Faites des recherches.

1. Trouvez un Américain ou une Américaine célèbre pour chacune des catégories ci-dessus (*above*).
2. Trouvez un autre Français ou une autre Française pour ces mêmes catégories.

5

AU CAFÉ ET AU RESTAURANT

OBJECTIFS

In this chapter you will learn to do the following:

1. order food or a beverage at a café or restaurant
2. give your phone number
3. tell or ask where people go
4. ask someone how he or she is
5. give locations
6. tell what belongs to you and others
7. tell what you or others are going to do
8. compare some American and French dining habits

VOCABULAIRE

MOTS 1

À LA TERRASSE D'UN CAFÉ

une table prise

trouver une table

une table libre

chercher une table

Guillaume va au café.
Il va au café avec Marie-France.
Les deux copains vont au café ensemble.

une serveuse

un serveur

la carte

Le serveur arrive.
Il donne la carte à Guillaume et à Marie-France.

Vous désirez?

Un coca, s'il vous plaît.

Guillaume commande une boisson.

Marie-France regarde la carte.

J'ai soif. Je voudrais un coca.

un café (un express)   un crème   un Orangina

un citron pressé   un thé citron

J'ai faim. Je voudrais quelque chose à manger.

un sandwich au jambon   un sandwich au fromage   un sandwich au pâté   un croque-monsieur

une soupe à l'oignon   une omelette nature   une omelette aux fines herbes

une salade   une saucisse de Francfort   une glace au chocolat   une glace à la vanille

des frites   une crêpe au chocolat

Exercices

A **Tu as faim ou soif?** Choisissez d'après le modèle. (*Choose according to the model.*)

> une salade
> *J'ai faim.*
> un coca
> *J'ai soif.*

1. un citron pressé
2. un thé citron
3. un sandwich au jambon
4. une soupe à l'oignon
5. un croque-monsieur
6. un Orangina
7. un crème
8. une saucisse de Francfort
9. une omelette nature
10. une glace à la vanille
11. une crêpe au chocolat

B **Au café.** Répondez. (*Answer.*)

1. Guillaume et Marie-France sont copains?
2. Après les cours Guillaume va au café?
3. Marie-France va au café aussi?
4. Ils vont au café ensemble?
5. Ils cherchent une table?
6. Ils trouvent une table libre?
7. Le serveur arrive?
8. Il a la carte?
9. Marie-France regarde la carte?
10. Guillaume, qu'est-ce qu'il commande?

C **Un café typique.** Répondez d'après le dessin. (*Answer according to the illustration.*)

1. Les tables sont à la terrasse ou à l'intérieur du café?
2. La table est prise ou libre?
3. Qui commande, le serveur ou les clients?
4. La jeune fille commande un citron pressé ou un express?
5. Elle commande une boisson et quelque chose à manger?
6. Son copain commande une omelette ou un sandwich au jambon?
7. Il a faim ou soif?
8. Il commande une boisson ou quelque chose à manger?
9. Elle préfère la glace au chocolat, pas la glace à la vanille. Elle commande quel parfum?

VOCABULAIRE

MOTS 2

AU RESTAURANT

Charles va au restaurant.
Il ne va pas au restaurant tout seul.
Il y va avec ses copains.
Ils y vont à pied.

Ils arrivent au restaurant.
Charles parle au maître
    d'hôtel.

Vous avez notre table?

Ah oui, Monsieur.
J'ai votre table.

LE COUVERT

un verre — une tasse
une assiette
une nappe
une serviette
une fourchette   un couteau   une cuillère

Vous aimez le steak comment?

saignant

à point

bien cuit

Charles déjeune à midi.

un steak frites

Le service est compris.

Aux Lyonnais

2 crêpes   48.00
1 café   10.00
1 thé   10.00
Service 15%   10.00
Total   78.00

laisser un pourboire

C'est le soir.
On dîne.

L'addition, s'il vous plaît.

LES NOMBRES DE SOIXANTE ET UN À CENT (61–100)		
61 soixante et un	80 quatre-vingts	90 quatre-vingt-dix
62 soixante-deux…	81 quatre-vingt-un	91 quatre-vingt-onze
69 soixante-neuf	82 quatre-vingt-deux	92 quatre-vingt-douze
70 soixante-dix	83 quatre-vingt-trois	93 quatre-vingt-treize
71 soixante et onze	84 quatre-vingt-quatre	94 quatre-vingt-quatorze
72 soixante-douze	85 quatre-vingt-cinq	95 quatre-vingt-quinze
73 soixante-treize	86 quatre-vingt-six	96 quatre-vingt-seize
74 soixante-quatorze	87 quatre-vingt-sept	97 quatre-vingt-dix-sept
75 soixante-quinze	88 quatre-vingt-huit	98 quatre-vingt-dix-huit
76 soixante-seize	89 quatre-vingt-neuf	99 quatre-vingt-dix-neuf
77 soixante-dix-sept		100 cent
78 soixante-dix-huit		
79 soixante-dix-neuf		

Exercices

A Qu'est-ce que c'est? Identifiez. *(Identify.)*

B On arrive au restaurant. Choisissez la bonne réponse. *(Choose the correct answer.)*

1. Charles ne va pas au restaurant tout seul. Il y va ___.
   a. avec ses copains   **b.** avec le serveur   **c.** avec son prof

2. Ils arrivent au restaurant. Charles parle ___.
   a. au serveur   **b.** au chef de cuisine   **c.** au maître d'hôtel

3. Charles et ses copains vont ___.
   a. à une table   **b.** à la salle à manger   **c.** à la cuisine

4. Les copains de Charles regardent ___.
   a. le pourboire   **b.** le café   **c.** la carte

5. Le service est compris. Mais Charles laisse ___ pour le serveur.
   a. une addition   **b.** un pourboire   **c.** un verre

C Personnellement. Donnez des réponses personnelles. *(Give your own answers.)*

1. Tu as faim maintenant?
2. Tu aimes manger?
3. Tu aimes aller au restaurant?
4. En général, tu déjeunes à quelle heure?
5. Tu regardes la carte au restaurant?
6. Qu'est-ce que tu commandes?
7. Tu aimes le steak comment?
8. Tu demandes l'addition?
9. Le service est compris aux États-Unis?
10. Tu laisses un pourboire?

D En bus ou à pied? Dites comment les élèves vont à l'école. *(Tell how the students go to school.)*

1. en bus   2. en voiture   3. à pied   4. en métro

E Renseignements, bonjour.
Demandez le numéro de téléphone du restaurant d'après le modèle. (*Ask for the phone number of each restaurant according to the model.*)

> «Chez Pauline»
> Élève 1: Quel est le numéro de téléphone de «Chez Pauline», s'il vous plaît?
> Élève 2: C'est le 78.84.65.91.

1. L'Éléphant
2. Le Lion
3. Le Loft
4. Le Liberté
5. Le Longchamp

2504 restaurants

Restaurants (suite)

LE LAUMIÈRE

voir annonce même page

4 r Petit
75019 Paris - - - - - - - (1) 42 02 46 71

LE LAZARE 68 r Quincampoix 3ᵉ (1)48 87 99 34
L'ÉLÉPHANT 10 r Trésor 4ᵉ - - (1)42 76 08 06
LE LIBAN À LA MOUFFETARD
16 r Mouffetard 5ᵉ - - - - (1)47 07 30 72
LE LIBERTÉ 35 r Sibuet 12ᵉ - - (1)43 44 80 79
LE LIMOURS
RESTAURANT-LEFÈVRE
7 pl Denfert Rochereau 14ᵉ ★ (1)43 27 20 66
LE LION (Stè Le Barbecue de la Tour)
23 r Duvivier 7ᵉ - - - - (1)45 51 41 77
LE LITEAU 14 r Washington 8ᵉ (1)42 89 90 43
LE LOFT 95 bd St Michel 5ᵉ - - (1)46 34 29 95
L'ÉLOGE DE LA FOLIE
37 bis r Montpensier 1ᵉ⁻ - - (1)42 96 08 42
L'ÉLOGE DE LA FOLIE
37 B r Montpensier 1ᵉᵣ - - - (1)42 96 25 49
LE LONGCHAMP
5 r Serg Bauchat 12ᵉ - - - - (1)43 43 49 39
LE MARAICHER

LE MANDARIN DE RAMBUTEAU
11 r Rambuteau 4ᵉ - - - - (1)42 72 87 22
LE MANDARIN DE LA
TOUR MAUBOURG
SPECIALITES CHINOISES
CUISINE RAFFINEE SALLE CLIMATISEE
23 bd Latour Maubourg
75007 Paris - - - - - (1) 45 51 25 71

LE MANDARIN DE LA TOUR
MAUBOURG
23 bd Latour Maubourg 7ᵉ - (1)45 51 25 71
LE MANGE TARD
17 r Jouffroy 17ᵉ - - - - - (1)46 22 12 38
LE MANGE TOUT
24 bd Bastille 12ᵉ - - - - (1)43 43 95 15
LE MANGUIER
67 av Parmentier 11ᵉ - - - (1)48 07 03 27
LE MANOIR DE PARIS
6 r Pierre Demours 17ᵉ - - (1)45 72 25 25
6 r Pierre Demours 17ᵉ - - (1)45 74 80 98
Télécopieur
LE MARAICHER
5 r Beautreillis 4ᵉ - - - - (1)42 71 42 49
LE MARAICHER

Activités de communication orale
Mots 1 et 2

A A mon avis… Make a chart like the one below. Put an *x* under the heading that best describes your opinion of each of the foods listed.

	J'adore	J'aime assez	Je déteste
1. le pâté			x
2. la pizza	x		
3. la glace au chocolat			
4. la soupe à l'oignon			
5. le café			
6. l'omelette nature			
7. les frites			
8. le fromage			
9. les saucisses de Francfort			

Now compare your chart with a classmate's and see if they're similar. Follow the model below.

> Élève 1: Moi, j'adore le pâté. Et toi?
> Élève 2: Moi, je déteste le pâté.

B Au restaurant. You and your classmates, accompanied by your teacher, go to a local French restaurant and order your meal in French.

STRUCTURE

Le verbe *aller* au présent

Telling and Asking Where People Go; Asking How Someone Is

1. All verbs that end in *-er* are regular verbs, with one exception. That exception is the verb *aller*, "to go."

ALLER	
je vais	nous allons
tu vas	vous allez
il	
elle } va	ils } vont
on	elles

Je vais au café et mon petit frère va à l'école.
Tu vas à la fête de ta copine?
Nous n'allons pas à Paris pendant les vacances.
Vous allez au café après les cours mais elles
  vont à la maison.

2. You also use *aller* to ask how someone is. You have already learned *Ça va.* Here are other ways to ask how a person is and some possible responses.

> Comment vas-tu?
> Pas mal, merci. Et toi?

> Comment allez-vous?
> Je vais très bien, merci. Et vous?

3. You will often use the word *y* (referring to a place already mentioned) with the verb *aller.* If you use the verb *aller* without mentioning the place you are going to, you must put *y* in front of the verb. *Aller* cannot stand alone.

> Tu vas au restaurant?
> Oui, j'y vais.
> Et Robert y va aussi.
> Mais il n'y va pas avec ses copains. Il y va tout seul.

4. *On y va* is a very useful expression. It can mean "Let's get going," "Let's go," or, as a question, "Do you want to go?"

5. Question words such as *où, quand, comment, avec qui* can be used with *est-ce que* or with the subject and verb inverted.

Où *est-ce que* tu vas?	Je vais au café.
Où vas-tu?	Je vais au café.
Quand *est-ce que* tu vas au café?	J'y vais demain.
Quand vas-tu au café?	J'y vais demain.

6. The words *toujours* (always), *souvent* (often), *quelquefois* (sometimes), and *maintenant* (now) are frequently used with the verb *aller*.

> Je vais toujours au café le mardi.
> Ton copain y va souvent aussi?
> Non, pas souvent. Mais il y va quelquefois.
> Et nous y allons maintenant.

Exercices

A **Au restaurant!** Répétez la conversation avec un copain ou une copine. (*Practice the conversation with a classmate.*)

SIMONE: Salut, Paul. Comment vas-tu?
PAUL: Pas mal, et toi?
SIMONE: Très bien, merci. Où vas-tu maintenant?
PAUL: Je vais au Café de Flore.
SIMONE: Tu y vas tout seul?
PAUL: Oui. On y va ensemble?
SIMONE: Pourquoi pas?

Complétez d'après la conversation. (*Complete according to the conversation.*)

1. Simone ___ très bien.
2. Où ___ Paul?
3. Il ___ au Café de Flore.
4. Il n'y ___ pas tout seul.
5. Son amie Simone y ___ aussi.
6. Les deux copains y ___ ensemble.
7. Ils y ___ à pied, pas en métro.

B **Tu vas au restaurant?** Donnez des réponses personnelles. (*Give your own answers.*)

1. Tu vas souvent au restaurant?
2. Avec qui est-ce que tu vas au restaurant? Avec ta famille?
3. Tu vas quelquefois dans un restaurant français, italien ou chinois?
4. Tu vas toujours au même restaurant?
5. Quand est-ce que tu vas au restaurant?

C **Tes copains et toi.** Donnez des réponses personnelles. *(Give your own answers.)*

1. Tes copains et toi, vous allez à l'école?
2. Vous allez à quelle école?
3. Vous allez à l'école à quelle heure?
4. Vous allez à l'école comment? À pied, en bus, en voiture ou en métro?
5. Après les cours vous allez au café?

D **On va dîner au restaurant.** Complétez la conversation. *(Complete the conversation.)*

ANNE: Ce soir je ____ dîner au restaurant «La Bonne Fourchette». J'y ____ toute seule.

PATRICK: Tu ____ à «La Bonne Fourchette»? C'est une excellente idée. On y ____ ensemble?

ANNE: Pourquoi pas? Mais on y ____ à pied ou en bus?

PATRICK: En bus? Tu rigoles! On y ____ en voiture! J'ai une nouvelle voiture.

ANNE: Elle est super, ta nouvelle voiture. Mais tu ne ____ pas trouver de place libre dans le parking.

Les contractions avec *à* et *de* — *Giving Locations; Telling What Belongs to Others*

1. The preposition *à* can mean "to," "in," or "at." *À* is contracted with *le* and *les* to form one word. *À* + *le* becomes *au*. *À* + *les* becomes *aux*. The preposition *à* does not change when used with the articles *la* and *l'*.

à + la = à la	Je vais *à la* salle à manger.
à + l' = à l'	J'étudie le français *à l'*école.
à + le = au	Je suis *au* café.
à + les = aux	Je parle *aux* élèves.

You make a liaison with *aux* and any word beginning with a vowel or silent *h*. The *x* is pronounced *z*.

2. You also use the preposition *à* with many food expressions.

une glace à la vanille et une glace au chocolat
une soupe à l'oignon
un sandwich au jambon et au fromage
une omelette aux fines herbes

3. The following expressions denote place but do not take the preposition *à*.

> Je vais chez René. (à la maison de René)
> Nous allons en ville.
> Les élèves vont en classe.

4. In French the word *de* can mean "of" or "from." Like *à*, the preposition *de* is contracted with *le* and *les* to form one word. *De* + *le* becomes *du*. *De* + *les* becomes *des*. The preposition *de* does not change when used with the articles *la* and *l'*.

de + la = de la	*De la* terrasse on a une belle vue.
de + l' = de l'	On va *de* l'école à la maison en bus.
de + le = du	Quelle est votre opinion *du* film?
de + les = des	Ils rentrent *des* magasins à midi.

5. The following expressions of location with *de* contract in the same way: *près de, loin de, à côté de* (next to), *à gauche de* (to the left of), *à droite de* (to the right of).

> Le café est près *du* cinéma.
> L'immeuble est loin *des* magasins.

6. You also use the preposition *de* to indicate possession.

> C'est la moto *de* Marc.
> Voici la voiture *du* professeur.
> Minou est le chat *des* voisins.

Exercices

A **Où vas-tu?** Donnez des réponses personnelles. *(Give your own answers.)*

1. Tu vas au collège, au lycée ou à l'université?
2. Tu vas au cours de français le matin ou l'après-midi?
3. Tu vas à l'école à quelle heure?
4. Tu vas au cours d'anglais à quelle heure?
5. Après les cours tu vas chez un copain ou une copine?
6. Tu aimes aller au restaurant?

B **Je ne vais pas à la fête.** Complétez avec «à». *(Complete with à.)*

Ce soir je ne vais pas ___ (le concert). Je ne vais pas ___ (le parc), je ne vais
       1   2
pas ___ (le lycée), je ne vais pas ___ (le restaurant). Je ne vais pas parler ___
     3   4   5
(les copains). Je ne vais pas ___ (la fête) de Suzanne. Je vais aller où alors? Je
                              6
vais rentrer ___ (la maison). Pourquoi? Je suis fatigué.
             7

C **Qu'est-ce que tu préfères?**   Donnez des réponses personnelles.
(Give your own answers.)

1. Tu préfères les sandwichs au jambon ou les sandwichs au fromage?
2. Tu préfères les omelettes au fromage ou les omelettes aux fines herbes?
3. Tu préfères la soupe à la tomate ou la soupe à l'oignon?
4. Tu préfères le café ou le thé?
5. Tu préfères la glace au chocolat ou la glace à la vanille?
6. Tu préfères les crêpes au chocolat ou les crêpes nature?

D **Où est… ?**   Regardez le plan du quartier.
Posez des questions à un copain ou à une copine
d'après le modèle. *(Look at the map and ask a friend
questions according to the model.)*

> Élève 1: **Où est le théâtre?**
> Élève 2: **Le théâtre est à gauche du café.**

1. le parc
2. l'école
3. la banque
4. le café
5. le restaurant
6. la discothèque

E **Le dîner des élèves.**   Combinez d'après le
modèle. *(Combine according to the model.)*

> c'est la voiture / les parents de Vincent
> *C'est la voiture des parents de Vincent.*

1. je vais à la table / les amis de Marc
2. ils sont à la terrasse / le café
3. nous regardons la carte / le restaurant
4. le sac à dos / l'élève est sur la chaise
5. c'est le pourboire / la serveuse

Le futur proche

Telling What You or Others Are Going to Do

1. You use the verb *aller* followed by an infinitive to tell what you or others are
   going to do in the near future.

> **Demain Claude va donner une fête.**
> **Samedi soir il va inviter ses amis à la maison.**
> **Pendant le week-end je vais aller au cinéma.**
> **En décembre on va avoir des vacances.**

2. Note that in negative sentences *ne… pas* goes around the verb *aller.*

> Je *ne* vais *pas* travailler après les cours.
> Ce soir tu *ne* vas *pas* regarder la télé.
> Nous *n'*allons *pas* danser ensemble à la fête.

Exercices

A **Ce soir!** Donnez des réponses personnelles.
(Give your own answers.)

1. Ce soir tu vas regarder la télé?
2. Tu vas téléphoner à un copain ou à une copine?
3. Tu vas préparer le dîner?
4. Tu vas aller en classe?
5. Tu vas inviter tes professeurs au restaurant?

B **Absurdités.** Mettez à la forme négative. *(Change to the negative.)*

1. Nous allons au cours de français pendant le week-end.
2. Les chiens et les chats vont au cinéma.
3. Demain le/la prof de maths va chanter en français.
4. Vous allez manger pendant le cours d'algèbre.
5. Ce soir je vais parler au téléphone avec Elvis Presley.

Les adjectifs possessifs
notre, votre, leur

Telling What Belongs to You and Others

1. You have already learned the possessive adjectives *mon, ton,* and *son.* Study the following forms of the possessive adjectives *notre* (our), *votre* (your), and *leur* (their).

MASCULIN SINGULIER	FÉMININ SINGULIER	PLURIEL
notre ami	notre amie	nos ami(e)s
votre ami	votre amie	vos ami(e)s
leur ami	leur amie	leurs ami(e)s

2. The adjectives *notre, votre,* and *leur* are used with both masculine and feminine singular nouns. With plural nouns you use *nos, vos,* and *leurs.*

3. With the plural forms, you make a liaison before a vowel or silent *h.*

Exercices

A **Notre maison.** Donnez des réponses personnelles d'après le modèle.
(*Give your own answers according to the model.*)

> **Votre voiture est nouvelle ou vieille?**
> *Notre voiture est vieille. (Notre voiture est nouvelle.)*

1. Votre maison ou appartement est grand(e) ou petit(e)?
2. Votre maison ou appartement a combien de pièces?
3. Votre maison ou appartement est en ville?
4. Votre maison ou appartement est près de l'école?
5. Vous avez un chien ou un chat? Votre chien ou chat est adorable?

B **Nos cours.** Donnez des réponses personnelles avec «nos». (*Give your own answers with* nos.)

1. Vos profs sont sympa?
2. Vos amis sont sincères?
3. Vos cours sont intéressants?
4. Vos cassettes de musique rock sont fantastiques?
5. Vos devoirs sont longs?
6. Vos examens sont difficiles?

C **Leur maison.** Complétez avec «leur» ou «leurs». (*Complete with* leur *or* leurs.)

Georges et Paul sont frères. Ils sont dans ___₁ chambre. Ils écoutent ___₂ cassettes. ___₃ collection de cassettes est surtout de jazz. ___₄ amies Catherine et Véronique aiment aussi le jazz. Mais elles préfèrent la musique classique. Elles ont ___₅ musiciens favoris. ___₆ copains n'écoutent pas de musique classique. Samedi soir Georges et Paul vont aller au concert de jazz avec ___₇ parents parce que ___₈ mère et ___₉ père adorent le jazz aussi.

Chaque mois dans Jazz Magazine

des interviews en profondeur (Pat Metheny, Charlie Haden, Herbie Hancock, Miles Davis, etc., etc.)

des signatures prestigieuses (Ben Sidran, Jacques Réda, Francis Marmande, Giuseppe Pino, Aldo Romano...)

des études sur l'histoire et l'actualité du jazz et des musiques périphériques une encyclopédie permanente en fiches à découper

et le bilan-panorama des événements et des productions phonographiques dans le monde

jazz magazine

Pour ceux qui aiment le jazz vraiment

CONVERSATION

Scènes de la vie   *Au restaurant*

DIDIER: Tu es prête à commander, Marie-Claire?

MARIE-CLAIRE: Non, je vais regarder la carte encore un moment.

SERVEUR: Vous désirez?

DIDIER: Pour moi, le steak frites et une petite salade.

SERVEUR: Et vous aimez le steak comment?

DIDIER: Entre saignant et à point.

SERVEUR: Et pour Madame?

MARIE-CLAIRE: Le menu touristique, s'il vous plaît.

(Après le dîner)

DIDIER: L'addition, s'il vous plaît.

SERVEUR: Oui, Monsieur. J'arrive.

MARIE-CLAIRE: Tu as ta Carte Bleue, Didier?

SERVEUR: Ah Madame, je regrette. La maison n'accepte pas les cartes de crédit.

A   **Marie-Claire et Didier.**   Répondez d'après la conversation. (*Answer according to the conversation.*)

1. Où sont Marie-Claire et Didier?
2. Marie-Claire va commander immédiatement?
3. Qu'est-ce qu'elle va regarder?
4. Qu'est-ce que Didier commande?
5. Il aime le steak comment?
6. Qu'est-ce que Marie-Claire commande?
7. Qui arrive avec l'addition?
8. La maison accepte les cartes de crédit?

Prononciation   *Le son /r/*

The French /r/ sound is very different from the American /r/. When you say /r/, the back of your tongue should almost completely block the air going through the back of your throat. Repeat the following words and sentences.

le verre	la nature	la cour	la mère	l'art
la terrasse	le garage	adorer	arriver	terrible

J'adore la littérature, l'art, l'histoire et l'informatique.
Le serveur arrive avec un verre d'Orangina.

verre

Activités de communication orale

A **Le menu touristique.** You've just ordered a *steak frites* in a small restaurant off the Boulevard Saint-Michel in Paris. Answer the waiter's questions.

1. Bon. Un steak frites et une petite salade. Et vous aimez le steak comment?
2. Et comme boisson?
3. Et comme dessert, la glace à la vanille ou les crêpes au chocolat?

B **Pendant le week-end.** Tell a classmate a couple of things you like to do when you're free and find out if he or she likes to do them too. Then say whether you're going to do them over the weekend. Reverse roles.

> Élève 1: Quand je suis libre, j'aime regarder la télé et aller au cinéma. Et toi?
>
> Élève 2: Moi aussi, j'aime regarder la télé et aller au cinéma. (Non, je n'aime pas regarder la télé, mais j'adore aller au cinéma.)
>
> Élève 1: Je vais regarder la télé et aller au cinéma pendant le week-end.

C **Les projets.** You and a classmate are making plans for this evening. Choose a place from the list below and see what your friend thinks. Use the model as a guide.

> à la fête de Patrick
>
> Élève 1: On va à la fête de Patrick ce soir?
>
> Élève 2: D'accord, on y va. J'adore danser. (Non, merci. Je déteste danser.)

> le café
> le cinéma
> le concert
> la discothèque
> chez (le nom d'un[e] ami[e])
> le restaurant français

D **Où est ton restaurant favori?** Name your favorite restaurant. Tell where it's located using some of the following expressions.

> à côté de   derrière
> à droite de   loin de
> à gauche de   près de
> devant

ON A SOIF ET ON A FAIM

Après les cours Paul va au café. Il y va avec ses copains. Au café ils aiment bien regarder les gens[1] qui passent. Les filles regardent les garçons et les garçons regardent les filles. C'est comme ça partout[2].

Paul n'a pas faim mais il a soif. Il commande un Orangina. Sa copine,

Françoise, a très, très faim. Elle a une faim de loup. Elle commande une omelette au fromage avec des frites.

Paul arrive à la maison. Ce soir ses parents ne vont pas préparer le dîner. Ils sont fatigués, vraiment crevés. Ils vont dîner au restaurant. Ils vont aller au petit restaurant du coin[3]. Mais voilà le pauvre chien, Tango. Il est adorable. Il va rester[4] à la maison tout seul?

Absolument pas! Il va aller au restaurant avec la famille. Il n'y a pas de problème. Il est très bien élevé[5], Tango.

[1] gens *people*
[2] partout *everywhere*
[3] petit restaurant du coin *neighborhood restaurant*
[4] rester *to stay*
[5] bien élevé *well-mannered*

Étude de mots

A **Synonymes.** Récrivez les phrases avec des synonymes. (*Rewrite the sentences using synonyms.*)

1. Il va au café avec *ses amis.*
2. Françoise a *une faim de loup.*
3. *Maman et Papa* ne vont pas préparer le dîner ce soir.
4. Ils sont *crevés.*
5. Le chien *a de bonnes manières.*
6. Ils vont *dans un bon petit restaurant modeste.*

Compréhension

B **Paul et Françoise.** Répondez. (*Answer.*)

1. Quand est-ce que Paul va au café?
2. Il y va avec qui?
3. Qui regarde les garçons?
4. Qui regarde les filles?
5. Ça arrive (*happens*) aux États-Unis ou uniquement en France?
6. Paul a faim ou soif?
7. Qu'est-ce qu'il commande?
8. Françoise a soif ou faim?
9. Qu'est-ce qu'elle commande?

C **Pas vrai.** Corrigez les phrases. (*Correct the statements.*)

1. Un Orangina est quelque chose à manger.
2. Une omelette est une boisson.
3. Ce soir Papa va préparer le dîner.
4. Paul et ses parents vont dîner à la maison.
5. Ils vont dîner dans un grand restaurant.
6. Tango est un chat.
7. Tango va rester à la maison tout seul.
8. Le chien n'est pas bien élevé.

D **Au restaurant en France.** Trouvez le renseignement suivant. (*Find the following information.*)

In this reading selection, you learned a cultural difference between the United States and France. What is that difference?

DÉCOUVERTE CULTURELLE

*E*n France on dîne vers[1] sept heures et demie ou huit heures. Si on va dîner au restaurant, on arrive au restaurant entre huit heures et dix heures.

En France, le lait c'est pour les enfants, pas pour les adultes. On sert le café après le dessert, pas avec le repas. On sert du vin avec le repas—du vin rouge ou du vin blanc[2]. On place le pain sur la nappe à côté de l'assiette, pas sur une assiette spéciale.

En général au déjeuner ou au dîner on ne mange pas de beurre[3] avec le pain.

[1] vers *around*
[2] du vin rouge ou du vin blanc
  red or white wine
[3] beurre *butter*

RÉALITÉS

La France est vraiment un pays gastronomique. Il y a beaucoup de genres différents de restaurants en France.

Ces gens sont à la terrasse d'un petit restaurant **1**.

Il y a des crêperies partout en France **2**.

On mange bien dans les grands restaurants gastronomiques comme Le Train Bleu dans la Gare de Lyon **3**.

Une brasserie est un excellent choix pour un repas simple et rapide et pas très cher **4**.

Il y a aussi des restaurants fast-food comme McDonald's en France **5**.

CULMINATION

Activités de communication orale

A **Tu vas où?** Work with a classmate. Look at the following list of places, then take turns telling each other when you're going to each place, how you're going to get there, and who you're going with.

> le concert de rock   le parc   le restaurant fast-food
> le cinéma   le restaurant   le café

B **Au café.** Work in groups of three. You and another classmate are having a leisurely conversation in a café. The waiter or waitress (the third person) has to interrupt you once in a while to wait on you.

Activités de communication écrite

A **R.S.V.P.** The French club, *le Cercle français*, is giving a party after school. Design an invitation to send to your classmates. On your invitation include the following information.

1. the date of your party   3. the place
2. the time of your party   4. the French menu

B **Test: La nourriture et toi.** Take the following test to see what it reveals about your interest in food. Compare results with a classmate.

1. En général je préfère manger dans ___.
   a. les restaurants fast-food   **b.** les restaurants gastronomiques
2. Quand j'ai faim, l'essentiel c'est ___.
   a. la quantité   **b.** la qualité
3. Je préfère ___.
   a. les saucisses de Francfort   **b.** le pâté
4. Je préfère manger mon steak ___.
   a. sur une assiette en plastique   **b.** sur une belle assiette
5. Je préfère dîner ___.
   a. dans la cuisine   **b.** dans la salle à manger

If you answered *b* most of the time, you are a *gourmet*, a person who appreciates good food in a nice setting. If you answered *a* most of the time, you are a *gourmand*, someone who just likes to eat a lot.

POUR COMMANDER, RIEN DE PLUS SIMPLE!

LIVRAISON A DOMICILE
ALLO PIZZA EXPRESS
45 26 94 94

Allo Pizza!

ESSAYEZ-LA !

Réintroduction et recombinaison

A **Faim ou soif?** Complétez. *(Complete.)*

1. J'___ soif. Je ___ commander un Orangina.
2. J'___ faim. Je ___ commander quelque chose à manger.
3. Si tu ___ soif, je propose un citron pressé.
4. Si tu ___ faim, je propose un sandwich au jambon ou une omelette au fromage.
5. On ___ faim. On ___ dîner.

Vocabulaire

NOMS

le restaurant
le café (*café*)
le maître d'hôtel
le serveur
la serveuse
la carte
l'addition (f.)
le service compris
le pourboire
la terrasse

le couvert
l'assiette (f.)
le couteau
la cuillère
la fourchette
la serviette
la nappe
la tasse
le verre

la boisson
le café (*coffee*)
le crème
l'express (m.)

le citron pressé
le thé citron
le coca
l'Orangina (m.)

la crêpe
le croque-monsieur
les frites (f.)
le fromage
le jambon
le steak frites
   saignant
   à point
   bien cuit
l'omelette (f.)
   aux fines herbes
   nature
le pâté
la salade
le sandwich
la saucisse de Francfort
la soupe à l'oignon
la glace
   à la vanille
   au chocolat

ADJECTIFS

pris(e)

ADVERBES

ensemble
maintenant
quelquefois
souvent
toujours

VERBES

aller
chercher
commander
déjeuner
laisser
manger
trouver

AUTRES MOTS ET EXPRESSIONS

avoir faim
avoir soif
je voudrais
quelque chose
à côté de
à droite de
à gauche de
chez
tout(e) seul(e)
à pied
en bus
en métro
en voiture

NOMBRES

soixante et un à cent
   (61–100)

ON FAIT LES COURSES

OBJECTIFS

In this chapter, you will do the following:

1. shop for food in a French-speaking country
2. ask for the quantity you want
3. find out prices
4. express what people don't have or don't do
5. talk or ask about activites you or others do
6. tell things you are able to do
7. tell what you want to do and invite someone to do something
8. contrast some French and American food shopping customs

VOCABULAIRE

MOTS 1

À LA BOULANGERIE-PÂTISSERIE

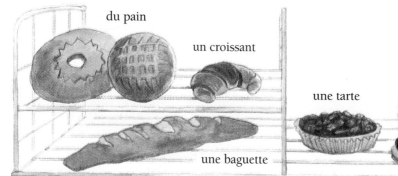

du pain

un croissant

un gâteau

une tarte

une baguette

À LA CRÉMERIE

de la crème   du lait

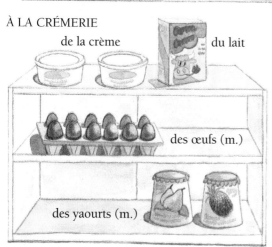

des œufs (m.)

des yaourts (m.)

À LA BOUCHERIE

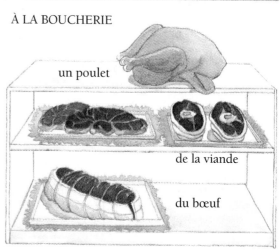

un poulet

de la viande

du bœuf

À LA CHARCUTERIE

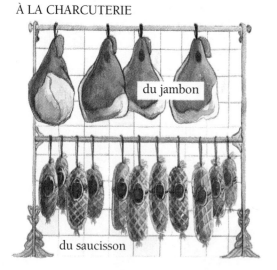

du jambon

du saucisson

À LA POISSONNERIE

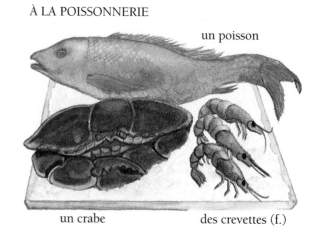

un poisson

un crabe   des crevettes (f.)

Jean fait les courses.
Il fait les courses le matin.
Il ne fait pas ses courses au supermarché.
Il va à la boucherie, à la crémerie et à la
    boulangerie-pâtisserie.

un sac

la caisse

un filet

payer

Jean est à la boulangerie.
Il veut du pain.
Il achète une baguette et des croissants.
Il paie à la caisse.

Exercices

A **Jean fait les courses.** Répondez. *(Answer.)*

1. Jean fait les courses?
2. Il fait les courses le matin?
3. Il va au supermarché?
4. Il a un filet?
5. Il va à la boulangerie-pâtisserie?
6. Il veut du pain?
7. Il achète une baguette?
8. Il paie à la caisse?
9. Il paie avec de l'argent?

B **À la crémerie.** Répondez d'après les photos. *(Answer according to the photos.)*

1. C'est la crémerie ou la boucherie?
2. On achète du fromage ou du pain à la crémerie?
3. Madame Lenôtre achète du lait ou du thé?
4. Elle achète des yaourts ou du fromage?
5. Elle va payer à la caisse ou au café?

C **Au supermarché.** Complétez d'après la photo. (*Answer according to the photo.*)

1. On achète du ___.
2. On achète du ___.
3. On achète du ___.
4. On achète du ___.
5. On achète des ___.

D **On va où pour acheter ça?** Complétez. (*Complete.*)

1. On veut du bœuf. On va ___.
2. On veut du lait. On va ___.
3. On veut des croissants et un gâteau. On va ___.
4. On veut de la viande. On va ___.
5. On veut du saucisson et du jambon. On va ___.
6. On veut de la crème et des œufs. On va ___.
7. On veut du poisson et du crabe. On va ___.
8. On veut une baguette. On va ___.

VOCABULAIRE

MOTS 2

AU MARCHÉ

la marchande

le marchand de fruits et légumes

les fruits (m.)

des bananes (f.)

8ᶠ

des pommes (f.)

10ᶠ

des oranges (f.)

une laitue

7ᶠ 50

les légumes (m.)

des pommes de terre (f.)

6ᶠ 85

des carottes (f.)

5ᶠ

des oignons (m.)

des haricots verts (m.)

des tomates (f.)

Carole veut des légumes. Elle est au marché.
Elle va chez le marchand de fruits et légumes.
Elle achète un kilo de carottes et une livre de tomates.
Elle paie la marchande.

> un kilo = 1.000 (mille) grammes
> une livre = 500 (cinq cents) grammes

À L'ÉPICERIE

un paquet de
légumes surgelés

un pot de moutarde

500 grammes de beurre

un litre de lait

une douzaine d'œufs

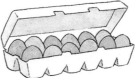
une boîte de conserve

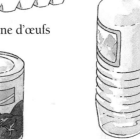
une bouteille
d'eau minérale

Richard est à l'épicerie.
Il veut de l'eau minérale et du lait.
Il achète une bouteille d'eau minérale
et un litre de lait.

LES NOMBRES DE CENT UN À MILLE (101–1.000)	
101	cent un
102	cent deux
103	cent trois
200	deux cents
201	deux cent un
300	trois cents
301	trois cent un
400	quatre cents
500	cinq cents
600	six cents
700	sept cents
800	huit cents
900	neuf cents
1.000	mille

Note:

1. To ask the price (*le prix*), you use the following expressions.

   C'est combien le bœuf?   **Vingt francs le kilo.**
   C'est combien le beurre?   **Huit francs la livre.**

2. To find out how much you owe when you have purchased several items, you ask:

   Ça fait combien?

3. The vendor often asks if you want something else. If you don't, you may use one of the expressions below.

   MARCHAND(E)   CLIENT(E)

   Autre chose?
   Et avec ça?   **Rien d'autre, merci.**
   C'est tout?   **C'est tout.**

Exercices

A **Un fruit ou un légume?** Identifiez d'après le modèle. *(Identify according to the model.)*

C'est une carotte. C'est un légume.

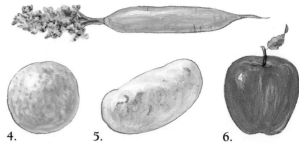

1. 2. 3. 4. 5. 6.

B **Nicole va au marché.** Complétez. *(Complete.)*

Nicole veut préparer une grande salade. Elle va au marché. Elle va chez la ___.
                                                                          1

Elle achète une ___, des ___ et des ___. La marchande demande, «Pas
                  2   3   4

d'oignons aujourd'hui?» Nicole répond: «Non merci, ___ ___ .» Elle donne
                                                    5   6

de l'argent à la ___.
                 7

C **Louis va à l'épicerie.** Complétez. *(Complete.)*

Louis veut de la moutarde, de l'eau minérale, des boîtes de conserve et un

paquet de légumes surgelés. Pour acheter tout ça il va à une épicerie. À l'épicerie

Louis achète deux ___ d'eau minérale, un ___ de carottes surgelées et trois
                  1   2

___ de sardines. Et quelque chose d'autre—un ___ de moutarde. Louis va à la
 3   4

___ où il paie. Ça ___ combien, les bouteilles d'eau minérale, le paquet de
 5   6

carottes, les ___ de sardines et le ___ de moutarde? Ça fait trente francs.
              7   8

D **C'est combien, s'il vous plaît?** Demandez le prix à un copain ou à
une copine. *(Ask a classmate how much the following items are.)*

1. la boîte de conserve
2. la douzaine d'œufs
3. la bouteille d'eau minérale
4. le litre de lait
5. le pot de moutarde

Activités de communication orale
Mots 1 et 2

A **À la boulangerie-pâtisserie.** Visit a French bakery in your community with your classmates. Ask the baker the French names of the pastries that appeal to you. Choose a few items and find out how much you owe. Be sure to speak French. (If there isn't a French bakery in your community, set one up in your classroom by bringing in baked goods or magazine photos of French pastries and breads. Take turns playing the roles of baker and customers.)

B **Au marché.** You're at a vegetable stand at the open-air market in Nice. Make a list of items you want to buy. Use the list of expressions below to talk to the *marchand(e)* (your partner).

Bonjour.   Et avec ça?
Vous désirez, (Monsieur, Mademoiselle)?   C'est tout?
Je voudrais…   Ça fait ___ francs.

C **Je fais les courses.** You've offered to do the shopping for the French family you're living with in Tours. You've got to buy the items on the grocery list below. Ask your French host (your partner) where you have to go to get each item.

des crevettes

Élève 1: Je vais où pour acheter des crevettes?
Élève 2: Tu vas à la poissonnerie.

D **À l'épicerie.** You're in a French *épicerie*. Ask the clerk (your partner) for some of the items on the list below. Be sure to tell him or her the quantity you want. Then reverse roles.

jambon

Élève 1: Je voudrais 500 grammes de jambon, s'il vous plaît.
Élève 2: Voilà. Et avec ça?

1. eau minérale
2. œufs
3. pommes
4. frites surgelées
5. pommes de terre
6. beurre
7. oranges
8. Orangina
9. fromage
10. crème
11. lait
12. bananes

crevettes
saucisson
tarte aux fruits
poulet
fromage
baguette
haricots verts
pommes de terre

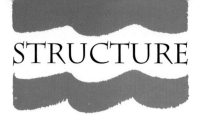

STRUCTURE

Le partitif et l'article défini

Talking about an Indefinite Quantity or Things in General

1. You use the definite article (*le, la, l', les*) to refer to a specific item or items.

Le poisson est au réfrigérateur dans la cuisine.	*The fish is in the refrigerator in the kitchen.*
Voilà le dessert.	*Here's the dessert.*

2. You also use the definite article when talking about something in a general sense.

Le thé est délicieux.	*Tea is delicious.*
Les enfants aiment le lait.	*Children like milk.*
Je déteste les haricots verts.	*I hate green beans.*
Ils n'aiment pas la viande.	*They don't like meat.*

Note that the definite article is often used with verbs that express likes and dislikes—*aimer, détester, préférer, adorer.*

3. You use the partitive construction to express an unspecified amount or part of the whole. In English we often say "some" or "any" to express the partitive. We may omit those words in English, but in French the partitive construction must be used to express indefinite quantity. Study the following examples.

Vous avez du thé?	*Do you have (any) tea?*
Tu voudrais du lait?	*Would you like (some) milk?*
Il achète des haricots verts.	*He's buying (some) green beans.*
Je commande de la viande.	*I'm ordering (some) meat.*

4. You express the partitive in French by using *de* + the definite article. *De* combines with *le* to form *du*. *De* + *les* becomes *des*. *De la* and *de l'* remain unchanged. Study the following chart.

de + la = de la	J'ai *de la* crème.
de + l' = de l'	Je voudrais *de l'*eau.
de + le = du	Tu manges *du* pain?
de + les = des	Il achète *des* fruits et *des* légumes.

Exercices

A **Qu'est-ce que je vais acheter?** Répondez d'après le modèle. (*Answer according to the model.*)

Tu vas acheter des fruits?
Oui, je vais acheter des fruits. J'aime les fruits.

1. Tu vas acheter du pain?
2. Tu vas acheter du fromage?
3. Tu vas acheter des bananes?
4. Tu vas acheter de la glace?

B **Au marché.** Complétez. (*Complete.*)

Je vais acheter ＿＿ légumes et ＿＿ fruits chez le marchand de fruits et légumes.
    1   2
Ensuite je vais aller à la boucherie où je vais acheter ＿＿ bœuf et ＿＿ poulet.
                                                         3   4
Et comme la famille aime bien manger ＿＿ fromage après le dîner, je vais aller à
                                      5
la crémerie pour acheter ＿＿ fromage.
                          6

C **Des provisions.** Complétez. (*Complete.*)

Au marché Robert achète ＿＿ pain, ＿＿ jambon, ＿＿ fromage, ＿＿ bananes
                         1   2   3   4
et ＿＿ crème. Il va préparer ＿＿ sandwichs au jambon et au fromage. Pour le
   5   6
dessert il va préparer ＿＿ bananes avec ＿＿ crème.
                        7   8

D **Des différences.** Complétez. (*Complete.*)

Janine Dupont a une sœur, Colette. Quand les deux sœurs vont au restaurant,
Colette commande toujours ＿＿ poisson. Elle aime bien ＿＿ poisson. Mais
                           1   2
Janine n'aime pas du tout ＿＿ poisson. Elle aime ＿＿ viande et elle commande
                           3   4
toujours ＿＿ viande. Elle commande toujours ＿＿ bœuf.
          5   6

Le partitif à la forme négative

Expressing What People Don't Have or Don't Do

1. You have already seen that *un, une,* and *des* change to *de (d')* in the negative.

AFFIRMATIF	NÉGATIF
J'ai un livre.	Je *n'*ai *pas de* livre.
Nous avons une voiture.	Nous *n'*avons *pas de* voiture.
Ils ont des frères.	Ils *n'*ont *pas de* frères.

2. Note that in the negative, all forms of the partitive (*du*, *de la*, *de l'*, and *des*) also change to *de* or *d'*.

AFFIRMATIF	NÉGATIF
J'achète du pain.	Je *n'*achète *pas de* pain.
J'ai de la crème.	Je *n'*ai *pas de* crème.
Je prépare des carottes.	Je *ne* prépare *pas de* carottes.
Il a des amis.	Il *n'*a *pas d'*amis.

Exercices

A **Qu'est-ce que tu as?** Posez une question d'après le modèle. (*Ask a question according to the model.*)

> **des crayons**
>
> Élève 1: Tu as des crayons?
> Élève 2: Non, je n'ai pas de crayons. (Oui, j'ai des crayons.)

1. un(e) ami(e)
2. de l'argent
3. des cassettes
4. un chat
5. un chien
6. des cousins
7. des cousines
8. des disques
9. des frères
10. des grands-parents
11. des livres
12. des magazines

B **Juliette fait ses courses.** Répondez d'après le modèle. (*Answer according to the model.*)

> Elle achète du poisson à la boucherie?
> *Non, elle n'achète pas de poisson à la boucherie. Elle achète du poisson à la poissonnerie.*

1. Elle achète du pain à la boucherie?
2. Elle achète du fromage à la boulangerie-pâtisserie?
3. Elle achète des légumes à la charcuterie?
4. Elle achète de la viande à la crémerie?
5. Elle achète des œufs chez le marchand de fruits et légumes?

Une poissonnerie dans la rue Mouffetard à Paris

C **Au supermarché.** Complétez. *(Complete.)*

Quand Jacqueline va au supermarché elle n'achète pas ___ fruits. Elle n'aime pas ___ fruits au supermarché. Elle achète ___ fruits au marché, chez le marchand de fruits et légumes. Elle n'achète pas ___ café au supermarché. Elle n'achète pas ___ viande. Elle n'achète pas ___ haricots verts. Elle n'achète pas ___ oignons. Qu'est-ce qu'elle achète au supermarché alors? Elle achète seulement ___ boîtes de conserve et ___ bouteilles d'eau.

₁ ₂ ₃ ₄ ₅ ₆ ₇ ₈ ₉

Le verbe *faire* au présent

Telling and Asking What You or Others Do

1. The verb *faire*, "to do" or "to make," is irregular. Study the following forms.

FAIRE			
je	fais	nous	faisons
tu	fais	vous	faites
il		ils	
elle	fait	elles	font
on			

2. *Qu'est-ce que tu fais?* or *Qu'est-ce que vous faites?* means "What are you doing?" Note that you can use verbs other than *faire* in your answer.

Qu'est-ce que tu fais?	**Je regarde la télé.**
Qu'est-ce que vous faites?	**Nous préparons le dîner.**

3. You also use the verb *faire* in many idiomatic expressions. An idiomatic expression is one that does not translate directly from one language to another. *Faire les courses* is an example of such an expression. In English we say "to go grocery shopping," while in French the verb *faire* is used.

4. You also use *faire* to tell what subjects you are taking.

Je fais du français et mon frère fait de l'espagnol.
Mon frère et moi faisons des maths.

5. Here are some other expressions using *faire*. You can probably guess their meaning.

> Il fait ses études secondaires au lycée du Parc Impérial.
> Tu ne fais pas attention en classe.
> Nous n'aimons pas faire nos devoirs devant la télé.
> Maman prépare un bon dîner. Elle aime faire la cuisine.
> Nous aimons faire un pique-nique au parc.

6. Note that *de la, du, de l'*, and *des* following *faire* change to *de (d')* in the negative.

> Elle fait du français mais elle ne fait pas de maths.
> Nous ne faisons pas d'anglais.

Exercices

A **On fait les courses.** Répétez la conversation. (*Practice the conversation.*)

LUC: Salut, Robert. Qu'est-ce que tu fais?
ROBERT: Moi, je fais les courses.
LUC: Tiens! Quelle surprise! Moi aussi. Je vais au marché de la rue Cler. Tu veux y aller avec moi?
ROBERT: Pourquoi pas? Mais Annette va aussi faire les courses avec moi aujourd'hui.
LUC: Pas de problème! On fait les courses ensemble.

Complétez d'après la conversation. (*Complete according to the conversation.*)

1. Luc ___ ses courses.
2. Robert ___ ses courses aussi.
3. Et Annette ___ ses courses.
4. Luc, Robert et Annette ___ leurs courses ensemble.
5. Ils ___ leurs courses au marché de la rue Cler.

B **Quels cours?** Posez des questions à un copain ou à une copine d'après le modèle. (*Ask a classmate questions according to the model.*)

> de la gymnastique
>
> Élève 1: Tu fais de la gymnastique?
> Élève 2: Oui, je fais de la gymnastique. (Non, je ne fais pas de gymnastique.)

1. du français
2. de la géométrie
3. de l'anglais
4. des sciences naturelles
5. de l'histoire
6. de la géographie

C **Tes copains et toi.** Donnez des réponses personnelles. (*Give your own answers.*)

1. Vous faites des études au lycée ou au collège?
2. Vous faites vos devoirs devant la télé?
3. Vous faites attention en classe?
4. Vous faites la cuisine française en classe?

D **Qu'est-ce que vous faites, Monsieur?** Posez des questions d'après le modèle. (*Ask questions according to the model.*)

> **Madame fait les courses au marché.**
> *Et vous, Monsieur? Vous faites aussi les courses au marché?*

1. Madame fait la cuisine le soir.
2. Madame fait un gâteau d'anniversaire.
3. Madame fait un sandwich à midi.
4. Madame fait les courses au supermarché.

E **Mon copain Yves.** Complétez. (*Complete.*)

Voilà Yves, mon copain du lycée. Il est très intelligent. Nous sommes dans le même cours d'anglais. Yves ⎯⎯ toujours attention en classe. Moi, je ne ⎯⎯ pas très attention. Yves et moi ⎯⎯ nos devoirs ensemble après les cours. Yves ne ⎯⎯ pas de fautes (erreurs). Mais moi, je ⎯⎯ beaucoup de fautes.

Yves et son amie Monique ⎯⎯ du français avec Madame Delacourt. Ils aiment beaucoup le cours de français. Qu'est-ce qu'ils ⎯⎯ au cours de français? Ils parlent beaucoup et ils chantent des chansons françaises.

Vous ⎯⎯ du français aussi, n'est-ce pas? Vous ⎯⎯ du français avec qui? Qui est votre prof? Qu'est-ce que vous ⎯⎯ au cours de français?

Les verbes *pouvoir* et *vouloir*

Describing What You or Others Can Do or Want to Do

1. Study the following forms of the verb *pouvoir,* "to be able to," and *vouloir,* "to want."

POUVOIR			
je	peux	nous	pouvons
tu	peux	vous	pouvez
il		ils	
elle	peut	elles	peuvent
on			

VOULOIR			
je	veux	nous	voulons
tu	veux	vous	voulez
il		ils	
elle	veut	elles	veulent
on			

2. You use *pouvoir* and *vouloir* with an infinitive of another verb to express what one can do or wants to do.

> **Michelle peut dîner au restaurant ce soir.**
> **Je veux inviter mes copains à la fête.**
> **Vous pouvez commander un steak frites pour moi?**

3. As with other verbs that come before an infinitive, *ne… pas* goes around the verbs *pouvoir* and *vouloir* to form the negative.

> **Je ne veux pas manger de frites avec mon steak.**
> **Nous ne pouvons pas aller à la discothèque.**

4. To ask for something politely, you use *je voudrais,* "I'd like," instead of *je veux,* "I want."

> **Je voudrais une livre de haricots verts, s'il vous plaît.**

Exercices

A   Je veux bien, mais je ne peux pas.   Répondez d'après le modèle. *(Answer according to the model.)*

> **Tu veux aller au restaurant?**
> *Je veux bien, mais je ne peux pas.*

1. Tu veux aller au café?
2. Tu veux dîner avec Claude?
3. Tu veux travailler à plein temps?
4. Tu veux gagner de l'argent?
5. Ton frère veut faire les courses?
6. Il veut aller au marché?
7. Il veut préparer le dîner?
8. Il veut inviter ses amis?

B **Si vous voulez, vous pouvez.** Répondez d'après le modèle. (*Answer according to the model.*)

> **Nous voulons travailler.**
> *Si vous voulez, vous pouvez travailler.*

1. Nous voulons travailler à mi-temps.
2. Nous voulons gagner de l'argent.
3. Nous voulons avoir des succès.
4. Nous voulons être riches.

C **Les garçons n'ont pas beaucoup d'argent.** Complétez avec «pouvoir» ou «vouloir». (*Complete with* pouvoir *or* vouloir.)

Pierre et son frère Jacques ont faim. Ils ＿＿ aller dans un restaurant où ils ＿＿
$\overline{1}$ $\overline{2}$
dîner rapidement. Ils ＿＿ commander deux hamburgers chacun (*each*) mais
$\overline{3}$
ils ne ＿＿ pas. Pierre insiste, mais Jacques crie: «Pas question! On n'a pas
$\overline{4}$
beaucoup d'argent! Tu ＿＿ commander seulement un hamburger aujourd'hui.»
$\overline{5}$

D **Qui peut préparer le dîner?** Complétez. (*Complete.*)

ANNE: Je ＿＿ (vouloir) préparer le dîner ce soir, mais franchement je ne ＿＿ (pouvoir) pas.

JEAN: Tu ne ＿＿ (pouvoir) pas? Pourquoi?

ANNE: Parce que je ＿＿ (être) très fatiguée. Je ＿＿ (être) vraiment crevée.

JEAN: On ＿＿ (pouvoir) aller dîner au restaurant alors.

ANNE: Je ne ＿＿ (vouloir) pas y aller ce soir.

JEAN: Si tu ne ＿＿ (vouloir) pas, je ne ＿＿ (vouloir) pas.

ANNE: J'＿＿ (avoir) une idée. Tu ＿＿ (pouvoir) aller faire les courses et tu ＿＿ (pouvoir) faire la cuisine. C'est une bonne idée, n'est-ce pas?

JEAN: Euh… D'accord. Je ＿＿ (vouloir) bien. Qu'est-ce que tu ＿＿ (vouloir) manger alors?

Le supermarché Printania à Dakar, au Sénégal

CONVERSATION

Scènes de la vie *Chez la marchande de fruits*

LA MARCHANDE: Bonjour, Madame.
   Comment allez-vous aujourd'hui?
MADAME GARNIER: Très bien, merci.
   Et vous?
LA MARCHANDE: Très bien. Et qu'est-ce
   que Madame désire aujourd'hui?
MADAME GARNIER: Je voudrais des
   oranges. C'est combien, les oranges?
LA MARCHANDE: Les oranges d'Espagne?
   Elles sont exquises. Dix francs le kilo.
MADAME GARNIER: Une livre, s'il vous
   plaît.
LA MARCHANDE: Et avec ça?
MADAME GARNIER: Rien d'autre, merci.
LA MARCHANDE: Bien, Madame.
MADAME GARNIER: Ça fait combien?
LA MARCHANDE: Cinq francs. Merci,
   Madame. Et au revoir!

A **Les courses.** Choisissez la bonne réponse. *(Choose the correct answer.)*

1. Madame Garnier est ___.
   a. à la boucherie   **b.** à la crémerie   **c.** chez la marchande de fruits

2. Madame Garnier veut ___.
   a. des oranges   **b.** des légumes   **c.** une baguette

3. Les oranges sont ___.
   a. des légumes   **b.** d'Espagne
   c. dix francs la boîte

4. Madame Garnier achète ___ d'oranges.
   a. un kilo   **b.** un paquet
   c. cinq cents grammes

5. Les oranges sont ___.
   a. de France   **b.** la boîte
   c. dix francs le kilo

Prononciation *Les sons /œ́/ et /œ̀/*

Listen to the difference in the vowel sounds in *peut* and *peuvent*. The sound /œ́/ in *peut* is a closed vowel sound and the sound /œ̀/ in *peuvent* is an open vowel sound. Repeat the following words with the sound /œ́/.

il peut   il veut   des œufs   deux

Repeat the following words with the sound /œ̀/.

ils peuvent   ils veulent   un œuf   leur sœur   du beurre

Now repeat the following pairs of words. Be sure to distinguish between the two vowel sounds.

il peut/ils peuvent   il veut/ils veulent

un œuf

Now repeat the following sentences.

Elle veut faire les courses, mais ils ne veulent pas.
Elle veut du beurre et des œufs.
Leur sœur est sérieuse.

des œufs

Activités de communication orale

A **Je veux…**   Tell a classmate a few things you want to do and find out if he or she wants to do them too.

B **Je veux… mais je ne peux pas.**   Tell a classmate several things you want to do but can't do. He or she wants to know why you can't do these activities. Reverse roles.

Élève 1: Je veux aller au cinéma ce soir, mais je ne peux pas.
Élève 2: Pourquoi pas?
Élève 1: J'ai un examen demain.

C **On est moderne chez toi?**   Divide into small groups and choose a leader. The leader asks the others the following questions and reports to the class.

1. Qui fait les courses dans ta famille?
2. Qui fait la cuisine généralement?
3. Qui fait la cuisine quand il y a des invités (*guests*)?

D **Moi, je fais la cuisine.**   You've invited a friend over for a birthday dinner. Make up the menu. Tell your friend what you're going to prepare. Find out whether he or she likes your menu.

Élève 1: Je vais préparer une salade et du poulet.
Élève 2: Très bien! J'adore la salade et le poulet.
    (Euh… je déteste la salade et le poulet.)

LECTURE ET CULTURE

LES COURSES EN FRANCE

Il y a des supermarchés en France? Bien sûr qu'il y a des supermarchés, surtout en dehors des[1] villes. Mais les Français ne vont pas toujours au supermarché pour faire leurs courses. Beaucoup de Français font leurs courses tous les jours—le lundi, le mardi, le mercredi, etc.—dans de petits magasins. En France, on n'achète pas tout[2] dans le même magasin. On achète de la viande à la boucherie et du pain à la boulangerie. On veut des boîtes de conserve, du détergent ou de l'eau minérale? On peut aller à l'épicerie du coin.

Les Français préfèrent aller d'un petit magasin à l'autre. Pourquoi? Premièrement, parce que la qualité est presque[3] toujours excellente dans les petits magasins. Et deuxièmement, les Français aiment bavarder un peu[4] avec le marchand ou la marchande. Ils trouvent ça sympathique.

[1] surtout en dehors des   *especially outside of*
[2] tout   *everything*
[3] presque   *almost*
[4] un peu   *a little*

Étude de mots

A **Le contraire.** Trouvez le contraire.
(Find the opposite.)

1. en dehors de la ville
2. tous les jours
3. petit
4. même
5. l'épicerie du coin
6. un peu

  a. un jour par semaine
  b. différent
  c. le supermarché
  d. en ville
  e. beaucoup
  f. grand

Compréhension

B **En France.** Répondez. *(Answer.)*

1. Où sont la plupart des supermarchés en France?
2. Les Français vont toujours au supermarché pour faire leurs courses?
3. Où est-ce qu'on achète du pain?
4. Où est-ce qu'on achète de la viande?
5. Qu'est-ce qu'on achète à l'épicerie?
6. Comment est la qualité des produits dans les petits magasins?
7. On peut bavarder avec qui?

C **Un peu de culture.** En France ou aux États-Unis? *(In France or in the U.S.?)*

1. On fait presque toujours les courses au supermarché.
2. On fait les courses tous les jours.
3. On fait les courses une ou deux fois par semaine, pas tous les jours.
4. Il y a des supermarchés surtout en dehors des villes.

DÉCOUVERTE CULTURELLE

*A*ujourd'hui les marchands français donnent des sacs à leurs clients. Les sacs sont en plastique ou en papier. Mais beaucoup de gens ont leur propre[1] sac ou filet pour leurs achats[2]. Tu as un filet? Tu vas au supermarché avec ton propre sac?

Quand les Français vont au marché, ils ne parlent pas de *pounds*. En France on utilise le système métrique. On parle de «kilos» dans le système métrique. Un kilo (un kilogramme) est l'équivalent de 2,2 *pounds*. Dans un kilo il y a mille grammes. Un demi-kilo (1/2 kg) est une livre. Une livre fait cinq cents grammes.

Le pain français est très célèbre. Tout le monde adore une baguette bien croustillante[3] avec son odeur délicieuse. Les Français mangent du pain à tous les repas[4]. Dans chaque[5] quartier il y a une ou deux boulangeries où on achète du pain tous les matins. En France, il y a beaucoup de variétés de pain. Dans certaines boulangeries, faire du pain, c'est un art.

[1] propre *own*
[2] achats *purchases*
[3] croustillante *crusty*
[4] tous les repas *every meal*
[5] chaque *each*

Voici le marché d'Aix-en-Provence **1**. C'est un marché typique avec beaucoup d'étals.

C'est une boulangerie-pâtisserie à Paris **2**. Les petits magasins en France sont très jolis. Ils ressemblent souvent à un tableau.

Voici un supermarché en France **3**. Il est en dehors de Nice sur la Côte d'Azur. Il y a beaucoup de supermarchés dans les centres commerciaux en France. À Carrefour, on peut acheter des provisions et aussi toutes sortes d'autres produits pour la maison et le jardin.

Voici une poissonnerie dans la rue Mouffetard à Paris **4**. C'est une rue très animée où il y a un marché et beaucoup de petits magasins.

CULMINATION

Activité de communication orale

A **Une invitation.** You've invited the French exchange student from your school to dinner. He has a few questions for you about the plans.

1. C'est quel jour le dîner?
2. C'est à quelle heure?
3. Quelle est ton adresse?
4. Qu'est-ce que tu vas préparer?
5. Je peux faire un dessert si tu veux.

Activité de communication écrite

A **Un déjeuner français.** You're living in France and want to get some food for lunch but you don't have time.

1. Leave a note for your roommate and ask if he or she can do the shopping for you.
2. Make a list of at least six items.
3. Tell your roommate where each item can be bought.
4. Invite your roommate to have lunch with you.
5. Tell him or her what time you're going to eat.

De belles fraises au marché en plein air

Réintroduction et recombinaison

A **La rue Cler.** Complétez avec la forme convenable de à. (*Complete with the correct form of à.*)

1. Madame Dion va ___ marché de la rue Cler.
2. Elle ne va pas ___ supermarché.
3. Madame Dion va ___ boulangerie pour acheter du pain et elle va ___ épicerie pour acheter des boîtes de conserve.
4. ___ marché Madame Dion aime parler ___ marchands.
5. Aujourd'hui les marchands donnent des sacs ___ clients.

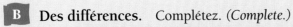

B **Des différences.** Complétez. (*Complete.*)

Éric a $\underset{1}{\text{___}}$ sœurs mais il n'a pas $\underset{2}{\text{___}}$ frères. Les sœurs d'Éric font $\underset{3}{\text{___}}$ études universitaires à l'Université de Grenoble. Catherine fait $\underset{4}{\text{___}}$ anglais mais Michèle ne fait pas $\underset{5}{\text{___}}$ anglais. Elle fait $\underset{6}{\text{___}}$ espagnol. Catherine fait toujours $\underset{7}{\text{___}}$ gymnastique mais Michèle ne fait pas $\underset{8}{\text{___}}$ gymnastique. Elle n'aime pas du tout $\underset{9}{\text{___}}$ gymnastique.

Vocabulaire

NOMS

le marché
le supermarché
l'épicerie
le/la marchand(e)
chez le marchand de
  fruits et légumes
la boucherie
la charcuterie
la boulangerie-pâtisserie
la crémerie
la poissonnerie
la caisse

le fruit
la banane
l'orange (f.)
la pomme
la tomate

le légume
la carotte
la laitue
l'oignon (m.)

la pomme de terre
les haricots (m.) verts

la viande
le bœuf
le poulet
le saucisson

le poisson
le crabe
la crevette

le lait
la crème
le beurre
le yaourt
le pain
la baguette
le croissant
le gâteau
la tarte

les légumes (m.) surgelés
l'eau (f.) minérale
la moutarde
l'œuf (m.)

le paquet
le filet
le sac
la boîte
la bouteille
la douzaine
le pot
le gramme
le kilo
le litre
la livre

VERBES

acheter
faire
payer
pouvoir
vouloir

AUTRES MOTS ET EXPRESSIONS

faire attention
faire des études
faire la cuisine
faire les courses
faire un pique-nique
C'est tout.
C'est combien?
Rien d'autre.
Avec ça?
Ça fait combien?

NOMBRES

cent un à mille
  (101–1.000)

CHAPITRE

7

L'AÉROPORT ET L'AVION

OBJECTIFS

In this chapter, you will learn to do the following:

1. check in for a flight
2. talk about some services on board
3. get through the airport after deplaning
4. describe people's activities
5. express "which" and "all"
6. describe people and things
7. say a few things about air travel in France

VOCABULAIRE

MOTS 1

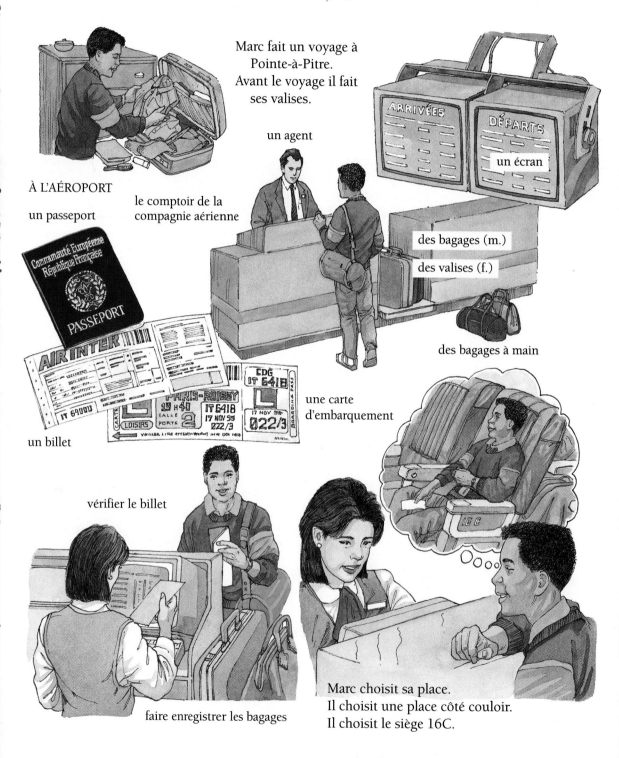

Marc fait un voyage à
Pointe-à-Pitre.
Avant le voyage il fait
ses valises.

un agent

ARRIVÉES DÉPARTS

un écran

À L'AÉROPORT

le comptoir de la
compagnie aérienne

un passeport

des bagages (m.)

des valises (f.)

des bagages à main

une carte
d'embarquement

un billet

vérifier le billet

faire enregistrer les bagages

Marc choisit sa place.
Il choisit une place côté couloir.
Il choisit le siège 16C.

décoller

le départ

la porte

atterrir

le contrôle
de sécurité

L'avion part de la porte 14.

DANS L'AVION

la cabine

la sortie

(une zone) non-fumeurs

côté fenêtre

un passager

une passagère

un siège

côté couloir

un vol à destination de Paris
un vol en provenance de Lyon

un vol intérieur
un vol international

un vol qui va à Paris
un vol qui arrive de Lyon

un vol dans le même pays
un vol d'un pays à un autre

Exercices

A **Un voyage à Pointe-à-Pitre.** Répondez. (*Answer.*)

1. Le passager est au comptoir de la compagnie aérienne?
2. Le comptoir est à l'aéroport?
3. C'est le comptoir de quelle compagnie aérienne?
4. Le passager a son billet et son passeport?
5. L'agent de la compagnie aérienne vérifie le billet?
6. Il vérifie le passeport aussi?
7. Le passager choisit sa place dans l'avion?
8. Il choisit quel siège? Son siège est dans la zone non-fumeurs?
9. Il veut une place côté couloir ou côté fenêtre?
10. L'agent donne une carte d'embarquement au passager?
11. Le passager fait enregistrer ses bagages?
12. Il passe par le contrôle de sécurité?

B **À l'aéroport.** Répondez d'après les dessins. (*Answer according to the illustrations.*)

1.   2.   3.

4.   5.   6.

1. Le passager a de grandes valises ou des bagages à main?
2. Il regarde son billet ou son passeport?
3. L'agent vérifie son billet ou sa carte d'embarquement?
4. Le passager est au comptoir de la compagnie aérienne ou il passe par le contrôle de sécurité?
5. Le passager va au contrôle de sécurité ou à la porte d'embarquement?
6. L'avion décolle ou atterrit?

C **Les arrivées et les départs.** Répondez d'après les écrans. (*Answer according to the arrival and departure screens.*)

ARRIVEES		AEROGARE TERMINAL **2**		
INFORMATIONS GENERALES				
HORS	**PROVENANCES**	**VOL**	**OBSERVATIONS**	**GARE**
0920	NAIROBI	MD 052	ARRIVE 1009	2A
0920	GENEVE	SR 722	ARRIVE 0952	2B
0925	ZURICH	AF 987	ARRIVE 0942	2B
0930	LON-HEATHROW	AF 807	ARRIVE 0939	2D
0940	LUGANO	LXAF 750	PREVU 1050	2B
0949	BERNE	LXAF 772	PREVU 1106	2C
0950	ROME	AF 639	ARRIVE 0945	2D
1000	MANCHESTER	AF 909	ARRIVE 0954	2D
1005	BRUXELLES	AF 1221	ARRIVE 1004	2B

DEPARTS		AEROGARE TERMINAL **2**		
INFORMATIONS GENERALES				
HORS	**DESTINATION**	**VOL**	**OBSERVATIONS**	**GARE**
0940	VENISE	AZ 297	TERMINE B33	2B
0955	OSLO	AF 1132	TERMINE	2B
1005	MILAN	AZ 345	TERMINE B33	2B
1010	ROME	AZ 283	TERMINE B33	2B
1015	VENISE	AF 670	TERMINE	2D
1020	PRAGUE	AF 2968	EMBARQT	2C
1020	BERNE	AFLX 972	B30	2D
1030	LON-HEATHROW	AF 810	EMBARQT D63	2D
1035	BRISTOL	BC 602	EMBARQT D69	2D

1. Le vol 987, c'est un vol de quelle compagnie aérienne?
2. Où va le vol 297?
3. Le vol 345 est à destination de quelle ville?
4. Le vol 810 part à quelle heure?
5. Le vol 772 est en provenance de quelle ville?
6. Il va arriver à quelle heure?
7. Quel vol est en provenance de Rome?

VOCABULAIRE

MOTS 2

PENDANT LE VOL OU À BORD DE L'AVION

le personnel de bord

un steward une hôtesse de l'air

On sert le dîner.

Un passager sort ses
bagages du compartiment.

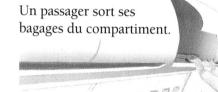

Un passager dort.

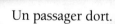

Une passagère remplit
sa carte de débarquement.

L'ARRIVÉE À PARIS

On passe à l'immigration.

On récupère ses bagages.

On passe à la douane.

une aérogare en ville

un taxi

un autocar

Exercices

A **Un lexique aérien.** Trouvez le contraire. (*Find the opposite.*)

1. le steward
2. l'aérogare en ville
3. l'embarquement
4. décoller
5. intérieur
6. en provenance de

a. l'aéroport
b. international
c. l'hôtesse de l'air
d. à destination de
e. le débarquement
f. atterrir

B **Un autre lexique aérien.** Trouvez le nom qui correspond au verbe. (*Find the noun that corresponds to the verb.*)

1. arriver
2. partir
3. atterrir
4. décoller
5. servir
6. sortir
7. embarquer
8. débarquer

a. le départ
b. l'embarquement
c. l'arrivée
d. le débarquement
e. la sortie
f. le service
g. le décollage
h. l'atterrissage

C **À bord.** Répondez. (*Answer.*)

1. Le vol de New York à Paris est un vol intérieur ou un vol international?
2. On sert le dîner à bord?
3. Le steward sert le dîner?
4. L'hôtesse de l'air sert le dîner?
5. Un passager dort pendant le vol?
6. Avant l'arrivée ou l'atterrissage à Paris, le passager remplit une carte de débarquement?
7. À Paris, on passe à l'immigration?
8. On passe à la douane?

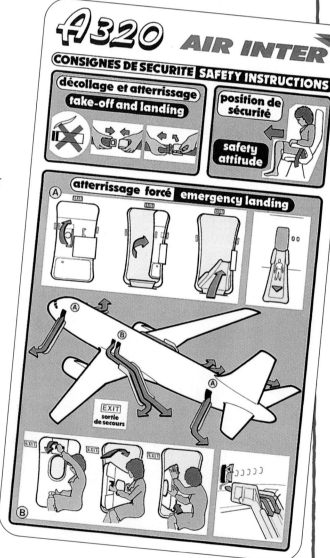

Activités de communication orale

Mots 1 et 2

A **Au comptoir d'Air Inter.** You're checking in for your flight at the Air Inter counter at Orly Airport. Answer the agent's questions.

1. Où allez-vous?
2. Vous avez combien de valises à enregistrer?
3. Vous avez combien de bagages à main?
4. Vous voulez une place fumeurs ou non-fumeurs?
5. Côté couloir ou côté fenêtre?

B **Des renseignements.** You're on a flight to Paris. Get some information from the flight attendant (your partner) about the following:

1. service on board, meals, etc.
2. arrival time in Paris
3. customs
4. getting from the airport to the city

C **Des arrivées et des départs.** Work with a classmate. Look at this arrival board at Charles-de-Gaulle Airport. Give as much information about the flights as you can, then ask each other questions about them.

STRUCTURE

Les verbes en *-ir* au présent   *Describing People's Activities*

1. Another group of regular verbs in French end in *-ir*. The two most commonly used verbs in this group are *choisir*, "to choose," and *finir*, "to finish." Study the following forms.

INFINITIVE	CHOISIR	FINIR	
STEM	chois-	fin-	ENDINGS
	je choisis	je finis	-is
	tu choisis	tu finis	-is
	il elle } choisit on	il elle } finit on	-it
	nous choisissons	nous finissons	-issons
	vous choisissez	vous finissez	-issez
	ils elles } choisissent	ils elles } finissent	-issent

Note that the final consonant sound of all singular forms is silent.

2. The following are some other common *-ir* verbs.

atterrir	to land	**réussir à**	to succeed, to pass (a test)
punir	to punish	**remplir**	to fill, to fill out (a form)
obéir à	to obey		

Exercices

A **Un vol à Paris.** Répondez d'après les indications. (*Answer according to the cues.*)

1. Madame Lauzier choisit quelle compagnie? (Air France)
2. Elle choisit quelle classe de service? (classe économique)
3. Elle choisit une place dans la zone fumeurs ou non-fumeurs? (non-fumeurs)
4. Elle choisit un siège côté couloir ou côté fenêtre? (côté couloir)
5. Son avion atterrit à quelle heure? (à huit heures du matin)
6. Il atterrit à quel aéroport? (Charles-de-Gaulle)
7. Qu'est-ce qu'elle remplit avant l'arrivée? (une carte de débarquement)

B **Au restaurant.** Donnez des réponses personnelles. (*Give your own answers.*)

1. Tu choisis un restaurant bon marché ou élégant?
2. Tu choisis le menu touristique ou le menu à la carte?
3. Tu choisis la viande ou le poisson?
4. Tu finis le dîner par un dessert ou un fromage?
5. Tu choisis un gâteau ou une glace?
6. Quand tu finis le dîner, tu laisses un pourboire pour le serveur?

C **Un bon dîner.** Mettez au pluriel d'après le modèle. (*Change to the plural according to the model.*)

> **Je choisis un express et tu choisis un thé citron.**
> ***Nous choisissons un express et vous choisissez un thé citron.***

1. Je choisis un restaurant bon marché et tu choisis un restaurant gastronomique.
2. Je choisis le menu à prix fixe et tu choisis un dîner à la carte.
3. Je choisis un coca et tu choisis une bouteille d'eau minérale.
4. Je finis mon dîner par une tarte et tu finis ton dîner par des crêpes Suzette flambées.
5. Je finis mon dîner par un crème et tu finis ton dîner par un express.

EXECUTIVE FIRST | SUPER AFFAIRES

D **Un autre vol.** Complétez avec «choisir» ou «remplir». (*Complete with* choisir *or* remplir.)

1. Les passagers ___ un vol direct?
2. Ils ___ un siège côté couloir ou côté fenêtre?
3. Ils ___ un siège dans la zone fumeurs ou non-fumeurs?
4. Ils ___ leur carte de débarquement à l'aéroport ou pendant le vol?

E **Qui obéit?** Complétez. (*Complete.*)

J'___ (obéir) toujours à mes parents et j'___ (obéir)
  $\quad_1$ $\quad_2$
toujours à mes profs. Les profs ___ (punir) les
  $\quad_3$
élèves qui n'___ (obéir) pas. Et vous, vous ___
  $\quad_4$ $\quad_5$
(obéir) à vos parents? Vous ___ (obéir) à vos
  $\quad_6$
profs? Vous ___ (finir) toujours vos examens?
  $\quad_7$
Vous ___ (réussir) à tous les examens que vous
  $\quad_8$
passez?

Les adjectifs *quel* et *tout*　　　　*Expressing "Which" and "All"*

1. You use the interrogative adjective *quel* + a noun when you want to ask "what?" or "which?" All forms of *quel* sound the same even though they are spelled differently.

	SINGULIER	PLURIEL
FÉMININ	Quelle compagnie?	Quelles compagnies?
MASCULIN	Quel vol?	Quels vols?

2. You make a liaison with the plural forms when they are followed by a vowel or silent *h*.

> **Quelles amies?**
> **Quels hôtels?**

3. You use the adjective *tout(e)* with the definite article (*le, la, l'*) to express "the entire" or "the whole."

	SINGULIER
FÉMININ	Toute la classe regarde le tableau noir.
MASCULIN	Tout le livre est comique.

4. You use *tous* and *toutes* to express "all" or "every."

	PLURIEL
FÉMININ	Toutes les classes de M. Lapeyre sont amusantes.
MASCULIN	Tous les livres sont intéressants.

Exercices

A　**Quel cours?**　Répondez d'après le modèle. (*Answer according to the model.*)

> **Tu aimes quels cours?**
> *Moi? J'aime tous les cours.*

1. Tu aimes quelles matières?
2. Tu aimes quelles langues?
3. Tu aimes quelles sciences?
4. Tu aimes quels livres?
5. Tu aimes quels disques?
6. Tu aimes quels profs?

B Quel vol? Complétez avec «quel». (*Complete with* quel.)

1. Tu fais un voyage? Ton vol est ___ jour?
2. Ton avion part à ___ heure?
3. Ton avion part de ___ porte?
4. Pendant le vol tu vas regarder ___ film?
5. Tu vas écouter ___ cassettes?
6. Tu aimes ___ magazines?

C Toute la classe. Complétez avec la forme convenable des adjectifs. (*Complete with the correct form of the adjectives.*)

1. ___ la classe passe ___ examen? (tout, quel)
2. ___ les élèves réussissent à l'examen. (tout)
3. ___ les élèves de ___ classe réussissent à ___ examen? (tout, quel, quel)
4. ___ cours sont difficiles? (quel)
5. ___ les cours de ___ professeur sont difficiles? (tout, quel)

D Tous les vols pour quelle ville? Complétez avec «tout». (*Complete with* tout.)

1. ___ les places sont occupées.
2. ___ l'avion est classe économique. Il n'y a pas de première classe.
3. ___ les cabines sont non-fumeurs.
4. Ce n'est pas vrai ça. ___ les vols internationaux ont une zone fumeurs.

Les noms et les adjectifs en -al   *Describing People and Things*

1. To form the plural of all feminine words ending in *-ale* you add *-s* to the singular.

une île tropicale	des îles tropicales
la ville principale	les villes principales
la capitale	les capitales

2. Note, however, that the plural form of most masculine words ending in *-al* is *-aux*.

un vol international	des vols internationaux
un parc national	des parcs nationaux
un animal	des animaux

3. Many adjectives that end in *-al* are cognates.

général	local	national	principal	spécial
international	municipal	original	social	tropical

4. The following are some common nouns that end in *-al*.

le terminal	le général	le journal (*newspaper*)

Exercices

A **La Martinique, une île tropicale.** Complétez. (*Complete.*)

La Martinique est une île ___ (tropical) dans la Mer des Caraïbes. Sa ville ___
              1   2
(principal) est Fort-de-France. Fort-de-France est la capitale. Dans la capitale

il y a plusieurs petits parcs ___ (municipal). L'aéroport ___ (international) est
                              3   4
près de la ville. Tous les jours il y a des vols ___ (international)
                                                 5
qui arrivent et partent de l'aéroport ___ (municipal). Il y a des
                                       6
vols ___ (international) à destination de Paris et de beaucoup
     7
de villes des États-Unis comme Miami et New York.

B **Quel est le mot que je veux?** Complétez avec un
mot en *-al*. (*Complete with a word ending in* -al.)

1. Le *New York Times* et le *Washington Post* sont des ___
   américains.
2. *France-Soir*, *Paris Presse* et *Le Figaro* sont des ___ français.
3. Il y a des ___ au Bronx Zoo à New York et il y a des ___ au
   jardin zoologique à Paris.
4. Il y a deux grands ___ d'autocars dans la ville.
5. Les ___ sont dans l'armée. Les ___ sont des militaires.

Les verbes *sortir, partir,* dormir et *servir* au présent   *Describing People's Activities*

1. The verbs *sortir*, "to go out," *partir*, "to leave," *dormir*, "to sleep," and *servir*,
   "to serve," are irregular. Study the forms below.

SORTIR	PARTIR	DORMIR	SERVIR
je sors	je pars	je dors	je sers
tu sors	tu pars	tu dors	tu sers
il elle on } sort	il elle on } part	il elle on } dort	il elle on } sert
nous sortons	nous partons	nous dormons	nous servons
vous sortez	vous partez	vous dormez	vous servez
ils elles } sortent	ils elles } partent	ils elles } dorment	ils elles } servent

2. The verb *sortir* has more than one meaning. Used alone, it means "to go out." *Sortir de* means "to leave" in the sense of "to go out of a place, to exit." When followed by a noun, *sortir* means "to take out."

> **Après les cours j'aime sortir avec mes copains.**
> **Il sort de l'école.**
> **Le passager sort ses bagages du compartiment.**

3. The verb *partir* means "to leave." *Partir de* means "to leave from a place." "To leave for a place" is *partir pour*.

> **L'avion part ce soir.**
> **Il part de la porte trois.**
> **L'avion part pour Paris.**

Exercices

A **Un vol Abidjan–Paris.** Répondez par «oui». (*Answer "yes."*)

1. L'avion pour Paris part de la porte 10?
2. Il part à midi?
3. On sert le déjeuner à bord?
4. Le passager sort ses bagages à main du compartiment?
5. Il dort pendant le vol?

La Côte-d'Ivoire: Des hommes d'affaires descendent de l'avion.

B **Qui part?** Donnez des réponses personnelles. (*Give your own answers.*)

1. Tu pars pour l'école à quelle heure?
2. Tu sors de la maison à quelle heure le matin?
3. Quand tu arrives à l'école, qu'est-ce que tu sors de ton sac à dos?
4. Tu dors en classe?
5. Pendant le week-end, tu sors avec tes copains? Où allez-vous?

C **On part demain.** Répétez la conversation. (*Practice the conversation.*)

JACQUES: Vous partez à quelle heure demain?
CHANTAL: Solange et moi, nous partons à onze heures.
JACQUES: L'avion part de quel aéroport?
CHANTAL: Il part du Bourget.
JACQUES: Vous partez pour Tunis, n'est-ce pas?
CHANTAL: Oui, et nous allons immédiatement après à Monastir.

Complétez d'après la conversation. (*Answer according to the conversation.*)

1. Chantal et sa copine ___ pour Tunis.
2. Elles ___ en avion.
3. Leur vol ___ à onze heures.
4. Il ___ du Bourget.

CONVERSATION

Scènes de la vie *Au comptoir de la compagnie aérienne*

L'AGENT: Votre billet, s'il vous plaît.

ALICE: Oui, Madame.

L'AGENT: Vous partez pour Paris ce soir? Votre passeport, s'il vous plaît.

ALICE: Voilà mon passeport.

L'AGENT: Merci.

ALICE: Je vous en prie.

L'AGENT: Vous avez combien de valises?

ALICE: Deux petites valises.

L'AGENT: Bien. Vous préférez une place fumeurs ou non-fumeurs?

ALICE: Non-fumeurs, s'il vous plaît. Je ne fume pas.

L'AGENT: J'ai une place côté couloir non-fumeurs.

ALICE: Très bien.

L'AGENT: Voilà votre carte d'embarquement. Vous avez le siège 20C. Embarquement 20 heures 10, porte 15.

A **Le départ.** Répondez d'après la conversation. *(Answer according to the conversation.)*

1. Où est Alice?
2. Elle parle à qui?
3. Où est-ce qu'elle va?
4. Qu'est-ce que l'agent vérifie?
5. Alice a combien de valises?
6. Elles sont grandes ou petites?
7. Elle veut une place fumeurs ou non-fumeurs?
8. Elle a quel siège?
9. L'avion part à quelle heure?
10. Il part de quelle porte?

Prononciation *Le son /l/ final*

The names Michelle and Nicole were originally French names, but today many American girls have these names. When you hear French people say the names Nicole and Michelle, the final /l/ sound is much softer than in English. Say "Michelle" and "Nicole" in French. Repeat the following words.

île	vol	général	elle
ville	décolle	journal	quel

Now repeat the following sentences.

> C'est un vol international spécial.
> Quelle est la ville principale de l'île?
> C'est Mademoiselle Michelle. Elle est belle.

l'île

Activités de communication orale

A **Tu vas où?** You're at the airport waiting for your flight. The person sitting next to you (your partner) asks you where you're going, what your flight number is, what time your plane leaves, why you're going on this trip, and who's going with you. Answer his or her questions, then reverse roles.

B **Une carte d'accès à bord.** You just got your boarding pass for your flight to Bordeaux. Tell your classmate everything you can about your flight.

CARTE D'ACCES A BORD/boarding pass
AIR FRANCE /////

NOM DU PASSAGER / name of passenger

DE / from **PARIS/C GAULLE 2 B**

A / to **BORDEAUX**

VOL / flight CLASSE DATE DEPART / time
IT6117 Y **01OCT 08H55**

EMBARQUEMENT / boarding SIEGE / seat
24 08H30 X **NO**

PORTE / gate HEURE / time

N0 POIDS / weight

007

HUMMEL 8/180/01 PE

TOUTE LA CLASSE VA À PARIS

*T*ous les élèves de la classe de français de Madame Bardot vont à Paris. Ils sont au comptoir d'Air France à l'aéroport JFK. L'agent vérifie tous leurs billets et tous leurs passeports. Il enregistre tous leurs bagages. Il donne toutes les cartes d'embarquement à Madame Bardot.

Les élèves passent par le contrôle de sécurité. Leur avion à destination de Paris part de la porte cinquante-deux à vingt heures dix. À vingt heures moins le quart on fait l'annonce du départ. Les élèves embarquent et trouvent leurs places à bord de l'avion. Ils placent leurs bagages à main dans le compartiment au-dessus de leur tête[1] ou sous[2] leur siège.

Quelle chance[3]! Leur avion décolle à l'heure[4]. Il n'a pas de retard. Pendant le vol les copains bavardent et regardent un film. Les hôtesses de l'air et les stewards passent dans la cabine et servent des boissons et un dîner. Avant l'arrivée à Paris les élèves remplissent une carte de débarquement.

On arrive à Paris à huit heures du matin. L'avion atterrit à l'aéroport Charles-de-Gaulle à Roissy. Charles-de-Gaulle est un des trois aéroports internationaux de Paris. La plupart des vols internationaux arrivent à Roissy ou partent de Roissy.

Les élèves de Madame Bardot débarquent et récupèrent leurs bagages. Ils passent à l'immigration et à la douane. Les formalités de douane sont très simples à Charles-de-Gaulle.

Quarante minutes après l'atterrissage les élèves sont dans l'autocar qui fait la navette[5] entre l'aéroport et le Terminal des Invalides, au centre de la ville de Paris. Tout le monde est crevé après le long voyage en avion et un décalage horaire de six heures. On va dormir, n'est-ce pas? Absolument pas! Le premier jour à Paris on ne dort pas. On flâne[6] dans les rues de Paris. On flâne le long de la Seine.

[1] compartiment au-dessus de leur tête *overhead compartment*
[2] sous *under*
[3] chance *luck*
[4] à l'heure *on time*
[5] fait la navette *goes back and forth*
[6] flâne *strolls*

La Pyramide du Louvre

Étude de mots

A **À l'aéroport.** Trouvez le contraire. (*Find the opposite.*)

1. international
2. l'atterrissage
3. au-dessus de
4. faire enregistrer les bagages
5. à destination de
6. le départ
7. embarquer
8. décoller
9. au centre
10. simple

a. en provenance de
b. intérieur
c. atterrir
d. débarquer
e. l'arrivée
f. le décollage
g. sous
h. compliqué
i. récupérer les bagages
j. à la périphérie

Compréhension

B **Un voyage.** Répondez d'après la lecture. (*Answer according to the reading.*)

1. Qui va à Paris?
2. Où sont-ils maintenant?
3. Qu'est-ce que l'agent d'Air France fait?
4. À qui est-ce qu'il donne les cartes d'embarquement?
5. Par où passent les élèves?
6. Leur avion part de quelle porte?
7. Il part à quelle heure?
8. Leur avion décolle à l'heure ou avec un retard d'une heure?
9. Qui travaille à bord de l'avion?
10. Qu'est-ce qu'on sert à bord?
11. On regarde un film pendant le vol?

DÉCOUVERTE CULTURELLE

Air Inter est une des principales compagnies aériennes françaises. Air Inter dessert[1] à peu près cinquante villes françaises et quelques villes étrangères[2].

Les tarifs aériens[3] en France et dans les autres pays d'Europe sont très chers[4].

Il y a une grande industrie aérospatiale en France. Toulouse est le centre de l'industrie aérospatiale française. À Toulouse on assemble les Airbus.

Le Concorde est un avion français et anglais. Le Concorde est un avion supersonique. Il fait New York–Paris en trois heures et demie.

[1] dessert *serves*
[2] étrangères *foreign*
[3] tarifs aériens *airfares*
[4] chers *expensive*

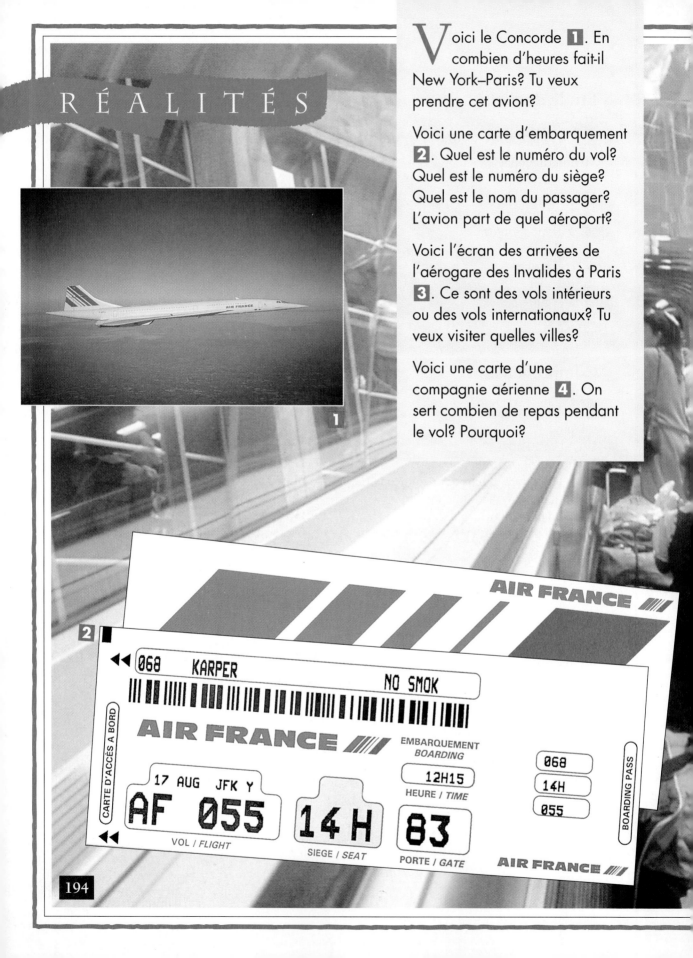

Voici le Concorde **1**. En combien d'heures fait-il New York–Paris? Tu veux prendre cet avion?

Voici une carte d'embarquement **2**. Quel est le numéro du vol? Quel est le numéro du siège? Quel est le nom du passager? L'avion part de quel aéroport?

Voici l'écran des arrivées de l'aérogare des Invalides à Paris **3**. Ce sont des vols intérieurs ou des vols internationaux? Tu veux visiter quelles villes?

Voici une carte d'une compagnie aérienne **4**. On sert combien de repas pendant le vol? Pourquoi?

1

AIR FRANCE ////

2

◄◄ 068   KARPER   NO SMOK

CARTE D'ACCÈS A BORD

AIR FRANCE ////   EMBARQUEMENT
                       BOARDING

17 AUG JFK Y   12H15
                                 HEURE / TIME
AF 055   14 H   83
VOL / FLIGHT SIEGE / SEAT PORTE / GATE

068
14H
055

BOARDING PASS

AIR FRANCE ////

3

1000	DUBLIN	FU	111	ARRIVE	1000	2 B
1005	BRISTOL	BC	601	ARRIVE	0957	2 D
1005	BUDAPEST	MAAF	558	ARRIVE	1002	2 B
1010	AMSTERDAM	AF	1251	ARRIVE	1021	2 B
1010	REUNION					
	MAURICE					
	SEYCHELLES					
	DUBAI	AF	464	ARRIVE	1009	2 A
1015	COLOGNE	AF	785	ARRIVE	1020	2 D
1015	DUSSELDORF	AF	769	PREVU	1020	2 D
1020	MIAMI	AF	042	PREVU	1050	2 A
1020	GENEVE	AF	961	PREVU	1011	2 B
1025	STUTTGART	AF	723	PREVU	1016	2 D
1030	NEW YORK	AF	074	PREVU	1100	2 A
1030	BIRMINGHAM	AF	901	PREVU	1028	2 D
1035	AMSTERDAM	FU	021	PREVU	1028	2 P

4

AIR ORIENT

PAUL COLIN

EUROPE. ORIENT
EXTRÊME-ORIENT
Service Hebdomadaire

MENU
*
ASSORTIMENT DE CHARCUTERIE
*
TOURNEDOS MAÎTRE D'HÔTEL
*
BOUQUETIÈRE DE PETITS LÉGUMES
*
SALADE COMPOSÉE
*
FROMAGE
*
DESSERT
*
CAFÉ DE COLOMBIE
*
PETIT DÉJEUNER
*

*Pour les boissons alcoolisées dont le service n'est pas gratuit
en classe Economique et pour les autres produits mis en vente
à bord, nous vous prions de vous reporter au tarif mis
à votre disposition.*

CULMINATION

A **Avant, pendant ou après le vol?** Play this game in groups of three. Each of you will think of several things a flight attendant, a passenger, and a ticket agent do. The first person says an activity and one of the other two players has to guess *who* does it. The third person then has to say *when* the activity is done—before, during, or after the flight.

> Élève 1: Elle sert le dîner.
> Élève 2: C'est l'hôtesse de l'air.
> Élève 3: Elle sert le dîner pendant le vol.

B **Tu aimes sortir?** You're chatting with a classmate. Find out how often each of you goes out, where you go, with whom, and who pays.

Activités de communication écrite

A **Vive les vacances!** You've just won two free plane tickets to an exciting foreign city. Write to a friend inviting him or her to join you.

B **Un horrible vol!** Imagine you're taking a trip and everything goes wrong before, during, and after the flight. Write a brief paragraph describing your experience. For some possible topics to include, look at the list below.

> l'agent
> le déjeuner (le dîner)
> le film
> la personne à côté de vous
> le personnel de bord
> la place

Réintroduction et recombinaison

A **À Paris.** Complétez. (*Complete.*)

1. Je ___ à Paris. (aller)
2. J'y ___ avec ma classe de français. (aller)
3. Notre prof de français ___ Madame Bardot. (être)
4. Nous ___ très contents. (être)
5. Nous ___ à Paris en avion. (aller)
6. Madame Bardot ___ le voyage avec nous. (faire)

B **À vous.** Écrivez des phrases originales. (*Write original sentences.*)

1. américain, français
2. joli
3. nouveau
4. beau
5. tout
6. quel

Vocabulaire

NOMS

l'aéroport (m.)
l'agent (m.)
l'arrivée (f.)
le départ
le comptoir
la compagnie aérienne
le billet
la carte d'embarquement
l'écran (m.)
le vol
le pays
le passager
la passagère
les bagages (m.)
les bagages à main
la valise
la porte
le contrôle de sécurité
l'immigration (f.)
le passeport
la douane
l'aérogare (f.)
le taxi
l'autocar (m.)

l'avion (m.)
la cabine
la sortie
le siège
la place
le côté couloir
le côté fenêtre
le compartiment
le personnel de bord
l'hôtesse (f.) de l'air
le steward
la zone non-fumeurs (fumeurs)
la carte de débarquement

ADJECTIFS

intérieur(e)
international(e)
quel(le)
tout(e), tous, toutes

VERBES

débarquer
embarquer
décoller
passer

récupérer
vérifier

atterrir
choisir
finir
remplir
réussir (à)
obéir (à)
punir

sortir
partir
dormir
servir

AUTRES MOTS ET EXPRESSIONS

faire enregistrer
faire les valises
faire un voyage
à bord de
à destination de
en provenance de
avant

À LA GARE

OBJECTIFS

In this chapter, you will learn to do the following:

1. use words and expressions related to train travel
2. describe your activities and those of others
3. point out people or things
4. express "to put" or "to place"
5. identify different types of trains and rail services in France
6. tell some differences between train travel in France and the U.S.

VOCABULAIRE

MOTS 1

À LA GARE

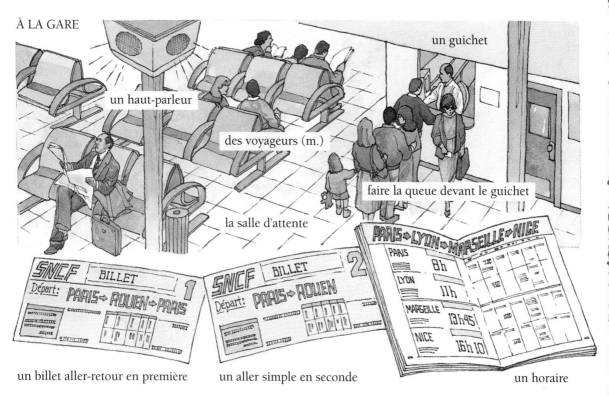

un guichet

un haut-parleur

des voyageurs (m.)

faire la queue devant le guichet

la salle d'attente

un billet aller-retour en première

un aller simple en seconde

un horaire

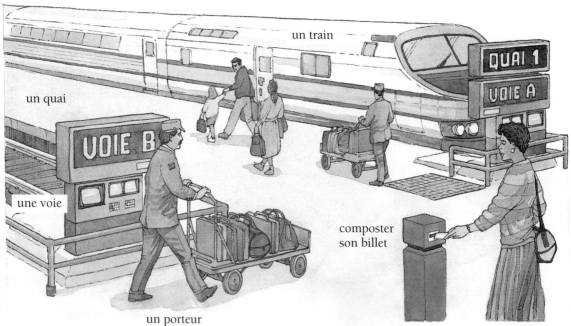

un train

un quai

une voie

QUAI 1

VOIE A

VOIE B

composter son billet

un porteur

le kiosque

On vend les billets.
On vend les billets au guichet.
On vend des journaux au kiosque.

la consigne

la consigne automatique

Jean met ses bagages à la consigne
   automatique.
Marie-Claire laisse ses bagages à
   la consigne.

Les voyageurs attendent.
Ils sont en avance.
Ils attendent le train dans la salle d'attente.

On annonce le départ du train.
On entend l'annonce au haut-parleur.

Le train part à l'heure.

Exercices

A **Un voyage en train.** Répondez. (*Answer.*)

1. Les porteurs ou les voyageurs voyagent?
2. On vend les billets au guichet ou à la consigne?
3. On fait la queue devant le guichet ou sur le quai?
4. Les voyageurs achètent ou compostent les billets au guichet?
5. On met ses bagages à la consigne automatique ou au kiosque?
6. On entend l'annonce du départ du train dans la salle d'attente?
7. On fait l'annonce au haut-parleur?
8. Quand on entend l'annonce du départ de son train, on sort ses bagages de la consigne automatique?
9. Les voyageurs vont sur le quai ou au guichet?

B **À la gare.** Donnez des réponses personnelles. (*Give your own answers.*)

1. Tu fais un voyage en train. Où vas-tu?
2. Tu arrives à la gare en avance?
3. Tu achètes ton billet?
4. Tu veux un billet aller-retour ou un aller simple?
5. Tu vas voyager en première ou en seconde?
6. Ton train part à quelle heure?
7. Tu regardes l'horaire?
8. Ton train part de quel quai? De quelle voie?
9. Tu achètes un journal? Où?
10. Ton train part à l'heure ou en avance?

C **Je cherche quel mot?** Répondez. (*Answer.*)

1. Qu'est-ce que c'est un billet Paris–Avignon?
2. Qu'est-ce que c'est un billet Paris–Avignon–Paris?
3. Où est-ce qu'on vend les billets?
4. Où est-ce qu'on vend des journaux?
5. Où est-ce qu'on met ses bagages?
6. Qui aide les voyageurs avec leurs bagages?
7. Où est-ce que les voyageurs attendent le train?
8. Qu'est-ce qu'on consulte pour vérifier l'heure du départ du train?
9. D'où part le train?

La Suisse: Un train rouge dans les Alpes

VOCABULAIRE

MOTS 2

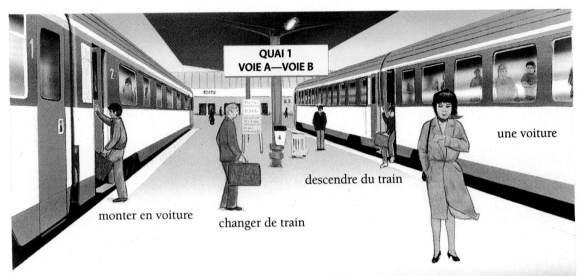

QUAI 1
VOIE A—VOIE B

une voiture

descendre du train

monter en voiture

changer de train

un contrôleur

assis

vérifier le billet

debout

Les voyageurs attendent le prochain train.

La plupart des voyageurs sont assis.
Quelques voyageurs sont debout dans le couloir.

DANS LA VOITURE DU TRAIN

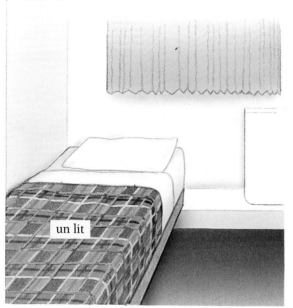

une voiture-lit

une couchette

Devant la gare Jean attend son ami.
Il attend son ami depuis quarante minutes.
Son ami est en retard.
Jean perd patience!

Exercices

A   De Paris à La Baule.   Répondez d'après les indications. (*Answer according to the cues.*)

1. Pour aller de Paris à La Baule, on change de train? (oui)
2. Où est-ce qu'on change? (à Nantes)
3. Qui crie: «En voiture! En voiture!»? (le contrôleur)
4. Qui aide les voyageurs à descendre leurs bagages sur le quai? (le porteur)
5. Quand le contrôleur crie: «En voiture!», qui monte en voiture? (les voyageurs)
6. Où est-ce que les voyageurs qui vont à La Baule descendent? (à Nantes)
7. Toutes les places sont occupées? (oui)
8. Il y a quelques voyageurs debout? (oui)
9. Où sont-ils debout? (dans le couloir)
10. La plupart des voyageurs sont assis? (oui)
11. Où peut-on dormir dans le train? (dans une voiture-lit ou dans une couchette)

B   Pour aller à La Baule, s'il vous plaît?   Choisissez la bonne réponse. (*Choose the correct answer.*)

1. On change de train pour aller où?
   a. À Nantes.   **b.** À La Baule.   **c.** À la gare.
2. Qui aide les voyageurs avec leurs bagages à la gare?
   a. L'agent.   **b.** Le porteur.   **c.** Le contrôleur.
3. Qui travaille dans le train?
   a. L'agent.   **b.** Le porteur.
   c. Le contrôleur.
4. Qui crie: «En voiture!» avant le départ du train?
   a. L'agent.   **b.** Le porteur.
   c. Le contrôleur.
5. Qu'est-ce que les voyageurs font?
   a. Ils vendent leurs billets.
   b. Ils crient.
   c. Ils montent en voiture.
6. Qu'est-ce que le contrôleur fait?
   a. Il vend les billets.
   b. Il vérifie les billets.
   c. Il fait les valises.

Activités de communication orale

Mots 1 et 2

A **Dans le train ou à la gare?** Look at the list of places below. Choose one, but don't tell your partner which one. Just tell him or her what you're doing there. He/She guesses where you are. Take turns until all the places have been used.

> Élève 1: J'achète mon billet.
> Élève 2: Tu es au guichet.

la consigne automatique	la salle d'attente
le guichet	la voiture-lit
le kiosque	la voiture-restaurant
le quai	

B **L'horaire.** Look at the information below. Take turns with a classmate asking and answering questions about it.

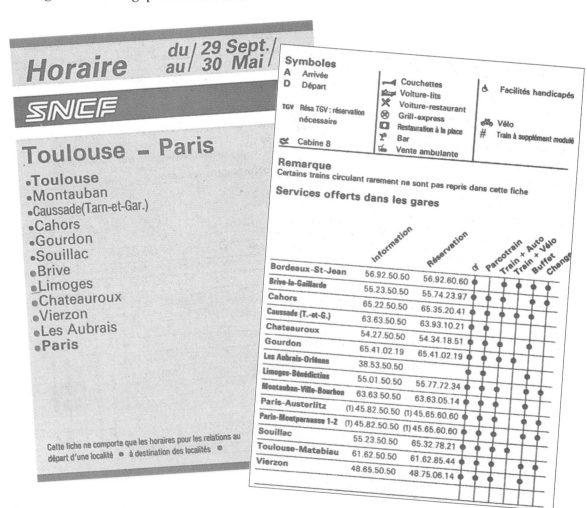

STRUCTURE

Les verbes en -*re* au présent

Describing People's Activities

1. Another group of regular verbs in French ends in -*re*. Study the following forms.

INFINITIVE	ATTENDRE	VENDRE	
STEM	attend-	vend-	ENDINGS
	j' attends	je vends	-s
	tu attends	tu vends	-s
	il elle } attend on	il elle } vend on	—
	nous attendons	nous vendons	-ons
	vous attendez	vous vendez	-ez
	ils attendent elles attendent	ils vendent elles vendent	-ent

2. Other regular verbs that end in -*re* are *entendre*, "to hear," *répondre*, "to answer," *perdre*, "to lose," and *descendre*, "to go down" or "to get off." Note that the verb *répondre* takes the preposition *à* when followed by a noun.

   Les voyageurs répondent à la question du contrôleur.

3. To increase your vocabulary, study the noun forms of these verbs.

attendre	l'attente
descendre	la descente
perdre	la perte
répondre	la réponse
vendre	la vente

Exercices

Les voyageurs. Répondez d'après les dessins. (*Answer according to the illustrations.*)

1. Les voyageurs attendent le train sur le quai?

2. Ils attendent le train dans la salle d'attente?

3. Ils perdent leurs billets?

4. Ils entendent l'annonce du départ de leur train?

5. Ils descendent du train?

B **De petites conversations dans la gare.** Complétez. (*Complete.*)

1. attendre

MARTIN: Vous ___ depuis combien de temps?

PIERRE: Nous ___ depuis cinq minutes. C'est tout.

2. perdre

CLAUDE: Le train pour Washington est en retard et nous ___ patience.

MARIE: Vous ___ patience? Pourquoi?

CLAUDE: Mais il a un retard de deux heures!

3. descendre

GEORGES: Le porteur ___ vos bagages du train?

ANNE: Absolument pas! Nous ___ nos bagages nous-mêmes.

GEORGES: Vous ne voulez pas d'aide?

C **Je vais à Nice en train.** Répondez par «oui». (*Answer "yes."*)

1. Tu attends le train pour Nice?
2. Tu attends depuis quarante minutes?
3. Tu perds patience?
4. Tu entends l'annonce du départ?
5. Tu réponds à la question du contrôleur?
6. Quand tu descends à Nice, tu es fatigué(e)?

D **Dans la salle d'attente.** Complétez. *(Complete.)*

Les voyageurs ___ (attendre) le train dans la salle d'attente. Marc ___
₁   2
(attendre) le train pour Saint-Malo. Ah, voilà son ami, Luc.

MARC: Bonjour, Luc. Quelle surprise! Tu ___ (attendre) quel train?
                                                       3

LUC: J'___ (attendre) le train pour Saint-Malo.
          4

MARC: Sans blague! Tu vas à Saint-Malo? Pas vrai. Moi aussi, j'y vais.

Les deux garçons ___ (entendre) l'annonce du départ de leur train. Leur train
                        5
part du quai cinq. Ils vont au quai. Les voyageurs qui arrivent ___ (descendre)
                                                    6
leurs bagages du train. Ils ___ (descendre) leurs bagages sur le quai.
                     7

Le contrôleur crie: «En voiture! En voiture!» Tout le monde monte dans le train.

Le contrôleur demande aux garçons où ils vont. Luc ___ (répondre) à la
                                                          8
question du contrôleur. Il ___ (répondre): «À Saint-Malo.»
                      9

Les adjectifs démonstratifs   *Pointing Out People or Things*

1. You use the demonstrative adjectives to point out people or things. In English the demonstrative adjectives are "this," "that," "these," and "those." Study the following forms of the demonstrative adjectives in French.

	SINGULIER	PLURIEL
FÉMININ	cette voiture cette amie	ces voitures ces amies
MASCULIN	cet ordinateur cet horaire ce train ce billet	ces ordinateurs ces horaires ces trains ces billets

2. Note that you use *cet* before a masculine noun beginning with a vowel or silent *h.*

    cet élève   cet horaire   cet hôtel

3. There is only one plural form, *ces.* Note the liaison with words that begin with a vowel or silent *h.*

    ces élèves   ces horaires   ces hôtels

Exercices

A **Cette personne ou cet individu.** Répondez d'après les dessins. *(Answer according to the illustrations.)*

1. Cette fille est intelligente?

2. Cette amie est sympa?

3. Cet élève est sérieux?

4. Cet ami est amusant?

5. Ce copain est aimable?

6. Ce prof est intéressant?

7. Ces filles sont françaises?

8. Ces garçons sont américains?

9. Ces copains vont au même lycée?

B **Tu parles de qui?** Répondez d'après le modèle. *(Answer according to the model.)*

> **Tu parles de quelle fille?**
> *Je parle de cette fille.*

1. Tu parles de quel garçon?
2. Tu parles de quelle amie?
3. Tu parles de quel ami?
4. Tu parles de quels élèves?
5. Tu parles de quels profs?
6. Tu parles de quelle maison?
7. Tu parles de quelles voitures?
8. Tu parles de quel livre?
9. Tu parles de quelles cassettes?
10. Tu parles de quels journaux?

Le verbe *mettre* au présent

1. The verb *mettre,* "to put" or "to place," is irregular. Study the following forms.

METTRE			
je	mets	nous	mettons
tu	mets	vous	mettez
il		ils	
elle	} met	elles	} mettent
on			

Je mets les billets dans mon sac à dos.

2. The verb *mettre* has several additional meanings.

    a. Il met le couvert.   *He sets the table.*
    b. Il met la télé.   *He turns on the TV.*

On peut laisser ses affaires à la consigne automatique.

Exercices

A   **On met le couvert.**   Répondez. *(Answer.)*

1. Tu mets le couvert pour le dîner?
2. Tu mets le couteau à gauche ou à droite de l'assiette?
3. Tu mets la cuillère à côté du couteau ou à côté de la fourchette?
4. Tu mets une nappe et des serviettes?

B   **La consigne automatique.**   Complétez avec «mettre». *(Complete with mettre.)*

Le garçon est à la gare. Il ___ son billet dans son sac à dos. Il veut laisser son
                                  1

sac à dos à la consigne automatique. Il ___ son sac à la consigne. Il ___ une
                                      2   3

pièce de cinq francs dans la consigne automatique.

C   **Pas le garçon—les garçons!**   Dans l'Exercice B, remplacez *le garçon* par *les garçons* et faites les changements nécessaires. *(Change* le garçon *to* les garçons *in Exercise B and make the necessary changes.)*

D   **Vous mettez…**   Répondez en utilisant «nous». *(Answer with* nous.*)*

1. Vous mettez la radio le soir?
2. Vous mettez la télé après les cours?
3. Vous mettez la chaîne 2 à la télé?
4. Vous mettez les magazines dans le sac à dos?

CONVERSATION

Scènes de la vie   *Au guichet*

MARIE: Un billet pour Avignon, s'il vous plaît.

L'EMPLOYÉE: Un aller simple ou un aller-retour?

MARIE: Un aller-retour en seconde, s'il vous plaît.

L'EMPLOYÉE: Bien, Mademoiselle.

MARIE: C'est combien, le billet?

L'EMPLOYÉE: Cent vingt francs, s'il vous plaît.

MARIE: Voilà. Le prochain train part à quelle heure?

L'EMPLOYÉE: À quatorze heures huit, quai numéro sept.

MARIE: Merci, Madame.

A **Un billet pour Avignon.**   Répondez d'après la conversation. (*Answer according to the conversation.*)

1. Où va Marie?
2. Elle veut un aller simple ou un aller-retour?
3. Elle voyage en quelle classe?
4. C'est combien, le billet?
5. Le prochain train part à quelle heure?
6. Il part de quel quai?

B **À la gare.**   Corrigez les phrases. (*Correct the sentences.*)

1. Marie va à Perpignan.
2. Elle veut un aller simple.
3. Elle voyage en première classe.
4. Le billet coûte vingt dollars.
5. Le prochain train part à deux heures du matin.
6. Il part du quai numéro huit.

Prononciation   *Les sons /õ/ et /ẽ/*

Listen to the difference between the nasal sound /ã/ as in *cent* and the two other nasal sounds, /õ/ as in *sont*, and /ẽ/ as in *cinq*: *cent/sont/cinq*. Repeat the following words with the sounds /õ/ and /ẽ/.

annonce	cinq
consigne	copain
non	train

Now repeat the following sentences that combine all three nasal sounds.

On annonce le train dans combien de temps?
Nous attendons des copains.

son train

Activités de communication orale

A **Renseignements.**   You're at the Information desk at one of the Paris train stations and need some information. Have a conversation with the SNCF agent (your partner) using the following words or expressions.

à quelle heure
le prochain train pour…
quelle voie
quel quai
voyager en première (en seconde)
c'est combien
changer de train

B **À la gare.**   Work with a classmate. The two of you are traveling in France on a railpass. Using the following expressions, tell how you spent an hour at the train station.

aller au kiosque
regarder et acheter
vendre les billets au guichet
attendre le train
entendre l'annonce
composter le billet
partir de la voie 5
monter dans le train

LES TRAINS EN FRANCE

Monique Lutz est une élève américaine qui voyage en France. En ce moment elle est à la Gare de Lyon à Paris. Monique part pour Marseille. Sa tante Hélène habite à Marseille. Tous les trains qui partent pour le sud-est partent de cette gare.

Monique va au guichet où elle achète un billet aller-retour en seconde classe. Elle a de la chance[1]. Il n'y a pas de queue devant le guichet. Monique va passer toute la nuit[2] dans le train. Elle va dormir dans le train. Elle réserve (loue) une couchette.

Monique entend l'annonce du départ du train. Elle va sur le quai et monte dans le train. C'est un vieux train à compartiments. En seconde il y a huit places dans chaque compartiment. Monique trouve sa place et met son sac à dos dans le filet au-dessus de sa tête[3].

Le train part à l'heure précise comme toujours en France. Les trains sont excellents. Le train commence à rouler vite[4]. Le contrôleur arrive. Il vérifie les billets. Il parle un peu à Monique. Il est sympa, le contrôleur. Il explique: Si elle a faim et veut manger quelque chose, il y a une voiture-restaurant et un grill-express dans le train. À la voiture-restaurant on sert un dîner complet à prix fixe. Le grill-express offre de la restauration rapide: un petit sandwich, une pizza ou une boisson, par exemple.

[1] a de la chance   *is lucky*
[2] toute la nuit   *the whole night*
[3] filet au-dessus de sa tête   *overhead rack*
[4] commence à rouler vite   *begins to speed up*

Étude de mots

A **Quel est le nom?** Trouvez le nom qui correspond au verbe. *(Find the noun that corresponds to the verb.)*

1. réserver
2. louer
3. annoncer
4. partir
5. commencer
6. arriver
7. expliquer
8. servir

a. la location
b. l'explication
c. la réservation
d. l'annonce
e. le service
f. le départ
g. le commencement
h. l'arrivée

Compréhension

B **Le voyage de Monique.** Choisissez la bonne réponse. *(Choose the correct answer.)*

1. Monique est (française, américaine).
2. Elle voyage (avec ses copains, seule).
3. Elle est à (la Gare de Lyon, la Gare Montparnasse).
4. Elle va à (Nice, Marseille).
5. Elle achète un (aller simple en première, aller-retour en seconde).
6. Monique (est debout, a une place dans un compartiment).
7. C'est un (vieux, nouveau) train.
8. Monique met son sac à dos (sous son siège, dans le filet au-dessus de sa tête).
9. Le train part (en retard, à l'heure précise).
10. On sert un dîner à prix fixe (au grill-express, à la voiture-restaurant).

DÉCOUVERTE CULTURELLE

À Paris il y a cinq grandes gares. Les trains qui partent de chaque gare vont dans des directions différentes. Il y a combien de gares dans votre ville (ou une ville près de chez vous)? Qu'est-ce que vous pensez[1]: Le train est un moyen de transport important en France ou aux États-Unis?

Les trains en France partent presque toujours à l'heure. Ils ne partent pas en retard. Les retards ne sont pas du tout fréquents. Et les trains en France sont très propres[2]. Il y a des différences entre les trains en France et les trains en Amérique?

[1] pensez *think*   [2] propres *clean*

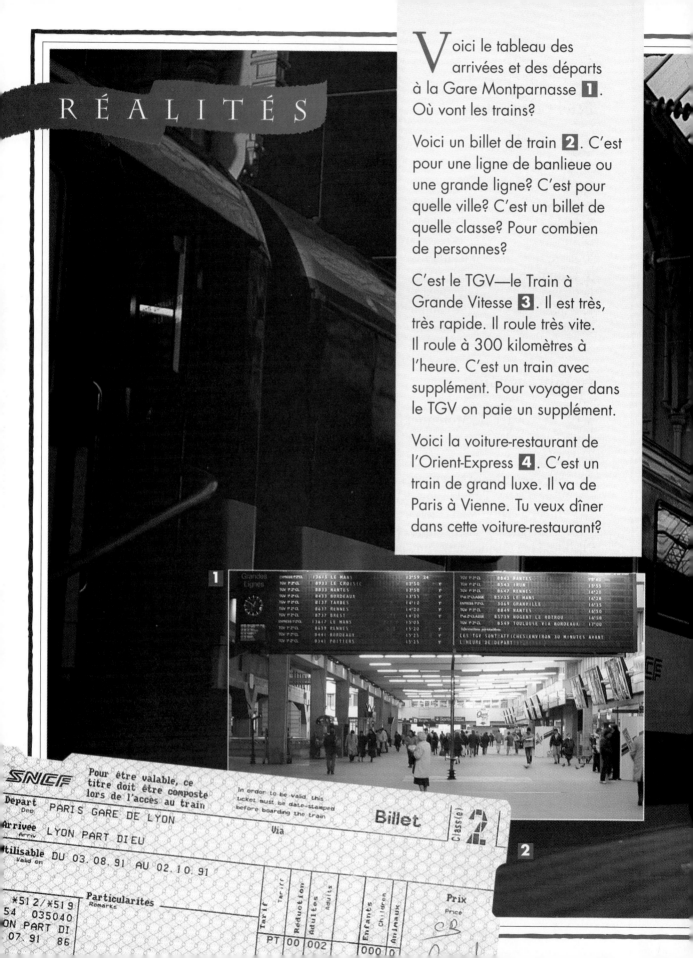

RÉALITÉS

Voici le tableau des arrivées et des départs à la Gare Montparnasse **1**. Où vont les trains?

Voici un billet de train **2**. C'est pour une ligne de banlieue ou une grande ligne? C'est pour quelle ville? C'est un billet de quelle classe? Pour combien de personnes?

C'est le TGV—le Train à Grande Vitesse **3**. Il est très, très rapide. Il roule très vite. Il roule à 300 kilomètres à l'heure. C'est un train avec supplément. Pour voyager dans le TGV on paie un supplément.

Voici la voiture-restaurant de l'Orient-Express **4**. C'est un train de grand luxe. Il va de Paris à Vienne. Tu veux dîner dans cette voiture-restaurant?

CULMINATION

Activités de communication orale

A **Le train de nuit.** You're at the French rail information office in Paris and you'd like to take the night train to Nice. Answer the reservations agent's questions.

1. Alors, vous allez à Nice ce soir?
2. Vous voulez réserver une couchette?
3. En première ou en seconde?
4. Vous voulez un aller simple ou un aller-retour?

B **En train ou en avion?** Work with a classmate. One of you makes a statement about a plane trip or a train trip and the other guesses which it is. Take turns.

> Élève 1: On part de la gare.
> Élève 2: C'est un voyage en train.

Activités de communication écrite

A **Un horrible voyage.** Imagine you're taking a train trip and everything goes wrong in the station and on the train. Write a paragraph about your experience.

B **Un voyage extraordinaire.** Your parents have given you a train trip to the U.S. city of your choice. Write a paragraph telling what city you'd like to visit and why. Say when you'd like to go, who you'd like to go with, and how much time you plan to spend there. Say what you'll do at the train station the day you leave.

Réintroduction et recombinaison

A **Elle choisit sa place dans le train.** Complétez. *(Complete.)*

1. Madame Lacoste réserve (loue) une place à l'avance. Elle ___ sa place dans le train. (choisir)
2. Elle ___ une place dans un compartiment de première classe. (choisir)
3. Elle ___ à réserver la place qu'elle veut. (réussir)
4. Elle ___ aux règlements. Elle ne fume pas. (obéir)
5. Le train ___ de la gare à l'heure précise. (sortir)
6. Il ___ pour Marseille. (partir)
7. On ___ le dîner à la voiture-restaurant. (servir)
8. Il y a des serveurs qui ___ le dîner. (servir)
9. Les voyageurs ___ dans les couchettes. (dormir)
10. Le voyageur qui ___ dans une voiture-lit paie un supplément. (dormir)

Vocabulaire

NOMS
la gare
le guichet
le billet
l'aller simple (m.)
le billet aller-retour
l'horaire (m.)
le voyageur
la consigne
la consigne automatique
la salle d'attente
le haut-parleur
l'annonce (f.)
le kiosque
le journal
le porteur
le quai
la voie

le train
la voiture
la couchette
la voiture-lit
le lit
le couloir
le contrôleur

VERBES
changer (de)
composter

laisser
monter
attendre
descendre
entendre
mettre
perdre
répondre
vendre

ADJECTIFS
assis(e)
prochain(e)
quelques

**AUTRES MOTS
ET EXPRESSIONS**
être à l'heure
être en avance
être en retard
faire la queue
mettre le couvert
perdre patience
debout
depuis
en première
en seconde
la plupart

Le Train Bleu
GARE DE PARIS-LYON 1ᵉʳ ETAGE

Par Judith GLANCY, Tiré de son livre "Not a Station, but a Place" (Synergistic Press)

Spécialités Lyonnaises et Foréziennes.
Dans le Décor classé "Belle Epoque" le plus étonnant de Paris.
RESERVATIONS : 43.43.09.06

LE MONDE FRANCOPHONE

LA CUISINE

Les pays francophones ont en commun la langue qu'on y parle, le français. Mais leurs cuisines respectives sont très différentes parce que la cuisine d'un pays est déterminée par ce que produit la terre (land) de cette région. Ce qu'on cultive dans un pays tropical est totalement différent de ce qu'on cultive dans un pays où il fait presque toujours froid (cold). Pour cette raison, par exemple, les Ivoiriens et les Canadiens ne mangent pas la même nourriture.

1 Cette femme du Ruanda fait un cours de nutrition. Elle recommande un régime alimentaire à base de poisson, de viande et de légumes.

2 Dans de nombreux pays francophones, on fait ses courses dans un marché en plein air. Sur la place de la Palud à Lausanne, en Suisse, les jours de marché sont le mercredi et le samedi. En France aussi, il y a souvent le marché deux fois par semaine, le mercredi ou le jeudi, et le samedi.

3 Dans ce marché à Conakry, la capitale de la Guinée, on vend des fruits tropicaux, typiques de la région. Les ananas *(pineapples)* et les mangues sont délicieuses. En Guinée, on ne sert pas de gâteaux ou de pâtisseries pour le dessert. On mange des fruits.

4 Les supermarchés existent partout. Dans ce supermarché moderne à Abidjan il y a un très grand choix de produits. Ces deux femmes ivoiriennes bavardent un peu pendant qu'elles font leurs courses.

5 Manger du poisson, c'est bon pour la santé *(health)*. Les gens qui habitent près de la mer mangent beaucoup de poisson. Ces pêcheurs du Bénin ont fait une très belle pêche. Leur filet est plein *(full)*. Ici à Ganvié, la pêche est l'industrie principale. Ganvié est un petit village près de Cotonou, la ville principale du Bénin.

LE MONDE FRANCOPHONE

6

6 Cet homme est marocain. Il sert du thé à la menthe. Le thé à la menthe est très apprécié dans les pays du Maghreb. Les pays du Maghreb sont les trois pays de l'Afrique du Nord où on parle le français en deuxième langue: le Maroc, l'Algérie et la Tunisie. On sert le thé à la menthe dans un verre, pas dans une tasse. On met beaucoup de sucre dans le thé. Les Maghrébins aiment leur thé bien sucré.

7 La cuisine d'une région dépend des produits ou des aliments disponibles *(available)*. Voici une recette pour un plat africain—les mélongènes *(eggplant)* aux gombos. Le gombo, c'est aussi l'okra. Okra est un mot swahili, une langue parlée par de nombreux Africains. L'okra est à la base de beaucoup de plats africains.

7 *Mélongènes aux gombos*
(Eggplant with okra)

AFRIQUE OCCIDENTALE
Prép: 25 min. - Cuiss: 35 min.
Repos: 1 h. - 4 pers.

500 g de gombos coriandre cumin piment doux gros sel

4 mélongènes 2 oignons 1 gousse d'ail huile d'arachide

Laver les mélongènes et les couper dans le sens de la longueur. Les saupoudrer de gros sel. Les laisser dégorger durant 1 heure.

Les essuyer. Les dorer à l'huile. Les égoutter sur du papier absorbant.

Laver et sécher les gombos. Ôter les queues. Fendre les fruits, les garnir d'épices (coriandre, cumin). Faire cuire le tout pendant 20 minutes dans l'eau bouillante. Égoutter.

Faire fondre dans une cuillerée d'huile une gousse d'ail et les oignons hachés ainsi que le piment doux. Mêler cette préparation aux mélongènes.

Remettre les mélongènes à feu doux en y incorporant les gombos. Servir chaud.

8 La cuisine «cajun» de la Louisiane est renommée (célèbre). Comme la Louisiane est près du Golfe du Mexique, de nombreux plats cajuns sont faits avec des crevettes, des crabes et des écrevisses *(crawfish)*. On sert ces plats, qui sont souvent très épicés *(spicy)*, avec du riz—le riz qu'on cultive dans les bayous de la Louisiane.

9 Le sirop d'érable *(maple)* est un produit typiquement canadien. Les Canadiens font des desserts et des bonbons délicieux avec le sirop d'érable. Dans l'Ontario et au Québec, on tire la sève *(sap)* des érables au début du printemps *(spring)*. Il faut 40 litres de sève pour faire un litre de sirop! Ce petit garçon goûte le sirop. Que c'est bon!

LE MONDE FRANCOPHONE

RÉVISION

CHAPITRES 5–8

Conversation   *Mireille va à New York.*

CHRISTIAN: Tu vas à New York, Mireille?
MIREILLE: Oui, j'y vais la semaine prochaine.
CHRISTIAN: Tu y vas en train ou en avion?
MIREILLE: Je préfère l'avion mais je n'ai pas beaucoup d'argent.
CHRISTIAN: Mais il y a un bon train qui fait Montréal–New York.
MIREILLE: Il part de Montréal à quelle heure?
CHRISTIAN: Il part à 10 heures et arrive à New York à 19 heures.

A   **Montréal–New York.**   Répondez d'après la conversation. (*Answer according to the conversation.*)

1. Mireille est canadienne ou américaine?
2. Où est-ce qu'elle va?
3. Quand est-ce qu'elle y va?
4. Comment est-ce qu'elle y va?
5. Elle préfère le train ou l'avion?
6. Il y a un bon train qui fait Montréal–New York?
7. Il part de Montréal à quelle heure?
8. Et il arrive à New York à quelle heure?

Structure

Les verbes en *-ir* et *-re*

1. Review the following forms of regular *-ir* and *-re* verbs.

FINIR	
je fin**is**	nous fin**issons**
tu fin**is**	vous fin**issez**
il/elle/on fin**it**	ils/elles fin**issent**

ATTENDRE	
j'attend**s**	nous attend**ons**
tu attend**s**	vous attend**ez**
il/elle/on attend	ils/elles attend**ent**

Montréal: La Place d'Armes dans la vieille ville

2. Review the following forms of the verbs *sortir, partir, servir,* and *dormir.*

sortir	je sors, tu sors, il/elle/on sort nous sortons, vous sortez, ils/elles sortent
partir	je pars, tu pars, il/elle/on part nous partons, vous partez, ils/elles partent
servir	je sers, tu sers, il/elle/on sert nous servons, vous servez, ils/elles servent
dormir	je dors, tu dors, il/elle/on dort nous dormons, vous dormez, ils/elles dorment

A   **Un voyage en train.**   Complétez. (*Complete.*)

Nous ___ (partir) en voyage. Maman ___ (attendre) devant le guichet. Elle
     1   2
___ (choisir) deux places en seconde. Maman ___ (sortir) de l'argent et achète
3   4
les billets. Nous ___ (attendre) le train sur le quai. Le train ___ (partir) à
                5   6
l'heure. Je ___ (sortir) les billets de mon sac à dos. Je ___ (donner) les billets
       7   8
au contrôleur. Nous ___ (aller) à la voiture-restaurant. Je ___ (choisir) le
                9   10
menu à prix fixe et Maman aussi ___ (choisir) le menu à prix fixe. Le serveur
                                   11
___ (servir) le dîner. Nous ___ (finir) notre dîner. Après le dîner nous ___
12   13   14
(dormir) un peu. Les voyageurs ___ (descendre) du train à Nice, leur
                                15
destination.

Les verbes *aller, faire, mettre, pouvoir* et *vouloir*

Review the following forms of the irregular verbs below.

aller	je vais, tu vas, il/elle/on va nous allons, vous allez, ils/elles vont
faire	je fais, tu fais, il/elle/on fait nous faisons, vous faites, ils/elles font
mettre	je mets, tu mets, il/elle/on met nous mettons, vous mettez, ils/elles mettent
pouvoir	je peux, tu peux, il/elle/on peut nous pouvons, vous pouvez, ils/elles peuvent
vouloir	je veux, tu veux, il/elle/on veut nous voulons, vous voulez, ils/elles veulent

B **On ne peut pas.** Remplacez le mot en italique par le mot indiqué et faites tous les changements nécessaires. *(Replace the italicized word with the cue and make all necessary changes.)*

> *Tu* veux faire du latin? (vous)   Je ne peux pas.
> *Vous voulez faire du latin?*   *Nous ne pouvons pas.*

1. *Vous* voulez aller au cinéma? (elles)   Non, nous ne pouvons pas.
2. *François* fait les courses? (tu)   Non, il ne peut pas.
3. *Vous* faites le dîner? (il)   Nous voulons bien.
4. *Ils* veulent faire un voyage. (je)   Mais ils ne peuvent pas.
5. *Tu* mets tes bagages à la consigne? (vous)   D'accord. Je veux bien.
6. *Il* va prendre l'avion? (ils)   Non, il ne veut pas.

Le partitif

1. Remember that the partitive, "some," "any," is expressed in French by *de* + the definite article. *De* contracts with *le* to form *du* and with *les* to form *des*. In the negative *du, de la, de l'*, and *des* all become *de* or *d'*.

> Je veux *de* l'argent.   Je *ne* veux *pas d'*argent.
> J'ai *des* croissants.   Je *n'*ai *pas de* croissants.

2. Remember that *un* and *une* also become *de* or *d'* after a negative expression.

> Ils ont *une* maison à Nice.   Ils *n'*ont *pas de* maison à Nice.
> Nous avons *une* orange.   Nous *n'*avons *pas d'*orange.

C **Dans le chariot.** Dites ce qu'il y a dans le chariot. *(Tell what is in the cart.)*

D **J'ai faim.** Répondez d'après le modèle. *(Answer according to the model.)*

> **Tu veux du poisson?**
> *Non, je ne mange pas de poisson;*
> *je n'aime pas le poisson.*

1. Tu veux du bœuf?
2. Tu veux des œufs aux fines herbes?
3. Tu veux des carottes à la crème?
4. Tu veux du poulet?
5. Tu veux de la salade?
6. Tu veux du gâteau au chocolat?

Les contractions *au, aux*

Remember that the preposition *à* contracts with *le* to form *au* and with *les* to form *aux*. It remains unchanged with *la* and *l'*.

> On va *à la* montagne.   On va *au* lycée.
> On va *à l'*école.   On va *aux* magasins.

E **Où?** Répondez d'après les indications. (*Answer according to the cues.*)

1. Où est-ce qu'on achète du saucisson? (charcuterie)
2. Et du pain? (boulangerie)
3. Et de l'eau minérale? (épicerie)
4. Et du poisson? (marché)
5. À qui est-ce qu'on parle au marché? (marchands)

Les adjectifs possessifs

Review the following forms of the possessive adjectives.

notre appartement	notre maison	nos voitures
votre appartement	votre maison	vos voitures
leur appartement	leur maison	leurs voitures

F **La famille de Pierre et de Louise.** Complétez avec «notre», «votre» et «leur». (*Complete with* notre, votre, *and* leur.)

CAMILLE: Pierre et Louise, ___ famille est grande ou petite?

PIERRE: ___ famille est assez grande.

CAMILLE: Vous avez beaucoup de cousins, n'est-ce pas? Où habitent ___ cousins?

LOUISE: Nous avons des cousins à Lyon et des cousins à Strasbourg. ___ cousins à Strasbourg sont étudiants à l'université, mais ils habitent avec ___ parents à Colmar, près de Strasbourg.

CAMILLE: ___ sœur est à l'université de Strasbourg aussi, n'est-ce pas?

PIERRE: Non, pas ___ sœur. ___ frère est à Strasbourg.

Activités de communication orale et écrite

A **Au restaurant.** With a classmate, make up a conversation between a waiter or waitress and a customer.

B **Un voyage en train.** You and your friends are planning a day trip by train. Write a paragraph describing what you're going to do.

MATHÉMATIQUES: LE SYSTÈME MÉTRIQUE

Avant la lecture

1. Make a list of the weights and measures used in the United States.
2. Research what these weights and measures are based on.
3. Find out from your classmates how much they know about the metric system.

Lecture

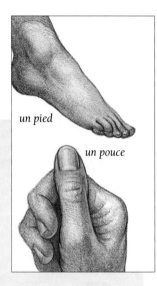

un pied

un pouce

Les anciennes mesures comme le pied et le pouce (douze pouces dans un pied) sont basées sur des parties du corps[1] humain. Mais les pouces et les pieds varient d'un pays à l'autre. Les pieds des Américains sont certainement plus grands que les pieds des Français! En France, avant la Révolution de 1789, c'est la même chose; les mesures varient d'une région à l'autre. Après 1789, les révolutionnaires décident de créer des mesures communes à toutes les régions de France.

Deux astronomes français, Méchain et Delambre, mesurent la longueur[2] de la partie de méridien qui va de la ville de Dunkerque en France à la ville de Barcelone en Espagne. Ils calculent la longueur totale de ce méridien. La 40.000.000e (quarante millionième) partie de cette longueur est adoptée comme unité de mesure de longueur et reçoit le nom de «mètre». C'est de cette manière que le système métrique

est créé. En 1799, le système métrique est déclaré obligatoire en France. La France est le premier pays à adopter ce système de mesures.

Dunkerque
Barcelone

Aujourd'hui, le système métrique est utilisé par la plupart[3] des pays du monde. Même les pays comme les États-Unis, qui

Médaille commémorative de la Convention du Mètre par Chaplain (1872)

utilisent un autre système normalement, utilisent le système métrique pour les sciences.

C'est un système de poids[4] et mesures. Le mètre mesure la longueur, le gramme le poids, et le litre, dérivé des deux autres unités, est une unité de volume. Les unités plus grandes ou plus petites sont formées avec les préfixes suivants:

kilo	× 1 000	kilogramme = 1 000 grammes
hecto	× 100	hectolitre = 100 litres
déca	× 10	décamètre = 10 mètres
déci	: 10	décigramme = 1/10 gramme
centi	: 100	centilitre = 1/100 litre
milli	: 1 000	millimètre = 1/1 000 mètre

Depuis 1962, le système métrique s'appelle le Système International d'Unités. Il a sept unités de base: le mètre, le kilogramme, la seconde, l'ampère, le kelvin (température), la mole (quantité de matière) et la candela (intensité lumineuse).

[1] corps *body*
[2] longueur *length*
[3] la plupart *majority*
[4] poids *weights*

Après la lecture

A **Les poids et les mesures.** Vrai ou faux?

1. Il y a des pays qui n'utilisent pas le système métrique.
2. Les États-Unis n'utilisent pas le système métrique pour les sciences.
3. Les anciennes mesures ont des bases scientifiques.
4. À l'origine, le mètre est basé sur la longueur de la partie de méridien qui va de Dunkerque à Barcelone.
5. Le litre est une unité de volume.
6. Le gramme est une unité de longueur.
7. On dérive les unités plus grandes ou plus petites en ajoutant des préfixes.

B **Combien font… ?** Faites des calculs.

1. 100 cm (centimètres) = ___ mètre(s)
2. 2 kl (kilolitres) = ___ litre(s)
3. 2 000 g (grammes) = ___ kilogrammes

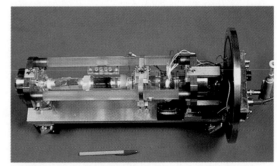

Laser à He-Ne permettant de réaliser le mètre selon la définition adoptée en 1983

C **Une nouvelle définition du mètre.** Depuis 1983, le mètre est basé sur la longueur du trajet (la distance) parcouru dans le vide par la lumière pendant 1/299.792.458 seconde. Expliquez cette nouvelle définition du mètre en anglais.

DIÉTÉTIQUE: UNE ALIMENTATION ÉQUILIBRÉE[1]

Avant la lecture

1. Everybody knows that nutritious foods help you grow. Do you know what the six essential types of nutrients are? If you don't, find out.
2. Make a list of the foods you eat often and of those you rarely eat.
3. Look at the six types of nutrients discussed below and match them with your lists.

Lecture

Le scorbut et le béribéri sont deux maladies[2] causées par une mauvaise alimentation. Elles sont aujourd'hui rares dans les pays industrialisés. Mais il y a encore beaucoup de gens qui ont une mauvaise alimentation. L'alimentation joue un rôle très important dans la préservation de la santé[3].

Quel est le nombre idéal de calories? Tout dépend de la personne, de son métabolisme et de son activité physique. L'âge, le sexe, la taille (grande ou petite) et le climat sont aussi des facteurs. Pour un homme de 25 ans qui fait du sport, c'est 2 900 calories par jour.

Il y a six aliments de base.

1. Les protéines

Les protéines sont particulièrement importantes pour les enfants et les adolescents. Elles aident à fabriquer des cellules. La viande et les œufs contiennent des protéines.

2. Les glucides (les hydrates de carbone en chimie)

Ces aliments sont la source d'énergie la plus efficace pour le corps humain.

3. Les lipides (les graisses)

Les lipides sont aussi une bonne source d'énergie, mais pour les personnes qui ont un taux de cholestérol élevé, les graisses ne sont pas bonnes. Il faut faire un régime[4] sans graisses, il faut éliminer les graisses.

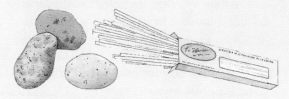

4. Les minéraux

Beaucoup de minéraux sont essentiels pour le corps humain. Le calcium est absolument nécessaire pour les os et les dents[5].

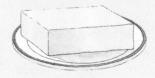

5. Les vitamines

Les vitamines sont indispensables. Il y a deux sortes de vitamines: les vitamines solubles dans l'eau (C et B) et les vitamines solubles dans la graisse (A et D).

- La vitamine A (végétaux, graisses animales) est bonne pour les yeux[6].
- La vitamine C (végétaux et fruits) joue un rôle important dans le métabolisme et est bonne pour la résistance aux infections.
- La vitamine D est la vitamine de la croissance, le développement progressif des jeunes. Pour cette raison, elle est bonne pour les enfants et les adolescents.
- La vitamine B (céréales, légumes) joue un rôle important dans le fonctionnement du foie[7] et des cellules nerveuses.

6. L'eau

L'eau est absolument essentielle au corps humain qui est fait de 65% d'eau.

D'une façon générale, une alimentation équilibrée est essentielle pour être en bonne santé.

[1] alimentation équilibrée *balanced diet*
[2] maladies *illnesses*
[3] santé *health*
[4] faire un régime *to go on a diet*
[5] les os et les dents *bones and teeth*
[6] yeux *eyes*
[7] foie *liver*

Après la lecture

A **La santé.** Choisissez.

1. Le scorbut est ___.
   a. une maladie **b.** une alimentation
   c. une vitamine

2. Une bonne alimentation est essentielle pour ___.
   a. l'obésité **b.** la santé
   c. la maladie

3. Le nombre de calories idéal dépend de ___.
   a. la personne **b.** la durée de la vie
   c. la vitamine

4. La vitamine A est bonne pour ___.
   a. les os **b.** les dents
   c. les yeux

5. Le pourcentage d'eau dans le corps humain est de ___.
   a. 20% **b.** 65% **c.** 90%

6. Pour les personnes qui ont un taux de cholestérol élevé, il ne faut pas ___.
   a. de lipides **b.** de minéraux
   c. de vitamines

7. La vitamine D est bonne surtout pour ___.
   a. les malades **b.** les enfants
   c. les yeux

B **Les aliments.** Faites une liste des aliments que vous connaissez *(know)* en français et classez-les selon les six catégories.

C **Trois régimes.** Composez trois régimes.

1. un régime pour maigrir *(to lose weight)*
2. un régime pour grossir *(to gain weight)*
3. un régime végétarien

LITTÉRATURE: ANTOINE DE SAINT-EXUPÉRY
(1900–1944)

Avant la lecture

1. Do you know the name of the American who made the first non-stop flight from New York to Paris in 1927? Do you know the name of his plane?
2. Four of Saint-Exupéry's works are mentioned in this reading. Their English titles are *The Little Prince; Night Flight; Wind, Sand, and Stars;* and *Southern Mail.* See if you can match the French and English titles.

Lecture

Saint-Exupéry est un écrivain[1] célèbre. Mais Saint-Exupéry, c'est aussi un homme d'action. Il est né à Lyon en 1900. Pendant son service militaire il apprend à piloter un avion. Il est pilote de ligne entre Toulouse et Dakar en Afrique; il est chef d'aéroplace à Buenos Aires; il participe aux tout premiers vols France–Amérique.

Ses romans[2] reflètent sa carrière de pilote. *Courrier sud* parle de ses vols Toulouse–Casablanca–Dakar; *Vol de Nuit* parle de trois pilotes qui attendent un autre pilote à l'aéroport de Buenos-Aires. Le pilote qu'ils attendent, Fabien, n'arrive pas. Il est en retard. Il est en difficulté dans le ciel noir d'Amérique. Sa femme, Madame Fabien, est affolée, presqu'hystérique. Un des pilotes parle à Madame Fabien: «Madame, je vous en prie. Calmez-vous. Il est fréquent dans notre métier[3] d'attendre longtemps les nouvelles.»

Antoine de Saint-Exupéry (1900–1944)

Toulouse

Dakar

Dans *Terre des Hommes*, Saint-Exupéry parle de sa carrière et de ses camarades qui sont morts[4]. Il parle d'une vie d'action qui unit les hommes pour toujours, même après la mort.

Pendant la Deuxième Guerre mondiale, il écrit *Le Petit Prince* (1943) où il évoque sa nostalgie de l'amitié et cherche à définir le sens[5] des actions et des valeurs morales de la société moderne dédiée au progrès technique. Un an plus tard le 13 juillet 1944, il disparaît pour toujours dans une mission aérienne militaire. Il reste pour la légende le courageux, le charmant, l'exceptionnel «Saint-Ex».

[1] écrivain   *writer*
[2] romans   *novels*
[3] métier   *profession*
[4] morts   *dead*
[5] sens   *meaning*

Saint-Exupéry, le 13 juillet 1944

Après la lecture

A «Saint-Ex».   Répondez.

1. Dans quel livre est-il question de l'Argentine?
2. Dans quel livre est-il question du Maroc?
3. Dans *Le Petit Prince*, Saint-Exupéry évoque la nostalgie de l'amitié. Pourquoi, à votre avis?

B Imaginez.   Imaginez ce qui arrive *(what happens)* dans *Vol de Nuit*.

C Lindbergh.   Écrivez une courte biographie de Charles Lindbergh en français.

LES SPORTS ET LES ACTIVITÉS D'ÉTÉ

OBJECTIFS

In this chapter you will learn to do the following:

1. talk about summer leisure activities
2. tell what one must do
3. describe summer weather
4. describe people's activities
5. emphasize and clarify whom you are talking about
6. describe people and things
7. tell some differences between French and American vacation habits

VOCABULAIRE

MOTS 1

EN ÉTÉ

la mer

une vague

des lunettes de soleil

le sable

la plage

une station balnéaire au bord de la mer

un maillot (de bain)

À la plage il faut faire attention.
Il faut mettre de la crème solaire.
André met de la crème solaire.
Il prend un bain de soleil.
Il bronze.

Christine met des lunettes de soleil.
Mais elle attrape un coup de soleil.
Pourquoi? Parce qu'elle ne fait pas
    attention.
Elle ne met pas de crème solaire.

Note: The impersonal expression *il faut,* "one must," is used often in French. It is followed by the infinitive.

faire de la planche à voile

faire de la plongée sous-marine

faire du ski nautique

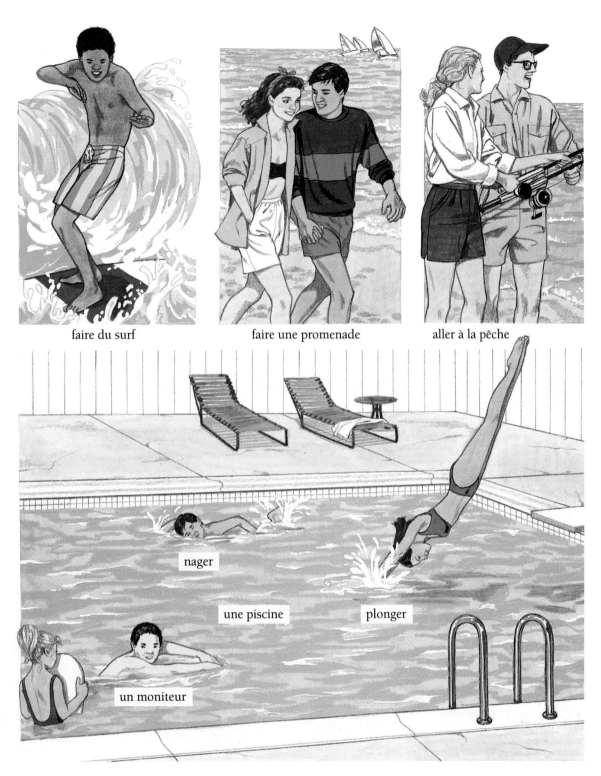

faire du surf

faire une promenade

aller à la pêche

nager

une piscine

plonger

un moniteur

Robert aime nager.
Il nage dans la piscine.
Et Caroline plonge dans la piscine.

Laure prend des leçons de natation.
Elle apprend à nager.
Elle comprend les instructions du moniteur.

Exercices

 Tu aimes les activités d'été?   Donnez des réponses personnelles.

1. Tu aimes nager quand il y a de grandes vagues?
2. Tu aimes plonger dans une piscine?
3. Tu aimes faire de la planche à voile?
4. Tu aimes faire de la plongée sous-marine?
5. Tu aimes faire du ski nautique?
6. Tu aimes faire du surf?
7. Tu aimes aller à la pêche?
8. Tu aimes prendre des bains de soleil sur le sable?
9. Tu aimes faire des promenades sur la plage?

 Qu'est-ce qu'on fait en été?   Donnez des réponses personnelles.

1. En été, tu aimes aller à la plage?
2. Tu vas à quelle station balnéaire?
3. Tu préfères nager dans la mer ou dans une piscine?
4. Quand tu vas à la plage, tu mets un beau maillot?
5. À ton avis, est-ce qu'il faut mettre de la crème solaire?
6. Est-ce que tu mets de la crème solaire?
7. Tu bronzes facilement ou tu attrapes des coups de soleil?
8. Tu mets des lunettes de soleil quand tu vas à la plage?

 Qu'est-ce qu'elle apprend à faire?   Répondez d'après la photo.

1. Jeanne apprend à nager?
2. Elle prend des leçons de natation?
3. Elle apprend à nager dans la mer ou dans une piscine?
4. Elle comprend bien les instructions de la monitrice?

NATATION – SKI NAUTIQUE

POUR ÉVITER DE MULTIPLES DANGERS:
courants, trous d'eau, épaves, vents, marées, barres, sables mouvants, tourbillons, etc.

CHOISISSEZ UNE PLAGE SURVEILLÉE.

Baignade interdite

Baignade dangereuse

Baignade autorisée

LA BAIGNADE
La natation est un **sport**; n'allez pas au-delà de vos possibilités.
L'hydrocution est un **accident** qui survient le plus souvent après:
• un repas copieux
• un bain de soleil prolongé

VOCABULAIRE

MOTS 2

LE TENNIS

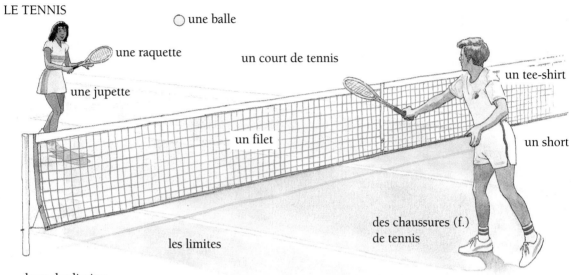

une balle

une raquette

un court de tennis

une jupette

un tee-shirt

un filet

un short

des chaussures (f.) de tennis

les limites

hors des limites

On joue au tennis.
C'est un match de tennis.
Un des joueurs sert.

L'autre joueur renvoie la balle.
Il frappe fort.
Le score est de quinze à zéro.

une partie en simple
un match entre deux joueurs

une partie en double
un match entre quatre joueurs

gagner le match

Note: The verb *jouer* takes the preposition *à* when followed by a sport.

On joue au tennis.   On joue au volley.   On joue au foot.

LE TEMPS EN ÉTÉ

Quel temps fait-il?   Il fait du soleil.   Il fait beau.

Il fait chaud.

Il y a des nuages.   Il pleut.   Il fait mauvais.

Il fait du vent.

Il fait froid.

Exercices

A Un match de tennis. Donnez des réponses personnelles.

1. Tu aimes le tennis?
2. Tu joues au tennis?
3. Si tu ne joues pas au tennis, tu veux apprendre à jouer au tennis?
4. Tu as une raquette?
5. Il y a un court de tennis près de ta maison ou ton appartement?
6. Ton école a des courts de tennis?

B Le tennis. Complétez.

1. Quand un garçon ou un homme joue au tennis, il met un ___, un ___ et des ___.
2. Quand une fille ou une femme joue au tennis, elle met un ___, une ___ et des ___.
3. ___ est un match entre deux joueurs.
4. ___ est un match entre quatre personnes.
5. Quand on joue au tennis, on a une ___ et des ___.
6. 15–"love" est un ___ de quinze à zéro.
7. On ___ ou ___ la balle avec la raquette.
8. Un joueur sert, mais la balle va dans le ___. Quand il sert encore la balle est ___! Il n'a pas de chance!
9. Un des joueurs ___ très fort. Il ___ le match.

C Le temps. Répondez.

1. En été, il fait beau ou il fait mauvais dans ta ville?
2. Il fait du soleil?
3. Il pleut souvent?
4. Il fait du vent à la plage?
5. Quel temps fait-il aujourd'hui?

D Quel temps fait-il? Répondez d'après les dessins.

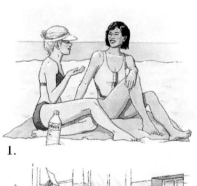

1.

2.

3.

4.

5.

6.

Activités de communication orale
Mots 1 et 2

A **À la plage.** Work with a classmate. One of you describes the weather (sunny, rainy, windy, etc.) on a day at the beach and the other says what he or she likes (or doesn't like) to do there on that kind of day. Take turns.

> Élève 1: Il fait du vent.
> Élève 2: Quand il fait du vent, j'aime faire de la planche à voile.

B **Les vacances parfaites.** Plan a great summer vacation at the beach. Tell your classmate where you want to go and why, and what you like to do there. Then find out your partner's plans.

> Élève 1: Je voudrais aller à Hawaii parce qu'il fait toujours du soleil là-bas. J'aime nager. Et toi?
> Élève 2: Moi aussi, j'aime Hawaii. Je voudrais faire de la plongée sous-marine et du surf.

C **Un match de tennis entre Guy et Nadine.** You're a sports announcer for a local radio station. Describe the tennis match in the illustration below. Don't forget to tell your listeners what the players are wearing.

D **Il faut…** Work with a classmate. One of you chooses a place or a situation from the list below and the other has to name two things that should or shouldn't be done at that place or in that situation. Take turns until all the items on the list have been used.

> à l'école
> Élève 1: À l'école, qu'est-ce qu'il faut faire?
> Élève 2: À l'école, il faut étudier et faire ses devoirs.

à la plage	au cours de français
après un dîner au restaurant	pour gagner un match
avant un examen	pour organiser une fête
avant un voyage	

STRUCTURE

Les verbes *prendre, apprendre* et *comprendre* au présent

Describing People's Activities

1. The verb *prendre*, "to take," is irregular. Study the following forms.

PRENDRE			
je	prends	nous	prenons
tu	prends	vous	prenez
il elle on	prend	ils elles	prennent

> Je prends mes livres quand je quitte la classe.
> Vous prenez l'avion pour aller à Boston mais Julie et Marc prennent le train.

Note that the singular forms of *prendre* are the same as those of any regular *-re* verb, but the plural forms are irregular.

2. The verb *prendre* has a number of additional meanings. Here are a few of them.

   a. Used with food or beverages, *prendre* means either "to eat" or "to drink."

   > Au restaurant Marie-Lise prend toujours du poulet.
   > Au café les enfants prennent toujours de l'eau minérale.

   b. *Prendre le petit déjeuner* means "to eat breakfast." Note, however, that you do not use *prendre* with other meals in French. "To eat lunch" is *déjeuner* and "to eat dinner" is *dîner*.

   > Gérard prend son petit déjeuner à la maison mais il déjeune à la cafétéria.

   c. *Prendre les billets* means "to buy tickets."

   > Je prends mon billet au guichet et j'attends le train.

3. Two other verbs that are conjugated like *prendre* are *apprendre*, "to learn," and *comprendre*, "to understand." You use the preposition *à* after *apprendre* when it is followed by an infinitive.

> Ma sœur et mon frère apprennent à jouer au tennis.
> Vous comprenez le français, n'est-ce pas?

Exercices

A **On prend un bain de soleil.** Répondez.

1. On prend un bain de soleil à la plage?
2. On prend un bain de soleil quand il y a des nuages?
3. On met de la crème solaire quand on prend un bain de soleil?
4. On bronze quand on prend un bain de soleil?

B **Moi, en été.** Donnez des réponses personnelles.

1. En été, tu prends des bains de soleil sur le sable?
2. Tu bronzes ou tu attrapes des coups de soleil?
3. Tu préfères nager dans une piscine, dans la mer ou dans un lac?
4. Tu prends des leçons de surf?
5. Tu apprends à faire de la planche à voile?
6. Tu apprends à faire du ski nautique?
7. Tu comprends le moniteur?

C **Qu'est-ce que tu prends?** Posez des questions à un copain ou à une copine d'après le modèle.

> le train
> Élève 1: **Tu prends le train?**
> Élève 2: **Non, je ne prends pas le train. (Oui, je prends le train.)**

1. ton billet au guichet à la gare
2. le bus pour aller à l'école
3. l'avion pour aller à New York
4. l'avion pour aller en France

D **Le petit déjeuner.** Répondez en utilisant «nous».

1. Vous prenez votre petit déjeuner à la maison?
2. Vous prenez votre petit déjeuner à quelle heure?
3. Vous prenez votre petit déjeuner quand vous êtes en retard?
4. Vous prenez votre petit déjeuner dans la cuisine ou dans la salle à manger?
5. Vous prenez du lait au petit déjeuner?

E **Qu'est-ce qu'ils prennent au café?** Changez d'après le modèle.

> **Il prend un coca. (un citron pressé)**
> *Il prend un coca et ses copains prennent un citron pressé.*

1. Il prend un crème. (un express)
2. Il prend une salade. (une soupe à l'oignon)
3. Il prend un sandwich au pâté. (un croque-monsieur)
4. Il prend une glace au chocolat. (une glace à la vanille)
5. Il prend de l'eau minérale. (du thé)

ESPACE SOLEIL

BRONZEZ SANS SOLEIL

au cœur de Paris

AU MULTISTO OPERA

F **Au cours de français.** Répondez.

1. Au cours de français, les élèves apprennent beaucoup de mots?
2. Ils apprennent le vocabulaire?
3. Ils apprennent des règles de grammaire?
4. Ils apprennent la civilisation française?
5. Et toi, tu apprends à parler français?
6. Tes copains et toi, vous comprenez bien quand le professeur parle français?

Les pronoms accentués

Emphasizing and Clarifying Whom You Are Talking About

1. Compare the subject pronouns below with the corresponding stress pronouns.

STRESS PRONOUNS	SUBJECT PRONOUNS
moi	je
toi	tu
lui	il
elle	elle
nous	nous
vous	vous
eux	ils
elles	elles

La Côte d'Azur: Villefranche-sur-Mer

2. You use stress pronouns in several ways in French.

   a. to reinforce or stress the subject

   Moi, je vais au bord de la mer en été.
   Lui, il reste à la maison.

   b. after a preposition such as *avec, pour, chez,* etc.

   David veut jouer avec nous.
   Les filles rentrent chez elles après la fête.

   c. alone or in a phrase without a verb

   Qui fait du ski nautique? Moi!
   Et eux? Est-ce qu'ils prennent des leçons?

   d. before and after *et* or *ou*

   Marie et moi, nous allons à la plage.
   Qui va faire les courses ce soir? Lui ou elle?

e. after *c'est* or *ce n'est* pas

> C'est toi, Yvonne?
> Oui, c'est moi.
> C'est Jean-Luc?
> Non, ce n'est pas lui.

f. with *-même(s)* to express "myself," "herself," and so forth

> Je vais faire les valises moi-même.
> Ils font la cuisine eux-mêmes.

Exercices

A **Moi, toi et les autres.**   Complétez.

DAVID: ___, j'adore nager.
CÉLINE: Et ton frère? Il aime nager?
DAVID: ___? Il aime faire du ski nautique.
CÉLINE: Et ta sœur, ___, elle aime faire du ski nautique aussi?
DAVID: Non, mais ___, elle aime faire de la planche à voile.
CÉLINE: Sans blague! Ma copine et ___, nous aimons faire de la planche à
             voile aussi.
DAVID: ___ aussi, j'aime faire de la planche à voile. Mais mes copains, ___, ils
             n'aiment pas ça.

B **Tu aimes les sports d'été?**   Répondez d'après
le modèle.

> **Tu aimes nager?**
> *Moi? Oui, j'adore nager.*

1. Tu aimes aller au bord de la mer?
2. Et ton frère, il aime faire du ski nautique?
3. Et tes sœurs, elles aiment faire de la plongée
   sous-marine?
4. Et vous, vous aimez nager?
5. Et tes copains, ils aiment faire du surf?

C **Une fête.**   Complétez.

1. Tu vas donner une fête pour Jean? Oui, je vais
   donner une fête pour ___.
2. Qui va organiser la fête? Toi? Oui, c'est ___.
3. Et qui va faire les courses? Ta mère? Pas ___!
   Moi, je vais aller au marché ___-même!
4. Jean va arriver chez toi avec ses copains?
   Oui, il va arriver chez ___ avec ___.

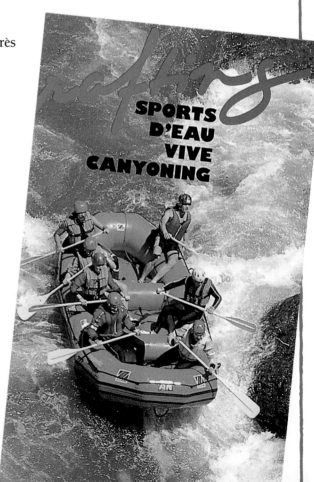

SPORTS
D'EAU
VIVE
CANYONING

Les adjectifs avec une double consonne

Describing People and Things

1. Note that certain adjectives double their final consonant in the feminine forms. Study the following.

	FÉMININ	MASCULIN
SINGULIER	une compagnie aérienne une voiture européenne	un vol aérien un café européen
PLURIEL	des compagnies aériennes des voitures européennes	des vols aériens des cafés européens

2. Here are some other adjectives that follow the same pattern.

    canadien(ne)   italien(ne)   parisien(ne)

3. The adjective *bon,* which precedes the noun, also doubles its final consonant. Study these forms.

    C'est une très bonne idée.   **Robert est un très bon élève.**
    Il a de bonnes notes.   **Et il a de bons profs.**

4. The adjective *gentil,* "nice," also doubles its final consonant.

    une fille gentille   **un garçon gentil**

Exercices

A **D'après vous.**   Répondez.

1. C'est une bonne idée de voyager avec une bonne compagnie aérienne canadienne?
2. C'est une bonne idée de passer une bonne journée sur une belle plage?
3. Est-ce que la compagnie aérienne italienne sert des spécialités italiennes pendant ses vols?
4. Est-ce que les femmes parisiennes font leurs courses dans les beaux magasins parisiens?

B **Une compagnie canadienne.**   Complétez.

La compagnie ___ (aérien) ___ (canadien) offre des vols vers des
             1   2
destinations ___ (européen). Le service est très ___ (bon). À bord les
          3   4
stewards sont très ___ (gentil) et les hôtesses de l'air aussi sont très ___
               5   6
(gentil). Il est agréable d'avoir une ___ (bon) place dans un avion ___
                           7   8
(canadien) et de faire un ___ (bon) voyage ___ (européen).
                       9   10

CONVERSATION

Scènes de la vie *Une belle journée d'été*

NATHALIE: Il fait terriblement chaud!
FRANÇOISE: C'est vrai, c'est horrible!
NATHALIE: Tu veux aller à la plage?
FRANÇOISE: D'accord. Je vais chercher mon maillot de bain.
NATHALIE: Tu as de la crème solaire?
FRANÇOISE: Oui. Pourquoi? Tu vas prendre un bain de soleil?
NATHALIE: Mais bien sûr!
FRANÇOISE: Pas moi.
NATHALIE: Pas toi? Qu'est-ce que tu vas faire alors?
FRANÇOISE: Je vais nager et faire du ski nautique.

A **La plage.** Répondez d'après la conversation.

1. Il fait chaud?
2. Nathalie veut aller à la plage?
3. Qu'est-ce que Françoise va chercher?
4. Qui n'a pas de crème solaire?
5. Qui va prendre un bain de soleil?
6. Elle aime bronzer?
7. Et Françoise, qu'est-ce qu'elle va faire?

Prononciation *Les sons /y/ et /y/ + voyelle*

The sound /y/ occurs in three positions: final, between two vowel sounds, and in combination with another vowel sound. Repeat the following.

fille	soleil	gentille
maillot	travailler	billet
canadien	aérien	vieux

Now repeat the following sentences.

> J'ai un vieux maillot.
> On ne travaille pas bien au soleil.
> C'est un avion canadien.

un vieux soleil en maillot

Activités de communication orale

A **Qu'est-ce que vous prenez au snack bar?** Divide into small groups and choose a leader. The leader asks the others what they usually buy to eat or drink at the beach snack bar. He or she takes notes, then reports to the class.

> Élève 1: Qu'est-ce que tu prends quand tu as soif (faim)?
> Élève 2: Moi, je prends de l'eau minérale (un sandwich au jambon).
> Élève 1 (*à la classe*): Marc prend de l'eau minérale. Anne et Paul prennent…

B **Moi, je veux apprendre à…** Take turns with a classmate and find out what each of you would like to learn to do and why.

> Élève 1: Qu'est-ce que tu veux apprendre à faire?
> Élève 2: Moi, je voudrais apprendre à bien parler français.
> Élève 1: Pourquoi?
> Élève 2: Parce que je voudrais aller en France.

C **En été.** Tell a classmate some things you do in the summer, then find out what your partner likes to do.

> Élève 1: En été je vais à la plage, je fais du surf et de la planche à voile. Et toi, qu'est-ce que tu aimes faire en été?
> Élève 2: Moi, j'aime aller à la plage aussi, mais je ne fais pas de surf. J'aime nager et j'aime aller à la pêche.

Les chutes de Montmorency à dix kilomètres de Québec

LES VACANCES D'ÉTÉ

C'est le premier août. Tout le monde prend la route pour aller au bord de la mer. Les vacances d'été commencent. En France le mois d'août, c'est le mois des vacances. On ne travaille pas. On passe le mois entier au bord de la mer ou à la montagne.

Qu'elles sont belles[1], les plages en France! Il y a des stations balnéaires le long des côtes[2]: sur la Manche au nord, sur l'océan Atlantique à l'ouest, et sur la Côte d'Azur au sud, au bord de la mer Méditerranée.

Qu'est-ce qu'on fait au bord de la mer? On va à la plage, bien sûr. À la plage on prend des bains de soleil. Tout le monde veut rentrer chez soi[3] bien bronzé. Les

Une belle plage bretonne

gens[4] sportifs nagent ou font de la planche à voile. Moi, je fais du ski nautique. Qu'est-ce que tu fais en été?

Vers deux heures on a faim. Après une belle journée à la plage on a une faim de loup. L'air de la mer donne faim. On fait un pique-nique sur la plage ou on va dans un petit restaurant en plein air[5] où on commande des fruits de mer[6].

---

[1] Qu'elles sont belles   *How beautiful they are*
[2] le long des côtes   *along the coasts*
[3] chez soi   *home*
[4] gens   *people*
[5] en plein air   *outdoor*
[6] fruits de mer   *seafood*

Étude de mots

A   **Quel est le mot?**   Trouvez une expression équivalente.

1. sportif
2. une faim de loup
3. le mois entier
4. en plein air
5. partout
6. commencer

a. dans toutes les régions
b. tout le mois
c. très faim
d. qui aime les sports
e. à l'extérieur, dehors
f. le contraire de *finir*

B **Des faits.** Complétez les phrases d'après la lecture.

1. Le ___ d'août a trente et un jours.
2. Le mois d'août est le mois des ___ parce que les gens ne travaillent pas.
3. Le long des ___ de la France, il y a de très ___ plages.
4. Les Pyrénées et les Alpes sont des ___.
5. L'océan Atlantique est à l'___ de la France.

Compréhension

C **Au bord de la mer.** Répondez d'après la lecture.

1. Quelle est la date?
2. Tout le monde prend la route pour aller où?
3. On passe combien de temps au bord de la mer?
4. Il y a des plages partout en France?
5. Qu'est-ce qu'on fait à la plage?
6. Que font les gens sportifs?
7. Tout le monde veut rentrer chez soi comment?
8. Quelle est l'heure du déjeuner?
9. Où est-ce qu'on va manger?
10. Qu'est-ce qu'on commande au bord de la mer?

D **Les vacances.** Trouvez les renseignements suivants dans la lecture.

1. Quel est le mois des vacances, le mois où très peu de gens travaillent?
2. Où est-ce que les Français aiment passer leurs vacances?
3. Les Français passent combien de temps au bord de la mer ou à la montagne?

DÉCOUVERTE CULTURELLE

Les Français sont très travailleurs. Mais les vacances sont très importantes pour eux. Le Français typique a à peu près cinq semaines de vacances par an. Le mois favori pour les vacances d'été, c'est le mois d'août. Le premier août il y a des bouchons et des embouteillages[1] partout. Tout le monde est pressé[2] d'arriver au bord de la mer pour commencer les vacances.

Tes parents ont combien de semaines de vacances? Ta famille et toi, où passez-vous les vacances? Quand est-ce que vous y allez? Vous y passez combien de temps?

[1] des bouchons et des embouteillages *traffic jams*
[2] est pressé *is in a hurry*

RÉALITÉS

C'est une colonie de vacances en montagne **1**. Les enfants jouent avec les monitrices. Tout le monde adore l'été. C'est la belle saison.

Voici Yannick Noah **2**. C'est un champion de tennis célèbre. Tu voudrais jouer contre lui?

Voici la plage de Nice, une ville sur la Côte d'Azur **3**. Sur la plage à Nice, il y a du sable ou des galets?

Voici Audierne, un joli port de pêche en Bretagne **4**. Il y a beaucoup de bateaux dans le port?

La jeune femme fait une promenade en vélo en montagne **5**. C'est un vélo tout terrain (VTT).

4

5

CULMINATION

Activités de communication orale

A **Une nouvelle amie.**   At the beach in Saint-Tropez you have just met Danielle Lacroix, a French teen around the same age as you. She wants to find out more about you. Answer her questions.

1. Alors tu es comme moi—tu adores la plage! Qu'est-ce que tu aimes faire à la plage?
2. À quelle heure est-ce que tu arrives à la plage?
3. Où est-ce que tu déjeunes?
4. Tu veux déjeuner avec moi demain?

B **Tu veux jouer au tennis avec moi?**   The new French exchange student (your partner) wants to know if you play tennis (or would like to learn to play), if you have a racket, and if you'd like to play tennis with him or her tomorrow. Answer, then reverse roles.

Activité de communication écrite

A **Une carte postale.**   You're spending two weeks at the beach resort of your choice. Write a postcard to a friend about your vacation. Tell him or her where you are and what the place is like; what the weather's like; what you do every day; a new sport you're learning, and what you think of the instructor; and when you're going to return home.

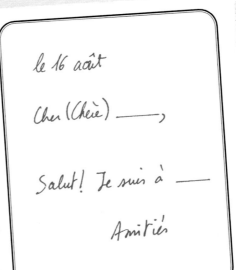

le 16 août

Cher (Chère) ———,

Salut! Je suis à ———

Amitiés

Réintroduction et recombinaison

A **On prend le train.** Complétez.

1. Jacques _____ le train. (prendre)
2. Jacques et ses copains _____ le train. (prendre)
3. Ils _____ au bord de la mer. (aller)
4. Ils _____ le train dans la salle d'attente. (attendre)
5. Jacques _____ au guichet. (aller)
6. Au guichet il _____ les billets pour tous ses copains. (prendre)
7. Les copains _____ l'annonce du départ du train. (entendre)
8. Ils _____ l'annonce. (comprendre)
9. Ils _____ sur le quai. (aller)
10. Ils _____ dans le train. (monter)
11. Ils _____ à la prochaine gare. (descendre)
12. Ils _____ à Deauville à quatorze heures dix-huit. (arriver)

La plage de Deauville en Normandie

Vocabulaire

NOMS

l'été (m.)
la station balnéaire
le bord de la mer
la plage
le sable
la mer
la vague
la crème solaire
les lunettes (f.) de soleil
le maillot (de bain)
la natation
la piscine
la leçon
le moniteur

le tennis
le court de tennis
la balle
le filet
la raquette
le match
le joueur
la partie (en simple, en double)
les limites (f.)
le score
les chaussures (f.) de tennis
le tee-shirt

le short
la jupette

ADJECTIFS

aérien(ne)
bon(ne)
canadien(ne)
européen(ne)
gentil(le)
italien(ne)
parisien(ne)

VERBES

bronzer
frapper
gagner
jouer à
nager
plonger
renvoyer
apprendre (à)
comprendre
prendre

AUTRES MOTS ET EXPRESSIONS

faire de la planche à voile
faire de la plongée sous-marine
faire du ski nautique

faire du surf
faire une promenade
aller à la pêche
attraper un coup de soleil
prendre le petit déjeuner
prendre un bain de soleil
prendre un billet
Il faut + infinitif
entre
fort
hors des limites

pourquoi
parce que

Quel temps fait-il?
Il fait beau.
Il fait chaud.
Il fait du soleil.
Il fait froid.
Il fait mauvais.
Il fait du vent.
Il pleut.
Il y a des nuages.

LES BOUTIQUES ET LES VÊTEMENTS

OBJECTIFS

In this chapter you will learn to do the following:

1. identify and describe articles of clothing
2. state color and size preferences
3. shop for clothing
4. express opinions and make observations
5. describe people and things using certain adjectives
6. compare people and things
7. talk about differences in clothes shopping in France and the U.S.

VOCABULAIRE

MOTS 1

LES VÊTEMENTS POUR HOMMES

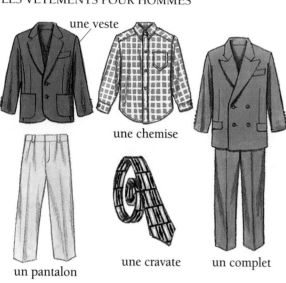

une veste

une chemise

un pantalon

une cravate

un complet

LES VÊTEMENTS POUR FEMMES

une jupe

un chemisier

un collant

un tailleur

une robe habillée

une robe sport

une chaussette

un blouson

un pull

un jean

une paire de chaussures

Marc porte un sweat-shirt.

LAURENT

la boutique d'un grand couturier

AU GRAND MAGASIN

un vendeur

une vendeuse

des soldes

~~350F~~
SOLDES
270F

un rayon prêt-à-porter

un client

une cliente

Lise voit beaucoup de chemisiers.
Elle voit les chemisiers au rayon
    prêt-à-porter.
Elle va faire ses achats au rayon
    prêt-à-porter.

le prix

moins
cher

100F

1000F

plus cher

bon marché

25F

cher

240F

Mme Laval paie à la caisse.
Elle dépense* de l'argent.

* dépenser: employer de l'argent pour
    faire des achats

Exercices

A **Albert et Christine.** Répondez d'après les dessins.

1. Qu'est-ce qu'Albert va mettre?

2. Qu'est-ce que Christine porte?

B **Qu'est-ce qu'on met?** Répondez.

1. Ce soir M. Ben-Azar va aller dans un restaurant élégant. Qu'est-ce qu'il va porter?
2. Qu'est-ce que sa femme va mettre?
3. Qu'est-ce que tu portes à l'école?
4. Qu'est-ce que tu portes quand il n'y a pas de cours?
5. Qu'est-ce que tu mets quand il fait froid?
6. Qu'est-ce qu'une femme met quand elle va au travail?
7. Qu'est-ce qu'un homme met quand il va au travail?

REVUE DE DÉTAILS

NEWS MODE

REPÉRÉ AUX QUATRE COINS DE LA MODE, TOUT CE QUI NO PLAÎT. DE LA TÊTE AUX PIEDS.

STRETCH (1) Robe en panne de velours (Capucine Puerari, 1 360 F, 5 tailles, 8 coloris, rens. 45 49 26 90).
SOIR CHIC (2) Veste croisée, en drap de laine, sur jupe en taffetas de soie (Corinne Sarrut, 1 900 F, 3 tailles, 5 coloris (veste) et 900 F, du 36 au 42, en noir ou bronze (jupe), rens. 42 61 71 60). Gilet en satin (Chacok).
INTÉRIEUR (3) Robe de chambre en soie (Claudie Pierlot, 800 F, 2 tailles, 3 coloris, rens. 42 36 69 93).

COL HIRONDELLE Très 70, des chemises bicolores en (Agnès B., 490 F, 3 tailles, 3 coloris, rens. 45 08 56 5

Chemise en satin de soie, bouto

C Une boutique ou un grand magasin? Répondez.

1. On vend beaucoup de marchandises différentes dans la boutique d'un grand couturier ou dans un grand magasin?
2. Il y a beaucoup de rayons dans une boutique ou dans un grand magasin?
3. Qui vend des marchandises dans les boutiques et les grands magasins?
4. Et qui fait des achats?
5. Où est-ce qu'on paie dans les boutiques et les grands magasins?
6. Est-ce que les femmes riches achètent leurs vêtements au rayon prêt-à-porter ou chez les grands couturiers?
7. Est-ce qu'on peut acheter des vêtements sport et habillés dans un grand magasin?
8. Est-ce que les gens riches dépensent beaucoup d'argent pour leurs vêtements?

D On va acheter des vêtements. Complétez.

1. Il y a beaucoup de réductions pendant les ___. Les prix sont plus bas, moins élevés.
2. Je préfère faire mes achats quand il y a des ___ parce que je ___ moins d'argent.
3. Le jean est une sorte de ___ sport, pas habillé.
4. Quel est le ___ de ce blouson? 800 francs?
5. Oh là là! Ce blouson n'est pas bon marché! Il est très ___.

VOCABULAIRE

MOTS 2

Ce pantalon est trop grand.
Il est trop large.
Je voudrais la taille au-dessous.

Ce pantalon est trop petit.
Il est trop serré.
Je voudrais la taille au-dessus.

des chaussures étroites

un talon bas

des chaussures larges

un talon haut

Vous faites quelle pointure?

Je fais du 38.

Vous faites quelle taille?

Je fais du 40.

un cadeau

une manche longue

un chemisier à manches longues

une manche courte

Martine voit des chemisiers.
Elle trouve les chemisiers merveilleux, vraiment
  fantastiques!
Elle pense: «Tiens! Je vais acheter un cadeau.»

Elle est très contente (heureuse).
Pourquoi? Parce qu'elle voit que les
  chemisiers sont en solde.

De quelle couleur est le chemisier?
Il est vert.

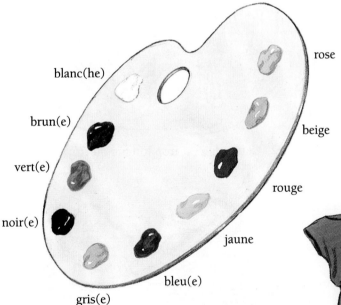

blanc(he)

brun(e)

vert(e)

noir(e)

gris(e)

bleu(e)

jaune

rouge

beige

rose

Note: The colors below are invariable.
They do not change to agree with the
noun they describe.

bleu marine
marron
orange

des chaussures marron

À mon avis cette couleur est plue jolie que l'autre.
Je trouve que cette couleur est plus jolie que l'autre.
Et je crois que Catherine préfère cette couleur aussi.

une robe orange

un pantalon
bleu marine

Exercices

A **Qu'est-ce que Martine voit?** Répondez.

1. Qu'est-ce que Martine veut acheter?
2. Elle aime les chemisiers?
3. Elle trouve que les chemisiers sont merveilleux, vraiment fantastiques?
4. Est-ce que Martine voit que les chemisiers sont en solde?

B **De quelle couleur… ?** Donnez des réponses personnelles.

1. De quelle couleur est ton blouson favori?
2. De quelle couleur est ton jean favori?
3. De quelle couleur est ta chemise favorite ou ton chemisier favori?
4. Qu'est-ce que tu portes aujourd'hui? De quelle couleur sont tes vêtements?

C **De petits problèmes.** Répondez d'après les dessins.

1. Ces chaussures sont trop larges ou trop étroites?

2. Cette jupe est trop longue ou trop courte?

3. Cette chemise a des manches longues ou courtes?

4. Ce pantalon est serré ou large?

D **Mes préférences.** Donnez des réponses personnelles.

1. Tu préfères des vêtements sport ou habillés?
2. Tu préfères des chaussures à talons bas ou hauts? Tu fais quelle pointure?
3. Tu préfères une chemise ou un chemisier à manches longues ou courtes?
4. Tu préfères tes vêtements un peu serrés ou larges?
5. Tu préfères un pantalon plus large? Tu voudrais la taille au-dessus?
6. Tu préfères un pantalon plus serré? Tu voudrais la taille au-dessous?
7. Tu préfères faire des achats quand il y a des soldes ou pas?
8. Tu aimes dépenser beaucoup d'argent pour tes vêtements?
9. Tu aimes acheter des cadeaux pour tes copains ou tes copines? Qu'est-ce que tu achètes?

Activités de communication orale
Mots 1 et 2

A **Qui est-ce?** Work with a classmate. One of you describes what someone in the class is wearing and the other has to guess who it is. Take turns.

B **Une paire de chaussures.** You're in a shoe store in Montreal. Tell the salesperson (your partner) what kind of shoes you want and what size you wear. You try on several pairs before you find the right shoes in the right size at the right price, but the salesperson is very patient.

C **Qui porte… ?** Work with a classmate. One of you names an article of clothing and the other has to say who wears it (men, women, or both) and when or where they wear it. Take turns.

> Élève 1: un blouson
> Élève 2: **Les hommes et les femmes portent un blouson quand il fait froid.**

D **Les grands couturiers.** Imagine you and your classmates are costume designers working on a new movie starring two of your favorite actors. You need to create outfits for the stars to wear in various scenes. One person suggests an article of clothing in a certain color, and the next person repeats the item and adds another. Take turns until you have a complete outfit for each star.

STRUCTURE

Les verbes *croire* et
voir au présent

*Expressing Opinions and
Making Observations*

1. Study the following forms of the irregular verbs *croire*, "to think," "to
believe," and *voir*, "to see."

CROIRE	VOIR
je crois	je vois
tu crois	tu vois
il elle croit on	il elle voit on
nous croyons	nous voyons
vous croyez	vous voyez
ils elles croient	ils elles voient

2. The verbs *croire* and *voir* are often followed by a clause. The clause is
introduced by *que* which is shortened to *qu'* before a vowel or a silent *h*. In
French you must use *que* even though its equivalent, "that," is often omitted
in English.

> **Je crois que c'est une bonne idée.**
> **Je vois qu'elle aime cette boutique.**

Exercices

A Qu'est-ce qu'elles voient?
Qu'est-ce qu'Annick et Claire voient
dans la vitrine de la boutique?

B **La fête.** Répondez d'après le modèle.

> **Il va faire beau demain soir?**
> *Oui, je crois. Toi, tu ne crois pas?*

1. Il faut porter une robe habillée à la fête?
2. David va inviter Sylvie à la fête?
3. La fête va être amusante?
4. On va servir un gâteau énorme?
5. L'appartement de David est assez grand pour la fête?

C **Tu vois des films?** Donnez des réponses personnelles.

1. Tu vois beaucoup de films?
2. Tu vois des films au cinéma ou à la télé?
3. En général, tu vois des films d'horreur, des films d'aventures ou des films d'amour?
4. Tes parents voient souvent des films?
5. Tu vois tes copains pendant le week-end? Qu'est-ce que tu fais avec eux?

D **Les opinions.** Répondez par «oui».

> **Tes copains et toi, vous croyez que le tennis est un sport merveilleux?**
> *Oui, nous croyons que le tennis est un sport merveilleux.*

1. Vous croyez que Paris est une belle ville?
2. Vos parents croient que vous êtes intelligents?
3. Votre professeur de français croit que vous travaillez bien?
4. Vos amis croient que vous êtes sympathiques?
5. Vous croyez que les jeans sont chic?
6. Vos grands-parents croient que vous êtes adorables?

E **Des opinions différentes!** Complétez avec «croire».

1. Moi, je ___ que la cousine de Sandra est française mais mes copains ___ qu'elle est italienne.
2. Le professeur ___ que l'examen va être facile mais les élèves ___ que l'examen va être difficile.
3. Tu ___ que les chats sont plus intelligents que les chiens mais ton frère ___ que les chiens sont plus intelligents que les chats.
4. Hélène ___ que Paris est près de Nice mais nous ___ que c'est assez loin de Nice.
5. Tu ___ qu'il va pleuvoir mais je ___ qu'il va faire beau.

GALERIES
Lafayette

**Le Grand Magasin
Capitale de la Mode.**

267

D'autres adjectifs irréguliers   *Describing People and Things*

1. In spoken French the feminine forms of the adjective end in a consonant sound. This consonant sound is dropped in the masculine forms. Here are some irregular adjectives that follow this pattern. Note their spelling changes.

FÉMININ PLURIEL	FÉMININ SINGULIER	MASCULIN PLURIEL	MASCULIN SINGULIER
sérieuses	sérieuse	sérieux	sérieux
délicieuses	délicieuse	délicieux	délicieux
heureuses	heureuse	heureux	heureux
merveilleuses	merveilleuse	merveilleux	merveilleux
basses	basse	bas	bas
favorites	favorite	favoris	favori
longues	longue	longs	long
premières	première	premiers	premier
dernières	dernière	derniers	dernier
entières	entière	entiers	entier
chères*	chère	chers	cher

*All forms of *cher* are pronounced the same way.

2. Here are two adjectives whose endings are pronounced in both the feminine and masculine forms. Note that the feminine ending has a softer sound than the masculine one.

sportives	sportive	sportifs	sportif
actives	active	actifs	actif

Exercices

A **La prononciation.**   Prononcez.

1. active / actif
2. favorite / favori
3. longue / long
4. basse / bas
5. merveilleuse / merveilleux
6. délicieuse / délicieux
7. généreuse / généreux
8. première / premier

B **Nathalie et son frère.**   Répondez par «oui».

1. Nathalie est sportive?
2. Son frère est sportif?
3. Nathalie est active?
4. Et lui, il est actif?
5. Le rouge est la couleur favorite de Nathalie?
6. La planche à voile est son sport favori?
7. Nathalie est sérieuse?
8. Et son frère est un garçon sérieux?
9. Elle est souvent heureuse?
10. Et lui, il est souvent heureux?

C **La famille Beauchamp.** Complétez.

La famille Beauchamp est très ___ (sportif). Les parents sont très ___ (actif) et
les deux enfants, Véronique et Nicole, sont ___ (actif) aussi. Aujourd'hui, les
deux filles sont très ___ (heureux) parce qu'elles partent pour Biarritz, leur
station balnéaire ___ (favori), où chaque année la famille passe des vacances
___ (merveilleux). À Biarritz, les filles et les parents vont pratiquer leurs sports
___ (favori), la planche à voile et la natation. Après de ___ (long) journées à la
plage, tout le monde est content de manger des fruits de mer ___ (délicieux) à
la terrasse d'un restaurant.

Le comparatif des adjectifs · *Comparing People and Things*

1. You use the comparative to compare two or more people or things. The
following words are used to express comparisons.

> (+) *plus… que*
> (−) *moins… que*
> (=) *aussi… que*

Study the following sentences.

> **Cette vendeuse est plus sympathique que
> l'autre vendeuse.**
> **Ce blouson est moins cher que la veste.**
> **Les chaussures américaines sont aussi chères
> que les chaussures françaises.**

2. Note the liaison after *plus* and *moins* when they are
followed by a vowel.

> **plus intéressant**
> **moins élégant**

3. If you are comparing people, you use the stress pronouns after *que.*

> **Il est plus jeune que son ami.**   **Il est plus jeune que** *lui.*
> **Elle est plus âgée que ses amis.**   **Elle est plus âgée qu'***eux.*

4. Note that the adjective *bon* has an irregular form in the comparative, *meilleur.*

> **Ils trouvent que le pain français est meilleur que le pain américain.**
> **La robe rose est meilleur marché que la robe blanche.**

Exercices

A **Plus ou moins que l'autre.** Répondez d'après les dessins. Suivez le modèle.

Le blouson bleu est aussi long que le blouson noir?
Oui, le blouson bleu est aussi long que le blouson noir.

450F

250F

140F

400F

1. Le blouson bleu est plus cher que le blouson noir?
2. Le blouson bleu est moins joli que le blouson noir?
3. La jupe jaune est moins chère que la jupe grise?
4. La jupe grise est plus courte que la jupe jaune?
5. La robe verte est aussi élégante que la robe rouge?
6. La robe verte est moins habillée que la robe rouge?

B **Non, pas plus.** Répondez d'après le modèle.

Cette chemise est plus chère que l'autre?
Non, elle n'est pas plus chère. Mais elle est aussi chère que l'autre.

1. Cette cravate est plus chère que l'autre?
2. Cette robe est plus habillée que l'autre?
3. Ce pull est plus cher que l'autre?
4. Ce chemisier est plus serré que l'autre?
5. Ces chaussures sont plus larges que les autres?
6. Ces manches sont plus courtes que les autres?

C **À mon avis.** Donnez des réponses personnelles.

1. Le cours de français est plus difficile ou plus facile que le cours de maths?
2. Le professeur de français est plus sévère, moins sévère ou aussi sévère que les autres professeurs?
3. Le football américain est plus intéressant ou moins intéressant que le basket-ball?
4. Une Volkswagen est moins chère ou plus chère qu'une Porsche?
5. Le coca est meilleur que le lait ou le lait est meilleur que le coca?
6. Les fruits et les légumes sont meilleurs pour la santé *(health)* que les pâtisseries?

1. You use the superlative to single out one item from the group and compare it to all the others. You form the superlative in French by using *le, la,* or *les* and *plus* or *moins* with the adjective.

> Cette robe est *la plus jolie* de la boutique.
> Cette robe est *la moins chère* de la boutique.

2. Note that the superlative is followed by *de* + a noun.

> **Robert est le plus intelligent de la classe.**
> **Carole est la meilleure en maths du lycée.**
> **Les frères Dumas sont les plus amusants de tous les élèves.**

Exercices

A **La plus chère et la plus grande.**   Répondez d'après les indications.

1. Quelle boutique est la plus chère de toute la ville? (cette boutique)
2. Quelle ville est la plus grande de tout le pays? (Paris)
3. Quel magasin est le plus grand du centre commercial? (Monoprix)
4. Quel marché est le moins cher de tous les marchés? (le Village Suisse)
5. Quel couturier est le plus célèbre? (Yves Saint-Laurent)

B **Ma famille.**   Donnez des réponses personnelles.

1. Qui est le plus jeune ou la plus jeune de ta famille?
2. Qui est le plus âgé ou la plus âgée de ta famille?
3. Qui est le plus amusant ou la plus amusante de ta famille?
4. Qui est le plus intelligent ou la plus intelligente de ta famille?
5. Qui est le plus beau ou la plus belle de ta famille?
6. Qui est le plus timide ou la plus timide de ta famille?
7. Qui est le plus sportif ou la plus sportive de ta famille?
8. Qui est le plus heureux ou la plus heureuse de ta famille?

MONOPRIX
UNIPRIX
On pense à vous tous les jours.

CONVERSATION

Scènes de la vie   *Un petit cadeau pour Papa*

LA VENDEUSE: Vous désirez, Mademoiselle?

SANDRINE: Je voudrais un petit cadeau pour mon père.

LA VENDEUSE: Pour la Fête des Pères?

SANDRINE: Non, c'est pour son anniversaire.

LA VENDEUSE: Une chemise, peut-être?

SANDRINE: Oui. Pourquoi pas?

LA VENDEUSE: Il fait quelle taille, votre père?

SANDRINE: Il fait du quarante, je crois. Oui, c'est ça, quarante.

LA VENDEUSE: Vous préférez quelle couleur?

SANDRINE: Bleu marine ou blanc. Il aime le look conservateur.

LA VENDEUSE: Bien, Mademoiselle. Et vous avez de la chance. Toutes les chemises sont en solde aujourd'hui.

A **Un cadeau d'anniversaire.** Répondez d'après la conversation.

1. Sandrine est dans un grand magasin?
2. Elle est au rayon chemises ou complets?
3. Elle est au rayon hommes ou femmes?
4. Elle veut acheter un cadeau?
5. C'est pour qui, le cadeau?
6. Qu'est-ce que la vendeuse propose?
7. Le père de Sandrine fait quelle taille?
8. Sandrine préfère quelle couleur?
9. Les chemises sont en solde?
10. La chemise va être plus chère ou moins chère?

Prononciation *Les sons /sh/ et /zh/*

It is important to make a distinction between the sound /sh/ as in *chat* and /zh/ as in *joli*. Put your fingers on your throat. When you say the sound /zh/ as in *joli* you should feel a vibration, but not when you say /sh/ as in *chat*. Repeat the following words with the sounds /sh/ and /zh/.

a*ch*eter	lar*ge*
*ch*aussure	*j*upe
*ch*emise	oran*ge*
a*ch*ats	bei*ge*
*sh*ort	*j*eune

Now repeat the following sentences that combine both sounds.

J'achète toujours des chaussures bon marché.
Je cherche un joli tee-shirt jaune et un short orange.

*ch*emise oran*ge*

Activités de communication orale

A **Une boutique chic.** You're in a boutique on the chic Rue du Faubourg Saint-Honoré in Paris. A salesperson (your partner) greets you. Tell the salesperson what you're looking for. You're a very demanding customer, but after some trial and error the salesperson manages to find something terrific in your size and at a price you can afford.

B **Comparaisons.** Work in small groups. Use the adjectives below on the right to make as many comparisons as you can about each pair on the left. Compare your results with other groups'.

les chiens et les chats

Les chiens sont plus intelligents (moins calmes, aussi beaux, etc.) que les chats.

l'anglais et les maths	meilleur	intelligent
les avions et les trains	difficile	sympathique
une Rolls-Royce et une Toyota	rapide	actif
notre école et une autre école	cher	sportif
les filles et les garçons	heureux	facile

LECTURE ET CULTURE

LES ACHATS

Si la France est un pays de gastronomie, c'est aussi un pays de haute couture. Les noms des grands couturiers sont célèbres dans le monde entier—Yves Saint-Laurent, Dior, Courrèges, Cardin, Givenchy, Lacroix. Ces couturiers dictent la mode non seulement à Paris, mais à Tokyo, New York et Rio. À Paris on vend les vêtements et accessoires de ces couturiers dans des boutiques Place Vendôme, rue du Faubourg Saint-Honoré ou rue François Ier.

Mais attention[1]! La plupart des Français ne font pas leurs achats chez les grands couturiers. Il y a des grands magasins de toutes les catégories, des plus luxueuses aux plus modestes—les Galeries Lafayette, La Samaritaine, Monoprix, Prisunic, etc. Dans les grands magasins on peut aller d'un rayon à l'autre et acheter toutes sortes de choses dans le même magasin. Beaucoup de gens profitent des soldes quand on vend les marchandises avec d'importantes réductions.

À Paris les jeunes—garçons et filles—achètent leurs vêtements dans les mêmes boutiques unisexe du Quartier Latin. Dans ces boutiques on trouve du prêt-à-porter original et à la mode[2]. Mais si on a très peu d'argent à dépenser on peut aller aux Puces[3] ou au Village Suisse. Nicole adore aller aux Puces ou au Village Suisse où elle trouve presque[4] toujours un chemisier ou un accessoire avec la griffe[5] célèbre d'un grand couturier—et à un prix très bas.

[1] Mais attention!   *Careful! Watch out!*
[2] à la mode   *in style*
[3] aux Puces   *to the flea market*
[4] presque   *almost*
[5] griffe   *label*

Étude de mots

A **Cherchez les mots.** Choisissez la définition.

1. le créateur de modèles
2. fameux
3. en vogue, populaire
4. fantastique
5. les produits commerciaux
6. profiter
7. presque toujours

a. à la mode
b. le couturier
c. célèbre
d. les marchandises
e. fréquemment
f. bénéficier
g. merveilleux

Compréhension

B **Boutiques et magasins.** Complétez.

1. La France est un pays de gastronomie et de ___.
2. Deux ___ célèbres sont Pierre Cardin et Yves Saint-Laurent.
3. Les vêtements faits par un couturier portent la ___ du couturier.
4. Les Galeries Lafayette et La Samaritaine sont des ___, pas des boutiques.
5. Les clients dans un grand magasin peuvent aller d'un ___ à l'autre et ils peuvent acheter toutes sortes de choses dans le même magasin.
6. Pendant les ___ il y a d'importantes réductions.
7. Une boutique ___ vend des vêtements pour garçons et filles.

C **Le shopping.** Répondez.

1. On vend les vêtements et les accessoires des grands couturiers au Prisunic?
2. Il y a beaucoup de différents grands magasins en France?
3. Tous les grands magasins sont plus ou moins de la même catégorie?
4. Pendant les soldes, tout est plus cher ou meilleur marché?
5. Qu'est-ce qu'une boutique unisexe?
6. Qui aime les boutiques unisexe?
7. Les marchandises sont chères aux Puces?

D **Les achats.** Trouvez les renseignements suivants dans la lecture.

1. trois couturiers français
2. deux grands magasins français
3. deux marchés parisiens qui ont des prix très bas

DÉCOUVERTE CULTURELLE

En France et en Europe en général les pointures et les tailles ne sont pas les mêmes qu'aux États-Unis. Voici les tailles des vêtements et les pointures des chaussures.

Si vous voulez acheter des chaussures en France, vous demandez quelle pointure? Si vous voulez acheter une chemise ou un chemisier, vous demandez quelle taille?

FEMMES				
CHAUSSURES				
États-Unis	6	7	8	9
France	36	37	38	39
ROBES, TAILLEURS, PULLS, CHEMISIERS				
États-Unis	6	8	10	12	14
France	38	40	42	44	46

HOMMES				
CHEMISES				
États-Unis	14½	15	15½	16	16½
France	37	38	39	40	41
CHAUSSURES				
États-Unis	9	10	11	12
France	40	41	42	43

RÉALITÉS

1

2

3

276

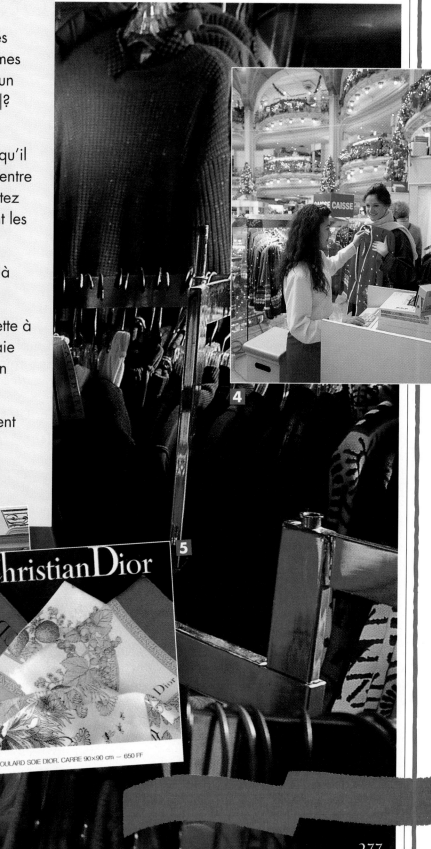

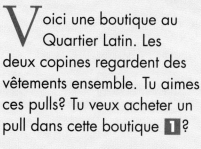

Voici une boutique au Quartier Latin. Les deux copines regardent des vêtements ensemble. Tu aimes ces pulls? Tu veux acheter un pull dans cette boutique ❶?

C'est un groupe de jeunes Français ❷. Vous trouvez qu'il y a une grande différence entre les vêtements que vous portez et les vêtements que portent les jeunes Français?

C'est le marché aux puces à Lyon ❸.

On est aux Galeries Lafayette à Noël ❹. À la caisse on paie avec une carte de crédit, un chèque ou en espèces.

Les grands couturiers vendent aussi des articles de luxe comme les foulards en soie dans leurs boutiques ❺.

ChristianDior

CHANEL

FOULARD SOIE DIOR. CARRE 90×90 cm — 650 FF

CULMINATION

Activités de communication orale

A **Un sondage: Le shopping.** You're in a department store in France and have agreed to answer a few questions for a shopping survey.

1. Quel est votre magasin favori? Pourquoi?
2. Que préférez-vous: les grands magasins ou les boutiques?
3. Quelle sorte de vêtements achetez-vous le plus souvent? Des vêtements habillés ou des vêtements sport?
4. Quand vous achetez des vêtements, préférez-vous aller dans les magasins seul(e) ou avec des amis?

B **Jeu de mémoire.** Study the clothing of all the students in the next row for several minutes. Then turn your back to that row and see if you can answer classmates' questions about what the people in the row are wearing. (*Qui porte un tee-shirt rouge? un jean noir?*, etc.) If you can't answer, the people in the row may help out by giving hints such as *La personne est blonde* or *Elle est assise derrière Suzanne.*

Activités de communication écrite

A **Le catalogue.** Write five descriptions for a clothing catalogue. Using the vocabulary in this chapter, describe the items. Tell the sizes they come in, the colors, the occasions they could be worn for, and the prices.

> Voici une belle robe longue, très habillée, rouge et noire, parfaite pour les fêtes. Tailles: du 36 au 44. Prix: 1.200F

B **Le look de ton école.** Write a note to your French friend describing *le look* at your school. Tell him or her what boys and girls usually wear to school and what types of clothing and colors are "in" (*à la mode*).

Réintroduction et recombinaison

A **Des préférences.** Complétez.

1. ___, je préfère un look sportif.
2. Mais ___, il préfère un look conservateur.
3. Les autres, ___, ils font toujours leurs achats dans les boutiques chères.
4. Et ___? Où est-ce que tu fais tes achats?

B **En été.** Donnez des réponses personnelles.

1. Quand est-ce que tu mets un maillot?
2. Qu'est-ce que tu portes quand il fait chaud?
3. Tu vas dans quelle sorte de magasin pour acheter un maillot?
4. Tu voudrais un maillot de quelle couleur?
5. Est-ce qu'on met des lunettes de soleil quand il pleut?
6. Qu'est-ce qu'une femme porte quand elle joue au tennis?

Vocabulaire

NOMS

les vêtements (m.)
le blouson
la chaussette
la chaussure
la paire
le talon
le jean
le pantalon
le pull
le sweat-shirt
le chemisier
la manche
le collant
la jupe
la robe
le tailleur
la chemise
le complet
la cravate
la veste
le cadeau
la couleur
la taille
   au-dessus
   au-dessous
la pointure

le grand magasin
la boutique
le rayon (prêt-à-porter)
le/la client(e)
le vendeur
la vendeuse
le prix
les soldes (f.)
le grand couturier

ADJECTIFS

bon marché (inv.)
cher, chère
bas(se)
haut(e)
long(ue)
court(e)
étroit(e)
serré(e)
large
habillé(e)
sport (inv.)
sportif, sportive
actif, active
favori(te)
heureux, heureuse
merveilleux, merveilleuse

sérieux, sérieuse
délicieux, délicieuse
dernier, dernière
entier, entière
meilleur(e)
beige
bleu(e)
bleu marine (inv.)
blanc, blanche
brun(e)
gris(e)
jaune
marron (inv.)
noir(e)
orange (inv.)
rose
rouge
vert(e)

VERBES

croire
dépenser
penser
porter
voir

AUTRES MOTS ET EXPRESSIONS

à mon avis
beaucoup de
faire des achats
trop
vraiment

CHAPITRE

11

LA ROUTINE ET LA FORME PHYSIQUE

OBJECTIFS

In this chapter you will learn to do the following:

1. describe your personal grooming habits and your daily routine
2. find out and tell someone's name
3. tell some things people do to stay fit
4. tell what people do for themselves and others
5. ask "who" and "whom"
6. talk about what people do to stay fit in France and the U.S.

VOCABULAIRE

MOTS 1

LA ROUTINE

les cheveux (m.)
la figure
les dents (f.)

la main

se réveiller

se lever

se laver

se laver
les cheveux

se brosser les dents

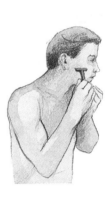
se raser

se peigner

se maquiller

s'habiller

se coucher

s'endormir

prendre un bain

une glace

prendre une douche

du savon

du déodorant

du dentifrice

1. Elle s'appelle Nathalie.
   Nathalie se réveille.
   Elle se lève tout de suite.

André va faire sa toilette.
Il a besoin de savon.
Il a besoin de dentifrice.
Il a besoin d'une glace.

Bonjour!
Je m'appelle Christian.
Comment vous appelez-vous?

2. D'abord elle se lave.

3. Ensuite elle se brosse les dents.

4. Enfin elle prend son petit déjeuner.

Exercices

A **La routine de Nathalie.** Répondez.

1. Le matin Nathalie se réveille à six heures et demie?
2. Elle se lève tout de suite?
3. D'abord elle va dans la salle de bains pour faire sa toilette?
4. Ensuite elle se lave les mains et la figure avec du savon?
5. Elle se brosse les dents avec du dentifrice et une brosse à dents?
6. À ton avis, elle prend une douche ou un bain?
7. À ton avis, elle se maquille? Elle se peigne? Elle se regarde dans la glace? Elle s'habille?
8. Elle prend son petit déjeuner?

B **La routine de Gérard.** Répondez d'après les dessins.

1. Gérard rentre chez lui vers cinq heures?
2. Il se lave les mains avant le dîner?
3. Il dîne dans la cuisine ou dans la salle à manger?
4. Il se brosse les dents après le dîner?
5. À dix heures il se déshabille?
6. Il prend un bain le soir ou le matin?
7. Quand il se couche, il s'endort tout de suite?

C Dans quelle pièce? Complétez.

1. On se brosse les dents dans ___.
2. On s'endort dans ___.
3. On prend une douche dans ___.
4. On se regarde dans la glace dans ___.
5. On se couche dans ___.
6. On prend son petit déjeuner dans ___.
7. La douche est dans ___.
8. Le lit est dans ___.

D Il a besoin de… Choisissez la bonne réponse.

1. Il va se brosser les dents. Il a besoin de ___.
   a. crème   b. dentifrice

2. Il va prendre une douche. Il a besoin de ___.
   a. savon   b. dentifrice

3. Il va se raser. Il a besoin d'un ___.
   a. peigne   b. rasoir

4. Il veut se peigner. Il a besoin d'un ___.
   a. peigne   b. rasoir

5. Il veut se laver les cheveux. Il a besoin de ___.
   a. déodorant   b. shampooing

6 F 90 Bain crème, parfums au choix, 1 litre

20 F 00 Lot de 3 brosses à dents GIBBS Intégral

4 F 90 Gel douche, parfums au choix, 300 ml (le litre : 16,34 F)

35 F 00 1 brosse + 1 froufrou + 1 peigne + 1 miroir, coloris divers

VOCABULAIRE

MOTS 2

LA FORME PHYSIQUE

grossir

maigrir

un gymnase

faire de la gymnastique

un club de forme

faire de l'exercice

faire de l'aérobic

pratiquer un sport

mettre un
survêtement

Robert veut se mettre en forme.
Pour se mettre en forme il se
    promène.
Il se promène dans le parc.

Robert veut rester en forme.
C'est toujours le problème.
Pour rester en forme il fait de
    l'exercice.

Il fait du jogging.

Les copains s'amusent.
Ils s'amusent bien.

Exercices

A **Pour rester en forme.** C'est bon ou mauvais pour la santé (*health*)?

> manger beaucoup de chocolat
> *Manger beaucoup de chocolat, c'est mauvais pour la santé.*

1. bien manger
2. manger beaucoup de pâtisseries
3. prendre du lait
4. prendre du coca au petit déjeuner
5. ne pas faire d'exercice
6. faire de l'aérobic
7. prendre des vitamines
8. fumer
9. pratiquer un sport
10. grossir
11. se promener tous les jours
12. se mettre en forme

B **En forme.** Donnez des réponses personnelles.

1. Tu aimes être en forme?
2. Tu fais de l'exercice pour rester en forme?
3. Tu fais du jogging? Tu mets un survêtement?
4. Tu pratiques un sport?
5. Tu pratiques quel sport?
6. Tu es membre d'un club de forme?
7. Tu fais de la gymnastique à l'école ou au gymnase?
8. Tu grossis quand tu manges beaucoup?
9. Rester en forme, c'est un problème pour toi?

C **Quel est le mot?** Choisissez.

1. Il prend des kilos. Il ___.
   a. grossit   b. maigrit
2. Il perd des kilos. Il ___.
   a. grossit   b. maigrit
3. Il va faire du jogging. Il met ___.
   a. une chemise   b. un survêtement
4. Il va faire du jogging. Il met ___.
   a. un complet   b. des tennis
5. Il va au parc. Il va ___.
   a. se promener   b. se raser
6. Il va ___ avec ses copains dans le parc.
   a. s'amuser   b. se réveiller

Activités de communication orale
Mots 1 et 2

A **La routine.** Tell your French-Canadian friend (your partner) about a member of your family. Include the information below. Then reverse roles.

1. his or her name
2. what time he or she gets up
3. some of his or her grooming habits
4. what he or she does to stay in shape
5. what sports he or she participates in

B **Les sportifs.** Work with a classmate. Ask each other the following questions.

1. Qu'est-ce que tu fais pour rester en forme? 3. Avec qui... ?
2. Où... ? 4. Quand... ?

C **Tu as besoin de...** Play this game in small groups. One person states that he or she wants to do one of the activities listed below. The others have 20 seconds to write down as many things as they can think of that the first student needs in order to do the activity. Players receive one point per correct item.

> Élève 1: Je veux jouer au tennis.
> Élève 2: Tu as besoin d'une raquette, d'une balle, d'un court, d'un short...

aller à la plage	faire un voyage
faire du jogging	jouer au tennis
faire les courses	prendre un bain de soleil
faire les devoirs de...	préparer le dîner

D **Madame Nette.** Madame Nette is a very organized woman whose daily routine is always the same. With your classmates, take turns describing Madame Nette's day from morning to night. The first student suggests her first activity of the day. The next student repeats that activity and adds another.

> Élève 1: Madame Nette se réveille à six heures.
> Élève 2: Madame Nette se réveille à six heures.
>   Elle se lève tout de suite.

STRUCTURE

Les verbes réfléchis

Telling What People Do for Themselves

1. Compare the following pairs of sentences.

Chantal lave le bébé.

Chantal se lave.

Chantal regarde le bébé.

Chantal se regarde.

Chantal couche le bébé.

Chantal se couche.

In the sentences on the left Chantal performs the action and the baby receives it. In the sentences on the right Chantal herself is the receiver of the action. In these sentences Chantal both performs and receives the action of the verb. For this reason the pronoun *se* must be used. *Se* refers to Chantal and is called a reflexive pronoun. It indicates that the action of the verb is reflected back to the subject.

2. Each subject pronoun has its corresponding reflexive pronoun. Study the following.

SE LAVER	S'HABILLER
je me lave	je m' habille
tu te laves	tu t' habilles
il se lave	il s' habille
elle se lave	elle s' habille
on se lave	on s' habille
nous nous lavons	nous nous habillons
vous vous lavez	vous vous habillez
ils se lavent	ils s' habillent
elles se lavent	elles s' habillent

Note that *me, te,* and *se* become *m', t',* and *s'* before a vowel or silent *h.*

3. In the negative form of a reflexive verb, *ne* is placed before the reflexive pronoun. *Pas* follows the verb.

Je me réveille mais je *ne* me lève *pas* tout de suite.
On *ne* se brosse *pas* les dents avant le dîner.
Je me couche mais je *ne* m'endors *pas* tout de suite.
Nous *ne* nous rasons *pas* tous les jours.

Exercices

A **La routine de Charles.** Répétez la conversation.

ROGER: Tu te lèves à quelle heure, Charles?
CHARLES: À quelle heure est-ce que je me lève ou je me réveille?
ROGER: Tu te lèves.
CHARLES: Je me lève à six heures et demie.
ROGER: Et tu quittes la maison à quelle heure?
CHARLES: À sept heures. Je me lave, je me brosse les dents, je me rase et je prends mon petit déjeuner en une demi-heure.
ROGER: Et tu t'habilles aussi?
CHARLES: Bien sûr que je m'habille!

Répondez d'après la conversation.

1. Charles se lève à quelle heure?
2. Il se lave?
3. Il se brosse les dents dans la salle de bains?
4. Il se rase?
5. Il quitte la maison à quelle heure?

B **Jacqueline et Véronique.**   Changez *Jacqueline* en *Jacqueline et Véronique.*

1. Jacqueline se réveille à sept heures.
2. Jacqueline se lève tout de suite.
3. Jacqueline se brosse les dents.
4. Jacqueline se lave les mains et la figure.
5. Jacqueline se brosse les cheveux.
6. Jacqueline se maquille.

C **Je fais ma toilette.**   Donnez des réponses personnelles.

1. Tu te lèves à quelle heure?
2. Tu vas dans la salle de bains?
3. Tu fais ta toilette?
4. Tu te laves les mains et la figure?
5. Tu prends une douche ou un bain?
6. Tu te laves les cheveux avec du shampooing?
7. Tu te brosses les dents?
8. Tu te peignes?
9. Tu t'habilles vite (rapidement)?

D **Marc répond.**   Complétez.

1. Marc, tu ___? (se raser)
2. Oui, je ___. (se raser)
3. Tu ___ tous les jours? (se raser)
4. Oui, malheureusement il faut ___ tous les jours. (se raser)
5. Tu ___ les cheveux ou tu ___? (se brosser, se peigner)
6. Moi, je ___. Je ne ___ pas les cheveux. (se peigner, se brosser)
7. Tu ___ avant ou après le petit déjeuner? (s'habiller)
8. Je ___ avant le petit déjeuner. (s'habiller)

Verbes avec changements d'orthographe
Verbs with Spelling Changes

1. The verbs *se promener* and *se lever*, like *acheter,* take an *accent grave* in all forms except the infinitive, *nous*, and *vous*.

SE PROMENER	
je me promène	nous nous promenons
tu te promènes	vous vous promenez
il/elle/on se promène	ils/elles se promènent

SE LEVER	
je me lève	nous nous levons
tu te lèves	vous vous levez
il/elle/on se lève	ils/elles se lèvent

2. The verb *s'appeler* doubles the *l* in all forms except the infinitive, *nous*, and *vous*.

S'APPELER	
je m'appelle	nous nous appelons
tu t'appelles	vous vous appelez
il/elle/on s'appelle	ils/elles s'appellent

3. Verbs that end in *-ger* such as *manger, nager,* and *voyager* add an *e* in the *nous* form in order to maintain the soft consonant sound.

nous mangeons   **nous nageons**   **nous voyageons**

4. Verbs that end in *-cer,* such as *commencer,* take a cedilla on the *c* in the *nous* form in order to maintain the soft consonant sound.

nous commençons

Exercices

A **Moi et toi.** Mettez au pluriel.

Je me lève à sept heures et tu te lèves à neuf heures.
Nous nous levons à sept heures et vous vous levez à neuf heures.

1. Je me lève à 8 heures.
2. Je vais au magasin où j'achète un short.
3. Je me promène dans le parc.
4. Ensuite je nage dans la piscine.
5. Je commence à avoir faim.
6. Je rentre chez moi et je mange une pomme.
7. Et toi, tu te lèves à quelle heure?
8. Qu'est-ce que tu achètes au magasin?
9. Tu te promènes dans le parc aussi?
10. Ensuite tu nages dans la piscine?

B **Je m'appelle…** Complétez avec «s'appeler».

1. Bonjour, je ___ …
2. Mon frère ___ …
3. Et ma sœur ___ …
4. Mon père ___ …
5. Ma mère ___ …
6. Mes meilleurs amis ___ …
7. Et comment ___-vous?
8. Nous ___ Dupont.

Le pronom interrogatif *qui* — *Asking "Who" or "Whom"*

1. You have been using the pronoun *qui* to form a question.

> Qui est là?
> Qui parle?
> Qui se lève?

2. You can also use *qui* as the object of the verb or as the object of a preposition. In this case *qui* means "whom."

> Tu vois qui?
> Vous invitez qui?
>
> Vous parlez à qui?
> Vous allez au cinéma avec qui?

3. Note that in the above questions *qui* is at the end of the sentence. In informal French, people put the question word at the end of the sentence and raise the tone of their voice. However, in formal or written French, the pronoun *qui* is placed at the beginning of the question and the subject and verb are inverted. Observe the following differences.

INFORMAL	FORMAL / WRITTEN
Tu vois qui?	Qui vois-tu?
Vous invitez qui?	Qui invitez-vous?
Vous parlez à qui?	À qui parlez-vous?
Vous allez au cinéma avec qui?	Avec qui allez-vous au cinéma?

Exercices

A **Pardon? Qui ça?** Posez des questions d'après le modèle.

> **Marie parle.**
> *Pardon? Qui parle?*

1. Son frère arrive.
2. Sa mère va à la porte.
3. Sa mère est très contente.
4. Le frère de Marie s'appelle David.
5. David a un cadeau.

B **Qui?** Posez des questions d'après le modèle.

> **Je regarde Suzanne.**
> *Tu regardes qui?*

1. Je téléphone à Robert.
2. Je parle à Robert.
3. J'invite Alice.
4. Je vois mon ami.
5. Je danse avec Isabelle.

C **Parlons bien.** Récrivez les questions d'après le modèle.

> **Vous ressemblez à qui?**
> *À qui ressemblez-vous?*

1. Vous téléphonez à qui?
2. Vous parlez à qui?
3. Vous invitez qui à la fête?
4. Vous achetez un cadeau pour qui?
5. Vous allez au restaurant avec qui?
6. Vous êtes derrière qui dans la queue?

CONVERSATION

Scènes de la vie *Qui est en forme?*

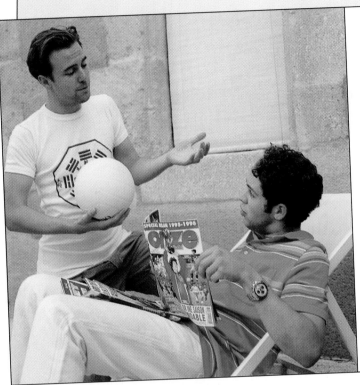

ANDRÉ: Tu te lèves à quelle heure, Richard?

RICHARD: Moi, je me lève à sept heures. Mais je me réveille à six heures et demie.

ANDRÉ: Ah, tu aimes rester un peu au lit.

RICHARD: Oui, mais je peux faire ma toilette, m'habiller et être prêt à quitter la maison en cinq minutes.

ANDRÉ: Tu vas faire du jogging cet après-midi?

RICHARD: Bien sûr. Il faut rester en forme.

ANDRÉ: Rester en forme? Il faut d'abord se mettre en forme!

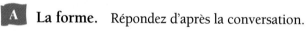

A **La forme.** Répondez d'après la conversation.

1. André parle à qui?
2. Richard se réveille à quelle heure?
3. Mais il reste au lit jusqu'à quelle heure?
4. Il aime rester au lit?
5. Qu'est-ce qu'il peut vite faire?
6. Richard va faire du jogging cet après-midi?
7. Qui veut rester en forme?

Prononciation *Les sons /s/ et /z/*

It is important to make a distinction between the sounds /s/ and /z/. You would not want to confuse *poisson* with *poison*! Repeat the following words with the sound /s/ as in *assez* and /z/ as in *raser*.

assez	dessert	cassette	boisson	classe
raser	désert	magasin	prise	valise

Now repeat the following sentences. Pay attention to which sounds occur.

Ils s'appellent Dumas. Ils appellent leur chien.
Elles s'habillent vite. Elles habillent les bébés.
Ils sont sympathiques. Ils ont faim.

poisson / poison

Activités de communication orale

A L'horaire du matin. Your French friend Sylvie wants to know about your morning routine. Answer her questions.

1. Tu te réveilles à quelle heure?
2. Tu te lèves tout de suite?
3. Tu pars à quelle heure le matin?
4. Tu prends ton petit déjeuner avant de partir?

B L'horaire du soir. Find out about a classmate's evening routine: when he or she comes home from school, eats, does homework, goes to bed, etc. Then answer his or her questions about your evening routine.

C La révolte du samedi et du dimanche. When the weekend comes, everybody wants a change of pace. In small groups, discuss some of things you do on weekends that are different from the things you do during the week. Then compare results with those of other groups.

Sylvie

Le samedi et le dimanche, on ne se lève pas à sept heures. On se lève
    à neuf heures.
On ne prend pas son petit déjeuner à huit heures mais à 11 heures.
On se promène dans le parc…

LECTURE ET CULTURE

LA FORME PHYSIQUE

Dans beaucoup de pays, la forme physique et la santé sont en ce moment une obsession. La forme physique et la santé intéressent bien sûr les Français mais peut-être pas au même point ou degré qu'aux États-Unis.

Que font les Français pour rester en forme? Les Français estiment qu'il faut faire de l'exercice. On voit des gens qui font du jogging dans les parcs et le long des fleuves[1]. Il y a maintenant de plus en plus de clubs de forme avec tout l'équipement nécessaire pour se mettre en forme. Il y a des classes pour faire de l'aérobic et pour les jeunes il y a des soirées aérobic. Dans les villes, il y a de plus en plus de piscines couvertes[2] pour faire de la natation toute l'année. Le cyclisme est très populaire en France. Le cyclisme est sans aucun doute[3] une excellente forme d'exercice. Le Tour de France est une course[4] cycliste internationale qui a lieu[5] en juillet. Et le tennis? Le tennis est un autre sport qui a de plus en plus de «disciples» en France. On parle toujours des marathons qui ont lieu dans les grandes villes des États-Unis. Il y a aussi un très grand marathon à Paris au mois d'octobre. Beaucoup de coureurs[6] participent au marathon de Paris.

[1] fleuves *rivers*
[2] piscines couvertes *indoor pools*
[3] sans aucun doute *without a doubt*
[4] course *race*
[5] a lieu *takes place*
[6] coureurs *runners*

Étude de mots

A **Le français, c'est facile.** Trouvez quatre mots apparentés dans la lecture.

B **Les noms et les verbes.** Trouvez le verbe qui correspond au nom.

1. l'équipement
2. une obsession
3. la participation
4. l'intérêt
5. le coureur, la course

a. intéresser
b. participer
c. obséder
d. équiper
e. courir

Le marathon de Paris

Compréhension

C **Oui ou non?** Corrigez les phrases fausses.

1. La forme physique intéresse beaucoup plus les Français que les Américains.
2. Les Français ne font pas d'exercice.
3. Il y a des clubs de forme en France.
4. L'aérobic n'est pas du tout populaire en France.
5. Le cyclisme n'est pas populaire chez les Français.
6. Le Tour de France est une course cycliste internationale qui a lieu en France.
7. Le marathon de Paris est une autre course cycliste.
8. Très peu de gens font du tennis en France.

D **La forme physique en France.** Répondez.

1. Qu'est-ce que les Français font pour rester en forme?
2. Qu'est-ce qu'il y a dans les clubs de forme?
3. Où peut-on nager toute l'année?
4. Quel sport a de plus en plus de «disciples»?
5. Il y a un grand marathon dans quelle ville?
6. Le marathon de Paris a lieu quand?
7. Le Tour de France a lieu quand?

E **L'essentiel.** Quelle est l'idée principale de cette lecture?

DÉCOUVERTE CULTURELLE

PETIT DÉJEUNER FRANÇAIS
Croissant au Beurre
Pain, Beurre, Confiture,
Café ou Thé ou Chocolat,
35,00

AMERICAN BREAKFAST
3 Œufs sur le plat, Pain, Beurre,
Jus d'Orange,
Café ou Thé ou Chocolat,
56,00

Avant de quitter la maison, André prend son petit déjeuner. Mais qu'est-ce qu'un petit déjeuner typiquement français? C'est du pain, des croissants ou des brioches avec une tasse de café au lait pour les adultes et une tasse de chocolat chaud pour les enfants. Mais des œufs, du bacon, des pommes de terre, absolument pas! Même les céréales ne sont pas très populaires chez les Français.

Comparez les deux petits déjeuners sur la carte d'un café parisien. Qui prend des œufs sur le plat, les Français ou les Américains? Qui prend des croissants?

RÉALITÉS

Ce nageur français nage la brasse papillon **1**. Il porte des lunettes. À ton avis, c'est un nageur sérieux?

Cette jeune femme fait de l'aérobic **2**. À ton avis, est-elle en bonne forme?

Voici des cyclistes dans le Tour de France **3**. Ils traversent tout le pays—la campagne et les villes.

Ces deux hommes sont au gymnase **4**. Ils jouent au racquetball. Le racquetball ressemble à quels autres sports? Est-ce que le racquetball est un sport populaire aux États-Unis?

Voici des coureurs dans la course de 20 kilomètres à Paris **5**. Est-ce que tu aimes participer à des courses à pied?

4

5

301

CULMINATION

Activités de communication orale

A **Qui est devant qui**? Play this game with your classmates. Each student takes a turn going to the front of the class. With his or her back to the class, the student has to answer classmates' questions about where various students are seated. The words below can be used in your questions.

    à côté de   à gauche de   derrière   à droite de   devant

    Élève 1: Isabelle est devant qui?
    Élève 2: Elle est devant Paul.

B **Une interview.** You're interviewing the new French exchange student (your partner) for the school newspaper. Find out the following: his or her name, where he or she's from, what he or she does after school, his or her friends' names, what he or she does to stay in shape, and what he or she likes to eat.

Activités de communication écrite

A **Qu'est-ce qu'un petit déjeuner typiquement français?** You're living with a French family for the summer. Write a note to one of your friends describing a typical French breakfast. Tell him or her if you like it or not.

    En France au petit déjeuner, on mange…

B **Monsieur Dodu veut se mettre en forme.** Monsieur Dodu would like to lose some weight and get in shape. As his personal trainer, write out a daily routine for him telling him what time to get up, when to exercise, and what type of exercise to do. Plan his meals for him, too, and suggest what time he should eat them.

    La routine de M. Dodu

6h	Il se réveille et il se lève tout de suite.
6h15 à 7h	Il fait de l'exercice avec moi.
7h à 7h05	Il prend une douche froide.

Réintroduction et recombinaison

A **À votre tour.** Répondez.

1. Quand tu t'habilles le matin, qu'est-ce que tu mets?
2. Qu'est-ce que tu prends au petit déjeuner?
3. Tu vas à l'école comment? En bus, en voiture ou à pied?
4. Tu fais des achats après les cours?
5. Tu aimes faire des achats dans un grand magasin ou dans une boutique?
6. Tu achètes des cadeaux pour tes copains?
7. De quelle couleur est ton pantalon ou ton tee-shirt favori?
8. Pour les chaussures tu fais quelle pointure?
9. Tu demandes la pointure au-dessus ou au-dessous quand les chaussures sont trop larges?

B **L'anniversaire de mon frère.** Complétez.

Je ___ (aller) aux Galeries Lafayette. Je ___ (vouloir)
        1   2
acheter un cadeau pour mon frère. C'est son anniversaire.

Qu'est-ce que je ___ (pouvoir) acheter? Qu'est-ce qu'il
                      3
___ (aimer)? Je ___ (aller) au rayon articles de sport. Je
  4   5
___ (voir) une raquette de tennis. Voilà! C'est une bonne
  6
idée. Mon frère ___ (aimer) bien le tennis. Ses copains
                    7
et lui ___ (jouer) souvent au tennis mais mon frère ___
        8   9
(avoir) une vieille raquette. J' ___ (acheter) la raquette
                                10
et je ___ (payer) à la caisse.
       11

Vocabulaire

NOMS

les cheveux (m.)
les dents (f.)
la figure
la main

le dentifrice
le savon
le déodorant
la glace

le club de forme
le gymnase
le parc
le survêtement

le lit
le problème

VERBES

s'amuser
s'appeler
se réveiller
se lever
se brosser
se laver
se peigner
s'habiller
se maquiller
se raser
se promener

se coucher
s'endormir

maigrir
grossir

ADVERBES

d'abord
enfin
ensuite
tout de suite

AUTRES MOTS ET EXPRESSIONS

avoir besoin de
faire de l'exercice

faire de l'aérobic
faire de la gymnastique
faire du jogging
pratiquer un sport
se mettre en forme
rester en forme
faire sa toilette
prendre un bain (une douche)

CHAPITRE
12

LA VOITURE ET
LA ROUTE

OBJECTIFS

In this chapter you will learn to do the following:

1. talk about cars and good driving habits
2. buy gas and have your car serviced
3. express "nothing," "no one," and "never"
4. describe people's activities using certain
   irregular verbs
5. ask questions formally and informally
6. compare driving in France and in the U.S.

VOCABULAIRE

MOTS 1

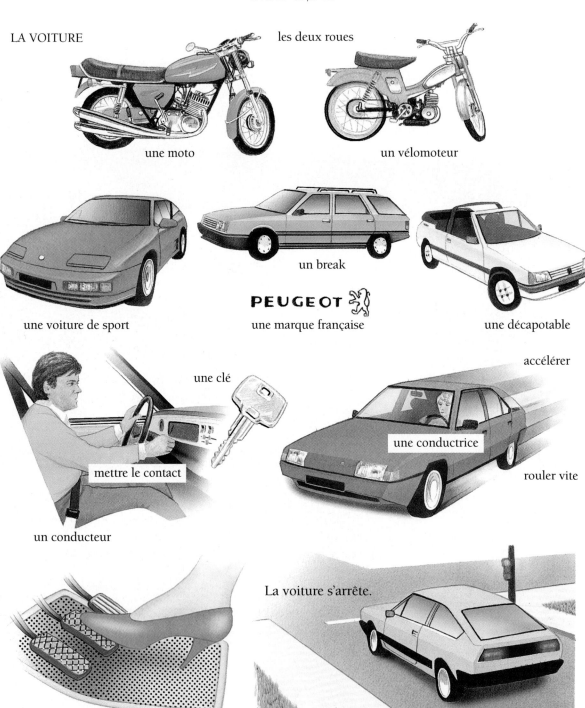

LA VOITURE

les deux roues

une moto

un vélomoteur

une voiture de sport

un break

PEUGEOT

une marque française

une décapotable

une clé

mettre le contact

un conducteur

accélérer

une conductrice

rouler vite

La conductrice freine.

La voiture s'arrête.

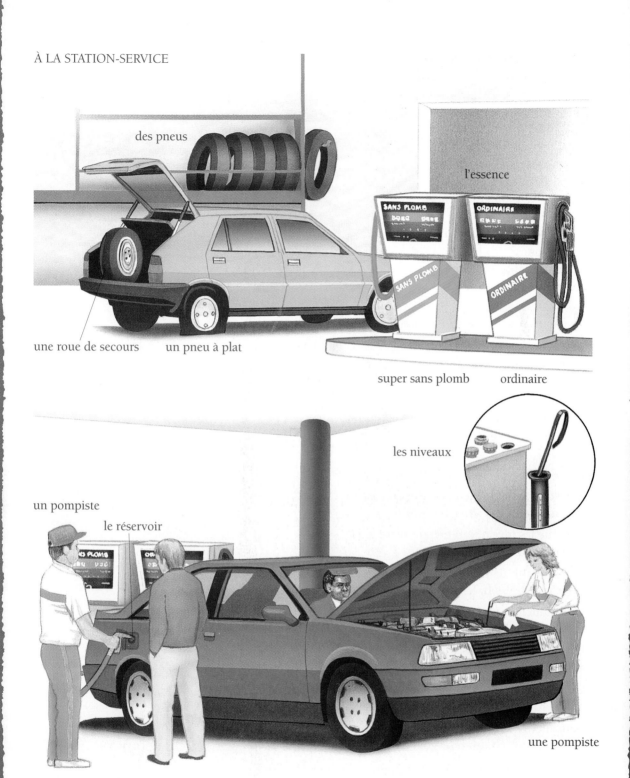

des pneus

l'essence

une roue de secours   un pneu à plat

super sans plomb   ordinaire

les niveaux

un pompiste

le réservoir

une pompiste

Le pompiste fait le plein.
Il met trente litres de super sans plomb dans le réservoir.
Quelqu'un parle au pompiste.
Une autre pompiste vérifie les niveaux.

Exercices

A Qu'est-ce que c'est?
Répondez d'après les dessins.

1.

2.

3.

4.

1. C'est une voiture de sport ou un break?
2. C'est un vélomoteur ou une moto?
3. La moto a deux roues ou quatre roues?
4. La décapotable, c'est la voiture de sport ou le break?

B Tu as une voiture? Donnez des réponses personnelles.

1. Tu as une voiture? Tu as quelle marque de voiture?
2. Tu veux une voiture? De quelle marque?
3. Tu préfères les breaks ou les voitures de sport?
4. Tu aimes les décapotables?
5. Tu préfères les voitures ou les motos?
6. Ta mère roule vite? Et ton père?

C Les voitures. Choisissez la bonne réponse.

1. À la station-service le pompiste fait le plein. Il met de l'essence dans ___.
   a. le radiateur   **b.** le réservoir

2. Il vérifie les niveaux. Il met de l'eau dans ___.
   a. le moteur   **b.** le radiateur

3. Il met de l'air dans ___.
   a. les roues   **b.** les pneus

4. Le conducteur veut rouler plus vite. Il ___.
   a. freine   **b.** accélère

5. La conductrice veut s'arrêter. Elle ___.
   a. freine   **b.** accélère

6. Quand quelqu'un a un pneu à plat, il ou elle a besoin d'___.
   a. une roue de secours   **b.** une clé

7. Pour mettre le contact, on a besoin d'___.
   a. une clé   **b.** un réservoir

8. En général, dans les voitures de sport on met de l'essence ___.
   a. super   **b.** ordinaire

9. Aux États-Unis les nouvelles voitures consomment de l'essence ___.
   a. avec plomb   **b.** sans plomb

VOCABULAIRE

MOTS 2

LA ROUTE

l'auto-école (f.)

un permis de conduire

prendre des leçons de conduite

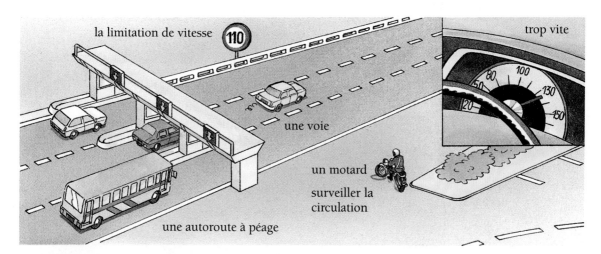

la limitation de vitesse

trop vite

une voie

un motard

surveiller la circulation

une autoroute à péage

un croisement

un carrefour

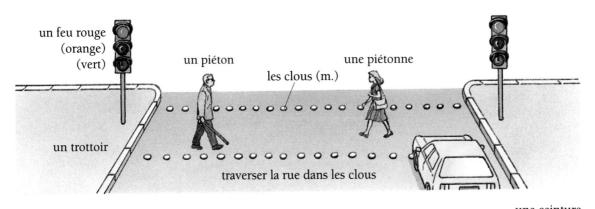

un feu rouge
(orange)
(vert)

un piéton

les clous (m.)

une piétonne

un trottoir

traverser la rue dans les clous

garer la voiture

une place

une ceinture
de sécurité

Carole conduit la voiture.
Elle conduit prudemment.
Didier met sa ceinture de sécurité.
Il lit le Guide Michelin.

Il est interdit de stationner ici.

une contractuelle

ZUT!

une contravention

Camille lit la contravention.
Elle est fâchée.
Elle dit: «Zut!»

La contractuelle écrit une contravention.
La contractuelle ne dit rien.
Elle ne parle à personne.

Exercices

A **En voiture.** Répondez par «oui» ou «non».

1. Il faut payer quand on roule sur une autoroute à péage?
2. Les autoroutes ont souvent quatre ou six voies?
3. À un carrefour il faut faire attention aux piétons?
4. Il faut mettre sa ceinture de sécurité quand on conduit?
5. On peut conduire sans avoir de permis de conduire?
6. Il faut conduire prudemment à un croisement?
7. Il faut respecter la limitation de vitesse?
8. Il faut rouler vite quand le feu est rouge?
9. Il faut s'arrêter quand le feu est vert?
10. Il faut accélérer pour s'arrêter?
11. Il est interdit de garer sa voiture sur le trottoir?

B **À vous de choisir.** Choisissez la bonne réponse.

1. Les ___ traversent la rue dans les clous quand le feu est vert.
   a. motards   **b.** piétons

2. Les motards surveillent ___.
   a. la circulation   **b.** le stationnement

3. Les contractuelles surveillent ___.
   a. le stationnement   **b.** la circulation

4. Les motards donnent des contraventions aux ___ qui roulent trop vite.
   a. conducteurs   **b.** contractuelles

5. Quand on veut garer sa voiture, on cherche ___.
   a. une place   **b.** le trottoir

C **Tu conduis ou pas?** Donnez des réponses personnelles.

1. Tu as ton permis de conduire?
2. Tu vas passer ton permis de conduire?
3. Tu as quel âge maintenant?
4. On passe le permis de conduire à quel âge?
5. Tu vas prendre des leçons de conduite?
6. Tu vas prendre des leçons de conduite à l'école ou à une auto-école?

D **Que font-ils?** Complétez en utilisant «conduit», «lit», «dit» ou «écrit».

1. Carole ___ la voiture.
2. Didier ne ___ pas la voiture.
3. Didier ___ le Guide Michelin.
4. Carole ne ___ pas le guide parce qu'elle ___.
5. La contractuelle ___ une contravention.
6. Carole est fâchée. Elle ___: «Zut!»
7. La contractuelle ne ___ rien. Elle ne parle à personne.

Activités de communication orale
Mots 1 et 2

A **C'est une bonne idée?** Ask a classmate if it's a good idea to do the following things when driving.

> conduire sans avoir de permis de conduire
>
> Élève 1: C'est une bonne idée de conduire sans avoir de permis de conduire?
>
> Élève 2: Non, ce n'est pas une bonne idée de conduire sans avoir de permis de conduire.

1. traverser la rue quand le feu est rouge
2. rouler avec un pneu à plat
3. rouler sans avoir beaucoup d'essence dans le réservoir
4. se maquiller quand on conduit
5. lire le Guide Michelin quand on conduit

B **On conduit bien ou mal?** Ask the Driver's Ed. instructor in your school for a booklet on driving techniques. Work with a classmate and make a list of five good driving habits that you know how to express in French. Make a second list of five things that a good driver shouldn't do. Present your lists to the class in random order and ask your classmates to decide whether the people being described drive well or not.

> Élève 1: On ne respecte pas la limitation de vitesse.
> La classe: On conduit mal.

C **Le permis de conduire.** Your French friend Alain wants to know about driving in the U.S. Answer his questions.

1. Tu as ton permis de conduire?
2. On peut avoir son permis de conduire à quel âge aux États-Unis?
3. Quelle est la limitation de vitesse sur les autoroutes?
4. Les motards donnent beaucoup de contraventions?

Alain

STRUCTURE

Les verbes *conduire, lire, écrire* et *dire* au présent

Describing People's Activities

1. Study the following forms of the verbs *conduire*, "to drive," *lire*, "to read," *écrire*, "to write," and *dire*, "to say." Note how similar they are to one another in the present tense.

2. Note the irregular verb form of *dire: vous dites.*

CONDUIRE	LIRE	ÉCRIRE	DIRE
je conduis	je lis	j' écris	je dis
tu conduis	tu lis	tu écris	tu dis
il	il	il	il
elle } conduit	elle } lit	elle } écrit	elle } dit
on	on	on	on
nous conduisons	nous lisons	nous écrivons	nous disons
vous conduisez	vous lisez	vous écrivez	vous dites
ils } conduisent	ils } lisent	ils } écrivent	ils } disent
elles	elles	elles écrivent	elles

Exercices

A **Didier va à Bourges.** Répondez par «oui».

1. Didier va à Bourges?
2. Didier conduit prudemment?
3. Avant le voyage Didier lit le Guide Michelin?
4. Didier dit que Bourges est loin?
5. Didier écrit une lettre à son copain Guillaume?
6. Dans sa lettre il dit que Bourges est une jolie ville?
7. Guillaume lit la lettre de Didier?

UN PEUGEOT À PARTIR DE **8990 F.*** NE COMPTEZ PAS SUR VOS AMIS POUR VOUS FILER L'ADRESSE CI-DESSOUS.

JUSQU'AU 31/07/96

PEUGEOT

MEGA MOTO 21, avenue Victor Hugo AIX-EN-PROVENCE TEL: 42.93.08.1

B **Je lis et j'écris.** Donnez des réponses personnelles.

1. Tu aimes lire?
2. Tu lis beaucoup?
3. Tu lis le journal tous les jours?
4. Tu lis des magazines?
5. Tu lis quels magazines?
6. Tu écris des lettres à tes amis?
7. Tu écris à tes grands-parents ou tu téléphones à tes grands-parents?

C **Une question, mon ami.** Posez des questions à un copain ou une copine d'après le modèle.

> écrire beaucoup de lettres
> Élève 1: Tu écris beaucoup de lettres?
> Élève 2: Oui, j'écris beaucoup de lettres. (Non, je n'écris pas beaucoup de lettres.)

1. écrire des poèmes
2. écrire des compositions au cours d'anglais
3. lire le journal
4. lire des magazines
5. conduire une nouvelle voiture
6. dire que les voitures de sport sont chouettes

D **Ses amis et lui.** Complétez.

1. Lui, il dit des choses stupides, des bêtises, et ses amis ___ des bêtises aussi.
2. Lui, il conduit une vieille voiture et ses amis ___ de vieilles voitures aussi.
3. Lui, il conduit prudemment et ses amis ___ prudemment aussi.
4. Lui, il écrit une lettre et ses amis ___ une lettre aussi.
5. Lui, il lit un magazine et ses amis ___ un magazine aussi.

E **Oui ou non?** Répondez en utilisant «nous».

1. Vous dites des bêtises?
2. Vous dites des choses sérieuses?
3. Vous dites des choses intéressantes?
4. Vous dites des choses amusantes?
5. Vous conduisez beaucoup?
6. Vous lisez beaucoup?
7. Vous écrivez souvent à vos amis?

F **Qui dit ça?** Complétez avec «dire».

1. On ____ que les autoroutes sont bonnes en France.
2. Je ____ que les autoroutes françaises sont bonnes mais je ____ aussi qu'il y a trop de circulation.
3. Jean ____ que la plupart des autoroutes sont à péage.
4. Tu ____ qu'il faut payer sur les autoroutes à péage?
5. Paul et Monique, qu'est-ce que vous ____? Vous ____ qu'il faut payer sur les autoroutes américaines aussi? Vous ____ que la plupart des autoroutes aux États-Unis sont à péage?
6. Nos amis américains ____ qu'il y a beaucoup d'autoroutes à huit voies, c'est-à-dire quatre voies dans chaque sens (direction).

Les mots négatifs

Expressing "Nothing," "No One," and "Never"

1. You have already learned the negative expression *ne... pas*. Study the following negative expressions that function the same way as *ne... pas*.

AFFIRMATIF	NÉGATIF
Il dit quelque chose.	Il ne dit rien.
Il écrit quelque chose.	Il n'écrit rien.
Il voit quelqu'un.	Il ne voit personne.
Il parle à quelqu'un.	Il ne parle à personne.
Il voyage toujours.	Il ne voyage jamais.
Il lit souvent.	Il ne lit jamais.
Il écrit quelquefois.	Il n'écrit jamais.

2. As with *ne... pas*, when *ne... jamais* is followed by *un, une, des*, or *de la, de l', du*, and *des*, these words change to *de*.

   Il fait souvent une promenade.   Il ne fait jamais de promenade.
   Elle fait toujours du sport.   Elle ne fait jamais de sport.

Exercices

A **Non, au contraire.** Répondez par «non».

   Il voit quelque chose?
   Non, il ne voit rien.

1. Il dit quelque chose?
2. Il écrit quelque chose?
3. Il entend quelque chose?
4. Il lit quelque chose?
5. Il vend quelque chose?

6. Il regarde quelque chose?
7. Il voit quelqu'un?
8. Il regarde quelqu'un?
9. Il parle à quelqu'un?
10. Il écrit à quelqu'un?

B **Elle ne voyage jamais.** Répondez d'après le modèle.

   Pascale adore nager.
   Tu crois? Elle dit ça, mais elle ne nage jamais.

1. Pascale adore conduire.
2. Pascale adore lire.
3. Pascale adore voyager.
4. Pascale adore faire du sport.
5. Pascale adore jouer au tennis.
6. Pascale adore faire du ski nautique.

Les questions et les mots interrogatifs

Asking Questions Formally and Informally

1. Review the following ways in which questions can be formed in French.

> **Vous parlez français?**
> **Est-ce que vous parlez français?**
> **Parlez-vous français?**

2. Review the following question words you have already learned.

> **à quelle heure** **comment** **où** **quand**
> **combien de** **pourquoi** **qui**

3. Note that you can use these question words in three ways.

a. In informal, spoken French the question word is often placed at the end of the sentence.

> **Tu vas où?**
> **Tu vas au cinéma avec qui?**
> **Vous allez arriver au cinéma à quelle heure?**

b. The question word can also be used with *est-ce que*.

> **Où est-ce que tu vas?**
> **Avec qui est-ce que tu vas au cinéma?**
> **Quand est-ce que vous allez arriver au cinéma?**

c. In more formal conversation and in written French the subject and verb are inverted after a question word.

> **Où vas-tu?**
> **Avec qui vas-tu au cinéma?**
> **Quand allez-vous arriver au cinéma?**

4. With a noun subject, both the noun and *il(s)* or *elle(s)* are used in the inverted question form.

> **Où *les copains* dînent-*ils*?**
> **Comment *Marie* conduit-*elle*?**
> **Combien de roues *les motos* ont-*elles*?**
> **Pourquoi *Jean* vend-*il** la voiture?**

* The final **d** is pronounced as a /t/.

5. In the inverted question form you insert a *t* between *il*, *elle*, or *on* and any verb that does not end in a *t* or a *d*.

> **Où Béatrice déjeune-t-elle?**
> **Comment va-t-on à la rue Racine?**
> **Pourquoi gare-t-elle la voiture sur le trottoir?**

Exercices

A **Tu vas où?** Transposez les questions d'après le modèle.

> **Arlette, où vas-tu?**
> *Tu vas où, Arlette?*

1. Où vas-tu?
2. Comment vas-tu au restaurant?
3. À quelle heure arrives-tu au restaurant?
4. Avec qui dînes-tu?
5. Où es-tu maintenant?

B **Où allez-vous?** Transposez les questions d'après le modèle.

> **Où est-ce que vous allez?**
> *Où allez-vous?*

1. Où est-ce que vous allez dîner?
2. Comment est-ce que vous allez au restaurant?
3. Est-ce que vous conduisez?
4. Est-ce que vous prenez l'autoroute à péage?
5. Avec qui est-ce que vous allez au restaurant?
6. Est-ce que vous parlez français au serveur?

C **Encore des questions!** Écrivez des questions d'après le modèle.

> **Marie lit la carte.**
> *Marie lit-elle la carte?*

1. Marie va au restaurant.
2. Marie conduit.
3. Marie gare sa voiture devant le restaurant.
4. Marie regarde la carte.
5. Marie parle au serveur.
6. Marie commande un sandwich au jambon.
7. Le serveur sert le sandwich.
8. Marie mange le sandwich.
9. Le sandwich est bon.
10. Marie paie.
11. Marie laisse un pourboire pour le serveur.

D **À qui Jean parle-t-il?** Écrivez des questions d'après le modèle.

> **Jean parle à sa copine. (à qui)**
> *À qui Jean parle-t-il?*

1. Jean parle à sa copine au téléphone. (à qui)
2. Il invite sa copine au cinéma. (qui)
3. Ils vont aller au cinéma ce soir. (quand)
4. Jean arrive chez sa copine à sept heures. (à quelle heure)
5. Ils voient le film «Au revoir, les enfants». (quel film)
6. Après le cinéma ils vont au café. (quand)

Scènes de la vie *Tu as ton permis de conduire?*

FRANCINE: Tu as ton permis de conduire?
PHILIPPE: Non, je n'ai pas mon permis. J'ai seulement quinze ans.
FRANCINE: Mais tu conduis, n'est-ce pas?
PHILIPPE: Tu veux rigoler! Je ne conduis jamais!
FRANCINE: C'est bizarre. Je suis sûre que…
PHILIPPE: Ah… Je comprends! Tu vois mon frère Alain qui conduit et tu crois que c'est moi.

A **Qui conduit?** Répondez d'après la conversation.

1. Philippe a son permis de conduire?
2. Pourquoi pas?
3. Francine croit que Philippe conduit?
4. Le frère de Philippe conduit?
5. Francine voit qui?
6. Elle croit que c'est qui?

Prononciation *Le son /wa/*

Repeat the following words with the sound /wa/ as in *moi:*

toi	voie	réservoir
croisement	trottoir	pouvoir

Now repeat the following sentences:

Tu ne vois pas le croisement devant toi!
Il va pouvoir partir à trois heures.
Moi, je ne crois pas Antoine!

trottoir

Activités de communication orale

A **Une enquête.** Divide into small groups and choose a leader. The leader interviews the others to find out how often (*souvent, quelquefois, jamais*) they do the activities listed below. The leader takes notes and reports to the class.

Activité	souvent	quelquefois	jamais
Jouer au tennis			X

jouer au tennis

Élève 1: Tu joues au tennis?
Élève 2: Non, je ne joue jamais au tennis.
Élève 1 (*à la classe*): Patrick ne joue jamais au tennis.

acheter beaucoup de cadeaux
aller au bord de la mer
chanter sous la douche
conduire
écouter du jazz
écrire des lettres
faire de la planche à voile

faire des voyages
faire du jogging
faire les courses
lire le journal
manger des fruits de mer
prendre des bains de soleil
regarder la télé

B **Qu'est-ce que tu dis?** Divide into small groups. Write down several statements that would make your classmates respond with one of the expressions below, then exchange papers with another group member. Take turns reading and responding to the statements.

Absolument pas!   C'est un miracle!   Quelle surprise!
C'est chouette, ça!   Jamais!   Tu veux rigoler!
C'est impossible!   Quelle chance!   Zut!

Élève 1: Suzanne a son permis de conduire!
Élève 2: Je dis: «C'est chouette, ça!» (Je dis: «Quelle surprise!»)

Bonne route.
Soyez prudent !
Le prochain Relais
vous accueillera
à 75 KM (A7)
à 125 KM (A9).

ON VA CONDUIRE EN FRANCE?

En France presque[1] tout le monde a une voiture. Les Français conduisent quelles marques de voiture? Il y a deux marques françaises qui sont très populaires, Renault et Peugeot. On voit aussi beaucoup de voitures japonaises sur les autoroutes françaises, mais très peu de voitures américaines.

Les autoroutes en France sont très bonnes. Elles ont trois ou quatre voies dans chaque sens (direction). La plupart des autoroutes sont à péage. Il y a aussi des routes nationales qui sont des routes à grande circulation. Les routes départementales sont plus pittoresques mais il faut faire attention aux croisements, qui peuvent être dangereux.

Si vous conduisez en France, il faut respecter la limitation de vitesse sur les routes et dans les agglomérations[2]. Les motards surveillent la circulation. Si vous roulez trop vite, vous allez avoir une contravention.

Et le stationnement! Il n'y a jamais assez de[3] parkings ou de places pour garer les voitures. Si vous garez votre voiture là où le stationnement est interdit, vous allez trouver une contravention sur le parebrise[4] à votre retour[5]. Les contractuelles sont très vigilantes et très strictes.

[1] presque   *almost*
[2] agglomérations   *populated areas*
[3] assez de   *enough*
[4] parebrise   *windshield*
[5] à votre retour   *upon your return*

Étude de mots

A **Le français, c'est facile.**   Trouvez cinq mots apparentés dans la lecture.

B **Synonymes.**   Trouvez les expressions équivalentes.

1. vite
2. la direction
3. surveiller
4. l'agglomération
5. garer

a. rapidement
b. une zone développée
c. stationner
d. le sens
e. contrôler, observer attentivement

Compréhension

C Sur la route en France.   Corrigez les phrases.

1. Il y a plus de voitures américaines que de voitures japonaises en France.
2. Il n'y a pas de voitures françaises. L'industrie automobile n'existe pas en France.
3. Beaucoup d'autoroutes en France ne sont pas bonnes.
4. On ne paie jamais sur les autoroutes à péage françaises.
5. La plus grande route c'est la route départementale.
6. Il y a des croisements dangereux sur les autoroutes.
7. Il n'y a pas de limitation de vitesse dans les agglomérations.
8. Les conducteurs aiment avoir des contraventions.

D En route.   Répondez.

1. Les grandes autoroutes en France ont combien de voies dans chaque sens?
2. Qu'est-ce qu'il faut payer sur la plupart des autoroutes?
3. Il y a une limitation de vitesse sur les routes en France?
4. Qui surveille les autoroutes?
5. Il y a toujours assez de places pour stationner?
6. Qui a la responsabilité de surveiller le stationnement?
7. Quelles sont deux marques françaises de voiture?

DÉCOUVERTE CULTURELLE

Voici un vélomoteur. Il faut avoir plus de seize ans et un permis spécial pour conduire un vélomoteur.

Le rêve[1] de beaucoup de jeunes, c'est une moto. On peut conduire une moto à partir de seize ans[2] avec un permis spécial moto. Et le casque[3] est obligatoire! Si vous êtes en France, vous pouvez conduire une moto? Pourquoi?

Et pour conduire une voiture il faut avoir dix-huit ans en France. Là où vous habitez, il faut avoir quel âge pour obtenir un permis de conduire?

[1] rêve   *dream*
[2] à partir de seize ans   *from age 16 on*
[3] casque   *helmet*

MOUGINS

GRASSE

A 8

APPEL

PIETONS

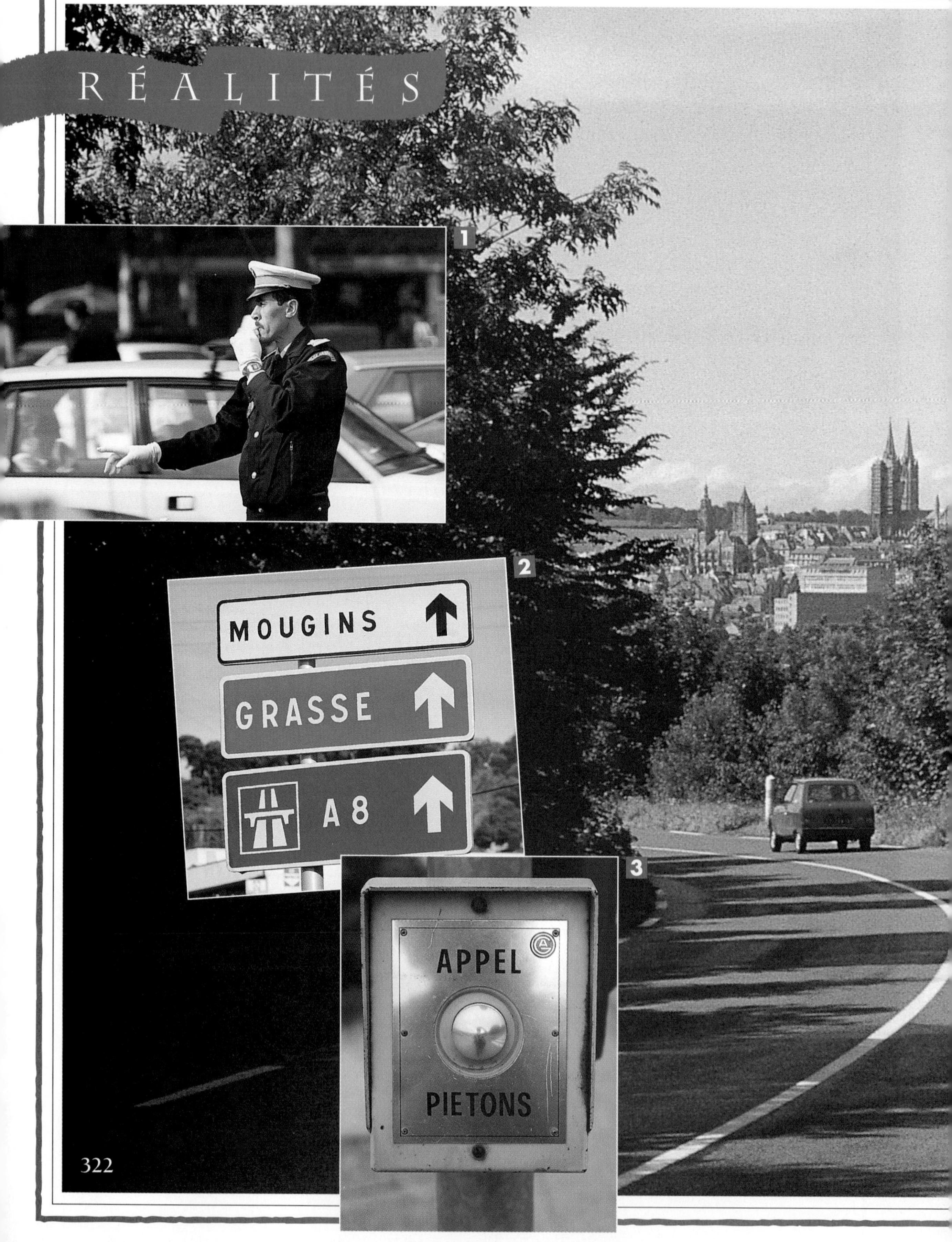

L'agent de police est dans les villes **1**. Les agents de police règlent la circulation.

Voici trois panneaux routiers **2**. Quel panneau indique une autoroute à péage, à ton avis?

Pour traverser la rue, les piétons appuient sur le bouton **3**.

Voici des gendarmes français **4**. Eux, ils sont toujours sur la route, souvent à moto. Ils portent toujours un casque s'ils sont à moto.

Voici quelques signaux importants qu'il faut comprendre pour conduire en France **5**. Quelle est la limitation de vitesse sur cette route?

VOUS N'AVEZ PAS LA PRIORITÉ

45

RAPPEL

CULMINATION

Activités de communication orale

A À la station-service.

1. Make up as many questions about this illustration as you can.
2. Work with a classmate and have him or her answer your questions.

B **La route.** The new French exchange student (your partner) asks you a lot of questions about driving in the U.S. Answer his or her questions and then reverse roles. You can use the list below for suggestions.

> beaucoup de circulation
>
> Élève 1: Quand est-ce qu'il y a beaucoup de circulation?
> Élève 2: Il y a beaucoup de circulation le matin de huit heures à neuf heures et le soir de cinq heures à six heures.

> des autoroutes à péage
> la limitation de vitesse
> assez de parkings dans la ville
> des vélomoteurs
> beaucoup de stations-service
> de l'essence sans plomb
> des motards
> des contraventions

Activités de communication écrite

A **Mon permis de conduire.** Write a letter to your French friend. Tell him or her how old you are and whether you have your driver's license yet. Tell your friend what you have to do to get a license and find out what people in France have to do to get one.

B **Zut!** A *contractuelle* is writing a parking ticket when the owner of the car comes running up. Write down what they say to each other.

Réintroduction et recombinaison

A **Personnellement.** Donnez des réponses personnelles.

1. Comment t'appelles-tu?
2. Tu es d'où?
3. Tu es de quelle nationalité?
4. Tu vas à quelle école?
5. Qui est ton professeur de français?
6. Qu'est-ce que tu fais au cours de français?
7. Tu aimes être en forme?
8. Qu'est-ce que tu fais pour rester en forme?

B **Jamais!** Répondez en utilisant «ne… jamais».

1. Tes parents se lèvent à midi en semaine?
2. Les élèves se couchent à six heures du soir?
3. Le professeur s'endort en classe?
4. Les garçons se rasent en classe?

Vocabulaire

NOMS
la voiture
la voiture de sport
le break
la décapotable
la marque
les deux roues (f.)
la moto
le vélomoteur
la roue de secours
le pneu (à plat)
le réservoir
la clé
la ceinture de sécurité
le conducteur
la conductrice
l'auto-école (f.)
la leçon de conduite

le permis de conduire
le guide
la route
l'autoroute (f.) à péage
la voie
la limitation de vitesse
le motard
la circulation
le croisement
le carrefour
le trottoir
le piéton
la piétonne
les clous (m.)
le feu
le stationnement
la place
la contractuelle
la contravention

la station-service
le/la pompiste
l'essence (f.)
  super
  ordinaire
  sans plomb
les niveaux (m.)

VERBES
rouler
accélérer
freiner
s'arrêter
traverser
surveiller
conduire
dire
écrire
lire

AUTRES MOTS
ET EXPRESSIONS
garer la voiture
faire le plein
vérifier les niveaux
mettre le contact

quelqu'un
ne… jamais
ne… personne
ne… rien

fâché(e)
il est interdit
prudemment
sans
trop
vite
Zut!

LA MODE

Aujourd'hui, dans la plupart des grandes villes du monde, on s'habille plus ou moins de la même façon, mais les vêtements traditionnels existent toujours parce qu'ils sont parfaitement adaptés au climat et à la géographie. On s'habille d'une façon en Suisse où il fait froid et d'une autre façon au Sénégal où il fait toujours chaud.

1, 2 La petite fille qui habite à la montagne en Suisse ne porte pas les mêmes vêtements que cette belle Sénégalaise qui habite dans un pays tropical.

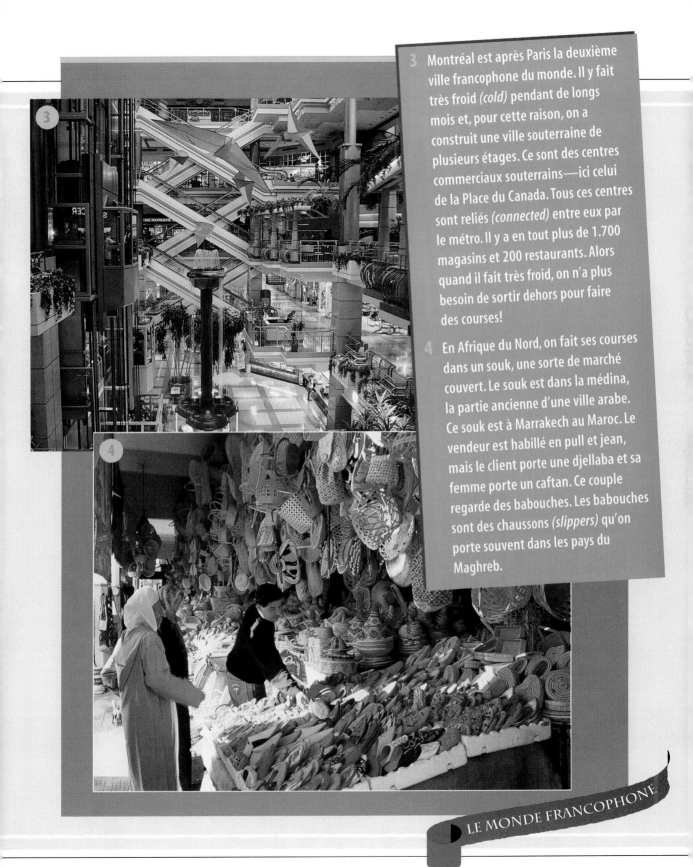

3 Montréal est après Paris la deuxième ville francophone du monde. Il y fait très froid *(cold)* pendant de longs mois et, pour cette raison, on a construit une ville souterraine de plusieurs étages. Ce sont des centres commerciaux souterrains—ici celui de la Place du Canada. Tous ces centres sont reliés *(connected)* entre eux par le métro. Il y a en tout plus de 1.700 magasins et 200 restaurants. Alors quand il fait très froid, on n'a plus besoin de sortir dehors pour faire des courses!

4 En Afrique du Nord, on fait ses courses dans un souk, une sorte de marché couvert. Le souk est dans la médina, la partie ancienne d'une ville arabe. Ce souk est à Marrakech au Maroc. Le vendeur est habillé en pull et jean, mais le client porte une djellaba et sa femme porte un caftan. Ce couple regarde des babouches. Les babouches sont des chaussons *(slippers)* qu'on porte souvent dans les pays du Maghreb.

LE MONDE FRANCOPHONE

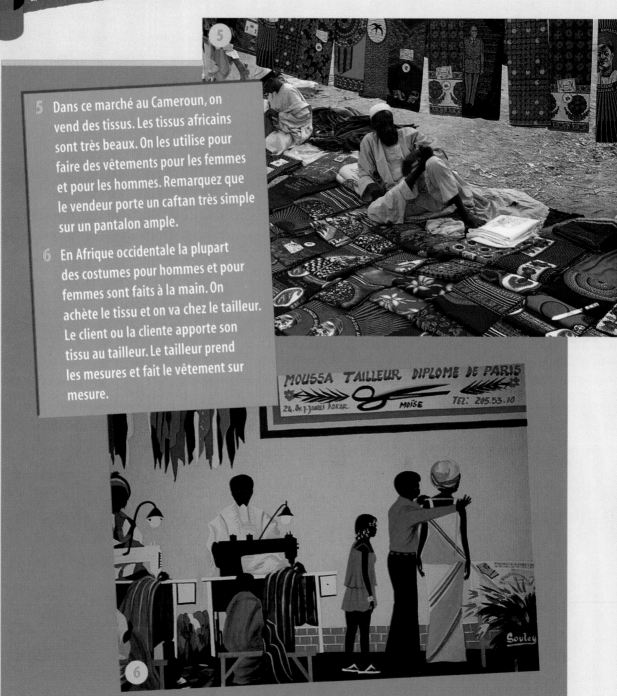

5 Dans ce marché au Cameroun, on vend des tissus. Les tissus africains sont très beaux. On les utilise pour faire des vêtements pour les femmes et pour les hommes. Remarquez que le vendeur porte un caftan très simple sur un pantalon ample.

6 En Afrique occidentale la plupart des costumes pour hommes et pour femmes sont faits à la main. On achète le tissu et on va chez le tailleur. Le client ou la cliente apporte son tissu au tailleur. Le tailleur prend les mesures et fait le vêtement sur mesure.

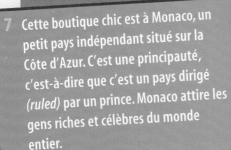

7 Cette boutique chic est à Monaco, un petit pays indépendant situé sur la Côte d'Azur. C'est une principauté, c'est-à-dire que c'est un pays dirigé (*ruled*) par un prince. Monaco attire les gens riches et célèbres du monde entier.

8 Cette boutique est à Dakar au Sénégal. Les deux femmes regardent des robes européennes prêt-à-porter dans la vitrine. Mais elles portent des robes traditionnelles faites à la main. Dans beaucoup de pays de l'Afrique occidentale les hommes et les femmes portent une robe longue. Comme vous le voyez, ces robes sont très élégantes. Une robe très élégante s'appelle un grand *boubou*. Les hommes mettent un grand *boubou* sur un pantalon et une chemise.

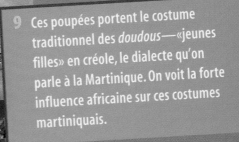

9 Ces poupées portent le costume traditionnel des *doudous*—«jeunes filles» en créole, le dialecte qu'on parle à la Martinique. On voit la forte influence africaine sur ces costumes martiniquais.

LE MONDE FRANCOPHONE

RÉVISION

CHAPITRES 9–12

Conversation *Stéphanie en robe!*

ANTOINE: Qu'est-ce que je vois! Stéphanie en robe!

STÉPHANIE: Euh… tu crois que la robe bleue est plus jolie que la robe rose?

ANTOINE: Mais non. Tu es très jolie en rose.

STÉPHANIE: Je préfère vraiment les pantalons!

ANTOINE: Tu sors avec qui?

STÉPHANIE: Avec Jérôme. On va au restaurant.

ANTOINE: Ah oui, avec lui, c'est toujours les restaurants chic.

STÉPHANIE: Oui, mais on s'amuse bien ensemble.

ANTOINE: Tu pars à quelle heure?

STÉPHANIE: Dans cinq minutes. Je me peigne, je me maquille et je pars.

A **Stéphanie et son frère.** Répondez.

1. Qu'est-ce qu'Antoine voit?
2. De quelle couleur est la robe de Stéphanie?
3. D'après Antoine, la robe bleue est plus jolie que la robe rose?
4. Qu'est-ce que Stéphanie préfère, les robes ou les pantalons?
5. À ton avis, est-ce qu'Antoine aime Jérôme?
6. Est-ce que Stéphanie aime sortir avec Jérôme? Pourquoi?
7. Est-ce que Stéphanie va partir dans quelques minutes?
8. Qu'est-ce qu'elle va faire avant de partir?

Structure

Les verbes réfléchis

Review the present tense forms of reflexive verbs.

1. Remember that in reflexive constructions, the subject and the reflexive pronoun refer to the same person.

SE LEVER	
je me **lève**	*nous nous* **levons**
tu te **lèves**	*vous vous* **levez**
il/elle/on se **lève**	*ils/elles se* **lèvent**

2. Review the placement of *ne… pas, ne… plus, ne… jamais.*

> Vous *ne* vous levez *pas*?
> Il *ne* s'endort *jamais* tout de suite.

A **On sort.** Complétez.

Ma sœur et moi, nous ___ (s'amuser) bien quand nous sortons. Mais elle ___

1
2
(se préparer) pendant des heures, et moi, je ___ (se laver) et je ___ (s'habiller)

3
4
en deux minutes. D'abord, elle, elle ___ (se brosser) les dents pendant cinq

5
minutes! Puis elle ___ (s'habiller), mais elle ___ (se changer) trois fois (*times*)

6
7
avant de se décider. Puis, elle ___ (se maquiller) pendant une demi-heure.

8
Enfin, elle ___ (se peigner). Pendant ce temps, moi, je lis un livre. Quelquefois,

9
je ___ (s'endormir)!

10

Les verbes *prendre, croire, voir, lire, dire, écrire* et *conduire*

Review the following forms of some irregular verbs you have learned.

PRENDRE	je prends, tu prends, il/elle/on prend nous prenons, vous prenez, ils/elles prennent
COMPRENDRE	je comprends, tu comprends, il/elle/on comprend nous comprenons, vous comprenez, ils/elles comprennent
CROIRE	je crois, tu crois, il/elle/on croit nous croyons, vous croyez, ils/elles croient
VOIR	je vois, tu vois, il/elle/on voit nous voyons, vous voyez, ils/elles voient
LIRE	je lis, tu lis, il/elle/on lit nous lisons, vous lisez, ils/elles lisent
DIRE	je dis, tu dis, il/elle/on dit nous disons, vous dites, ils/elles disent
ÉCRIRE	j'écris, tu écris, il/elle/on écrit nous écrivons, vous écrivez, ils/elles écrivent
CONDUIRE	je conduis, tu conduis, il/elle/on conduit nous conduisons, vous conduisez, ils/elles conduisent

B **Qu'est-ce qu'on fait?** Remplacez les mots en italique et faites les changements nécessaires.

1. *Vous* écrivez beaucoup? (elles)
2. *Moi, je* lis beaucoup. (elles)
3. *Ils* écrivent souvent à leurs parents? (tu)
4. *Ils* voient leurs parents toutes les semaines. (je)
5. *Amélie* conduit bien? (tes frères)
6. Non, *elle* apprend à conduire. (ils)
7. *Tu* dis déjà «au revoir»? (vous)
8. Oui, *je* prends l'avion dans une heure. (nous)
9. *Tu* conduis beaucoup? (elles)
10. Non, *je* vois mal. (elles)
11. *Robert* lit le journal tous les matins? (ils)
12. *Je* crois qu'*il* lit le journal. (nous, ils)

Les pronoms accentués

1. Review the stress pronouns and the corresponding subject pronouns.

STRESS PRONOUNS	SUBJECT PRONOUNS
moi	je
toi	tu
lui	il
elle	elle
nous	nous
vous	vous
eux	ils
elles	elles

2. Remember that you use stress pronouns:

   a. to emphasize the subject   **Moi, j'ai faim!**
   b. after a preposition   **C'est pour moi?**
   c. when there is no verb in the sentence **Qui? Moi?**
   d. after *c'est* or *ce sont*   **C'est lui qui n'écrit jamais.**
   e. after *que* in comparisons   **Anne est plus grande que toi.**

C **En vacances.** Répondez d'après le modèle.

> **Sa mère joue au tennis. Et son père?**
> *Lui aussi, il joue au tennis.*

1. Son frère fait de la plongée sous-marine. Et ses cousins?
2. Je fais de la planche à voile. Et toi?
3. Nous bronzons facilement. Et vous deux?
4. Il plonge bien. Et ses sœurs?
5. Vous sortez ce soir. Et nous?
6. Tu vas au restaurant. Et moi?
7. Ils aiment les fruits de mer. Et elle?
8. J'aime le soleil. Et vous?

Le comparatif et le superlatif

1. You use the comparative to compare two people or two items.

> **Nathalie est plus (moins, aussi) sportive que son frère.**

2. You use the superlative to single out one person or one item from the group and compare it to all the others.

> **Nathalie est la plus (la moins) sportive de la famille.**
> **Serge est le plus (le moins) sportif de la famille.**
> **Ils sont les plus (les moins) sportifs de la famille.**

3. Remember that the adjective *bon* has an irregular form in the comparative and the superlative: *meilleur(e)*.

> **Mon idée est meilleure que ton idée.**
> **Jean-Claude est le meilleur de la classe.**

D **Bernard et moi.** Répondez d'après le modèle.

> Élève 1: **Bernard est très sérieux.**
> Élève 2: **Il est plus sérieux que moi?**
> Élève 1: **Non, mais il est aussi sérieux que toi.**

1. Bernard est très timide.
2. Bernard est très sportif.
3. Bernard est très généreux.
4. Bernard est très actif.
5. Bernard est très nerveux.
6. Bernard est très grand.
7. Bernard est très patient.
8. Bernard est très intelligent.

E **Nathalie et moi.** Changez *Bernard* en *Nathalie* dans l'Exercice D.

F **Les élèves de Mme Leblond.** Répondez d'après le modèle.

> **Véronique est très amusante.**
> *Véronique est la plus amusante de la classe.*

1. Alain est très timide.
2. Catherine et Émilie sont très intelligentes.
3. Louise est très jolie.
4. Les frères Gautier sont très désagréables.
5. Les sœurs Duhamel sont très gentilles.
6. Olivier est très aimable.
7. Valérie est très réservée.
8. Martine est très bonne.

Activité de communication orale

A **Au Club Med.** Imagine that you're a group leader (*un gentil organisateur* or *un G.O.*) at Club Med. Tell about your daily routine: what time you get up, what you wear, what sports you play, what you eat, and what you do at night.

ÉCOLOGIE: LA POLLUTION DE L'EAU

Avant la lecture

1. Is water scarce or abundant where you live? Think about the role that water plays in your town. Are there any regulations concerning the watering of lawns, the washing of cars, the amount of certain substances that can be present in the town water?

2. Here are four titles. Scan the text and see if you can match these titles with the four paragraphs in the text.

> La répartition de l'eau
> Sauvons l'eau!
> La circulation de l'eau
> Les différents genres de pollution

Lecture

L'eau, tu es
la plus grande richesse
qui soit° au monde,   *exists*
et tu es la plus délicate,
toi, si pure
au ventre° de la terre.   *in the depths of*

Antoine de Saint-Exupéry

Nous «sommes» de l'eau. Notre corps est composé de 65% d'eau. On trouve l'eau partout: 96% dans les mers et les océans, 3% dans les glaciers et 1% qui prend part au «cycle de l'eau».

L'eau des lacs et des mers s'évapore. Ensuite elle retombe en pluie et s'infiltre dans le sol. Du sol, elle est absorbée par les arbres où elle arrive dans les feuilles et s'évapore encore, etc.

On ne peut pas vivre (exister) sans eau, mais malheureusement, l'eau est mal distribuée: par exemple, en Afrique certaines régions n'ont pas assez d'eau[1],

Le Gange déborde et cause des inondations.

mais en Inde, quand le Gange, le grand fleuve, déborde, il y a trop d'eau[2]. Aux États-Unis, nous avons quelquefois des périodes de sécheresse quand il n'y a pas de pluie ou, au contraire, des inondations, quand il y a trop de pluie. Mais en général, nous n'avons ni trop, ni trop peu[3] d'eau. Notre problème, c'est la pollution.

La pollution peut prendre plusieurs formes.

1. Les pluies acides

Quand les nuages passent au-dessus des zones industrielles, ils absorbent tous les gaz qui s'échappent (sortent) des cheminées et des voitures. Les nuages transportent ces gaz et les pluies qui tombent un peu plus loin sont des «pluies acides». Ces pluies acides causent la destruction des forêts et contaminent les lacs.

Quelques formes de pollution

2. Les engrais[4]

Les agriculteurs utilisent beaucoup d'engrais, en général des phosphates, pour maintenir la fertilité du sol. Ces engrais chimiques sont entraînés[5] par les pluies jusque dans les lacs et les rivières. Ils polluent les rivières et les lacs parce qu'ils font pousser les plantes aquatiques[6]. Ces plantes prennent tout l'oxygène de l'eau. Sans oxygène, les poissons ne peuvent pas vivre et disparaissent. Les engrais polluent aussi les mers. Ils sont entraînés dans les mers par les rivières où ils nourrissent les algues. Ces algues se transforment en véritables «marées[7] rouges» et tuent[8] les poissons.

3. La marée noire

La marée noire est causée par le mazout[9] qui est jeté dans la mer par des pétroliers.

4. Les déchets[10] radioactifs

Il y a à notre époque plus de 100.000 tonnes de déchets radioactifs au fond de l'océan Atlantique et de l'océan Pacifique!

Il faut sauver l'eau. Il faut apprendre à conserver les réserves. Et surtout il faut apprendre à ne pas polluer, à ne pas verser les déchets toxiques dans l'eau. C'est le but[11] de beaucoup d'écologistes qui veulent protéger et sauver notre environnement.

[1] assez d'eau   *enough water*
[2] trop d'eau   *too much water*
[3] nous n'avons ni trop, ni trop peu   *we have neither too much nor too little*
[4] engrais   *fertilizers*
[5] entraînés   *carried*
[6] ils font pousser les plantes aquatiques   *they make aquatic vegetation grow*
[7] marées   *tides*
[8] tuent   *kill*
[9] mazout   *fuel oil*
[10] déchets   *waste*
[11] but   *the goal*

Après la lecture

A   **La pollution.**   Vrai ou faux?

1. 65% de l'eau prend part au «cycle de l'eau».
2. On ne peut pas vivre sans eau.
3. Les marées rouges font disparaître les poissons.
4. La marée noire est causée par des algues.
5. Il y a des déchets radioactifs dans l'océan Pacifique.
6. Il faut apprendre à conserver les réserves d'eau.

B   **Il faut sauver l'eau.**   Répondez.

1. Quels sont les risques de pollution de l'eau là où vous habitez?
2. Quelles sont les mesures adoptées par votre ville pour ne pas polluer l'eau ou pour la conserver? S'il n'y a pas de mesures adoptées, faites des recommandations.

LITTÉRATURE: APOLLINAIRE (1880–1918)

Guillaume Apollinaire a une vie très fantaisiste et mouvementée. Sa poésie reflète sa vie. Il voyage dans toute l'Europe—à Munich, Berlin, Prague, Vienne. Il s'intéresse à tous les mouvements intellectuels et artistiques de son époque. C'est la période avant la guerre de 1914, une période très riche en idées en tous genres. C'est le début du cubisme, par exemple. Les poètes et les artistes peintres (*painters*) discutent ensemble ces nouvelles idées. Apollinaire est l'ami des peintres Picasso, Vlaminck et Marie Laurencin. Apollinaire est un des premiers grands poètes français modernes. Il annonce les grands mouvements artistiques des années 20 (*1920's*).

Certains des poèmes d'Apollinaire sont des «caligrammes»: le poème est écrit en forme d'objet. *La cravate* est un exemple de ce genre de poème.

Avant la lecture

1. The poem is written in the shape of a tie. When do men or women wear ties? What impression does a tie convey?

2. What could a tie represent in terms of freedom and society?

Lecture

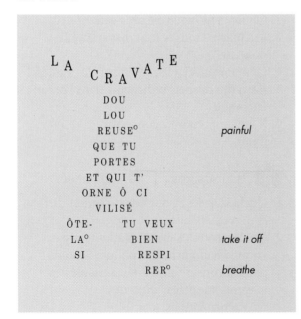

LA CRAVATE

DOU
LOU
REUSE°   *painful*
QUE TU
PORTES
ET QUI T'
ORNE Ô CI
VILISÉ
ÔTE-   TU VEUX
LA°   BIEN   *take it off*
SI   RESPI
RER°   *breathe*

Après la lecture

A   **Les vêtements.**   Répondez.

1. Qu'est-ce que vous mettez quand vous vous habillez «bien»?
2. Est-ce que vous jugez les gens d'après leurs vêtements?
3. D'après vous, est-ce qu'une école doit (*must*) imposer certaines normes vestimentaires?

B   **Êtes-vous poète?**
Avec des amis «poètes», écrivez un calligramme.

En 1901–1902 Apollinaire est en Allemagne et rencontre une jeune Anglaise, Annie Playden. Mais Annie qui est mennonite émigre aux États-Unis.

Avant la lecture

1. Find out about the Mennonites.

2. In French, the word *bouton* means both button (for clothes) and bud (for flowers). In the last stanza of the poem, the poet makes a joke. See if you can explain what the joke is.

Lecture

Apollinaire, blessé à la tête pendant la guerre de 1914

ANNIE

Sur la côte du Texas
Entre Mobile et Galveston il y a
Un grand jardin tout plein de roses
Il contient aussi une villa
Qui est une grande rose

Une femme se promène souvent
Dans le jardin toute seule
Et quand je passe sur la route
   bordée de tilleuls°   *linden trees*
Nous nous regardons

Comme cette femme est mennonite
Ses rosiers et ses vêtements n'ont
   pas de boutons
Il en manque deux° à mon veston   *two are*
La dame et moi suivons le même rite *missing*

Après la lecture

A **Discutons du poème.** Répondez.

1. The poet imagines his lost love in America. Find examples in the poem that show that this is just a fantasy.

2. In a typically French way, Apollinaire makes light of his emotion and sadness with a "joke." What is the only remaining link between the couple?

MÉTÉOROLOGIE: LA PRÉVISION DU TEMPS

Avant la lecture

1. Find a weather map in one of your newspapers.

2. Match the French and English terms for weather expressions by comparing the legend of your weather map with that of the French weather map below.

Lecture

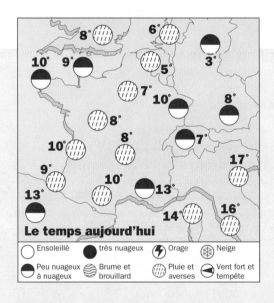

Le matin, beaucoup de gens écoutent le bulletin météorologique à la radio ou le regardent à la télévision pour décider comment s'habiller.

La météo est la science qui étudie l'atmosphère: les vents, les pluies, les dépressions ou zones de basses pressions, et les anticyclones ou zones de hautes pressions. Pour prévoir le temps, les météorologistes doivent savoir[1] le temps qu'il fait sur tout le globe. Il y a trois centres météorologiques dans le monde qui rassemblent toutes les informations météorologiques; ils sont situés à Washington aux États-Unis, à Moscou en Russie et à Melbourne en Australie.

Le soleil chauffe la Terre[2]; la Terre à son tour chauffe l'air et forme l'atmosphère. Mais l'atmosphère n'est pas la même partout: il y a des masses d'air froid au-dessus des pôles, et des masses d'air chaud au-dessus de l'équateur. Quand les masses d'air passent au-dessus des mers ou des océans, elles absorbent de la vapeur d'eau. Il y a donc plusieurs catégories de masses d'air: froides et humides, froides et sèches, chaudes et humides, chaudes et sèches. Ces masses d'air pèsent de manière différente

sur le sol[3]. Dans un anticyclone, elles pèsent lourd[4]: c'est donc une zone de hautes pressions. Dans une dépression, elles ne pèsent pas lourd: c'est donc une zone de basses pressions. Dans un anticyclone, les masses d'air sont trop lourdes et ne peuvent s'affronter[5]. Le temps reste stable. Dans une dépression, les différentes masses d'air s'affrontent si elles sont différentes—une masse d'air froid va contre une masse d'air chaud, par exemple. Le front est la zone où les deux masses s'affrontent; il apporte de la pluie ou du vent.

Les vents sont des mouvements d'air entre les anticyclones (zones de hautes pressions) et les dépressions (zones de

Les cumulo-nimbus annoncent souvent un orage.

basses pressions). L'air est repoussé[6] par les anticyclones, mais il est aspiré[7] par les dépressions. Ce mouvement d'air est le vent.

Les nuages sont l'ensemble de particules d'eau très fines. Elles sont maintenues en suspension par les mouvements verticaux de l'air.

On peut souvent prévoir le temps d'après les nuages. La forme, la couleur et l'altitude donnent des renseignements relativement précis sur le temps.

[1] doivent savoir *must know*
[2] chauffe la Terre *heats the Earth*
[3] pèsent...sol *exert varying amounts of pressure on the surface of the Earth*
[4] lourd *heavily*
[5] s'affronter *collide*
[6] repoussé *pushed back*
[7] aspiré *pulled in*

Après la lecture

A **Le bulletin météorologique.** Donnez une définition en français pour les mots suivants.

1. la météorologie
2. les dépressions
3. les anticyclones
4. le front
5. le vent

B **La météorologie.** Répondez aux questions.

1. Qu'est-ce que la météorologie étudie?
2. Comment est-ce qu'on obtient les informations nécessaires?
3. Où sont les trois centres météorologiques?
4. Qu'est-ce qui arrive (*happens*) quand les masses d'air passent au-dessus des mers?
5. Quand est-ce que le temps reste stable? Quand est-ce qu'il pleut ou qu'il y a du vent?
6. De quelle autre manière est-ce qu'on peut prévoir le temps?

C **La carte du temps.** Faites la carte du temps pour les États-Unis pour la journée de demain (en français, bien sûr).

D **Savez-vous que…** Dans le système Celsius, 0° est la température où l'eau gèle, et 100° est la température où l'eau bout. Si vous voulez passer de degrés Celsius en degrés Fahrenheit ou vice versa, voici deux formules qui peuvent vous aider.

$9/5\,°C + 32 = °F$	Ex: $(9/5 \times 20°C) + 32 = 68°F$
$(°F - 32) \times 5/9 = °C$	Ex: $(86°F - 32) \times 5/9 = 30°C$

Faites les calculs suivants.

1. $98.6°\,F = \underline{\quad}°\,C$
2. $32°\,F = \underline{\quad}°\,C$
3. $17°\,C = \underline{\quad}°\,F$
4. $25°\,C = \underline{\quad}°\,F$

LES SPORTS

OBJECTIFS

In this chapter you will learn to do the following:

1. talk about soccer and other sports
2. describe past actions
3. ask questions with "what"
4. express reactions
5. discuss some differences between sports in the U.S. and in France

VOCABULAIRE

MOTS 1

LE FOOT(BALL)

le but

siffler

un gardien de but

un arbitre

un terrain de foot(ball)

un ballon

des joueurs

un joueur

la tête

une équipe

le pied

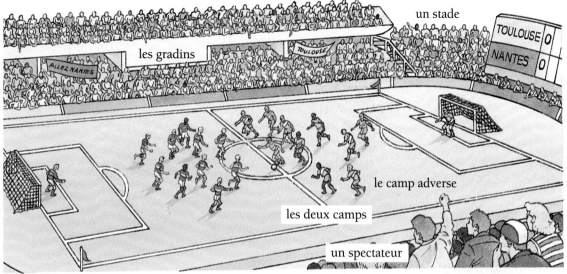

un stade

les gradins

TOULOUSE 0
NANTES 0

le camp adverse

les deux camps

un spectateur

Le stade est comble.
Il y a beaucoup de monde.
Les gradins sont pleins.

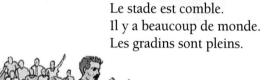

21 avril 22 avril

match Toulouse- Nantes

hier   aujourd'hui

Hier Nantes a joué contre Toulouse.
Le match a opposé Toulouse à Nantes.

Peyre a donné un coup de pied dans le ballon.

| TOULOUSE | 0 | 0 |
| NANTES | 0 | 1 |

Roland a envoyé le ballon dans le but.
Il a marqué un but.

Exercices

A **Le stade est comble.** Répondez.

1. Il y a beaucoup de spectateurs dans le stade?
2. Les gradins sont pleins de spectateurs ou il y a beaucoup de places libres?
3. Le stade est comble?
4. Il y a beaucoup de monde dans le stade?
5. Le foot est un sport d'équipe. C'est un sport individuel ou collectif?

B **Un match de foot.** Répondez d'après les indications.

1. Dans un match de foot, il y a combien d'équipes? (deux)
2. Chaque équipe a combien de joueurs? (onze)
3. Il y a combien de joueurs sur le terrain? (vingt-deux)
4. Dans un match il y a combien de camps? (deux)
5. Le match est divisé en quoi? (mi-temps)
6. Il y a combien de mi-temps? (deux)
7. Chaque mi-temps dure combien de minutes? (quarante-cinq)
8. Qui garde le but? (le gardien de but)
9. Qu'est-ce que chaque équipe veut faire? (marquer un but)
10. Qui bloque ou arrête le ballon? (le gardien de but)

C **Toulouse contre Nantes.** Répondez par «oui».

1. Toulouse a joué contre Nantes?
2. Peyre a donné un coup de pied dans le ballon?
3. Peyre a passé le ballon à Roland?
4. Roland a envoyé le ballon dans le but?
5. Roland a marqué un but?
6. Le gardien n'a pas arrêté le ballon?
7. Roland a égalisé le score?
8. L'arbitre a sifflé?
9. Il a déclaré un penalty contre Toulouse?
10. Nantes a gagné le match?
11. Toulouse a perdu le match?

VOCABULAIRE

MOTS 2

D'AUTRES SPORTS

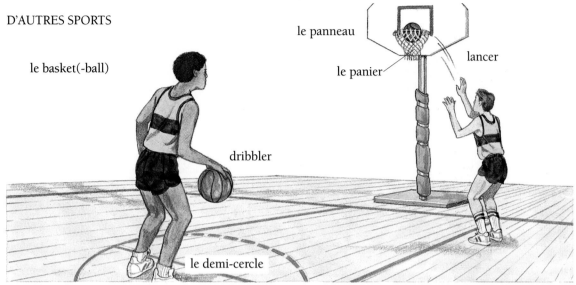

le panneau

le basket(-ball)

le panier

lancer

dribbler

le demi-cercle

Un joueur a dribblé le ballon.
Il a dribblé le ballon jusqu'au demi-cercle.

Un autre joueur a lancé le ballon dans le panier.

le volley(-ball)

le filet

le sol

Un joueur a servi.

par dessus le filet

Un autre joueur a renvoyé le ballon.

le cyclisme

une course cycliste

des coureurs cyclistes

un vélo

un gagnant

un coureur

une piste

Leblanc (27) a gagné la course.
Boulet (28) a perdu la course.

une coupe

Aux États-Unis le football américain est un
sport d'automne.

Le base-ball est un sport de printemps.

Exercices

A **Un match de basket.** Répondez.

1. On joue au basket-ball sur une piste ou sur un terrain?
2. Le basket-ball est un sport individuel ou un sport d'équipe?
3. Il y a cinq ou onze joueurs dans une équipe de basket-ball?
4. Pendant un match de basket les joueurs dribblent le ballon ou donnent un coup de pied dans le ballon?
5. Un joueur a dribblé le ballon jusqu'au panneau ou jusqu'au demi-cercle?
6. Un autre joueur a lancé le ballon dans le panier ou dans le but?

B **Le volley-ball.** Répondez par «oui» ou «non».

1. Une équipe de volley-ball a six joueurs?
2. Un joueur sert?
3. Un joueur du camp adverse renvoie le ballon?
4. Quand il renvoie le ballon, le ballon peut toucher le filet?
5. On renvoie le ballon par dessus le filet?
6. Le ballon peut toucher le sol?

C **C'est quel sport?** Identifiez.

le base-ball
le basket-ball
le football
le football américain
le volley-ball

1. Aux États-Unis c'est un sport d'automne.
2. Aux États-Unis c'est un sport de printemps.
3. Le ballon ne peut pas toucher le sol.
4. Il y a cinq joueurs dans l'équipe.
5. Le joueur a donné un coup de pied dans le ballon.
6. Le joueur a renvoyé le ballon par dessus le filet.
7. Le gardien de but a bloqué le ballon.
8. Le joueur a servi.
9. Le joueur a lancé le ballon dans le panier.
10. Le joueur a marqué un but.

Ces jeunes pratiquent des arts martiaux.

Des coureurs cyclistes aux Jeux Paraolympiques

D **Une course cycliste.** Choisissez.

1. Un vélo est ___.
   a. une bicyclette   **b.** une voiture   **c.** un stade

2. ___ roule à vélo.
   a. Une bicyclette   **b.** Un coureur cycliste   **c.** Un spectateur

3. Dans une course internationale, chaque équipe ___.
   a. gagne un trophée   **b.** gagne la coupe   **c.** représente son pays

4. Le gagnant de la course est ___.
   a. la coupe   **b.** le champion   **c.** le coureur

5. ___ gagnent de l'argent.
   a. Les professionnels   **b.** Les amateurs
        c. Les spectateurs

6. ___ gagne.
   a. Le premier   **b.** Le dernier
   c. Chaque équipe

7. On donne ___ au gagnant.
   a. la course   **b.** la coupe
   c. la bicyclette

8. Dans une course cycliste les coureurs roulent sur ___.
   a. des gradins   **b.** un terrain
   c. une piste

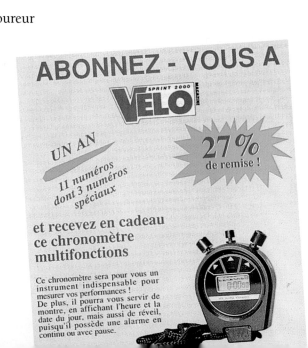

Activités de communication orale

Mots 1 et 2

A **C'est quel sport?** Give a classmate several details about a sport without mentioning the name of the sport. Your partner has to guess what sport you're describing. Then reverse roles.

> Élève 1: Il y a cinq joueurs dans l'équipe. Les joueurs dribblent le ballon. Les meilleurs joueurs sont souvent très grands. Ils lancent le ballon dans le panier.
> Élève 2: C'est le basket-ball.

B **Ton équipe favorite.** Ask a classmate what his or her favorite team is and why. Then reverse roles and report to the class.

> Élève 1: Quelle est ton équipe favorite? Pourquoi?
> Élève 2: Mon équipe favorite de base-ball, c'est les Expos parce que je suis de Montréal. (Je n'ai pas d'équipe favorite de basket-ball.)

C **Un match de football.** Ask a classmate several questions about the illustration using *qui, quel(le), est-ce que, combien,* and *où*. Then reverse roles.

STRUCTURE

Le passé composé des verbes réguliers

Describing Past Actions

1. You use the *passé composé* to express actions completed in the past. The *passé composé* is made up of the present tense of *avoir* and the past participle of the verb. Review the present tense of the verb *avoir*.

AVOIR	
j'ai	nous avons
tu as	vous avez
il/elle/on a	ils/elles ont

2. Study the following forms of the past participle of regular French verbs.

-er ⟶ -é	-ir ⟶ -i	-re ⟶ -u
regarder regardé	choisir choisi	perdre perdu
parler parlé	réussir réussi	vendre vendu

Almost all past participles of French verbs end in the sound /é/, /i/, or /ü/.

PARLER	FINIR	PERDRE
j'ai parlé	j'ai fini	j'ai perdu
tu as parlé	tu as fini	tu as perdu
il/elle/on a parlé	il/elle/on a fini	il/elle/on a perdu
nous avons parlé	nous avons fini	nous avons perdu
vous avez parlé	vous avez fini	vous avez perdu
ils/elles ont parlé	ils/elles ont fini	ils/elles ont perdu

3. The *passé composé* is often used with time expressions such as:

> avant-hier
> hier
> hier matin
> hier soir
> l'année dernière
> la semaine dernière

Study the following examples of the *passé composé*.

> J'ai regardé le match à la télé hier soir.
> Nantes a joué contre Toulouse.
> L'année dernière Toulouse a gagné la coupe.
> Mais hier soir Toulouse a perdu le match.
> L'arbitre a puni Toulouse.
> Il a déclaré un penalty contre Toulouse.
> Les spectateurs ont applaudi.

4. Note the placement of *ne… pas* in negative sentences with the *passé composé*. *Ne… pas* goes around the verb *avoir*.

> Je *n'*ai *pas* parlé à Suzanne.
> Tu *n'*as *pas* regardé la télé?
> Il *n'*a *pas* entendu le téléphone.

Le Niger joue contre l'Argentine pour la Coupe du Monde.

Exercices

A **Quel est le participe passé?** Donnez le participe passé.

1. habiter
2. quitter
3. parler
4. écouter
5. travailler
6. remplir
7. obéir
8. réussir
9. servir
10. dormir
11. perdre
12. vendre
13. attendre
14. répondre

B **Hier ou la semaine dernière.**
Donnez des réponses personnelles.

1. Hier matin tu as quitté la maison à quelle heure?
2. Avant les cours tu as rigolé avec tes copains?
3. Tu as parlé au prof de français?
4. La semaine dernière tu as passé un examen? Tu as réussi à l'examen?
5. Tu as répondu à toutes les questions?
6. Tu as quitté l'école à quelle heure hier?
7. Tu as attendu le bus devant l'école?

Le forcing

Encore une victoire pour l'équipe de Strasbourg. Les Niçois ont perdu leur troisième match.

STRASBOURG ET NICE 6–3

Après l'échec total de Lyon et le demi-échec face à Bourges, Nice a commis une troisième erreur en trois matchs. Les Strasbourgeois ont pratiqué un football collectif de qualité, se montrant patients et prudents pendant la première mi-temps. Le jeu niçois manquait de mouvement et de vitesse. Dortez se pose en rival sérieux de Peyre. Au début du match il a fait le forcing pour égaliser le score.

Ce n'est qu'après la mi-temps qu'il a marqué trois buts de suite. Et quels buts! On n'a jamais vu ça depuis le match légendaire qui a opposé Toulouse et Nante l'année dernière. Dortez avait mal à croire ce qu'il venait faire. Lors d'une interview apr le match il a dit: «Je dois être peu fou. C'est sûrement pour ce que j'intéresse tout le monde» lui est difficile de faire le hum quand son talent saute aux ye Peyre, par contre, n'essaie mê pas de cacher son ego. «Je s plus fort que jamais,» a-t-il p cisé l'autre jour. «Il est vrai nous avons perdu trois ma mais cela n'a pas d'importa ou si peu. La semaine proch je vais pouvoir montrer de q

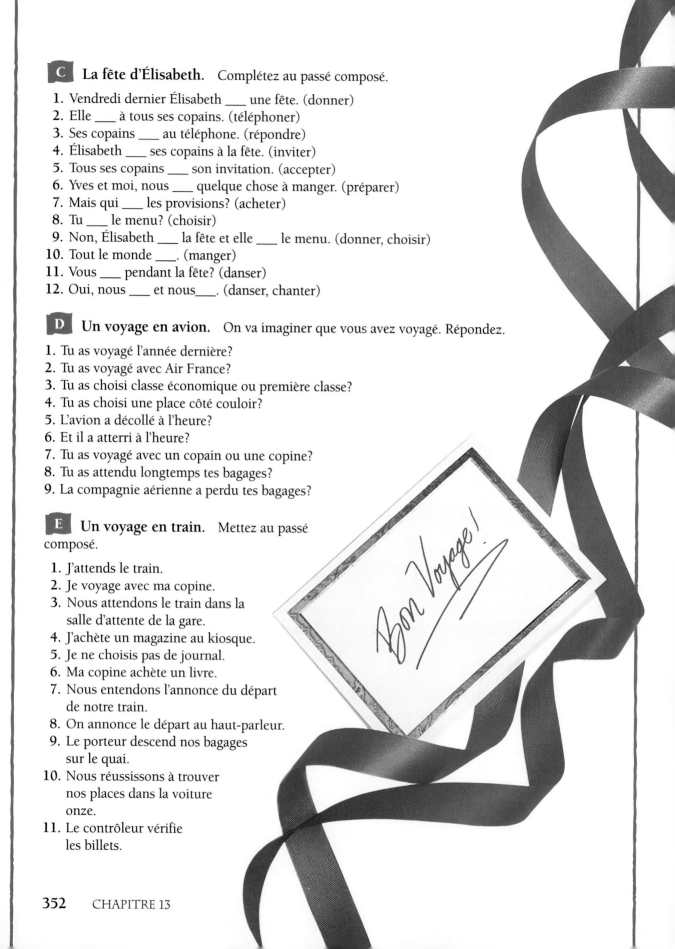

C **La fête d'Élisabeth.** Complétez au passé composé.

1. Vendredi dernier Élisabeth ___ une fête. (donner)
2. Elle ___ à tous ses copains. (téléphoner)
3. Ses copains ___ au téléphone. (répondre)
4. Élisabeth ___ ses copains à la fête. (inviter)
5. Tous ses copains ___ son invitation. (accepter)
6. Yves et moi, nous ___ quelque chose à manger. (préparer)
7. Mais qui ___ les provisions? (acheter)
8. Tu ___ le menu? (choisir)
9. Non, Élisabeth ___ la fête et elle ___ le menu. (donner, choisir)
10. Tout le monde ___. (manger)
11. Vous ___ pendant la fête? (danser)
12. Oui, nous ___ et nous___. (danser, chanter)

D **Un voyage en avion.** On va imaginer que vous avez voyagé. Répondez.

1. Tu as voyagé l'année dernière?
2. Tu as voyagé avec Air France?
3. Tu as choisi classe économique ou première classe?
4. Tu as choisi une place côté couloir?
5. L'avion a décollé à l'heure?
6. Et il a atterri à l'heure?
7. Tu as voyagé avec un copain ou une copine?
8. Tu as attendu longtemps tes bagages?
9. La compagnie aérienne a perdu tes bagages?

E **Un voyage en train.** Mettez au passé composé.

1. J'attends le train.
2. Je voyage avec ma copine.
3. Nous attendons le train dans la salle d'attente de la gare.
4. J'achète un magazine au kiosque.
5. Je ne choisis pas de journal.
6. Ma copine achète un livre.
7. Nous entendons l'annonce du départ de notre train.
8. On annonce le départ au haut-parleur.
9. Le porteur descend nos bagages sur le quai.
10. Nous réussissons à trouver nos places dans la voiture onze.
11. Le contrôleur vérifie les billets.

1. *Qu'est-ce que* is another question or interrogative expression. It means "what" and refers to a thing.

> **Qu'est-ce que vous voyez?**
> **Qu'est-ce qu'il regarde?**
> **Qu'est-ce que vous avez?**

Note that *Qu'est-ce que vous avez?* also means "What's the matter?"

2. To ask "what?" in formal or written French you use *que* and invert the subject and verb.

> **Que voyez-vous?**
> **Que regarde-t-il?**
> **Qu'avez-vous?**

3. In informal French *qu'est-ce que* is used in exclamations.

> **Qu'est-ce qu'il est beau ce garçon!**   *How handsome that boy is!*
> **Qu'est-ce qu'elle est belle!**   *How beautiful she is!*
> **Qu'est-ce que je suis fatigué!**   *How tired I am!*

Exercices

A   **Comment? Qu'est-ce que tu fais?**   Posez des questions d'après le modèle.

> **J'écoute la radio.**
> *Comment? Qu'est-ce que tu écoutes?*

1. Je lis le journal.   6. Je lave la voiture.
2. Je regarde la télé.   7. Nous écrivons un poème.
3. Je fais des exercices.   8. Nous préparons le petit déjeuner.
4. Je fais les courses.   9. Nous commandons une boisson.
5. J'achète un cadeau.

B   **Des mini-conversations.**   Posez des questions et répondez d'après le modèle.

> **marquer/un but**
> **Élève 1: Qu'est-ce que les joueurs ont marqué?**
> **Élève 2: Ils ont marqué un but.**

1. lancer/le ballon   5. gagner/la coupe
2. dribbler/le ballon   6. égaliser/le score
3. envoyer/le ballon   7. gagner/de l'argent
4. perdre/le match

CONVERSATION

Scènes de la vie   *Une retransmission sportive*

ROMAIN: Tu as regardé la télé hier soir?
CORINNE: Oui, j'ai regardé la retransmission du match France–Brésil.
ROMAIN: Tu parles de la victoire de la France sur le Brésil?
CORINNE: Voilà! La France a gagné un à zéro.
ROMAIN: Le Brésil a fait le forcing pour égaliser le score.
CORINNE: Oui, mais sans succès. À chaque fois Peyre a bloqué le ballon. Ce type est un gardien vachement fort.
ROMAIN: Qui a marqué le but pour la France? J'ai oublié.
CORINNE: Tu as oublié? Tu n'as pas de mémoire! Moi, je ne vais jamais oublier ça! Roland. C'est Roland qui a marqué le but.

A **Quel match alors!**   Répondez d'après la conversation.

1. Qui a regardé la télé hier soir?
2. Qu'est-ce qu'elle a regardé à la télé?
3. Qui a joué contre la France?
4. Qui a gagné le match?
5. Quelle équipe a perdu le match?
6. Le Brésil a réussi à égaliser le score? Pourquoi pas?
7. Comment s'appelle le gardien de but français?
8. Qui a marqué le but pour la France?
9. Qui a oublié son nom?

20.30

20.25 TF1 22.35
Football
En direct de Rotterdam. Commentaires : Thierry Roland et Jean-Michel Larqué.
Feyenoord/AS Monaco
Demi-finale retour de la **Coupe d'Europe des vainqueurs de Coupes.** «Je crois sincèrement que l'on forme un groupe de joueurs très unis. Quand l'un est en difficulté, l'autre a la volonté de venir l'aider. C'est important comme état d'esprit, car cela veut dire qu'en Coupe d'Europe, où le mental compte énormément, on peut avoir confiance en la solidarité. Je pense qu'on a une équipe capable d'embêter beaucoup de monde.»
Rob Witschge, qui prononce ces paroles pleines de bon sens, sait de quoi il parle. Il connaît aussi bien le football néerlandais que le football français, pour avoir joué pendant deux ans à Saint-Etienne.

Désormais attaquant à F l'ancien Stéphanois s'es ment adapté au style de son équipe, qui ressem mément à celui de l'Ajax tous les défenseurs attaq les attaquants défender tat : les défenses adverse vent confrontées à des vag lantes bien difficiles à Arsène Wenger, l'entraîr Monégasques, craint cette du rouleau compresseur, cache pas : «Feyenoord forte impression. Cette fc est très disciplinée. Et il d'elle une grande force ph

En cas d'égalité à la fin du tem mentaire, il sera procédé aux p tions et éventuellement aux tirs

20.30 C++ 21.00
Journal du ciné
Présentation : Michel Denis
20.30 M6 20.40
Surprise-partie

Prononciation   *Liaison et élision*

l'arbitre

1. You have already seen that in French certain words are pronounced differently depending on whether they are followed by a vowel or a consonant. There is either liaison or elision. Compare the following.

   les copains / les‿amis   je regarde / j'écoute

2. Liaison is the linking of a usually silent consonant to the following word when the word begins with a vowel or silent *h*. Liaison occurs with plural subject pronouns, plural articles, and plural possessive adjectives. Repeat the following.

   ils‿ont gagné   les‿équipes   des‿arbitres   mes‿amis

3. Elision is the linking of a consonant and a vowel sound. It is made by dropping the vowel at the end of a word before a vowel at the beginning of the next. Elision occurs with the articles *le* and *la*, with the pronoun *je*, and with the negative word *ne*. Repeat the following.

   l'arbitre   l'équipe   j'attends   j'ai gagné   Tu n'écoutes pas!

les‿arbitres

   Now repeat and compare the following pairs of sentences.

   Vous‿avez perdu. / Vous n'avez pas perdu.
   J'ai fini. / Je n'ai pas fini.

Activités de communication orale

A   Le week-end dernier.   Your classmate wants to know what you did last weekend. Tell him or her several things you did or didn't do, using the verbs below. Then reverse roles.

acheter	dîner	jouer	regarder	téléphoner
attendre	dormir	manger	rigoler	travailler

B   Ton sport d'équipe favori.   Your French friend Nathalie wants to know about your sports interests. Answer her questions.

1. Quelle est ton équipe préférée?
2. C'est une équipe de football?
3. Tu joues à ce sport ou tu préfères regarder les matchs à la télé?
4. Ton équipe préférée a gagné beaucoup de matchs cette année?

Nathalie

355

LES SPORTS EN FRANCE

*E*st-ce que les Français sont des sportifs sérieux? On peut dire que les sports collectifs intéressent les Français moins que les Américains ou les Russes, par exemple. Mais de nos jours, de plus en plus de Français pratiquent un sport. Le sport d'équipe le plus populaire en France, c'est le football ou, comme on dit souvent, le foot. Chaque grande ville a son équipe de foot. Des championnats nationaux et internationaux attirent[1] des fanas du monde entier. Mais le football en France, et en Europe en général, n'est pas le même que le football américain. D'abord le ballon est rond et les joueurs ne peuvent pas toucher le ballon avec les mains. Ils donnent un coup de tête ou un coup de pied dans le ballon pour envoyer le ballon dans le but de l'équipe adverse.

En France on pratique presque[2] tous les sports—le basket-ball, le volley-ball et le hand-ball. Mais il y a un sport qu'on ne pratique jamais: c'est le base-ball. Le base-ball n'est pas du tout populaire.

La France est le pays du cyclisme. Les courses dans les vélodromes attirent toujours beaucoup de monde. En juillet le célèbre Tour de France a lieu[3]. C'est une course internationale tout autour du[4] pays. Les coureurs cyclistes professionnels de tous les pays du monde participent au Tour de France. On donne au gagnant un trophée. On donne aussi une somme d'argent au nouveau héros international.

[1] attirent *attract*
[2] presque *almost*
[3] a lieu *takes place*
[4] tout autour du
   all around

79e Tour de France

Étude de mots

A **Quelle est la définition?** Trouvez les mots qui correspondent.

1. un sport collectif
2. un sport individuel
3. le même
4. un joueur
5. le camp adverse
6. pratiquer un sport

a. le contraire de «différent»
b. faire du sport, jouer
c. l'opposition
d. un sport qu'on pratique seul
e. une personne qui pratique un sport
f. un sport d'équipe

Compréhension

B **Les sports.** Répondez par «oui» ou «non».

1. Les sports collectifs sont plus populaires en France qu'aux États-Unis.
2. Le sport d'équipe le plus populaire en France, c'est le football.
3. Le football est un sport collectif qu'on pratique en compétition.
4. Quand on joue au football américain on peut toucher le ballon avec les mains.
5. Le ballon de football en France est ovale.
6. Le base-ball est assez populaire en France.
7. Le cyclisme est plus populaire aux États-Unis qu'en France.
8. Le Tour de France a lieu au mois de septembre.

C **Les Français aiment les sports.** Répondez.

1. On pratique quels sports d'équipe en France?
2. Quel sport est-ce qu'on ne pratique jamais en France?
3. Quel sport est plus populaire en France qu'aux États-Unis?
4. Qu'est-ce que c'est, le Tour de France?
5. Qui participe au Tour de France?
6. Qu'est-ce qu'on donne au gagnant du Tour de France?

DÉCOUVERTE CULTURELLE

Il y a un sport qu'on pratique en France qui ressemble au football américain? Oui, mais ce n'est pas le foot. C'est le rugby. Le football américain ressemble au rugby.

Aux États-Unis toutes les écoles secondaires ont toujours des équipes de football américain et d'autres sports. En France, ce n'est pas le cas. Les sports ne sont pas très importants dans les lycées français. Il n'y a pas d'équipes organisées. Mais les élèves secondaires en France ont le mercredi après-midi libre et, grâce aux[1] associations sportives scolaires, ils peuvent profiter de leur temps libre pour faire du sport.

Les Françaises et les Français font de la gymnastique, du tennis et du jogging. Mais ce sont surtout les hommes qui jouent au foot.

[1] grâce aux   *thanks to*

1

2

L'alpinisme est un sport très pratiqué en France **1**.

Voici des joueuses de volley-ball. Est-ce que l'arbitre regarde attentivement le match **2**?

En France aussi on aime faire du patin à roulettes sur les rampes **3**.

Le Tour de France finit à Paris. Quel monument parisien célèbre est sur la photo **4**?

C'est un match de football à Mulhouse **5**. On joue la nuit. Les gradins sont pleins?

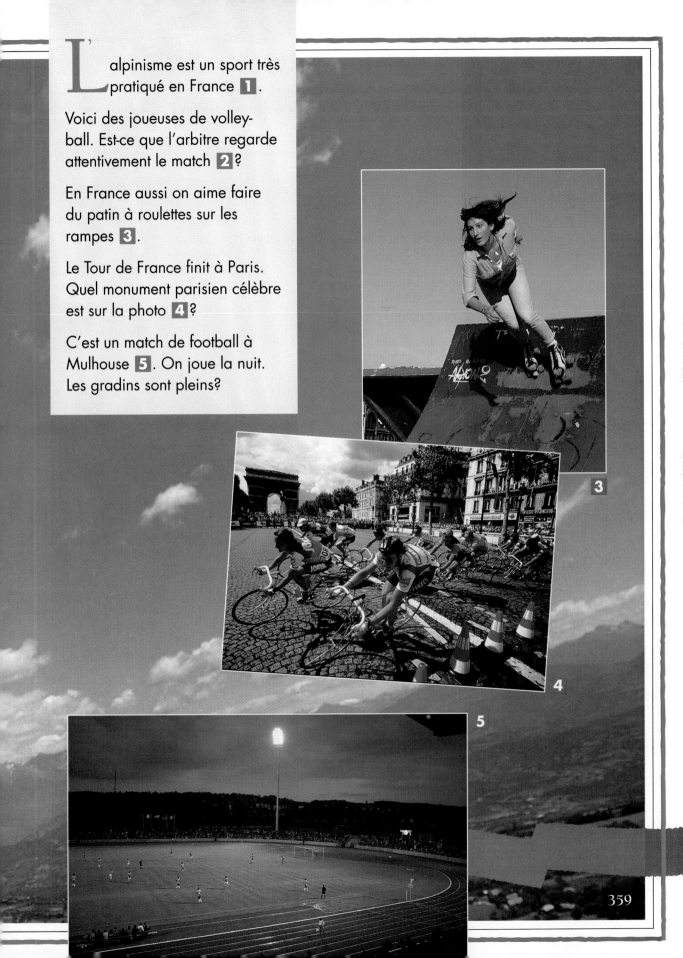

3

4

5

CULMINATION

Activités de communication orale

A **Le temps passé.** Ask a classmate several questions about his or her activities, using the verbs and the time expressions below. Then reverse roles and answer your partner's questions.

> quitter/hier
>
> Élève 1: À quelle heure as-tu quitté l'école hier?
> Élève 2: J'ai quitté l'école à quatre heures hier.

VERBES	EXPRESSIONS DE TEMPS
étudier	ce matin
jouer	hier
perdre	hier soir
quitter	l'année dernière
regarder	la semaine dernière
téléphoner	pendant le week-end
travailler	avant-hier
attendre	

B **Une enquête.** Divide into small groups and choose a leader. Using the list below, the leader asks the others what they did last summer, takes notes, and reports to the class.

> Élève 1: Qui a voyagé en Europe l'été dernier?
> Élève 2: Moi, j'ai voyagé en Europe l'été dernier.

étudier le français	gagner beaucoup d'argent
jouer au tennis	voyager en avion / train / voiture
travailler	passer quelques semaines à la plage

Activité de communication écrite

A **Une invitation.** Your parents gave you two tickets to a sports event you want to see. Write a short note inviting a friend to go with you. Don't forget to tell your friend:

1. what the event is
2. when and where it's going to be
3. which teams are playing
4. how you plan to get there

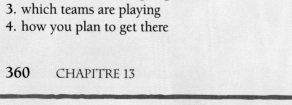

Réintroduction et recombinaison

A **Mes vêtements.** Donnez des réponses personnelles.

1. Quelle est la couleur de ta chemise préférée ou de ton chemisier préféré?
2. Quand tu achètes des chaussures, tu fais quelle pointure?
3. Tu achètes des vêtements prêt-à-porter ou sur mesure?
4. Si ton pantalon est trop large, tu as besoin de la taille au-dessus ou de la taille au-dessous?
5. Et s'il est trop serré, tu as besoin de quelle taille?

B **Raoul.** Répondez d'après le dessin.

1. Raoul est où?
2. Il parle à qui?
3. Que veut Raoul?
4. Qui met de l'essence dans le réservoir?
5. Qu'est-ce que la pompiste vérifie?

C **Serge roule en voiture.** Complétez.

1. Serge ___ bien. (conduire)
2. Il ___ le code de la route. (lire)
3. Il ___ que St.-Brieuc est assez loin d'ici. (dire)
4. Il ___ une carte postale de St.-Brieuc. (écrire)

D **Et vous aussi!** Récrivez les phrases de l'Exercice C en utilisant «vous».

Vocabulaire

NOMS

le foot(ball)
le terrain de football
l'équipe (f.)
le camp
le joueur
le gardien de but
le ballon
le but
l'arbitre (m.)
la tête
le pied

le basket(-ball)
le panier
le panneau
le demi-cercle

le base-ball
le volley-ball
le sol

le vélo
le cyclisme
le coureur cycliste
le coureur
la course
la piste
le stade
le gradin
le spectateur
le gagnant
la coupe

l'automne (m.)
le printemps

ADJECTIFS

adverse
comble
plein(e)

VERBES

dribbler
envoyer
lancer
opposer
siffler

AUTRES MOTS
ET EXPRESSIONS

donner un coup de pied
marquer un but
contre
par dessus
jusqu'à
beaucoup de monde

hier
hier matin
hier soir
avant-hier
l'année dernière

L'HIVER ET LES SPORTS D'HIVER

OBJECTIFS

In this chapter you will learn to do the following:

1. talk about skiing and ice skating
2. describe winter weather
3. describe past actions
4. ask "whom" or "what"
5. describe French and Canadian ski resorts

VOCABULAIRE

MOTS 1

UNE STATION DE SPORTS D'HIVER

un sommet

une montagne

une piste très raide

une vallée

des bosses (f.)

un télésiège

un chalet

une skieuse

un skieur

un bonnet

des lunettes (f.)

une écharpe

un anorak

un gant

un bâton

une chaussure de ski

un ski

le ski de fond

le ski alpin

une piste de slalom

un moniteur   une monitrice

Marie est débutante.
L'hiver dernier elle a pris des leçons de ski.
Elle a appris à faire du ski.
Elle a eu un très bon moniteur.
Le moniteur a appris à faire du ski à Marie.
Elle a compris les instructions du moniteur.

Marie a mis son anorak.
Elle a mis ses gants, son écharpe
   et son bonnet.
Elle a mis ses skis.

Marie a descendu la piste.
Elle a descendu la piste verte.
La piste verte est pour les débutants.

Exercices

A **Marie a appris à faire du ski.**   Répondez.

1. Marie a appris à faire du ski?
2. Qui a appris à Marie à faire du ski?
3. Elle a eu un très bon moniteur?
4. Elle a compris les instructions du moniteur?
5. Marie a mis son anorak?
6. Elle a mis ses gants, son écharpe et son bonnet?
7. Elle a mis ses chaussures de ski et ses skis?
8. Elle a descendu quelle piste?
9. La piste verte est pour les débutants?

B **Un sport fabuleux.**   Répondez par «oui» ou «non».

1. Le ski est un sport d'été.
2. Les débutants ne font pas bien de ski.
3. Une piste très raide, c'est une piste avec des bosses.
4. Le moniteur ou la monitrice apprend à faire du ski aux débutants.
5. Les skieurs prennent le télésiège pour descendre la piste.
6. Les skieurs prennent le télésiège pour monter au sommet de la montagne.
7. On n'a pas vraiment besoin de pistes pour faire du ski de fond.
8. Les débutants descendent la piste de slalom.
9. Les skieurs portent souvent des lunettes.
10. Après le ski on va dans le chalet.

Méribel: Des skieurs déjeunent à la terrasse d'un restaurant.

C **On fait du ski.** Répondez d'après les dessins.

1. C'est une station balnéaire ou une station de sports d'hiver?
2. C'est une plage ou une montagne?
3. C'est une piste ou une piscine?
4. C'est un skieur ou un nageur?
5. C'est un ski nautique ou un bâton?
6. C'est un maillot ou un anorak?
7. Elle fait du ski alpin ou du ski nautique?
8. Il fait du ski de fond ou du ski alpin?
9. C'est le sommet de la montagne ou la vallée?
10. C'est un gant ou une écharpe?

MOTS 2

EN HIVER

Il fait froid.
Le ciel est couvert.
Il neige.
Il gèle.
Le vent est très froid.

Quelle est la température
aujourd'hui?
Il fait deux (degrés
Celsius).

jouer dans la neige

lancer une
boule de neige

une patinoire

une patineuse

un patineur

le patinage

la glace

un patin à glace

Hier Robert a fait du patin.
Il a eu un petit accident.
Il a fait une chute.

Exercices

A Le petit accident de Robert.   Répondez.

1. Robert a fait du patin ou du ski?
2. Il a mis ses patins ou ses skis?
3. Il a fait une chute sur la patinoire ou sur la piste de slalom?
4. Il a eu un petit accident ou un accident grave?

B Le temps en hiver.   Répondez.

1. En hiver il fait froid ou il fait chaud?
2. Il neige en hiver ou en été?
3. Quand il neige, le ciel est couvert ou il fait du soleil?
4. Quand il neige, il fait chaud ou il fait froid?
5. Il gèle quelquefois en hiver?
6. Le vent est froid?
7. En général, quelle est la température dans ta ville en hiver?
8. Les températures en hiver sont basses ou élevées?

C Les sports d'hiver et d'été.   Donnez des réponses personnelles.

1. Tu préfères l'été ou l'hiver?
2. Quelle est ta saison favorite?
3. Tu préfères les sports d'hiver ou les sports d'été?
4. Qu'est-ce que tu mets quand il fait très froid?
5. Tu as fait du ski? Où?
6. Tu aimes faire du ski?
7. Il y a une station de sports d'hiver près de chez toi?
8. Tu aimes jouer dans la neige?
9. Tu aimes lancer des boules de neige?
10. Tu aimes faire du patin?
11. Tu es bon patineur ou bonne patineuse?
12. Tu as des patins à glace?

D C'est le ski ou le patinage?   Choisissez.

1. On pratique ce sport sur la glace.
2. On pratique ce sport sur la neige.
3. On descend une piste.
4. Les champions font du slalom.
5. On met des patins à glace.
6. On utilise des bâtons.
7. On pratique ce sport sur une patinoire.

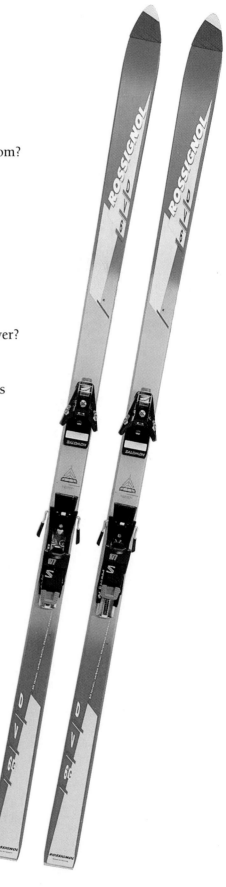

Activités de communication orale
Mots 1 et 2

A **À quels sports joue-t-on?** A French exchange student (your partner) asks you what the weather is like in your town in summer and winter and what people do during these seasons. Give him or her as much information as you can.

B **La météo: Il va faire quel temps demain?** Tomorrow is Saturday, and you'd like to make some plans. Find out if a classmate has heard the weather report (*la météo*) and, if so, what the weather's going to be like. Based on what your partner says about the weather, make some plans with him or her for either an indoor or an outdoor activity.

C **Dans les Alpes.** While skiing at a resort in the French Alps, you meet Jacques Monnier. Answer his questions.

1. Bonjour. Tu es des États-Unis?
2. Tu fais souvent du ski?
3. Tu fais aussi du ski de fond?
4. Tu aimes mieux le ski de fond ou le ski alpin?

Jacques Monnier

STRUCTURE

Le passé composé des verbes irréguliers

Describing Past Actions

1. You have already learned the past participles of regular verbs in French which end with an /é/, /i/, or /ü/ sound. Note the past participles of the following irregular verbs which also end with an /i/ or /ü/ sound.

INFINITIF ⟶	PARTICIPE PASSÉ
mettre	mis
permettre	permis
prendre	pris
comprendre	compris
apprendre	appris
dire	dit
écrire	écrit
conduire	conduit
avoir	eu
croire	cru
voir	vu
pouvoir	pu
vouloir	voulu
lire	lu

Un skieur sur les pistes de La Plagne

J'ai pris des leçons de ski.
J'ai appris à faire du ski.
J'ai compris toutes les instructions de la monitrice.
Elle a dit: «Bravo! Vous faites très bien du ski!»
J'ai eu de la chance. J'ai eu une très bonne monitrice.
Elle a écrit un livre sur le ski alpin. J'ai lu son livre.

2. The commonly used verbs *être* and *faire* also have irregular past participles.

être	été
faire	fait

J'ai fait un voyage à Megève l'année dernière.
J'ai été très content de pouvoir faire du ski.

3. Note the position of short adverbs such as *déjà, bien, trop,* and *vite* with the *passé composé.* They are placed between *avoir* and the past participle.

> J'ai *déjà* mangé.   *I have already eaten.*
> Il a *vite* fini son sandwich.   *He quickly finished his sandwich.*
> Il a *bien* choisi son moniteur.   *He chose his instructor well.*

Adverbs of time such as *hier* and *aujourd'hui* follow the past participle.

> Il a fait du ski *hier.*
> Mais il n'a pas fait de ski *aujourd'hui.*

Exercices

A **Gilles a fait du ski.**   Répondez d'après les dessins.

1. Gilles a mis son anorak?
2. Il a dit «Bonne chance» à son ami?
3. Son ami a déjà fait du ski aujourd'hui?

4. Gilles a bien fait du ski?
5. Il a eu un accident?
6. Après l'accident Gilles a lu un livre pour les débutants?

B **Tu as dit quoi?** Complétez d'après le modèle avec «dire», «lire» ou «écrire».

> J'___ que j'___ ce que j'___.
> *J'ai dit que j'ai lu ce que j'ai écrit.*

1. Il ___ qu'il ___ ce qu'il ___.
2. Nous ___ que nous ___ ce que nous ___.
3. Tu ___ que tu ___ ce que tu ___.

4. Vous ___ que vous ___ ce que vous ___.
5. Elles ___ qu'elles ___ ce qu'elles ___.

C **Qu'est-ce qu'on a fait?** Répondez.

1. Est-ce que tu as lu le journal ce matin? Et tes parents?
2. Les élèves ont lu leur livre de français avant l'examen?
3. Est-ce que tu as dit «Salut!» à tes copains ce matin?
4. Tes amis et toi, vous avez dit «Au revoir!» à votre professeur de français hier?
5. La femme a dit «Zut!» quand elle a trouvé une contravention sur le parebrise de sa voiture?
6. Les élèves ont écrit des lettres à leurs grands-parents?
7. Ils ont écrit une composition au cours d'anglais?
8. Est-ce que tu as bien écrit cet exercice?

D **En route!** Complétez au passé composé.

Mon ami Laurent ___ (dire) que
₁
Chamonix est une belle station de sports
d'hiver. Il ___ (lire) le Guide Michelin et
₂
il ___ (voir) que Chamonix est loin de
₃
Paris. Mais il ___ (vouloir) y aller. Ses
₄
parents ___ (permettre) à Laurent
₅
de prendre leur voiture. Il ___ (prendre)
₆
leur voiture et il ___ (conduire) jusqu'à
₇
Chamonix. Il ___ (faire) le voyage avec
₈
son copain Alain qui ___ (être) très
₉
content de partir avec lui. Ils ___ (mettre)
₁₀
leurs skis sur la voiture. Ils ___ (prendre)
₁₁
l'autoroute. Ils n'___ pas ___ (avoir) de
₁₂
problème.

La Mer de Glace près de Chamonix

Les pronoms *qui* et *quoi*   *Asking "Whom" or "What"*

1. You use the pronouns *qui*, "whom," and *quoi*, "what," with prepositions such as *à, de, avec,* and *chez* to ask questions in French. *Qui* refers to a person and *quoi* refers to a thing. Study the following examples.

> **Tu parles à qui?**
> **Tu vas chez qui?**
> **Tu parles de quoi?**

2. Note the inversion in formal or written French.

INFORMAL	FORMAL
Vous parlez à qui?	**À qui parlez-vous?**
Vous allez chez qui?	**Chez qui allez-vous?**
Vous avez besoin de quoi?	**De quoi avez-vous besoin?**

Exercices

A **Comment? Je n'ai pas entendu.**   Répondez d'après le modèle.

> **Elle parle de sa sœur.**
> *Comment? Je n'ai pas entendu. Elle parle de qui?*

1. Elle parle de sa tante.
2. Elle parle de son prof.
3. Elle parle au moniteur.
4. Elle parle à son amie.
5. Elle est chez ses parents.
6. Elle va chez son copain.
7. Elle travaille avec sa cousine.
8. Elle parle de son travail.
9. Elle parle de ses vacances à la montagne.
10. Elle a besoin d'argent.
11. Elle a besoin de skis.

B **Au téléphone.**   Posez une question d'après le modèle.

> **Vous allez au cinéma avec votre amie.**
> *Avec qui allez-vous au cinéma?*

1. Vous téléphonez à votre amie.
2. Vous parlez à votre amie.
3. Vous parlez de choses sérieuses.
4. Vous laissez un message pour le frère de votre amie.

Un forfait-journée

CONVERSATION

Scènes de la vie *Tu as fait du ski?*

LISETTE: Michel, tu as fait du ski hier?
MICHEL: Oui. J'ai descendu la piste noire.
LISETTE: La piste noire? Mais tu es fou! C'est dangereux.
MICHEL: Oui, mais je n'ai pas eu de problème.
LISETTE: Tu n'as pas fait de chute?
MICHEL: Si, une petite chute, rien de grave!

A **La piste noire.** Répondez d'après la conversation.

1. Qui a fait du ski hier?
2. Il a descendu quelle piste?
3. La piste noire est facile ou difficile?
4. Les pistes noires sont des pistes très raides?
5. Michel a eu un problème?
6. Il a fait une chute?

Prononciation *Le son /r/ initial*

You have already practiced saying the /r/ sound in the middle or at the end of a word. You will now practice saying it at the beginning of a word. Repeat the following pairs of words.

opéra / radio   mari / restaurant
favori / rigoler   adoré / rez-de-chaussée

Now repeat the following sentences.

C'est la radio qui réveille Richard.
Pour rester en forme, Raoul ne regarde pas trop la télévison.
Robert roule très vite dans sa Renault rouge.

une radio

Activités de communication orale

A **Au téléphone.**   Find out if a classmate talked on the phone last night. If he or she did, find out who your partner spoke to (*à qui*) and what they talked about (*de quoi*). Then reverse roles.

B **Le week-end dernier.**   You want to know if a classmate did one of the activities listed below last weekend. If the answer is "yes," try to get some details. Then reverse roles.

> voir un film
>
> Élève 1: Tu as vu un film le week-end dernier?
> Élève 2: Oui, j'ai vu *Independence Day*.
> Élève 1: C'est un bon film?

avoir un accident	inviter un copain ou une copine au cinéma
écrire une composition	jouer au football / base-ball / basket-ball, etc.
étudier	lire un journal / un magazine / un livre
faire ses devoirs	parler au téléphone
faire du ski	regarder la télé
faire du patin	

C **J'ai appris à…**   Tell a classmate something you learned to do recently (last week, last winter, last summer, etc.). Your partner asks you for the information below. Answer, then reverse roles.

1. when you learned to do the activity
2. where you learned
3. who taught you
4. if you took lessons
5. if you had a good instructor
6. if you understood the instructions

On fait beaucoup de ski au Canada.

LECTURE ET CULTURE

ON VA AUX SPORTS D'HIVER

*E*n février dernier la classe de Madame Carrigan a fait un voyage au Canada. Les élèves ont eu une semaine de vacances. Ils ont pris le train de New York pour aller à Montréal. Ils ont passé trois jours à Montréal où ils ont parlé français. Montréal est la deuxième ville francophone[1] du monde, après Paris.

Après deux jours à Montréal ils ont pris le car[2] jusqu'au Parc du Mont-Sainte-Anne. Le Mont-Sainte-Anne est une station de sports d'hiver tout près de la jolie ville de Québec. Après leur arrivée à Sainte-Anne ils ont tous mis leur anorak et leurs chaussures de ski. Ils ont acheté leur ticket de télésiège. Ils ont pris le télésiège jusqu'au sommet de la montagne. Du sommet ils ont eu une vue splendide sur les montagnes et les vallées couvertes de neige. As-tu jamais[3] vu les montagnes couvertes de neige? C'est vraiment superbe!

Les bâtons à la main et les skis aux pieds, ils ont commencé à descendre une piste. Mais ils ont choisi la mauvaise[4] piste, une piste très raide, trop difficile pour des débutants. Qui a eu un accident? Le casse-cou[5] Michel? Mais oui, c'est lui! Il a fait une chute. Il a glissé jusqu'en bas[6] de la piste. Tous ses copains ont rigolé. Ils ont dit: «Michel, tu es une vraie boule de neige qui roule, roule, roule!»

[1] francophone   *French-speaking*
[2] car   *bus*
[3] jamais   *ever*
[4] mauvaise   *wrong*
[5] casse-cou   *daredevil*
[6] a glissé jusqu'en bas   *slid to the bottom*

Le Mont-Sainte-Anne

Étude de mots

A **Quel est le mot?** Choisissez.

1. Février est ____.
   a. un mois   b. une saison

2. Février est en ____.
   a. été   b. hiver

3. Montréal est une ville ____.
   a. francophone   b. française

4. Les chaussures de ski sont des ____.
   a. tennis   b. bottes

5. On met ____ quand il fait très froid.
   a. un maillot   b. un anorak

Compréhension

B **Une excursion.** Corrigez les phrases.

1. Les élèves de Madame Carrigan ont fait un voyage en France.
2. Ils ont pris l'avion.
3. Ils ont passé trois jours à Québec.
4. Québec est la deuxième ville francophone du monde.
5. Le Parc du Mont-Sainte-Anne est une station balnéaire.
6. Les élèves de Madame Carrigan font tous très bien du ski.

C **Un fait important.** Vous avez appris quelque chose d'important au sujet de Montréal. Qu'est-ce que c'est?

DÉCOUVERTE CULTURELLE

Quelques pays francophones ont des stations de sports d'hiver fabuleuses. En France, par exemple, il y a beaucoup de stations de sports d'hiver dans les Alpes et les Pyrénées. La Suisse est un pays célèbre pour le ski. Et n'oubliez pas que le français est une des langues officielles de la Suisse. En Suisse on parle français, allemand et italien. Et au Québec, la province francophone du Canada, il y a des stations de sports d'hiver superbes.

En France les écoles primaires ont des classes de neige. Les élèves vont dans une station de sports d'hiver. Le matin ils ont des cours. Ils étudient les maths, l'anglais, etc. L'après-midi, des moniteurs apprennent à faire du ski aux élèves. Il y a des classes de neige aux États-Unis? Vous croyez que c'est une bonne idée?

Dans les stations de sports d'hiver en France les pistes sont classées selon leur difficulté. Les couleurs indiquent le niveau, ou le degré, de difficulté.

PISTE	NIVEAU	TYPE DE SKIEURS
	facile	débutants
	moyen	bons skieurs
	difficile	très bons skieurs
	très difficile	très, très bons skieurs

1

2

3

4

La Plagne est une station de sports d'hiver dans les Alpes françaises **1**. Tu veux passer une semaine dans un de ces chalets à La Plagne?

Le hockey sur glace est un sport d'hiver très populaire, surtout au Canada. Et les joueurs canadiens sont parmi les meilleurs joueurs de hockey du monde **2**.

Ces gens sont dans une rue de Méribel pendant les Jeux Olympiques de 1992 **3**. Méribel fait partie des Trois Vallées, un ensemble de stations de sports d'hiver dans les Alpes.

Isabelle et Paul Duchesnay, frère et sœur, sont des patineurs professionnels **4**. Aux Jeux Olympiques de 1992 ils ont gagné la médaille d'argent. Aimes-tu faire du patinage artistique ou le regarder à la télé?

Ces gens font du ski de fond dans la province d'Alberta au Canada **5**.

Ces deux couples prennent le télésiège jusqu'au sommet de la montagne **6**. L'un des couples va faire du ski et l'autre va faire du surf des neiges. As-tu jamais fait du surf des neiges?

5

6

CULMINATION

Activités de communication orale

A **Sports d'hiver ou sports d'été.** Find out if a classmate prefers winter or summer sports. Then ask which ones he or she likes and why. Reverse roles.

B **Nord et Sud.** Imagine that you're from a city in the South and a classmate is from a city in the North. Contrast the two places you choose in winter. Talk about the weather, clothing, activities, and so on.

> Élève 1: À (*ville du Sud*) il fait chaud en hiver.
> Élève 2: À (*ville du Nord*) il fait froid en hiver.

C **La location de skis.** You need to rent some ski equipment from the attendant (your partner) at a ski resort. Tell your partner what equipment you need and for how long. Your partner will help you find the right equipment for a skier at your level and the right size boots. Discuss price and method of payment.

D **De quoi a-t-on besoin pour… ?** Ask a classmate what people need in order to do one of the activities in the list below. Your partner gets one point for each thing he or she can name. Then reverse roles.

> Élève 1: De quoi a-t-on besoin pour apprendre le français?
> Élève 2: On a besoin d'un bon professeur, d'un livre et de beaucoup de patience!

conduire une voiture   faire un voyage
écrire une composition   jouer au tennis
faire du ski   préparer un sandwich

Le Mont d'Arbois à Megève

Activités de communication écrite

A **Au Canada.** Your Canadian pen pal has invited you to spend a week in Québec during the winter. Write back accepting or declining the invitation. Give several reasons why you can or cannot accept.

B **Une station de sports d'hiver idéale.** Write a paragraph describing an ideal winter resort (real or imaginary). Be sure to include the following information.

1. where it's located and how to get there
2. what the weather's generally like
3. what facilities there are (lifts, skating rinks, restaurants, etc.)
4. what else you can do there besides ski

Réintroduction et recombinaison

A **Un match de foot.** Mettez au passé composé.

1. Je joue au foot.
2. Je passe le ballon à Charles.
3. Il renvoie le ballon.
4. Le gardien bloque le ballon.
5. Nous ne marquons pas de but.
6. L'arbitre déclare un penalty.
7. L'équipe adverse marque un but.
8. Nous faisons le forcing pour égaliser le score.

B **La télé.** Complétez au passé composé.

1. Hier soir j'___ la télé. (regarder)
2. J'___ un film intéressant. (voir)
3. J'___ la météo: demain, neige et froid, températures basses. (entendre)
4. À neuf heures mon copain Éric m'___. (téléphoner)
5. Il n'___ pas ___ de bonnes nouvelles. (avoir)
6. Il ___ un examen et il n'___ pas ___ à l'examen. (passer, réussir)

Vocabulaire

NOMS
l'hiver (m.)
le vent
le ski (*skiing*)
le ski alpin
le ski de fond
le skieur
la skieuse
le/la débutant(e)
le moniteur
la monitrice
la piste (raide)
la piste de slalom
la bosse

la station de sports
   d'hiver
le chalet
le télésiège
la montagne
le sommet
la vallée

le ski (*ski*)
le bâton
la chaussure de ski
l'anorak (m.)
le bonnet
l'écharpe (f.)
le gant
les lunettes (f.)

le patinage
le patin à glace
le patineur
la patineuse
la patinoire
la glace
l'accident (m.)
la chute

VERBES

apprendre à quelqu'un
   à faire quelque chose
descendre

AUTRES MOTS
ET EXPRESSIONS

faire du ski
faire du patin
faire une chute
il fait ___ degrés Celsius
il fait froid
il gèle
il neige

CHAPITRE

15

LA SANTÉ ET LA MÉDECINE

OBJECTIFS

In this chapter you will learn to do the following:

1. describe symptoms of a minor illness such as a cold, the flu, or an upset stomach
2. have a prescription filled at a pharmacy
3. give formal and informal commands
4. tell what you do for others and what others do for you
5. describe more activities
6. compare American and French medical services
7. compare some American and French attitudes toward health

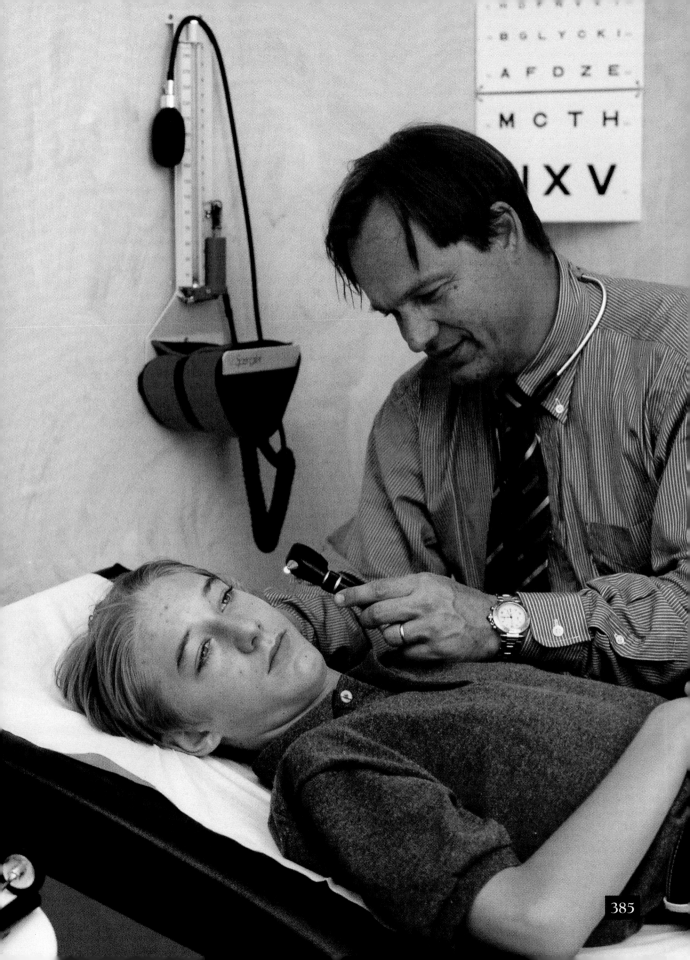

VOCABULAIRE

MOTS 1

ON EST MALADE

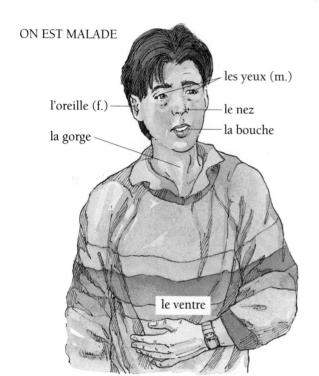

les yeux (m.)

l'oreille (f.)

le nez

la bouche

la gorge

le ventre

avoir de la fièvre

Paul a un rhume.
Il est enrhumé.
Il éternue.

Atchoum!

un kleenex

Il tousse.

un mouchoir

Martin n'est pas en bonne santé.
Il est en mauvaise santé.
Il est très malade, le pauvre.
Il ne se sent pas bien.
Qu'est-ce qu'il a, le pauvre garçon?

Note: The expression *Qu'est-ce qu'il a?*
means "What's wrong with him?"

Miriam a la grippe.
Elle a de la fièvre.
Elle a des frissons.

Elle a mal à la tête.

Elle a mal au ventre.

Elle a mal aux oreilles.

Elle a le nez qui coule.

Elle a les yeux qui piquent.

Elle a la gorge qui gratte.

Christophe a très mal à la gorge. Il a une angine.

Note: Study the following cognates related to health and medicine.

allergique	de l'aspirine (f.)
bactérien(ne)	une infection
viral(e)	la pénicilline
une allergie	la température
un antibiotique	

Exercices

A Qu'est-ce que c'est? Identifiez.

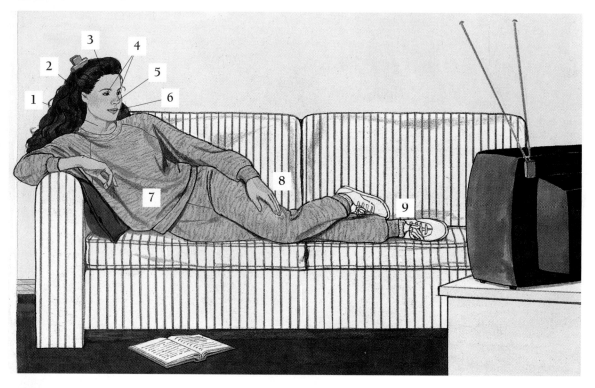

B Qu'est-ce qu'elle a, la pauvre Miriam? Répondez.

1. Miriam est très malade?
2. Elle ne se sent pas bien?
3. Qu'est-ce qu'elle a?
4. Elle a de la fièvre et des frissons?
5. Elle a la gorge qui gratte?
6. Elle a les yeux qui piquent et le nez qui coule?
7. Elle a mal à la tête?
8. Elle a mal au ventre?
9. Elle a mal aux oreilles?

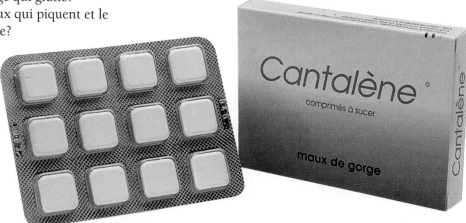

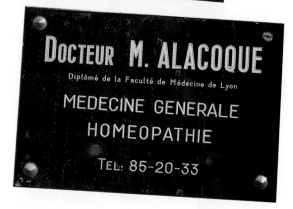

C **La santé.** Donnez des réponses personnelles.

1. Tu es en bonne santé ou en mauvaise santé?
2. Quand tu es enrhumé(e), tu as le nez qui coule?
3. Tu as les yeux qui piquent?
4. Tu as la gorge qui gratte?
5. Tu tousses?
6. Tu éternues?
7. Tu as mal à la tête?
8. Tu ne te sens pas bien?
9. Tu as de la fièvre quand tu as un rhume ou la grippe?
10. Quand tu as de la fièvre, tu as quelquefois des frissons?
11. Quand tu as mal à la tête, tu prends de l'aspirine?

D **On a mal.** Complétez.

1. On prend de l'aspirine. On a mal à la ___.
2. On a très mal à la gorge. On a une ___.
3. La ___ est un antibiotique.
4. On ne peut pas prendre de pénicilline quand on est ___ à la pénicilline.
5. On a une température de 40°C. On a de la ___.
6. Quand on est toujours malade, on est en ___.
7. Les ___ accompagnent souvent la fièvre.
8. On donne des antibiotiques comme la pénicilline pour combattre des infections bactériennes, pas ___.
9. Quand on a le nez qui coule, on a toujours besoin d'un ___ ou d'un ___.
10. Quand on a un rhume, on ___ et on ___.
11. Quand on a de la fièvre, on prend de l'___.
12. Quand on est enrhumé ou quand on écoute trop la musique, on a mal aux ___.

VOCABULAIRE

MOTS 2

CHEZ LE MÉDECIN

le médecin

un malade

une malade

Le médecin examine le malade.
Le malade ouvre la bouche.
Le médecin examine la gorge du malade.

Elle ausculte le malade.
Il souffre, le pauvre.

Où avez-vous mal?

Ouvrez la bouche.

Toussez.

Respirez à fond.

Le médecin parle.

une ordonnance

des comprimés (m.)

le pharmacien

la pharmacienne

Le médecin me fait un diagnostic.
Elle me prescrit des antibiotiques.
Elle me fait une ordonnance.

Je suis à la pharmacie.
Qu'est-ce que la pharmacienne te donne?
Elle me donne des médicaments.

Note: You may use the following informal expressions to talk about health.

1. When you are not feeling well, you can say:

**Je ne suis pas dans mon assiette
aujourd hui.**

2. To tell someone he or she will soon be better, you can say:

Tu vas être vite sur pied.

3. When someone has a high fever, you can say:

**Il a une fièvre
de cheval.**

4. To say "It hurts," you say:

Ça fait mal!

5. When you have a "frog in your throat," you can say:

**J'ai un chat dans
la gorge.**

Exercices

A **Chez le médecin.** Choisissez.

1. Où est le malade?
   a. À l'hôpital. b. Chez lui. c. Chez le médecin.

2. Qui souffre?
   a. Le médecin. b. Le malade. c. Le pharmacien.

3. Qu'est-ce que le médecin examine?
   a. La bouche. b. La gorge. c. Le ventre.

4. Qu'est-ce que le malade ouvre?
   a. La bouche. b. La gorge. c. L'oreille.

5. Le médecin ausculte le malade. Comment respire-t-il?
   a. Il éternue. b. À fond. c. Bien.

6. Qui est-ce que le médecin ausculte?
   a. Le malade. b. Le pharmacien. c. La pharmacienne.

7. Que fait le médecin?
   a. Un diagnostic. b. Des comprimés. c. Des médicaments.

8. Qu'est-ce qu'il a, le pauvre malade?
   a. Une angine. b. Mal au ventre. c. Mal aux yeux.

9. Que fait le médecin?
   a. Un pharmacien. b. Une ordonnance. c. Un comprimé.

10. Qu'est-ce qu'elle prescrit?
    a. La pharmacie. b. Des ordonnances. c. Des antibiotiques.

11. Où va le malade pour acheter des médicaments?
    a. Chez le médecin. b. À la pharmacie. c. À l'ordinateur.

B **Le médecin m'examine.** Donnez des réponses personnelles.

1. Tu vas chez le médecin quand tu es très malade?
2. Le médecin te demande: «Où avez-vous mal?»
3. Quand tu as une angine, ça fait très mal?
4. Le médecin te dit: «Ouvrez la bouche»?
5. Il t'ausculte?
6. Il te dit: «Respirez à fond»?
7. Le médecin te fait un diagnostic?
8. Il te prescrit des comprimés?
9. Tu vas à la pharmacie pour acheter les médicaments?
10. Tu prends quelquefois des antibiotiques?

C **Plus familier, s'il te plaît.** Dites d'une manière familière.

1. Je ne vais pas très bien aujourd'hui.
2. Tu vas bientôt te sentir mieux.
3. J'ai beaucoup de fièvre!
4. Je ne peux pas parler facilement.

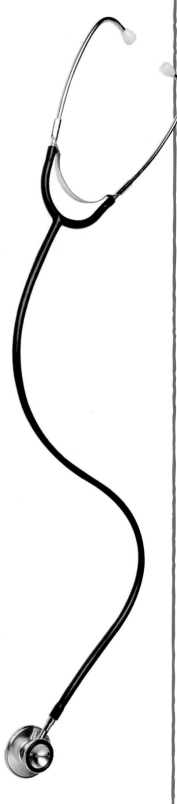

Activités de communication orale

Mots 1 et 2

A **Qu'est-ce que tu as?** You were absent from school today because you had the flu. Josiane Briand, the French exchange student, calls to find out how you are feeling.

1. Alors, tu as la grippe? Qu'est-ce que tu as? Tu as de la fièvre… euh…
2. Tu prends des médicaments?
3. Tu vas aller chez le médecin?
4. Tu vas encore rester à la maison demain?

Josiane Briand

B **Je ne suis pas dans mon assiette!** Yesterday you did something that made you feel ill today. Using List 1 below, tell a classmate what you did. He or she has to guess what's wrong with you, choosing from List 2.

> trop regarder la télé
>
> Élève 1: Hier j'ai trop regardé la télé.
> Élève 2: Tu as mal aux yeux.

1	2
lire pendant six heures	être enrhumé(e)
manger trop de chocolat	avoir mal aux yeux
passer beaucoup d'examens	avoir la gorge qui gratte
trop crier au match	avoir mal aux pieds
faire une longue promenade	être fatigué(e)
étudier jusqu'à 3h du matin	avoir mal aux oreilles
trop écouter de la musique	avoir mal à la tête
jouer dans la neige en tee-shirt	avoir mal au ventre

C **Quel médecin?** While on a trip to France, you get sick. Describe your symptoms. A classmate will look at the list of doctors at the Hôpital Saint-Pierre and tell you which one to call and what the phone number is.

> Élève 1: J'ai mal au ventre.
> Élève 2: Appelle le docteur Simonet au 43.89.39.25.

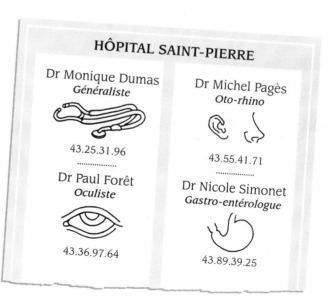

HÔPITAL SAINT-PIERRE

Dr Monique Dumas
Généraliste

43.25.31.96

Dr Paul Forêt
Oculiste

43.36.97.64

Dr Michel Pagès
Oto-rhino

43.55.41.71

Dr Nicole Simonet
Gastro-entérologue

43.89.39.25

STRUCTURE

Les pronoms *me, te, nous, vous*

Telling What You Do for Others and What Others Do for You

1. You have already seen the pronouns *me, te, nous,* and *vous* with reflexive verbs. These same pronouns function as objects of the verb.

Le médecin *te* voit?	Oui, il *me* voit.
Le médecin *t*'examine?	Oui, il *m*'examine.
Le médecin *vous* regarde?	Oui, il *me* regarde.
	Oui, il *nous* regarde.
Le médecin *te* fait une ordonnance?	Oui, il *me* fait une ordonnance.
Il *vous* parle?	Oui, il *me* parle.
	Oui, il *nous* parle.

2. Note that the object pronoun comes right before the verb of which it is the object. This is true even when there is a helping verb, such as *pouvoir, vouloir,* or *aller* in the sentence.

> Il *m*'examine.
> Il va *m*'examiner.
> Il peut *m*'examiner.

3. The object pronoun cannot be separated from the verb by a negative word.

> Il ne *vous fait* pas d'ordonnance.
> Il ne *nous examine* pas.
> Il ne *m*'ausculte jamais.

Exercices

A **Chez le médecin.** Donnez des réponses personnelles.

1. Quand tu vas chez le médecin, il te parle?
2. Il te regarde?
3. Il t'examine?
4. Il t'ausculte?
5. Il te fait un diagnostic?
6. Il te fait une ordonnance?
7. Il te prescrit des médicaments?
8. Il te prescrit des antibiotiques?
9. Le pharmacien te donne des médicaments?

B **Elle nous invite à la fête.**   Répondez d'après le modèle.

> **Suzanne vous parle de sa fête?**
> *Oui, elle nous parle de sa fête.*

1. Elle vous téléphone?
2. Elle vous parle au téléphone?
3. Elle vous invite à la fête?

4. Elle vous dit l'heure de la fête?
5. Elle vous dit où elle habite?
6. Elle vous donne son adresse?

C **Elle ne nous invite pas à la fête.**   Répondez par «non» aux questions de l'Exercice B.

D **Au rayon prêt-à-porter.**   Complétez avec «vous» ou «me».

Je suis au rayon prêt-à-porter des Galeries Lafayette. La vendeuse ___ parle.
                                                                          1

Elle ___ demande:
        2

—Vous désirez?

—Je voudrais un chemisier, s'il ___ plaît. Je fais du 40.
                                    3

—D'accord. Je peux ___ proposer ces deux types de chemisiers.
                      4

—Ce chemisier bleu marine à manches longues ___ intéresse beaucoup.
                                              5

—Je ___ suggère la taille au-dessous alors. Ces chemisiers sont très grands.
      6

—D'accord. Je peux ___ payer avec une carte de crédit?
                      7

—Mais bien sûr!

E **Pourquoi ça?**   Répondez d'après le modèle.

> **Élève 1: Il me regarde.**
> **Élève 2: Il te regarde? Pourquoi?**

1. Il me pose des questions.
2. Il me parle.
3. Il me téléphone.

4. Il me dit son numéro de téléphone.
5. Il me donne son adresse.

F **C'est ton anniversaire.**   Donnez des réponses personnelles.

1. Tes copains vont te téléphoner le jour de ton anniversaire?
2. Ils vont te voir?
3. Ils vont t'inviter au cinéma ou au concert?
4. Ils vont te dire: «Joyeux anniversaire»?
5. Pour ton anniversaire, ils vont te faire un gâteau?

Les verbes comme *ouvrir* au présent et au passé composé

Describing More Activities

1. Although the verbs *ouvrir, souffrir, couvrir,* and *découvrir* have infinitives that end in *-ir,* they follow the same pattern as *-er* verbs in the present tense.

OUVRIR	SOUFFRIR
j' ouvr*e*	je souffr*e*
tu ouvr*es*	tu souffr*es*
il elle ouvr*e* on	il elle souffr*e* on
nous ouvr*ons*	nous souffr*ons*
vous ouvr*ez*	vous souffr*ez*
ils ouvr*ent* elles ouvr*ent*	ils elles souffr*ent*

2. The past participles of these verbs are irregular.

INFINITIF ⟶	PARTICIPE PASSÉ
ouvrir	ouvert
couvrir	couvert
découvrir	découvert
souffrir	souffert
offrir	offert

Pendant la nuit il a ouvert la fenêtre.
Hier le médecin a découvert la cause
de la maladie.

Exercices

A Tu souffres? Donnez des réponses personnelles.

1. Tu souffres quand tu es enrhumé(e)?
2. Tu souffres plus quand tu as un rhume ou quand tu as la grippe?
3. Tu prends de l'aspirine quand tu souffres d'une allergie?
4. Tu ouvres la bouche quand le médecin t'examine la gorge?
5. Tu ouvres les yeux quand le médecin t'examine les yeux?
6. Tu offres un bouquet de roses à ton amie malade?

B **Qu'est-ce qu'on fait?**   Complétez avec «ouvrir» ou «offrir».

1. Nous ___ les yeux quand nous nous réveillons.
2. Elle ___ un livre à sa mère pour la Fête des Mères.
3. Vous ___ le magazine pour regarder les photos qui vous intéressent?
4. Vous ___ la bouche quand le médecin vous examine la gorge?
5. Ils ___ la bouche pour chanter.
6. J'___ le livre et je commence à lire.
7. J'___ la fenêtre quand il fait chaud.
8. Tu ___ les cadeaux que tes amis t'___ pour ton anniversaire?

C **Il a été malade.**   Répondez par «oui».

1. Charles a été malade?
2. Il a été à l'hôpital?
3. Le médecin a examiné Charles?
4. Charles a ouvert la bouche?
5. Le médecin a découvert la cause de sa maladie?
6. Il a couvert le pauvre Charles?
7. Le médecin a fait un diagnostic?
8. Charles a compris le diagnostic?
9. Le médecin a prescrit des médicaments?
10. Charles a pris les médicaments?
11. Il a pris trois comprimés par jour?
12. Il a beaucoup souffert?
13. Ses amis ont offert un petit cadeau à Charles?

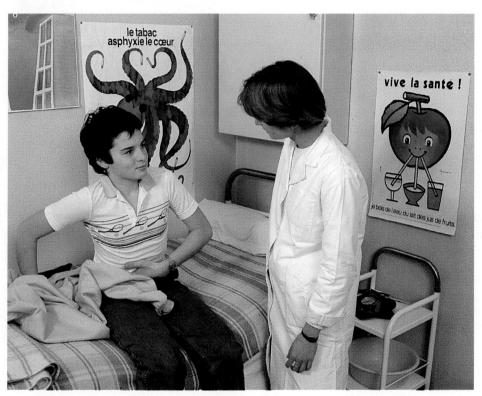

Une femme médecin parle à son jeune patient.

L'impératif

1. You use the imperative to give commands and make suggestions. The forms are usually the same as the *tu*, *vous*, or *nous* form of the present tense. Note, however, that you drop the final *s* of the *tu* form of verbs ending in *-er*, including *aller.* The same is true for verbs like *ouvrir* and *souffrir,* which are conjugated like *-er* verbs. In commands the subject is omitted.

INFINITIF	TU	VOUS
regarder	regarde	regardez
aller	va	allez
ouvrir	ouvre	ouvrez
finir	finis	finissez
attendre	attends	attendez
prendre	prends	prenez
faire	fais	faites
dire	dis	dites

> **Marie, regarde le tableau! Va au tableau!**
> **Madame, prenez des vitamines!**
> **Roger et Vincent, faites attention!**

2. To express "Let's…," you use the *nous* form of the verb without the subject.

> **Dansons!**
> **Choisissons le menu touristique.**

3. With commands, negative expressions go around the verb.

> **Ne parle pas en classe.**
> **N'écoutez jamais ce disque.**
> **Ne disons rien.**

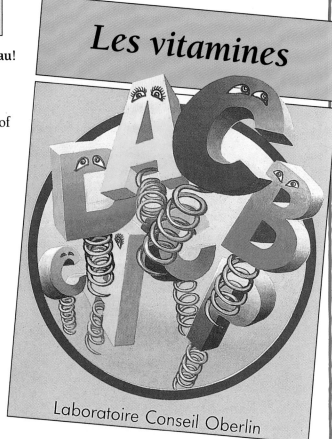

Les vitamines

Laboratoire Conseil Oberlin

Exercices

A **La loi, c'est moi!** Donnez un ordre à un copain ou à une copine d'après le modèle.

> chanter
> *Chante!*

1. danser
2. écouter la musique
3. parler français
4. travailler plus
5. préparer le dîner
6. commander un sandwich
7. ouvrir la porte

B **Et vous aussi!** Refaites l'Exercice A d'après le modèle.

> chanter
> *Chantez!*

C **Ne fais pas ça!** Donnez un ordre à un copain ou à une copine d'après le modèle.

> regarder
> *Ne regarde pas!*

1. lire le journal
2. écrire une lettre
3. prendre le métro
4. attendre dans la gare
5. descendre
6. aller vite
7. faire attention
8. entrer

D **Ne faites pas ça!** Refaites l'Exercice C d'après le modèle.

> regarder
> *Ne regardez pas!*

E **Allons-y!** Répondez d'après le modèle.

> Vous voulez inviter Marie?
> *Oui, invitons Marie!*

1. Vous voulez aller à la plage?
2. Vous voulez nager?
3. Vous voulez faire du ski nautique?
4. Vous voulez prendre le petit déjeuner?
5. Vous voulez aller au restaurant?
6. Vous voulez manger des fruits?

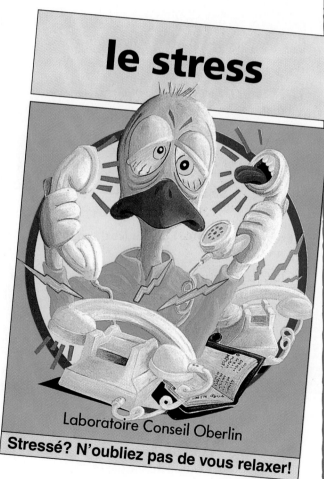

le stress

Laboratoire Conseil Oberlin

Stressé? N'oubliez pas de vous relaxer!

CONVERSATION

Scènes de la vie   *Charlotte souffre*

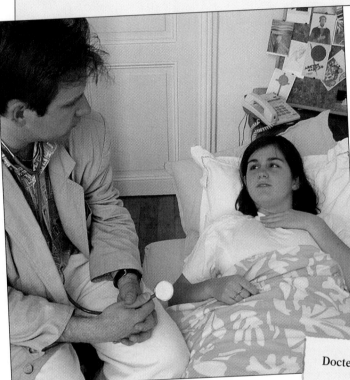

CHARLOTTE: Ah, docteur, qu'est-ce que je peux souffrir!

LE MÉDECIN: Où avez-vous mal? Quels sont vos symptômes?

CHARLOTTE: Qu'est-ce que je suis malade! J'ai les yeux qui piquent et la gorge qui gratte. Ça fait mal!

LE MÉDECIN: Vous avez mal à la tête?

CHARLOTTE: Ah, oui. J'ai mal partout. Et j'ai des frissons. J'ai froid.

LE MÉDECIN: Alors, vous avez de la fièvre. Je vais prendre votre température. Mais d'abord, je vais vous examiner. Ouvrez la bouche, s'il vous plaît… Oui, vous avez la gorge très rouge. Vous avez une angine.

CHARLOTTE: Une angine?!

LE MÉDECIN: Oui, ce n'est pas grave. Je vais vous faire une ordonnance. Je vous prescris des antibiotiques. Vous allez être vite sur pied.

A **Une angine.**   Répondez d'après la conversation.

1. Charlotte souffre beaucoup?
2. Elle a les yeux qui piquent?
3. Elle a la gorge qui gratte?
4. Elle a mal à la tête?
5. Où a-t-elle mal?
6. Elle a de la fièvre et des frissons?
7. Qu'est-ce que le médecin va prendre?
8. Qu'est-ce que Charlotte ouvre?
9. Elle a la gorge comment?
10. Qu'est-ce qu'elle a?
11. Qu'est-ce que le médecin prescrit?
12. Charlotte va être vite sur pied?

Docteur Henri ANSART

50, résidence du Bois du Four
78640 NEAUPHLE-LE-CHÂTEAU
(Yvelines)
Tél. 36.89.00.07   36.89.08.95

DUROSEL Charlotte

Hyconcil :

2 gélules matin et soir pendant 5 jours.

Locabiotal :

3 pulvérisations par jour.

Prononciation   *Le son /ü/*

1. To say the sound /ü/, first say the sound /i/ but round your lips. Repeat the following words.

température	enrhumé	chaussure
voiture	descendu	

2. The sound /ü/ also occurs in combination with other vowels.

éternuer	lui	depuis
aujourd'hui	je suis	

Now repeat the following sentences.

Quelle est la température aujourd'hui?
Luc conduit depuis huit ans.
Il a mis ses chaussures dans la voiture.

température

Activités de communication orale

A Ah docteur, je suis très malade!   Imagine you're sick with a cold, the flu, or a throat infection. Tell the doctor (your partner) what your symptoms are. Your partner makes a diagnosis and tells you what to do to get better.

Élève 1: J'ai mal à la tête et j'éternue tout le temps.
Élève 2: Vous avez un rhume. Prenez de l'aspirine et du bouillon de poulet.

B Je déteste ce cadeau!   In your worst nightmare, what did the following people give you for your birthday? Your partner will ask you about each person. Answer, then reverse roles.

Élève 1: Qu'est-ce que ta grand-mère t'a offert pour ton anniversaire?
Élève 2: Elle m'a offert des cassettes de Frank Sinatra.

tes parents	tes grands-parents
ton meilleur ami	ton frère
ta meilleure amie	ta sœur

LECTURE ET CULTURE

UNE CONSULTATION OU UNE VISITE

*L*e pauvre Richard! Qu'est-ce qu'il est malade! Il tousse. Il éternue. Il a mal à la tête. Il a une fièvre de cheval. Il a des frissons. Il n'est pas du tout dans son assiette. Il n'est pas très courageux, notre Richard. Il veut prendre rendez-vous[1] chez le médecin, mais c'est le week-end. Son médecin ne donne pas de consultations.

Alors que faire? Pas de problème! Appelons S.O.S Médecins, un service qui envoie des médecins à domicile. Un médecin arrive chez Richard. Il examine Richard. Il ausculte le malade. Il prend sa température. Le médecin dit que Richard a la grippe. Mais ce n'est pas grave. Il va vite se sentir mieux. Le médecin fait une ordonnance à Richard. Il prescrit des antibiotiques: trois comprimés par jour, un à chaque repas[2].

Richard paie le médecin. Mais en France la Sécurité Sociale rembourse les honoraires des médecins, c'est-à-dire l'argent qu'on donne aux médecins. Les honoraires et tous les frais[3] médicaux sont remboursés de 80 à 100% (pour cent) par la Sécurité Sociale.

[1] prendre rendez-vous *make an appointment*
[2] repas *meal*
[3] frais *expenses*

Étude de mots

A **Autrement dit.** Dites d'une autre manière.

1. Richard a *beaucoup de fièvre*.
2. Il *ne se sent pas bien*.
3. Il veut *aller voir* le médecin.
4. Le médecin *ne voit pas de malades* pendant le week-end.
5. S.O.S Médecins envoie des médecins *chez les malades*.
6. Le médecin *écoute la respiration de* Richard.
7. La grippe n'est pas une maladie *sérieuse*.
8. Richard va vite *se sentir mieux*.

Compréhension

B **Vous avez compris?** Répondez par «oui» ou «non».

1. Richard est très courageux quand il est malade.
2. Il a beaucoup de fièvre.
3. Il a mal au ventre.
4. Richard veut aller chez le médecin.
5. Son médecin donne des consultations tous les jours.
6. Richard prend rendez-vous chez le médecin de S.O.S Médecins.
7. Le médecin prescrit des comprimés d'aspirine.
8. Les frais médicaux ne sont pas remboursés en France.

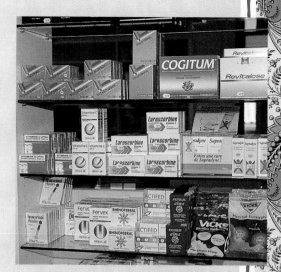

C **En France.** Qu'est-ce que vous avez appris sur les médecins et les services médicaux en France?

DÉCOUVERTE CULTURELLE

*L*a culture influence la médecine? Certainement. Par exemple, en France tout le monde parle de son foie[1]. Les Français disent souvent, «J'ai mal au foie». En Amérique on n'entend jamais «J'ai mal au foie». Pourquoi pas? Parce que, pour les Américains, une maladie du foie est quelque chose de grave. Mais quand un Français dit qu'il a mal au foie, il veut dire tout simplement qu'il a un trouble digestif. Ce n'est rien de grave. Il n'est peut-être pas dans son assiette aujourd'hui mais il va être vite sur pied.

Aux États-Unis on parle d'allergies. Beaucoup d'Américains souffrent d'une petite allergie. Les symptômes d'une allergie ressemblent aux symptômes d'un rhume. On éternue et on a souvent mal à la tête. Une allergie est désagréable, mais pas grave. En France, on parle moins souvent d'allergies. Vive la différence!

[1] foie *liver*

Les troubles digestifs

RÉALITÉS

1

2

3

404

Voici un médecin généraliste dans son cabinet **1**.

Voici un grand hôpital pédiatrique à Paris **2**. Les grands hôpitaux ont l'équipement le plus moderne et le plus avancé technologiquement. Les services médicaux en France sont généralement excellents.

En France on fait beaucoup de recherches médicales et pharmaceutiques. À l'Insititut Pasteur de Paris, on fait des recherches continues pour trouver des médicaments ou des vaccins pour traiter ou combattre le SIDA, la maladie la plus grave de notre époque **3**.

Voici une ambulance du SAMU (le Service d'Aide Médicale d'Urgence). On appelle le SAMU en cas d'urgence **4**.

4

CULMINATION

Activités de communication orale

A **C'est bon ou mauvais pour la santé?**   Ask students in the health class for a list of health tips. Then, with a partner, make a list in French of things that people should do to stay healthy. Make a second list of things people should avoid doing. Present your lists to the class in random order and ask your classmates to decide whether the suggestion is good or bad for your health.

B **Qu'est-ce que tu me dis?**   Suggest the following situations to your partner and ask what he or she would say in each case.

> t'offrir un bouquet de roses
> Élève 1: Je t'offre un bouquet de roses.
> Qu'est-ce que tu me dis?
> Élève 2: Je te dis: «Merci beaucoup,
> les roses sont magnifiques!»

1. te téléphoner à minuit
2. te proposer de sortir ensemble
3. te dire que j'ai besoin d'argent
4. te demander de faire mes devoirs pour moi
5. te donner un sandwich au pâté
6. te dire que je ne suis pas dans mon assiette

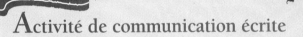

Activité de communication écrite

A **Excusez-moi…**   You're supposed to take a French test today but you're not feeling well. Write a note to your French teacher explaining why you can't take the test, and mention some symptoms you have. Give the date and time you'd like to take the test.

Réintroduction et recombinaison

A **Isabelle se sent très bien aujourd'hui!** Complétez au présent.

Qui ___ (dire) qu'Isabelle n'___ (être) pas dans son assiette aujourd'hui? Ce
₁ ₂
n'___ (être) pas du tout vrai. Elle ___ (aller) très bien. Elle ___ (se lever) de
₃ ₄ ₅
bonne heure, ___ (prendre) son petit déjeuner et ___ (quitter) la maison. Elle
₆ ₇
___ (vouloir) rester en forme. Elle ___ (aller) au gymnase où elle ___ (faire)
₈ ₉ ₁₀
de l'aérobic. Elle ___ (avoir) beaucoup de copains au gymnase. Ils ___ (mettre)
₁₁ ₁₂
un survêtement et ils ___ (faire) de l'exercice ensemble.
₁₃

B **Aux sports d'hiver.** Complétez au passé.

1. L'hiver dernier Sylvie et Maryse ___ (passer) une semaine à Val d'Isère dans les Alpes françaises.
2. Le premier jour elles ___ (mettre) leur anorak, leurs gants et leurs skis.
3. Elles ___ (prendre) le télésiège jusqu'au sommet de la montagne.
4. Malheureusement elles ___ (choisir) la mauvaise piste—une piste noire, très difficile.
5. Sylvie ___ (glisser) et ___ (faire) une chute.
6. Elle ___ (perdre) ses bâtons qui ___ (glisser) jusqu'en bas de la piste.
7. Deux garçons très sympa ___ (trouver) les bâtons et ils ___ (donner) les bâtons à Sylvie.
8. Les deux filles ___ (dire) «merci» aux garçons et ils ___ (faire) du ski ensemble toute la journée.

Vocabulaire

NOMS
la santé
la médecine
le médecin
le/la malade
le/la pauvre
l'allergie (f.)
l'angine (f.)
la température
la fièvre
les frissons (m.)
la grippe
le rhume
l'infection (f.)

le médicament
l'ordonnance (f.)

l'aspirine (f.)
l'antibiotique (m.)
la pénicilline
le comprimé
la pharmacie
le/la pharmacien(ne)
le kleenex
le mouchoir

les yeux (m.)
le nez
la bouche
l'oreille (f.)
la gorge
le ventre

ADJECTIFS
allergique

bactérien(ne)
enrhumé(e)
malade
viral(e)

VERBES
examiner
ausculter
respirer (à fond)
éternuer
tousser
couvrir
découvrir
offrir
ouvrir
souffrir

se sentir
prescrire

AUTRES MOTS ET EXPRESSIONS
avoir mal à
avoir un chat dans la gorge
avoir de la fièvre
avoir une fièvre de cheval
avoir les yeux qui piquent
avoir le nez qui coule
avoir la gorge qui gratte
ne pas être dans son assiette
être en bonne (mauvaise) santé
être vite sur pied
faire un diagnostic
faire une ordonnance
Ça fait mal.

{ 16 }

LES LOISIRS CULTURELS

OBJECTIFS

In this chapter you will learn to do the following:

1. discuss movies, plays, and museums
2. indicate people, places, and things you know
3. tell what you know how to do
4. refer to people and things already mentioned
5. identify cities, countries, and continents
6. express "to come," "to come back," and "to become"
7. tell where people come from
8. contrast French and American cultural activities

VOCABULAIRE

MOTS 1

AU CINÉMA

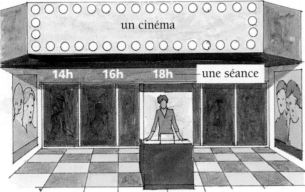

un cinéma

une séance

le guichet

l'écran

une salle
de cinéma

un dessin
animé

Qui joue dans ce film?

les vedettes (f.)

un acteur

une actrice

un film étranger

On passe un film étranger à Paris.
On passe le film en V.O., c'est-à-dire en
  version originale.
On le voit en version originale avec des
  sous-titres français.

Le film est doublé.
La version originale est en anglais.
La version doublée est en français.

Qu'est-ce que tu vas faire?

les sous-titres (m.)

Tu préfères quels genres de films?

un documentaire

un film policier

un film d'horreur

un film de science-fiction

un film d'aventures

un film d'amour

une comédie

un drame

AU THÉÂTRE

une pièce de théâtre

le rideau

le décor

On monte une pièce.
C'est une comédie.

un costume

la scène

Comédie-Française

**Molière
Le Tartuffe**

Acte 1 Scène 1
Scène 2

**Entracte
Acte 2** Scène 1
Scène 2

Acte 3 Scène 1
Scène 2

La pièce a trois actes.
Chaque acte a deux scènes.
Entre deux actes il y a un entracte.

Voici quelques genres de pièces:

    une tragédie
    un opéra
    une comédie musicale

l'entracte (m.)

Exercices

A   **Fana de cinéma ou pas?**   Donnez des réponses personnelles.

1. Tu es fana de cinéma? C'est-à-dire, tu aimes beaucoup voir des films?
2. Tu vas souvent au cinéma?
3. Il y a un cinéma près de chez toi?
4. La première séance est à quelle heure?
5. Il y a toujours un dessin animé avant le film?
6. Tu fais la queue devant le cinéma? Quels soirs spécialement?
7. Où est-ce que tu prends les billets?
8. Dans la salle de cinéma, tu préfères une place près de l'écran ou loin de l'écran?
9. Quel est ton acteur préféré ou ton actrice préférée?
10. Quelle est la vedette de ton film préféré?
11. Si tu vois un film étranger, tu préfères voir la version originale avec des sous-titres ou une version doublée?

B   **Au cinéma.**   Complétez.

1. Ce soir on ___ un très bon film au cinéma Rex.
2. C'est un film étranger. Il n'est pas doublé, il a des ___.
3. On passe le film en ___ originale.
4. La prochaine ___ commence à quelle heure?
5. Combien coûte le ___?

C   **Tu aimes quels genres de films?**   Donnez des réponses personnelles.

1. Tu préfères les documentaires ou les dessins animés?
2. Tu préfères les films policiers ou les films d'horreur?
3. Tu préfères les films d'aventures ou les films de science-fiction?
4. Tu préfères les comédies ou les drames?
5. Quand tu vas au magasin de vidéos, tu choisis généralement quel genre de films?

D   **Des pièces et des films.**   Complétez.

1. Au théâtre on ___ une pièce.
2. On voit un film au cinéma et on voit une pièce au ___.
3. Une pièce a des ___ et les ___ ont des ___.
4. Entre deux actes il y a un ___.
5. Un ___ joue le rôle de Roméo.
6. Une ___ joue le rôle de Juliette.
7. Le balcon de Juliette est le ___ d'une scène d'amour célèbre.
8. Les acteurs et les actrices portent des ___.
9. Le mot ___ en français signifie (veut dire) *scene* et *stage* en anglais.
10. Le ___ se lève à 20 heures.

E **Au théâtre.** Donnez des réponses personnelles.

1. Tu es fana de théâtre?
2. Tu vas souvent au théâtre?
3. Il y a un théâtre dans ta ville?
4. Ton école a un club d'art dramatique?
5. Tu es membre du club d'art dramatique?
6. Le club monte combien de pièces par an?
7. Cette année le club va monter quelle pièce?

F **Mes préférences.** Donnez des réponses personnelles.

1. Tu préfères les comédies ou les tragédies?
2. Tu aimes l'opéra?
3. Tu aimes les comédies musicales?
4. Tu as déjà joué dans une pièce?
5. Quel rôle as-tu joué?

Collections de la Comédie-Française

Comédie-Française

Molière
Le Malade imaginaire

VOCABULAIRE

MOTS 2

AU MUSÉE
une exposition d'art

la peinture

un tableau

une statue

la sculpture

une peintre

un peintre

des sculpteurs (m.)

une œuvre

Je sais le nom du peintre.
C'est Duval.
Je ne connais pas ce peintre
    personnellement.
Je connais son œuvre, c'est-à-dire
    ses tableaux.

Musée d'Art Moderne
Ouvert: du mardi au dimanche
de 9h à 18h
Fermé: le lundi

Moi, je connais bien le Musée d'Art
    Moderne.
Je le visite souvent.
Je sais que le musée est fermé le
    lundi.
Il est ouvert tous les jours sauf le
    lundi.

Exercices

A **Un peu de culture.** Répondez d'après les dessins.

1. C'est un musée ou un théâtre?
2. Le musée est ouvert ou fermé?
3. C'est une exposition de peinture ou une exposition de sculpture?

4. Elle est peintre ou sculpteur?
5. C'est un tableau ou une statue?

B **Qui le sait?** Répondez.

1. Robert sait le nom du peintre?
2. Il connaît le peintre?
3. Il connaît l'œuvre du peintre?
4. Annick sait le nom du musée?
5. Elle connaît le musée?
6. Elle connaît le Musée d'Art Moderne?
7. Elle le visite souvent?
8. Elle sait que le musée est fermé le lundi?
9. Le Musée d'Art Moderne est ouvert tous les jours sauf le lundi?

Activités de communication orale
Mots 1 et 2

A **Le théâtre.** A French exchange student at your school (your partner) is interested in theater. He or she wants to know if you like to go to the theater and what kinds of plays you like; if there are theaters in your town; if your school has a drama club and, if so, what play(s) the club is putting on or has put on this year.

B **Tu aimes le cinéma?**   You're talking to a French teenager, Hélène Bouvier, in a café in Cannes during the movie festival. You're talking about the movies. Answer her questions.

1. Tu aimes aller au cinéma?
2. Tu y vas souvent?
3. Quels sont tes acteurs préférés?
4. Tu préfères quels genres de films?
5. Ça coûte combien, un billet de cinéma aux États-Unis?

Hélène Bouvier

C **Mon film préféré.**   Find out what a classmate's favorite movies are and why. Then find out which movies he or she hates and why. Reverse roles.

D **Au musée.**   The French tourist office has sent you the brochure below describing Paris museums. Find out which museum a classmate would like to visit and why. (If he or she doesn't want to visit any of them, find out why.) Then reverse roles.

> Élève 1: **Tu veux visiter quel musée?**
> Élève 2: **Je veux visiter le Centre Pompidou parce que j'aime l'art moderne.**

E **Renseignements.**   You're in Paris and you'd like to visit one of the museums listed in the brochure on the right. Call the museum and find out from the museum employee (your partner) where it's located, when it opens and closes, what day it's closed, and how much a ticket costs. Your partner can use the information in the brochure to answer your questions.

F **Allons au cinéma!**   With your classmates, see a French film that is playing at a local movie theater. Afterwards, go out for a snack together and discuss the movie in French. If there are no French movies playing in your community, ask your teacher to rent a French video that you can watch and discuss in class.

LES MUSÉES

MUSÉE DE L'ARMÉE
Esplanade des Invalides. 45.55.37.70. Tous les jours de 10h à 18h. Entrée: 27F. Tarif réduit: 14F. (Musée accessible aux handicapés physiques).

CENTRE POMPIDOU (BEAUBOURG)
Rue Rambuteau. 42.77.12.33. Semaine de 12h à 22h. Samedi, dimanche et fêtes de 10h à 22h. Fermé le mardi. Tarif musée: 27F. Tarif réduit: 18F. *Le Musée National d'Art Moderne de l'après-impressionnisme à nos jours, plus des expositions temporaires, concerts, ballets, cinémathèque.*

MUSÉE DU LOUVRE
Rue de Rivoli. Ouvert tous les jours sauf le mardi de 9h à 18h. Entrée: 30F. Tarif réduit: 15F. *Six musées en un seul: antiquités gréco-romaines, égyptiennes, orientales, beaux-arts français, italiens et d'autres encore. En vedette, «la Vénus de Milo», et «la Joconde».*

MUSÉE DU SPORT
24, rue du Commandant Guilbaud. 40.45.99.12. Entrée: 20F. Tarif réduit: 10F. Ouvert tous les jours de 9h30 à 12h30 et de 14h à 17h. Fermé mercredi, samedi et fêtes. *Exposition permanente: Trésors et curiosités du sport.*

MUSÉE DU CINÉMA-HENRI LANGLOIS
Palais de Chaillot. 45.53.74.39. Tous les jours sauf mardi et fêtes. Visites guidées à 10h, 11h, 14h, 15h, et 16h. Entrée: 22F. Tarif réduit: 14F. *Documents sur le cinéma de 1895 à nos jours.*

STRUCTURE

Les verbes *connaître* et *savoir* au présent

Indicating People, Places, and Things You Know and What You Know How to Do

1. Study the following forms of the irregular verbs *connaître* and *savoir*, both of which mean "to know."

CONNAÎTRE	SAVOIR
je connais	je sais
tu connais	tu sais
il / elle / on connaît	il / elle / on sait
nous connaissons	nous savons
vous connaissez	vous savez
ils / elles connaissent	ils / elles savent

2. You use *savoir* to indicate that you know a fact.

> **Je sais le numéro de téléphone et l'adresse du cinéma.**
> **Je sais que le cinéma n'est pas loin d'ici.**
> **Il sait à quelle heure la séance commence.**

3. You use *savoir* + infinitive to indicate that you know how to do something.

> **Elle sait conduire.**
> **Tu sais danser?**

4. *Connaître* means "to know" in the sense of "to be acquainted with." You use it with people, places, and things. Compare the meanings of *savoir* and *connaître* in the sentences below.

> **Je sais son nom. C'est Nathalie. Je connais bien Nathalie.**
> **Je sais où elle habite. Elle habite à Grenoble. Je connais Grenoble.**
> **Je sais le nom de l'auteur. C'est Victor Hugo. Je connais son œuvre.**

Exercices

A   **Qu'est-ce que tu sais?**   Donnez des réponses personnelles.

1. Tu sais l'adresse de ton ami(e)? Il/Elle habite quelle ville?
2. Tu connais la ville?
3. Tu sais le nom d'un bon restaurant? Quel est son nom?
4. Tu connais le restaurant?
5. Tu sais le nom de l'auteur de la tragédie de *Macbeth*? Quel est son nom?
6. Tu connais les pièces de Shakespeare?
7. Tu connais *Macbeth*?

B   **On sait tout.**   Complétez avec «savoir».

1. Moi, je ___ le nom du théâtre.
2. Et Paul ___ le numéro de téléphone du théâtre.
3. Paul et moi, nous ___ l'adresse du théâtre.
4. Mais nous ne ___ pas l'heure du lever de rideau.
5. Voilà Guy et Monique. Ils ___ à quelle heure la pièce commence.
6. Je ___ que le théâtre est fermé le dimanche.
7. Vous ___ quelle pièce on monte maintenant à la Comédie-Française?
8. Et toi, tu ___ qui joue le rôle principal dans cette pièce?

C   **Qu'est-ce que tu sais faire?**   Donnez des réponses personnelles.

1. Tu sais jouer au tennis?
2. Tu sais faire de l'aérobic?
3. Tu sais faire des costumes?
4. Tu sais organiser une très bonne fête?
5. Tu sais parler français?

D   **Qui connaît quoi?**   Complétez avec «connaître».

1. Je ___ bien la France.
2. Les élèves de Madame Benoît ___ la peinture française.
3. Mais ils ne ___ pas très bien la littérature française.
4. Tu ___ la culture française?
5. Et Paul, il ___ la culture française contemporaine?
6. Vous ___ l'art français?
7. Nous ___ les Impressionnistes comme Monet, Manet et Renoir.
8. Tu ___ l'œuvre du peintre Degas?
9. Ah, oui. Je ___ son œuvre. J'adore ses danseuses de ballet.

Auguste Rodin: «Les Bourgeois de Calais»

Les pronoms *le, la, les*

Referring to People and Things Already Mentioned

1. You have already learned to use *le, la, l'*, and *les* as definite articles. These same words are also used as direct object pronouns. A direct object pronoun can replace either a person or a thing. Note that the direct object pronoun in French comes right before the verb.

Je sais le nom du film.	Je *le* sais.
Je vois le film.	Je *le* vois.
J'aime le film.	Je *l'*aime.
Je ne connais pas la vedette.	Je ne *la* connais pas.
Je lis les sous-titres.	Je *les* lis.
J'admire les costumes.	Je *les* admire.

2. Note the placement of the direct object pronoun in negative sentences. It cannot be separated from the verb by the negative word.

Tu connais l'auteur?	Non, je ne *le connais* pas.
Tu regardes la télé?	Je ne *la regarde* jamais.
Tu aimes les tragédies?	Je ne *les aime* pas du tout.

3. Remember that in sentences with a verb + infinitive, the pronoun comes right before the infinitive.

Nous pouvons lire les sous-titres.	Nous pouvons *les* lire.
Il ne peut pas comprendre le film.	Il ne peut pas *le* comprendre.

Exercices

A **Tu aimes les pâtisseries?** Donnez des réponses personnelles d'après le modèle.

> les pâtisseries
> *Les pâtisseries? Je les aime beaucoup.*
> (*Je ne les aime pas. Je les déteste!*)

1. les gâteaux
2. l'eau minérale
3. la viande
4. le bœuf
5. le poisson
6. la glace
7. les fruits
8. les crevettes
9. le poulet
10. les haricots verts

Paul Cézanne: «L'Assiette bleue—Abricots et cerises»

B **On voit le film en version originale.** Complétez.

1. — On voit le film doublé ou en version originale?
   — On ___ voit en version originale.
2. — Tu sais le nom de la vedette?
   — Oui, je ___ sais.
3. — Tu connais la vedette?
   — Tu veux rigoler! Mais non, je ne ___ connais pas.
4. — Tu comprends le français?
   — Oui, je ___ comprends.
5. — Tu ___ comprends assez bien pour comprendre le film?
   — Non, mais il n'y a pas de problème. Il y a des sous-titres et je ___ lis quand je ne comprends pas le dialogue.

C **Qu'est-ce qu'il est beau!** Répondez d'après le modèle.

Tu vois la statue?
Oui, je la vois. Qu'est-ce qu'elle est belle!

1. Tu vois le théâtre?
2. Tu aimes la pièce?
3. Tu vois le tableau?
4. Tu entends le concert?
5. Tu vois le ballet?
6. Tu vois le film?
7. Tu lis le poème?
8. Tu vois le décor?
9. Tu regardes les costumes?
10. Tu vois la vedette?
11. Tu vois l'actrice?
12. Tu regardes les tableaux?

D **Qu'est-ce qu'on va faire?**
Répondez en utilisant «le», «la» ou «les».

1. Après les cours tu vas prendre le bus?
2. Tu vas écouter la radio?
3. Tu vas faire les devoirs de français ce soir?
4. Tu vas regarder la télé?
5. Ton père ou ta mère va préparer le dîner?
6. Tes parents vont lire le journal?

Edgar Degas: «Deux Danseuses en scène»

Les prépositions avec les noms géographiques

Identifying Cities, Countries, and Continents

You use the following prepositions to express "in" or "to" with geographical names.

1. *à* with the name of a city

> **Le Château de Versailles est bien sûr à Versailles.**
> **Le Musée du Louvre est à Paris.**
> **Je vais à New York pour aller au théâtre.**

2. *en* with the name of feminine countries and continents. Most countries and continents whose names end in silent -*e* are feminine. *Le Mexique* is a common exception.

> **Henri est en France.**
> **La France est en Europe.**
> **Carole va en Tunisie.**
> **La Tunisie est en Afrique.**
> **Shanghaï est en Chine.**
> **La Chine est en Asie.**

3. *au* with the name of masculine countries. Most countries whose names do not end in silent -*e* are masculine.

> **Il va faire du ski au Canada.**
> **Cancún est au Mexique.**
> **Tokyo est au Japon.**
> **Je passe mes vacances au Maroc.**
> **Dakar est au Sénégal.**

4. *aux* with countries whose name is plural

> **Marc fait un voyage aux États-Unis.**
> **Amsterdam est aux Pays-Bas.**

la France

la Tunisie

le Sénégal

la Chine

l'Italie

la Belgique

le Mexique

le Canada

le Japon

les États-Unis

le Maroc

les Pays-Bas

Exercices

A **Vous connaissez la géographie?** Répondez en indiquant le pays.

1. Où est Paris?
2. Où est Rome?
3. Où est Madrid?
4. Où est Lyon?
5. Où est Tokyo?
6. Où est New York?
7. Où est Montréal?
8. Où est Dakar?

B **Vous y allez quand?** Posez une question d'après le modèle.

Nous allons à Antibes.
Ah oui? Vous allez en France quand?

1. Nous allons à Paris.
2. Nous allons à Cannes.
3. Nous allons à Amsterdam.
4. Nous allons à Barcelone.
5. Nous allons à Québec.
6. Nous allons à Shanghaï.
7. Nous allons à Miami.
8. Nous allons à Casablanca.

C **C'est quel continent?** Complétez.

1. Le Japon est ___ Asie et la Chine est ___ Asie aussi.
2. L'Italie et l'Espagne sont ___ Europe. Le Portugal est aussi ___ Europe.
3. Le Brésil, le Chili et l'Argentine sont ___ Amérique du Sud.
4. Les États-Unis et le Canada sont ___ Amérique du Nord.
5. Le Sénégal et la Côte-d'Ivoire sont ___ Afrique.

D **Les grands musées du monde.** Complétez.

1. Le Musée du Prado est ___ Madrid ___ Espagne.
2. Le Musée du Louvre est ___ Paris ___ France.
3. Le Metropolitan Museum est ___ New York ___ États-Unis.
4. Le Musée Britannique est ___ Londres ___ Angleterre, c'est-à-dire ___ Grande-Bretagne.
5. Le Centre Pompidou est ___ Paris ___ France.
6. Le Rijksmuseum est ___ Amsterdam ___ Hollande, c'est-à-dire ___ Pays-Bas.

La Fontaine Stravinski près du Centre Pompidou

Les verbes irréguliers *venir*, *revenir* et *devenir* au présent

Expressing "to come," "to come back," and "to become"

1. The verb *venir*, "to come," is irregular in the present tense. Study the following forms.

VENIR			
je viens		nous	venons
tu viens		vous	venez
il		ils	
elle	vient	elles	viennent
on			

Tu viens ce soir au théâtre?
Beaucoup de touristes viennent en France
en été pour visiter ses musées célèbres.
Venez avec nous!

2. Two other verbs conjugated like *venir* are *revenir*, "to come back," and *devenir*, "to become." *Devenir* is seldom used in the present.

Il revient à trois heures.

Exercices

A **Qui vient au cinéma?** Répondez par «oui».

1. Claude vient au cinéma avec nous?
2. Il vient avec Martine?
3. Liliane vient aussi?
4. Elle vient avec sa copine?
5. Elles viennent à vélomoteur?
6. Tu viens au cinéma aussi?
7. Tu viens avec un copain?
8. Ton copain et toi, vous venez à pied?

B **Ils reviennent cet après-midi.** Répondez d'après le modèle.

Élève 1: Marie est là?
Élève 2: Non, elle revient cet après-midi.

1. Mon père est là?
2. Mes copains sont là?
3. Sophie est là?
4. Le professeur est là?

La préposition *de* avec les noms géographiques

Telling Where People Come From

You use the following prepositions to express "from" with geographical names.

1. *de* with the name of a city, a feminine country, or a continent

> **Elle est de Bordeaux.**
> **Ses grands-parents viennent d'Italie.**
> **Mes grands-parents viennent d'Amérique du Sud.**

2. *du* with the name of a masculine country

> **Mon amie arrive du Japon ce soir.**
> **Son père revient du Maroc.**

3. *des* with a country whose name is plural

> **Ils arrivent des États-Unis.**

Exercices

A **D'où viennent tous ces touristes?** Répondez d'après le modèle.

> Italie
> *Ces touristes viennent d'Italie.*

1. Espagne
2. Rome
3. Nice
4. France
5. Tokyo
6. Japon
7. Maroc
8. Mexique
9. New York
10. États-Unis

B **D'où vient ta famille?** Donnez des réponses personnelles.

1. D'où viens-tu?
2. Ta famille et toi, d'où venez-vous?
3. D'où vient ton père?
4. D'où vient ta mère?
5. D'où viennent tes grands-parents?

Une rue de Fort-de-France à la Martinique

CONVERSATION

Scènes de la vie *On va au cinéma*

DAVID: Carole, tu veux aller au cinéma?
CAROLE: Pourquoi pas? C'est une très bonne idée. On passe quel film?
DAVID: On a le choix. Il y a beaucoup de cinémas, tu sais! Tu préfères quels genres de films?
CAROLE: Moi, j'aime tous les films. Je suis fana de cinéma, une vraie cinéphile.
DAVID: Au Rex on passe un très bon film espagnol—en version originale avec des sous-titres, je crois.
CAROLE: Excellente idée! On peut travailler notre espagnol. La prochaine séance est à quelle heure?

A **Des cinéphiles.** Répondez d'après la conversation.

1. Qui est fana de cinéma?
2. Elle aime quels genres de films?
3. On passe quel film au Rex?
4. Le film est doublé?
5. Qu'est-ce que les deux amis peuvent faire s'ils voient ce film?

Prononciation *Les sons /ü/ et /u/*

It is important to make a clear distinction between /ü/ and /u/ since many words differ only in these two sounds. Repeat the following pairs of words.

vous / vu   dessous / dessus   roue / rue   loue / lu   tout / tu

Now repeat the following sentences.

> Vous avez vu ces statues?
> Tu vas souvent au musée?
> Cette comédie musicale est doublée.

une roue

Activités de communication orale

A **D'où viennent-ils?** Play this game in small groups. First make a list of as many foreign celebrities as your group can think of (world leaders, actors, athletes, etc.). Next, take turns asking students from another group where these people are from. Then reverse roles. The group with the most correct answers wins.

> **Élève 1: D'où viennent les Beatles?**
> **Élève 2: Ils viennent d'Angleterre. (Je ne sais pas. Je ne sais pas qui c'est.)**

B **Où est… ?** Ask your classmates in the geography class to give you a list of the top 20 tourist sites in the world. (Ask them to include cities, museums, and monuments.) Bring the list to French class and ask your partner where each site is located.

> **Élève 1: Où est Montréal?**
> **Élève 2: C'est au Canada.**

C **Je connais bien…** Think of someone you know well in the class. Using the verbs *savoir* and *connaître,* tell a classmate about this person without saying his or her name. Your partner has to guess who it is you're talking about. Include as much of the following information as you can.

La Place Jacques Cartier à Montréal

1. son adresse et son numéro de téléphone
2. ses cours
3. ce qu'il y a dans sa chambre
4. les membres de sa famille
5. ses activités

> **Élève 1: Je sais qu'il aime le football américain et la musique rock.**
>   **Je connais son frère Bob. Il habite rue Kennedy…**
> **Élève 2: C'est Andy.**

LECTURE ET CULTURE

LES LOISIRS CULTURELS EN FRANCE

Il est naturellement difficile de décrire[1] un adolescent américain typique. Et il est difficile aussi de décrire un adolescent français typique. Mais généralisons un peu! Disons que Chantal Brichant est une adolescente française typique. Que fait Chantal quand elle a du temps libre? Est-ce qu'elle lit? Oui, elle lit. Elle lit beaucoup? Pas vraiment. On peut dire que les jeunes Français lisent un peu plus que les jeunes Américains, mais ils ne lisent pas énormément. Quand Chantal lit, qu'est-ce qu'elle choisit? Elle choisit des romans[2] et des bandes dessinées[3].

Chantal va au théâtre? Oui, de temps en temps. Dans toutes les grandes villes de France, et surtout à Paris, il y a des théâtres. Chaque année un certain nombre de pièces sont bien accueillies[4] par le public. Mais Chantal, comme la plupart des adolescents «typiques», va plus souvent au cinéma. Les Français voient beaucoup de films français, bien sûr, mais ils voient aussi pas mal de[5] films étrangers. On passe les grands films étrangers en exclusivité[6] dans les grands cinémas. Ces films sont souvent doublés, mais on peut les voir aussi en version originale avec des sous-titres.

Mais quel est le loisir préféré de Chantal et des Français «typiques»? La télévision? Mais oui! La télévision est de loin[7] le loisir culturel préféré des Français. Et les jeunes gens aiment aussi sortir avec leurs copains. Est-ce qu'il y a beaucoup de différences entre les Américains et les Français? Qu'est-ce que tu en penses?

[1] décrire   *to describe*
[2] romans   *novels*
[3] bandes dessinées   *comic strips*
[4] bien accueillies   *well-received*
[5] pas mal de   *quite a few*
[6] en exclusivité   *first run*
[7] de loin   *by far*

Étude de mots

A Le français, c'est facile.
Trouvez cinq mots apparentés dans la lecture.

Compréhension

B Vous avez compris? Répondez.

1. Chantal lit quand elle a du temps libre?
2. Elle lit énormément?
3. Quel est le genre littéraire préféré des Français?
4. Il y a des théâtres en France? Où?
5. Chaque année il y a des pièces que le public aime?
6. Où est-ce qu'on passe les films étrangers en exclusivité?
7. Quel est le loisir préféré des Français?

C Les adolescents. Il est extrêmement difficile de décrire un adolescent français ou américain typique. Pourquoi?

UNE AVENTURE D'ASTÉRIX LE GAULOIS
les lauriers de CÉSAR
Dessin de UDERZO   Texte de GOSCINNY

© Albert René, 1996. Goscinny/Uderzo, *Les Lauriers de César*, Dargaud Éditeur.

DÉCOUVERTE CULTURELLE

LES MUSÉES

Les musées en France sont très fréquentés par les Français et par les touristes qui viennent du monde entier— d'Europe, d'Asie, d'Australie, d'Amérique et d'Afrique. À Paris il y a beaucoup de musées. Le Musée d'Orsay est une ancienne gare qui est aujourd'hui un musée extraordinaire où il y a une exposition permanente des peintres impressionnistes. Le Centre Pompidou (ou Beaubourg) a toujours des expositions d'art moderne. Il y a un nouveau Musée Picasso. Et la perle des musées français, c'est le Louvre.

Le dimanche, l'entrée dans les musées nationaux est à demi-tarif. Le dimanche, les gens viennent en foule admirer les peintures et les sculptures des artistes de tous les siècles[1] et de tous les pays du monde.

© Hergé/Casterman

LES BANDES DESSINÉES

La lecture préférée des jeunes de 8 à 18 ans est la bande dessinée. La «B.D.» vient en tête[2] des romans policiers, d'espionnage et de science-fiction. Mais les bandes dessinées ne sont pas seulement pour les enfants. Il est certain que la grande majorité des jeunes Français lisent «Tintin», «Astérix» et «Lucky Luke». Quand ils deviennent adultes, ils continuent d'avoir «leurs» bandes dessinées. Beaucoup de bandes dessinées, comme, par exemple, «Les Frustrés» de la dessinatrice humoristique Claire Bretécher, critiquent la vie moderne.

[1] siècles *centuries*
[2] vient en tête *rates above*

Tintin et son chien Milou

Voici le Louvre **1**. C'est un ancien palais royal et le musée le plus célèbre du monde. La Pyramide, construite en 1989 à l'occasion du Bicentenaire de la Révolution française, est la nouvelle entrée du musée.

Cette statue de Molière se trouve devant la Comédie-Française **2**. Molière est un des grands auteurs dramatiques du 17e siècle. À la Comédie-Française on monte les pièces de Molière et de Corneille et Racine, deux autres grands auteurs classiques du 17e siècle.

Voici le Musée d'Orsay à Paris **3**. C'est une ancienne gare qu'on a transformée en musée. On trouve ici les tableaux célèbres des Impressionnistes.

Un groupe de jeunes étudie l'histoire de l'art au Musée du Louvre **4**.

430

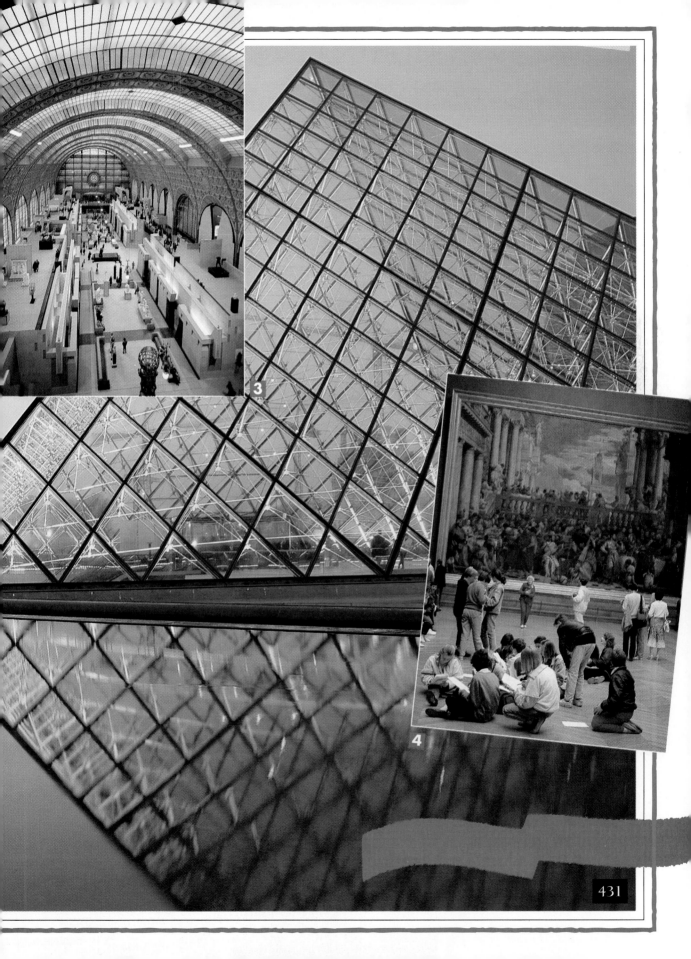

3

4

431

CULMINATION

Activités de communication orale

A **Dans ta ville.** Since you speak French so well, you've been asked to prepare a radio advertisement to attract French-speaking tourists to a cultural event (real or imaginary) that will take place in your town. Be sure to include:

1. a brief description of the event
2. the date, time, and place
3. how and where to buy tickets
4. the price of the tickets
5. a statement encouraging people to attend

B **La télé.** Divide into small groups and choose a leader. The leader interviews the others to find out how much time they spend watching TV every day and what kinds of shows they like. The leader takes notes and reports to the class.

1. Tu regardes la télé combien d'heures par jour?
2. Quelles sortes de programmes est-ce que tu aimes regarder?

les sports les clips (vidéos rock)
les comédies les documentaires
les drames les dessins animés
le journal télévisé les séries
les films

À la classe: Dans mon groupe, tout le monde regarde la télé deux ou trois heures par jour. On préfère les comédies…

C **Tu veux aller au cinéma avec moi?** Look over the ads in this French movie guide. Decide which movie you'd like to see and invite a classmate to see it with you. Tell your partner when and where the movie is playing and whether it's dubbed or in the original language, with subtitles. Discuss whether or not you both want to see the movie or figure out an alternative.

les salles

COMŒDIA
13, avenue Berthelot - Lyon 7e
Tél. 76.58.58.98

ROBIN DES BOIS
(Grand Ecran - Son Dolby Stéréo)
Tlj.: 13h50 - 16h30 - 19h15 - 22h

LA MANIERE FORTE
(Son Dolby Stéréo)
Tlj.: 13h50 - 16h - 18h - 20h15 - 22h15

THELMA ET LOUISE
(Grand Ecran - Son Dolby Stéréo - V.O.)
Tlj.: 14h - 16h45 - 19h30 - 22h

SPARTACUS
(Grand Ecran -Son Dolby Stéréo - V.O.)
Tlj.: 14h30 - 20h15

LES TORTUES NINJA II
Tlj.: 14h - 16h - 18h - 20h - 21h45

UNE EPOQUE FORMIDABLE
+ Court métrage: **"Le ridicule tue"**
Tlj.: 14h - 16h - 18h - 20h - 22h

FOURMI LAFAYETTE
68, rue P. Corneille angle cours Lafayette - Tél. 78.60.84.89

BRAZIL
Tlj. (sf. di.): 21h30 - di.: 19h45

SCENES DE MENAGE DANS UN CENTRE COMMERCIAL
Tlj.: 20h

TINTIN ET LE LAC AUX REQUINS
Me., sa., lu.:14h

ASTERIX ET LE COUP DU MENHIR
Me., sa., lu: 14h - di.: 15h 30

MAMAN, J'AI RATÉ L'AVION
Me., sa., di., lu.: 15h30

FANTASIA
Me., sa., di., lu.:15h30

ALICE
Sa.: 18h

JACQUOT DE NANTES
Me., sa., lu.: 15h30 - 21h30 - je., ve., ma.: 21h30 - di.: 17h45

Activité de communication écrite

A **Des renseignements, s'il vous plaît.** You're going to spend a month in the French city of your choice. Write a letter to the tourist office (*le syndicat d'initiative*) asking for information about cultural events during your stay. Be sure to mention your name and age, what kind of cultural activities you like, and the dates of your stay.

Réintroduction et recombinaison

A **Je suis malade.** Donnez des réponses personnelles.

1. Tu te sens bien aujourd'hui?
2. Quand tu es malade, tu te couches?
3. Aux États-Unis le médecin vient chez toi?
4. Le médecin te fait une ordonnance? Tu la donnes au pharmacien?
5. Quand le pharmacien te donne des comprimés, tu les prends avec un verre d'eau?
6. Quand tu es malade, tu ouvres un magazine et tu le lis?
7. Tu souffres beaucoup quand tu as la grippe?
8. Tu éternues et tu tousses quand tu es enrhumé(e)?

Vocabulaire

NOMS

le cinéma
le guichet
la séance
la salle de cinéma
l'écran (m.)
l'acteur (m.)
l'actrice (f.)
la vedette
le film
le film policier
le film d'aventures
le film d'horreur
le film de science-fiction
le film d'amour
le film étranger
le dessin animé
le documentaire
le drame

le film en version
   originale (V.O.)
le film doublé
les sous-titres (m.)

le théâtre
la pièce
la scène (*stage*)
le rideau
le décor
le costume
l'acte (m.)
l'entracte (m.)
la scène (*scene*)
le genre
la comédie
la comédie musicale
la tragédie
l'opéra (m.)

le musée
l'exposition (f.)
la peinture
le/la peintre
le tableau
la sculpture
le sculpteur
la statue
l'œuvre (f.)
le nom

ADJECTIFS

chaque
fermé(e)
ouvert(e)

VERBES

connaître
savoir

venir
revenir
devenir
visiter

AUTRES MOTS
ET EXPRESSIONS

monter une pièce
passer un film
c'est-à-dire
entre
personnellement
sauf

LES ARTS

Chaque société a sa culture. La culture d'une société s'exprime par sa langue, sa religion et ses arts. La culture est l'ensemble des structures sociales, intellectuelles et artistiques qui caractérisent une société.

LA LITTÉRATURE

1 Il y a de grands écrivains—hommes et femmes—qui viennent des pays francophones et qui écrivent en français. Le romancier *(novelist)* marocain Tahar Ben Jelloun écrit en français. En 1987 il a reçu le prix Goncourt pour son roman *La Nuit sacrée.*

2 Léopold Sédar Senghor est un homme d'état et un écrivain sénégalais. Il a été député à l'Assemblée Nationale française et ensuite président de la République du Sénégal de 1960 à 1980.

   Senghor a publié des poèmes et des essais en français. C'est lui qui a défini la négritude—ce que cela signifie d'être noir.

LA PEINTURE

3 L'art naïf est l'art d'autodidactes— c'est-à-dire, de gens qui n'ont pas fait d'études, qui ont appris seuls. À Haïti il y a un grand nombre de peintres naïfs qui ont beaucoup de talent. Le sujet de leurs tableaux sans perspective est souvent une scène de la vie quotidienne, de la vie de tous les jours. Le petit bus aux couleurs vives s'appelle un *tap tap*. Le *tap tap* est le moyen de transport le plus important à Haïti. Chaque *tap tap* a son nom. Le nom est souvent d'origine religieuse. Et ce *tap tap*, «La Divinité», en est un exemple.

4 Gauguin est un initiateur de la peinture moderne. Pendant toute sa carrière il recherche un paradis exotique. Il va de Paris en Bretagne et en Provence. Finalement il va en Polynésie française où il s'installe à Tahiti.

À Tahiti il commence à peindre des sujets exotiques. Mais il veut donner «carte blanche» à son imagination. «Je ferme les yeux pour voir», dit-il. Les yeux fermés, Gauguin voit des rochers rouges, des arbres dorés et des montagnes violettes. Il les peint comme il les «voit». Il aime utiliser des couleurs vives.

LE MONDE FRANCOPHONE

LA PEINTURE ET L'ARCHITECTURE

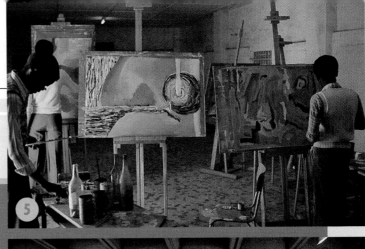

5 Ces jeunes peintres apprennent leur métier à l'Institut National des Arts à Dakar.

6 Pour voir une exposition d'art ou de sculpture il faut aller au musée. Ici nous sommes au Musée des Beaux-Arts à Montréal. C'est le plus vieux musée du Canada.

7 L'architecture, c'est aussi un art. La nouvelle mosquée Hassan II à Casablanca au Maroc est un vrai bijou (jewel) architectural. Du minaret (la tour) de la mosquée le muezzin (guide religieux) appelle les musulmans à la prière cinq fois par jour.

8 Sur cette mosaïque est écrit en arabe «le Miséricordieux», c'est-à-dire, Dieu.

Le Cinéma et la Musique

9 En ce moment il y a beaucoup de films produits par des Africains. On peut voir l'Afrique telle que les Africains la voient. Le film *Sango Malo* du Cameroun présente un portrait intime des réalités de la vie dans un petit village africain d'aujourd'hui.

10 Le film *You Africa*, en wolof et en français avec des sous-titres en anglais, raconte le grand succès d'un tour fait par le chanteur Youssou N'Dour dans neuf pays de l'Afrique occidentale. Ce célèbre chanteur est né dans le quartier pauvre de la médina à Dakar. Aujourd'hui N'Dour est le principal interprète de la musique «fusion pop». C'est une fusion de musique africaine traditionnelle avec du reggae, du jazz et du rock.

Son groupe, Super Étoile, est le plus célèbre de toute l'Afrique. Habillés en *boubous* ou en «*baseball jerseys*», ils battent des tambours traditionnels et jouent de la guitare électrique pendant qu'ils dansent aux vifs rythmes africains.

LE MONDE FRANCOPHONE

RÉVISION

CHAPITRES 13–16

Conversation *Le joueur de foot*

CHRISTINE: Tu connais le garçon là-bas?

SABINE: Je sais son nom—c'est Marc. Mais je ne le connais pas.

CHRISTINE: Je le vois tous les jours dans l'autobus.

SABINE: Et tu ne le connais pas!? Tu es trop timide! Je sais qu'il fait du foot tous les mercredis.

CHRISTINE: Comment tu sais ça?

SABINE: Il est dans l'équipe de mon frère. Il est gardien de but.

CHRISTINE: Il joue bien?

SABINE: Pas mal. Mais la semaine dernière, l'autre équipe a marqué trois buts et notre équipe a perdu zero à trois!

A Trois buts! Répondez d'après la conversation.

1. Christine et Sabine connaissent le garçon?
2. Sabine sait son nom? Comment s'appelle-t-il?
3. Où est-ce que Christine le voit tous les jours?
4. Il joue à quoi?
5. Il est dans quelle équipe?
6. Il est gardien de but?
7. Est-ce que son équipe a gagné la semaine dernière? Pourquoi?

Structure

Les pronoms d'objet direct et indirect *me, te, nous* et *vous*

The pronouns *me, te, nous,* and *vous* function as both direct and indirect objects of the verb. Remember that *me* and *te* change to *m'* and *t'* before a vowel or silent *h*. Object pronouns always come right before the verb.

Le professeur *te* regarde?	Oui, il *me* regarde.
Le médecin *t'*examine?	Non, il ne *m'*examine pas.
Il va *vous* faire une ordonnance?	Oui, il va *nous* faire une ordonnance.

A Qu'est-ce qu'on fait? Répondez en utilisant «me» ou «nous».

1. Quand le médecin t'examine, il t'ausculte?
2. Quand tu as une angine, le médecin te prescrit des antibiotiques?
3. Tes copains te téléphonent quand tu es malade?
4. Tes professeurs vous admirent, toi et tes copains?
5. Ils vous donnent beaucoup de devoirs?
6. Ils vont vous voir l'année prochaine?

Les pronoms d'objet direct *le, la, les*

Review the direct object pronouns *le, la, les*. Remember that *le* and *la* change to *l'* before a vowel or silent *h*. These pronouns can replace either people or things.

Je vois l'acteur.	Je *le* vois.
J'aime beaucoup cet acteur.	Je *l'*aime beaucoup.
Je vais regarder la télé.	Je vais *la* regarder.
Je n'aime pas les romans.	Je ne *les* aime pas.

B **Qu'est-ce qu'on fait?**   Répondez en utilisant «le», «la», «l'» ou «les».

1. Vous connaissez les Impressionnistes?
2. Vous savez l'adresse du Musée d'Orsay?
3. Vous aimez les tableaux des Impressionnistes?
4. Qui aime la sculpture?
5. Tes copains et toi, vous aimez voir les films d'horreur?

C **Non.**   Mettez à la forme négative d'après les indications.

1. Je les vois souvent. (ne… jamais)
2. Vous les aimez, ces gens? (ne… pas)
3. La télé, nous la regardons de temps en temps. (ne… jamais)
4. Le ballet? Nous voulons le voir. (ne… pas)

Les prépositions avec les noms géographiques

You use the following prepositions to express "in," "to," and "from" with geographical names.

1. *à* and *de* with cities

   Il habite à Paris.   **Je viens de Rome.**

2. *en/au (aux)* and *de/du (des)* with countries, depending on whether the country is masculine or feminine, singular or plural

	FÉMININ	MASCULIN
to	**Je vais en France.**	**Je vais au Brésil.** **Je vais aux États-Unis.**
from	**Je viens de France.**	**Je viens du Brésil.** **Je viens des États-Unis.**

   Remember that, except for *le Mexique* and a few others, countries that end in a silent *e* are feminine.

D **Quelle ville? Quel pays?** Complétez.

1. Il est ___ Rome. Il habite ___ Italie.
2. Nous venons ___ Londres, mais nous n'habitons pas ___ Angleterre.
3. J'ai un appartement ___ Paris, mais je n'habite pas ___ France.
4. Ils vont tous les ans ___ Mexique.
5. L'Alhambra est ___ Grenade, ___ Espagne.
6. J'ai passé une semaine ___ Amsterdam ___ Pays-Bas.
7. Il vient ___ Maroc. Il est ___ Casablanca.
8. Tu viens ___ New York. Tu habites ___ États-Unis.

E **Dans quel pays?** Regardez la carte à la page 504. Choisissez une ville et répondez d'après le modèle.

> **Bruxelles**
>
> Élève 1: **Dans quel pays est Bruxelles?**
> Élève 2: **Bruxelles est en Belgique.**

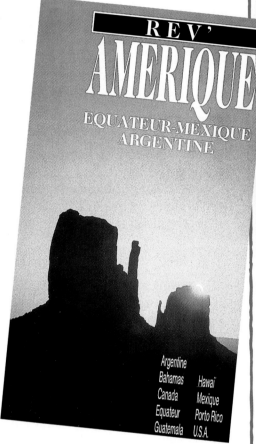

Le passé composé des verbes réguliers et irréguliers

1. The *passé composé* is composed of two parts: the present tense of the verb *avoir* and the past participle of the verb. Review the forms of the *passé composé* of regular verbs.

PARLER	FINIR	VENDRE
j'ai parlé	j'ai fini	j'ai vendu
tu as parlé	tu as fini	tu as vendu
il/elle/on a parlé	il/elle/on a fini	il/elle/on a vendu
nous avons parlé	nous avons fini	nous avons vendu
vous avez parlé	vous avez fini	vous avez vendu
ils/elles ont parlé	ils/elles ont fini	ils/elles ont vendu

2. For the past participles of irregular verbs, see p. 372.

3. Remember that *ne… pas, ne… plus, ne… jamais* go around the verb *avoir.*

> **Tu n'as pas écouté le prof hier?**

F **Le match de foot.** Décrivez un match de foot imaginaire au *passé composé*. Utilisez les verbes et expressions suivants.

regarder	jouer	donner un coup de pied
marquer un but	passer le ballon	arrêter le ballon
égaliser le score	gagner	perdre

G **Les achats.** Vous avez acheté des vêtements. Décrivez ces vêtements à un copain ou une copine. Utilisez les verbes suivants.

acheter   coûter   prendre   trouver   aimer

L'impératif

Imperative forms are used to give commands or to make suggestions. They are the same as the *tu, nous,* and *vous* forms of the present tense. However, in the case of regular *-er* verbs and *aller,* you drop the final *s* of the *tu* form.

Travaille!	Attends un peu!	Fais ça!
Travaillons!	Attendons un peu!	Faisons ça!
Travaillez!	Attendez un peu!	Faites ça!

H **Le jeu de «Jacques a dit»** *(Simon says).* Vous donnez des ordres à vos camarades. Si vous dites d'abord «Jacques a dit», ils le font, mais si vous ne dites pas «Jacques a dit», ils ne le font pas.

(*Jacques a dit*): **Levez le bras droit! Fermez les yeux!, etc.**

Activité de communication orale

A **Enquête sur les saisons.** You want to know if your partner prefers summer or winter. On a separate sheet of paper, make a chart like the one below. Fill it out for both seasons. Compare your chart with your partner's and try to guess which season he or she prefers by asking questions about his or her choices.

Élève 1: Tu préfères le ski
    ou le ski nautique?
Élève 2: Je préfère le ski
    nautique.
Élève 1: Tu préfères l'été.

	L'HIVER	L'ÉTÉ
Vêtements		
Activités	le ski	le ski nautique
Équipement		
Nourriture		

MICROBIOLOGIE:
LOUIS PASTEUR ET L'INSTITUT PASTEUR

Avant la lecture

You have no doubt heard of pasteurized milk. The term comes from the name of the French chemist Louis Pasteur, who invented the method of destroying harmful organisms without altering the milk. Find out how milk and other substances are pasteurized.

Lecture

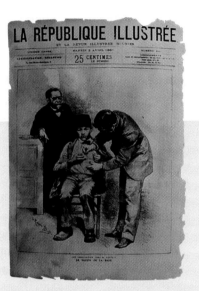

«La vaccination de Joseph Meister»

Louis Pasteur (1822–1895)

Louis Pasteur est né en 1822 dans le Jura. Au collège, il n'est pas très bon élève. Il n'aime pas beaucoup ses cours, mais il aime le dessin. On l'appelle «l'artiste». Il veut devenir professeur et entre à l'École Normale, un institut qui forme les professeurs. Mais maintenant, il est passionné de sciences et passe son temps à faire de la recherche[1]. Il se spécialise en chimie.

En 1854, il commence à étudier ce que nous connaissons sous le nom de «microbes». Pasteur appelle ces microbes «germes» et il fonde une nouvelle science, la microbiologie. En 1873 Pasteur présente à l'Académie de Médecine un rapport qui révolutionne la médecine. Avant ce rapport de Pasteur, on croit que toutes les maladies terribles comme la typhoïde, le choléra et la fièvre jaune sont créées par le corps humain. C'est la théorie de la «génération spontanée». Mais Pasteur a fait des recherches sur les maladies du vin, de la bière et du ver à soie[2]. Il a compris que ces maladies n'arrivent pas toutes seules. Son idée, c'est que toutes les maladies sont causées par des micro-organismes. Ce sont des organismes très, très petits. On les baptise «microbes».

Pour Pasteur, les microbes sont partout. Il dit aux chirurgiens[3] de se laver les mains avant d'opérer, de bien laver aussi leurs instruments, c'est-à-dire de pratiquer l'asepsie. Malheureusement peu de[4] gens l'écoutent. Pourquoi? Parce qu'il n'est pas médecin. Il est chimiste et biologiste. Mais Pasteur ne s'arrête pas là. Il continue ses recherches. Il veut lutter[5] contre les microbes. Ses recherches sur les maladies infectieuses des animaux le conduisent à découvrir la vaccination. En 1885, il réalise le vaccin contre la rage[6]. On vaccine alors pour la première fois un être humain, un petit garçon de neuf ans—Joseph Meister—qui a été mordu[7] par un chien enragé. C'est la victoire, après 40 ans de recherches.

[1] recherche *research*
[2] vin, de la bière et du ver à soie *wine, beer, and the silkworm*
[3] chirurgiens *surgeons*
[4] peu de *few*
[5] lutter *fight*
[6] rage *rabies*
[7] mordu *bitten*

L'Institut Pasteur (1888)

L'enthousiasme est grand, non seulement en France mais dans le monde entier. L'Académie des Sciences reçoit[1] de l'argent de nombreux pays pour la construction d'un centre de recherches en microbiologie.

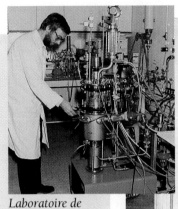

Laboratoire de culture cellulaire à l'Institut Pasteur

L'Institut Pasteur est inauguré le 4 novembre 1888. Et qui est son concierge[2]? C'est... Joseph Meister. Les collaborateurs et élèves de Pasteur continuent son travail. En 1891 les docteurs Calmette et Guérin mettent au point[3] le BCG (Bacille de Calmette et Guérin), le vaccin contre la tuberculose. En 1894, le docteur Roux met au point un vaccin contre la diphtérie.

De nos jours, l'Institut Pasteur de Paris est célèbre dans le monde entier. En plus du centre de recherches, il a un hôpital pour les maladies infectieuses et un centre d'enseignement[4]. En 1983, c'est à l'Institut Pasteur que le docteur Montagnier a isolé le virus du SIDA (Syndrome Immuno-Déficitaire Acquis). Aujourd'hui, à l'Institut, on continue à faire des recherches pour trouver une cure ou un vaccin contre cette terrible maladie.

[1] reçoit *receives*
[2] concierge *caretaker, concierge*
[3] mettent au point *come out with*
[4] enseignement *teaching*

Pasteur par Robert Thom

Après la lecture

A **Louis Pasteur.** Copiez ce formulaire (*data sheet*) sur Pasteur et remplissez-le.

NOM	
DATES	
ÉCOLE	
SPÉCIALISATION	
SUJET DU RAPPORT EN 1873	
DÉCOUVERTE EN 1885	

B **Enquête.** Que pensent vos camarades? Quelle est pour eux la plus grande découverte de Pasteur? Pourquoi?

C **Savez-vous que... ?** En France les enfants sont en général vaccinés contre les maladies suivantes: la diphtérie, le tétanos et la poliomyélite (un seul vaccin pour les trois); la tuberculose (le BCG); la coqueluche (*whooping cough*); la rougeole (*measles*); la rubéole (*German measles*) et les oreillons (*mumps*). Les deux premiers vaccins sont obligatoires et les autres sont recommandés. Et dans votre pays? Quels sont les vaccins recommandés?

PEINTURE: LES IMPRESSIONNISTES

Avant la lecture

1. What does the title of this text refer to?
2. Are any of these paintings familiar to you? Where did you see them?
3. How would you describe them? Realistic? Dreamlike? Colorful?

Lecture

Entre 1870 et 1900, les arts, et en particulier la peinture, commencent à changer. Chaque année, le «Salon» est une grande exposition de peinture. Si les peintres veulent exposer leurs tableaux, ils leur faut être acceptés par un jury.

Nous sommes en 1873. Le jury vient de refuser[1] tout un groupe de jeunes peintres. Ils sont furieux et décident d'avoir leur propre exposition. Elle a lieu[2] en 1874. Le public est scandalisé et crie à la vulgarité: les couleurs sont trop vives, les paysages[3] sont trop «bizarres». Un des tableaux de Monet est intitulé «Impression: soleil levant[4]». De là le terme (péjoratif à l'origine) «les Impressionnistes». Qui sont ces jeunes peintres? En voici trois.

Claude Monet (1840–1926)

Lycéen au Havre, il aime faire les caricatures de ses professeurs sur ses cahiers. Le peintre Eugène Boudin les voit et encourage Monet à faire de la peinture. C'est une révélation pour lui. Il admire les jeux de la lumière[5] sur l'eau, sur tout le paysage. Pour mieux étudier les variations de la forme en fonction de la lumière, il peint le même sujet à différentes heures de la journée. La cathédrale de Rouen est une de ces séries. Il passe la plus grande partie de sa vie dans sa maison de Giverny en Normandie où il reproduit dans son jardin les couleurs de ses tableaux.

Claude Monet: «La Cathédrale de Rouen, le Portail, Harmonie bleue»

Auguste Renoir
(1841–1919)

Il commence comme apprenti chez un décorateur de porcelaine à Paris. Il passe ses moments libres au Musée du Louvre où il admire surtout les tableaux du

Auguste Renoir: «Portrait de Margot»

peintre flamand Rubens. Renoir rencontre bientôt Claude Monet, qui l'encourage à peindre avec des couleurs moins sombres. Ils vont ensemble peindre à la campagne. Les Impressionnistes aiment peindre en plein air[6]. Comme tous les Impressionnistes, Renoir reçoit beaucoup de critiques. Il commence à douter, à se demander si les Impressionnistes ont raison[7]. Et pourtant Renoir est le premier Impressionniste reconnu par le public.

Edgar Degas (1834–1917)

Son père est un riche banquier qui est amateur d'art. Degas va régulièrement au Louvre où il copie les grands maîtres[8]. Degas aime le théâtre, l'opéra, la vie facile. Il devient ami avec les autres peintres impressionnistes, mais il n'a pas grand-chose en commun avec eux. Il n'aime pas peindre en plein air et il aime peindre des personnages et pas des paysages. On l'appelle souvent «le peintre des danseuses» parce qu'il a peint beaucoup de scènes où on voit des danseuses s'exercer avant le spectacle.

[1] vient de refuser *has just turned down*
[2] a lieu *takes place*
[3] paysages *landscapes*
[4] soleil levant *sunrise*
[5] jeux de la lumière *play of light*
[6] en plein air *outdoors*
[7] ont raison *are right*
[8] maîtres *masters*

Après la lecture

A **Les Impressionnistes.** Dites qui c'est: Monet, Renoir ou Degas.

1. Il aime beaucoup les tableaux de Rubens.
2. Il peint le même sujet à des heures différentes de la journée.
3. Son père est un riche amateur d'art.
4. Il n'aime pas peindre la nature.
5. Il commence par peindre sur de la porcelaine.
6. C'est un de ses tableaux qui leur donne leur nom.
7. Il peint souvent des danseuses.
8. Il aime beaucoup son jardin.

B **Une «Impressionniste» américaine.** Faites un rapport sur la vie et l'œuvre de l'artiste peintre américaine Mary Cassatt (1845–1926).

Edgar Degas: «Dans les coulisses (Danseuses en bleu)»

HISTOIRE: TROIS EXPLORATEURS

Avant la lecture

La Nouvelle-France included territories that covered most of the present-day United States. Although the French presence is not as prevalent as it used to be, it is still very much alive.

Lecture

Jacques Cartier

Jacques Cartier est né à Saint-Malo en Bretagne en 1494. C'est une ville de marins[1] qui traversent souvent l'océan Atlantique pour aller pêcher[2]. Jacques Cartier est un marin audacieux, passionné des voyages: de Saint-Malo, il va au Portugal, au Brésil, à Terre-Neuve[3].

En 1534, le roi de France, François 1er, le charge d'une expédition pour découvrir des pays d'Orient où il y a de l'or et des pierres précieuses[4]. Jacques Cartier part avec deux bateaux et 61 marins. Vingt jours après, ils arrivent à Terre-Neuve. C'est un voyage très rapide pour l'époque[5]. Jacques Cartier revient au Canada encore deux fois. La troisième fois, en 1541, il construit un fort qui est devenu une grande ville: Québec.

Robert Cavelier de La Salle

Robert Cavelier de La Salle est le fils d'un riche marchand de Rouen, un grand port de Normandie. La Salle est passionné de l'Amérique et lit tous les rapports des explorateurs qu'il peut trouver. Il rêve[6] de

Jacques Cartier

Robert Cavelier de La Salle

descendre le Mississippi jusqu'au golfe du Mexique. En 1679, il réalise son rêve: il part de Fort Frontenac sur le Saint-Laurent avec six canots qui transportent 23 Français, 18 Indiens, 10 squaws et 3 enfants. Ils traversent les lacs Ontario, Érié, Huron et Michigan. Ils descendent l'Illinois et le Mississippi, et finalement ils arrivent dans le delta du Mississippi en 1682. La Salle prend possession de la région au nom du roi de France et appelle ces nouveaux territoires «La Louisiane» en l'honneur du roi Louis XIV.

John Charles Frémont

John Charles Frémont est né à Savannah en Géorgie en 1813. Son père est un aristocrate français qui est parti en Amérique pendant la Révolution de 1789

John Charles Frémont

pour échapper à la guillotine. Le jeune Frémont est très intelligent. Il est surtout très bon en mathématiques, mais il aime aussi l'aventure et le danger. Il devient d'abord professeur de maths, mais sur un bateau de guerre[7]. Il devient ensuite l'assistant d'un mathématicien français, Nicolas Nicollet, qui fait le levé topographique[8] des territoires du Nord, entre le Mississippi et le Missouri. Mais à l'époque, c'est la conquête de l'Ouest qui passionne les esprits. Frémont est le candidat idéal pour cette longue route inconnue de plus de 3 500 kilomètres. Frémont rassemble alors à Saint-Louis une équipe de 19 «voyageurs» canadiens qui connaissent bien les fleuves et les forêts. Il est aussi accompagné par un topographe allemand, Preuss, et un guide, Kit Carson. Ils partent en juin 1842. Lorsqu'il revient dans l'Est, il rapporte beaucoup de notes. Sa femme Jessie écrit deux livres d'après ses notes. Les livres sont aussi illustrés de cartes des régions traversées. Ces deux livres font de Frémont et de son guide Kit Carson des héros nationaux et la conquête de l'Ouest est commencée.

1 marins   *sailors*
2 aller pêcher   *to go fishing*
3 Terre-Neuve   *Newfoundland*
4 de l'or et des pierres précieuses
   gold and precious stones
5 époque   *the times, the age*
6 rêve   *dreams*
7 guerre   *war*
8 fait le levé topographique
   is surveying

Après la lecture

A **Trois explorateurs.**   Vrai ou faux?

1. Jacques Cartier a descendu le Mississippi.
2. Cartier a fondé Québec.
3. Cavelier de La Salle est né en France.
4. Le nom «Louisiane» vient du nom du roi Louis XIV.
5. Le père de Frémont a été guillotiné.
6. Frémont a écrit deux livres.

B **Les voyages des explorateurs.**
Regardez la carte et racontez les voyages des trois explorateurs.

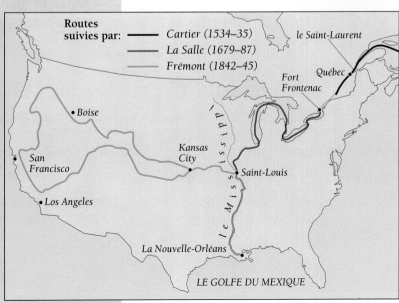

Routes suivies par:
—— Cartier (1534–35)
—— La Salle (1679–87)
—— Frémont (1842–45)

le Saint-Laurent
Québec
Fort Frontenac
Boise
Kansas City
San Francisco
Saint-Louis
le Mississippi
Los Angeles
La Nouvelle-Orléans
LE GOLFE DU MEXIQUE

L'HÔTEL

OBJECTIFS

In this chapter you will learn to do the following:

1. check into and out of a hotel
2. describe past actions
3. tell what you do for another person or for other people
4. describe various kinds of hotels in France

VOCABULAIRE

MOTS 1

À L'HÔTEL

la réception

une porte

le hall

un escalier

la réceptionniste   le réceptionniste

une fiche d'enregistrement

une chambre avec salle de bains

une chambre à un lit

une chambre pour une personne

une chambre qui donne sur la cour

une chambre à deux lits

une chambre pour deux personnes

Lindsay est arrivée à l'hôtel.
Elle est entrée dans le hall.

Elle est allée à la réception.
Elle a montré son passeport à la réceptionniste.
Elle a rempli la fiche d'enregistrement.
La réceptionniste lui a donné la clé.

Elle a monté ses bagages.
Elle est montée au troisième étage.
Elle a pris l'ascenseur, pas l'escalier.

Elle a ouvert la porte de sa chambre avec la clé.

Elle est descendue une heure plus tard.

Elle est sortie.

Elle est rentrée à neuf heures du soir.

Exercices

A Qu'est-ce que c'est?
Répondez d'après les dessins.

1. C'est un hôtel ou une chambre?

2. C'est la réception ou la réceptionniste?

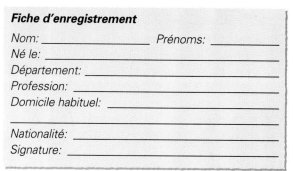

Fiche d'enregistrement

Nom: _____ Prénoms: _____
Né le: _____
Département: _____
Profession: _____
Domicile habituel: _____
_____
Nationalité: _____
Signature: _____

3. C'est une clé ou une fiche d'enregistrement?

4. C'est un ascenseur ou un escalier?

5. C'est une porte ou une chambre?

6. C'est une chambre à un lit ou à deux lits?

7. C'est une chambre qui donne sur la cour
   ou sur la rue?

B À l'hôtel. Répondez.

1. Lindsay est arrivée à l'hôtel?
2. Elle est entrée dans le hall?
3. Elle a parlé à la réceptionniste?
4. Elle lui a montré son passeport?
5. Lindsay a rempli la fiche d'enregistrement?
6. La réceptionniste lui a donné la clé?
7. Lindsay a monté ses bagages?
8. Elle est montée par l'ascenseur?
9. La chambre est au troisième étage?
10. C'est une chambre avec salle de bains?
11. Lindsay est descendue une heure plus tard?
12. Elle est sortie?
13. Elle est rentrée à neuf heures du soir?

C Le touriste. Choisissez la bonne réponse.

1. À l'hôtel le touriste remplit ___.
   a. la fiche   b. la chambre   c. la clé

2. Pour monter dans sa chambre il prend ___.
   a. le lit   b. l'ascenseur   c. la porte

3. Il ouvre la porte de sa chambre avec ___.
   a. l'escalier   b. le lit   c. la clé

4. Il prend une douche dans ___.
   a. la salle de bains   b. le hall
   c. le petit déjeuner

5. Il dort dans ___.
   a. le lit   b. l'escalier
   c. la salle de bains

6. Le matin il se lève et prend ___.
   a. la fiche   b. le petit déjeuner
   c. la cour

ALTEA
—— HÔTEL ——

PETIT DÉJEUNER
Merci de passer votre commande ce soir.
Bonne nuit.

Le petit déjeuner est servi dans votre chambre de quart d'heure en quart d'heure de 7 heures à 11 heures.
Merci de faire votre choix et suspendre votre fiche à l'extérieur de votre porte.

Chambre N°___   Signature _____

_____
PETIT DÉJEUNER COMPLET
Jus d'orange, croissant, petit pain, beurre, confiture ou miel, yaourt, fruit ou compote au choix.

❏ THÉ
❏ THÉ CITRON   ❏ DÉCAFÉINÉ
❏ THÉ AU LAIT   ❏ CAFÉ   ❏ CHOCOLAT
                      ❏ CAFÉ AU LAIT   ❏ LAIT FROID
                                          ❏ LAIT CHAUD

...us vous suggérons notre petit déjeuner buffet qui vous sera servi au Coffee Shop dès 7 heures 30.

ALTEA
—— HÔTEL ——

Ne Pas Déranger

MOTS 2

une facture

les frais (m.)

une carte de crédit

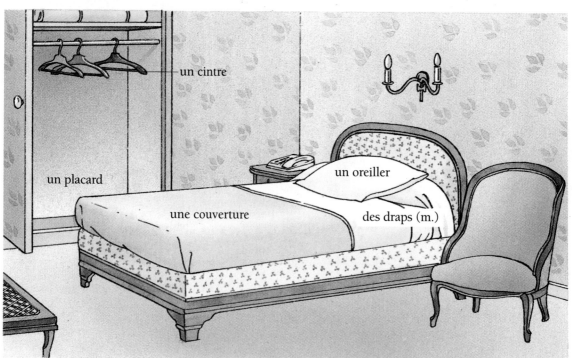

un cintre

un placard

un oreiller

une couverture

des draps (m.)

la salle de bains

un gant
de toilette

une serviette

du savon

se sécher

un rouleau
de papier hygiénique

Lindsay est restée une semaine à
l'hôtel.
Elle a libéré la chambre.

Elle est descendue à la réception.
Elle a demandé la facture.
Elle a vérifié les frais.

Elle a payé avec un chèque de voyage.
Elle n'a pas payé en espèces.

Exercices

A **Elle a libéré la chambre.**   Répondez.

1. Lindsay a libéré la chambre?
2. Elle est descendue à la réception?
3. Elle a voulu payer?
4. Elle a demandé la facture?
5. Elle a parlé au réceptionniste
   ou à la réceptionniste?
6. Elle a vérifié les frais?
7. Elle a payé en espèces?
8. Elle a payé avec une carte de crédit?
9. Elle a payé la facture comment?

B **J'ai besoin de quoi?**   Complétez.

1. Je vais me laver. J'ai besoin de ___ et d'un ___.
2. J'ai pris une douche. Maintenant je vais me sécher. J'ai besoin d'une ___.
3. Je vais mettre ma veste et mon pantalon dans le placard. J'ai besoin de ___.
4. Je vais me coucher mais il fait froid dans la chambre. J'ai besoin d'une
   autre ___.
5. Je préfère dormir avec deux ___. J'ai besoin d'un autre ___.
6. Ah, zut! J'ai besoin d'un rouleau de ___.
7. La chambre n'est pas prête (*ready*). Il n'y a pas de ___ sur le lit.

C **À l'hôtel?**   Où sont les objets suivants—dans la chambre, dans la salle
de bains, dans le placard ou à la réception?

1. l'oreiller
2. le cintre
3. la facture
4. le papier hygiénique
5. la carte de crédit
6. le gant de toilette
7. les draps
8. la couverture
9. le savon
10. la serviette

Activités de communication orale
Mots 1 et 2

A **On prépare un voyage.** You're in a travel agency in Paris to make reservations for a trip you and a friend are planning to take to the Loire Valley. The travel agent is asking you about your preferences.

1. Vous voulez un petit hôtel confortable ou un grand hôtel de luxe?
2. Vous voulez une chambre pour combien de personnes?
3. Vous voulez une chambre avec ou sans salle de bains?
4. Vous allez rester pendant combien de temps? Quelques jours? Une semaine?

L'agent de voyages

B **Comment réserver une chambre.** A family friend has asked you to phone a Montreal hotel to make reservations for her and her husband. You've already jotted down the information you need (see the card below), and now all you have to do is make sure the hotel employee (your partner) gets it right.

C **Quelle catastrophe!** You have just checked into a French hotel that is under new management. When you walk into the room, you find that some things are missing. Call the desk clerk (your partner), give your name and room number, and then tell what's missing and why you need it. He or she will try to resolve the problem. Then reverse roles.

> Élève 1: Bonjour, monsieur (madame). Je m'appelle M. Scott. Je suis dans la chambre 233. Il n'y a pas de draps sur mon lit et je suis très fatigué(e).
>
> Élève 2: Alors je vous donne des draps tout de suite.

Nom de l'hôtel: Hôtel St Laurent
Nom des clients: Joanne et Michael Burke
Type de chambre: à deux lits, avec salle de bains
Dates: du 15 au 22 mai
Prix de la chambre $85 canadiens
Carte de crédit: Visa 550 - 8165 - 99 - 3

STRUCTURE

Le passé composé avec *être*   *Describing Past Actions*

1. You have already learned that you form the *passé composé* of most verbs with
the verb *avoir* and the past participle.

> Elle a parlé au réceptionniste.
> Elle a rempli la fiche.
> Elle a demandé la facture.
> Elle a vérifié les frais.

2. With certain verbs, however, you use *être* as the helping verb rather than
avoir. Many verbs that are conjugated with *être* express motion to or from a
place.

arriver	Il est arrivé	descendre	Il est descendu.
partir	Il est parti.	aller	Il est allé en ville.
entrer	Il est entré.	venir	Il est venu.
sortir	Il est sorti.	revenir	Il est revenu.
monter	Il est monté.	rentrer	Il est rentré.

3. Remember that with the *passé composé* the *ne… pas* goes around the verb *être.*

> Paul *n'*est *pas* arrivé à l'heure.
> Je *ne* suis *pas* sorti.

4. The past participle of verbs conjugated with *être* must agree with the subject
in number (singular or plural) and gender (masculine or feminine). Study the
following forms.

MASCULIN	FÉMININ
Je suis sorti.	Je suis sorti*e*.
Tu es sorti.	Tu es sorti*e*.
Il est sorti.	Elle est sorti*e*.
Nous sommes sortis.	Nous sommes sorti*es*.
Vous êtes sorti(*s*).	Vous êtes sorti*e*(*s*).
Ils sont sortis.	Elles sont sorti*es*.

Exercices

A **Un voyage à Avignon.** Répondez par «oui».

1. Monique est allée à Avignon?
2. Elle est arrivée à la Gare de Lyon à 10h?
3. Elle est allée sur le quai?
4. Elle est montée en voiture?
5. Le train pour Avignon est parti à l'heure?
6. Le train est arrivé à Avignon à l'heure?
7. Monique est descendue du train à Avignon?
8. Elle est sortie de la gare?
9. Elle est allée à l'hôtel?
10. Elle est entrée dans le hall de l'hôtel?

B **À l'école.** Donnez des réponses personnelles.

1. Tu es allé(e) à l'école ce matin?
2. Tu es arrivé(e) à l'école à quelle heure?
3. Tu es venu(e) à l'école comment?
4. Tu es entré(e) dans l'école?
5. Tu es allé(e) à ton premier cours?
6. Tu es sorti(e) de l'école à quelle heure hier?
7. Tu es allé(e) manger quelque chose avec tes copains après les cours?
8. Tu es rentré(e) à la maison tout de suite après?

C **Au cinéma.** Mettez au passé composé.

1. Michel et sa sœur vont au cinéma.
2. Ils partent à l'heure.
3. Ils montent dans le bus.
4. Ils arrivent au cinéma.
5. Ils descendent du bus.
6. Ils vont au guichet.
7. Ils entrent dans le cinéma.
8. Ils sortent du cinéma après le film.
9. Ils vont au café.
10. Ils rentrent chez eux à minuit.

D **Qui est sorti?** Donnez des réponses personnelles.

1. Le mois dernier, tes copains et toi, vous êtes allés au cinéma?
2. Vous y êtes allés comment? En voiture? En bus?
3. Vous êtes toujours partis à l'heure?
4. Vous êtes arrivés quelquefois en retard?
5. Après le film vous êtes allés manger quelque chose?
6. Vous êtes souvent rentrés chez vous assez tard?

E **Un séjour.** Complétez au passé composé.

Ce matin Marc ___ (arriver) à Paris avec ses copains. Ils ___ (sortir) de la
$\overline{1}$ $\overline{2}$
gare et ___ (trouver) un taxi. Ils ___ (aller) à l'hôtel. Quand ils ___ (arriver)
$\overline{3}$ $\overline{4}$ $\overline{5}$
à l'hôtel, ils ___ (entrer) dans le hall. Ils ___ (aller) à la réception et tout
$\overline{6}$ $\overline{7}$
le monde ___ (remplir) et ___ (signer) une fiche d'enregistrement. La
$\overline{8}$ $\overline{9}$
réceptionniste ___ (donner) les clés à Marc. Marc et ses copains ___ (monter)
$\overline{10}$ $\overline{11}$
au quatrième étage à pied. Ils ___ (prendre) l'escalier. Ils ___ (mettre) leurs
$\overline{12}$ $\overline{13}$
bagages dans leur chambre et ___ (sortir) tout de suite après.
$\overline{14}$

F **Une excursion.** Mettez au passé composé.

MATHIEU: Tu ___ (aller) en Normandie avec Laure, n'est-ce pas?

THÉRÈSE: Oui, nous y ___ (aller).

MATHIEU: Comment avez-vous trouvé le Mont-Saint-Michel?

THÉRÈSE: C'est vraiment impressionnant. Nous ___ (sortir) de notre petit hôtel à huit heures du matin et nous ___ (arriver) au Mont vers 9h.

MATHIEU: Vous ___ (monter) à la basilique?

THÉRÈSE: Oui, et nous ___ (sortir) sur la terrasse. De là, la vue est superbe.

MATHIEU: Mon frère et moi ___ (aller) au Mont-Saint-Michel l'année dernière et je suis d'accord avec toi—c'est formidable!

Le Mont-Saint-Michel

D'autres verbes avec *être* au passé composé

Describing Past Actions

Although the following verbs do not express motion to or from a place, they are also conjugated with *être*.

rester	**Il est resté huit jours.**	*He stayed a week.*
tomber	**Il est tombé.**	*He fell.*
devenir	**Il est devenu malade.**	*He became sick.*
naître	**Elle est née en France.**	*She was born in France.*
mourir	**Elle est morte en 1991.**	*She died in 1991.*

Exercices

A **Être ou ne pas être.** Donnez des réponses personnelles.

1. Tu es né(e) quel jour?
2. Tu es né(e) à l'hôpital?
3. Tu es né(e) dans quel hôpital?
4. Ta mère est restée combien de jours à l'hôpital?
5. Où tes parents sont-ils nés?
6. Tu as des grands-parents? Où sont-ils nés?

B **Vous êtes maladroit!** Regardez les dessins et dites qui est tombé où.

l'enfant
L'enfant est tombé dans le jardin.

1. tu

2. Michel

3. tes copains

4. nous

5. vous

C **Aux Jeux Olympiques.** Complétez au passé composé.

1. Sophie ___ (aller) à Albertville en France pour participer aux Jeux Olympiques.
2. Elle ___ (rester) quinze jours dans les Alpes.
3. Elle est patineuse. Pendant la compétition elle n'___ pas ___ (tomber).
4. Mais toutes les autres patineuses ___ (tomber).
5. Alors Sophie ___ (gagner) la médaille d'or.
6. Elle ___ (devenir) championne olympique.
7. Après les Jeux elle ___ (rentrer) au Canada où elle ___ (devenir) très célèbre.

The verbs *descendre, monter, passer, rentrer,* and *sortir* are conjugated with *être* in the *passé composé* when they are not followed by an object. They are conjugated with *avoir,* however, when they are followed by a direct object. Study the following pairs of sentences. Note the differences in meaning.

WITHOUT OBJECT

Elle est descendue.

WITH OBJECT

Elle a descendu *son sac à dos.*

Nous sommes montés au deuxième étage.

Nous avons monté *nos bagages.*

Ils sont sortis hier soir.

Ils ont sorti *leur passeport.*

Exercices

A   **Christine est arrivée.**   Répondez par «oui».

1. Christine est arrivée à l'hôtel?
2. Elle est allée à la réception?
3. Elle a sorti son passeport et sa carte de crédit?
4. Elle est montée dans sa chambre?
5. Elle a pris l'escalier?
6. Elle a monté ses bagages?
7. Elle est descendue?
8. Elle est sortie?
9. Elle est allée au musée?
10. Elle est rentrée à l'hôtel à onze heures du soir?

B   **En route!**   Complétez au passé composé avec «avoir» ou «être».

1. Isabelle et Janine ___ (sortir) de la maison à neuf heures.
2. Elles ___ (sortir) tous leurs bagages sur le trottoir.
3. Elles ___ (attendre) le taxi.
4. Quand le taxi ___ (venir), elles ___ (mettre) leurs bagages dans le coffre.
5. Puis les deux filles ___ (monter) dans le taxi.
6. À la gare elles ___ (descendre) du taxi et ___ (descendre) leurs bagages sur le quai.
7. Elles ___ (sortir) leurs billets et ___ (monter) dans le train.

Un hôtel superbe à Tahiti en Polynésie française

Les pronoms *lui, leur*

Telling What You Do for Others

1. *Lui* and *leur* are indirect object pronouns. Observe the difference between a direct object and an indirect object in the following sentences.

Pierre lance *le ballon à Gilles*.

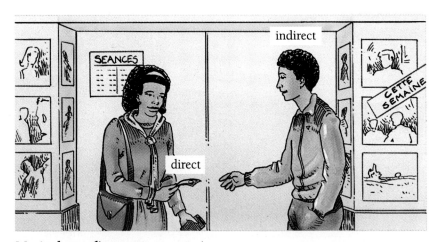

Marie donne *l'argent à son copain*.

In the above sentences, *le ballon* and *l'argent* are direct objects. *Gilles* and *son copain* are indirect objects, introduced by *à*.

2. You use the pronoun *lui* to replace *à* + a person (singular).

Je parle *à Marie*.	Je *lui* parle.
Je parle *à Luc*.	Je *lui* parle.
Il lance le ballon *à l'autre joueur*.	Il *lui* lance le ballon.
Il ne renvoie pas le ballon *à la fille*.	Il ne *lui* renvoie pas le ballon.

3. You use the pronoun *leur* to replace *à* + more than one person.

> Je téléphone *à Roger et à Olivier*. Je *leur* téléphone.
> Je téléphone *à Catherine et à Jeanne*. Je *leur* téléphone.
> L'arbitre parle *aux filles*. L'arbitre *leur* parle.

4. As with other object pronouns, *lui* and *leur* cannot be separated from the verb by a negative word.

> Je ne *lui parle* pas.
> Il ne *leur téléphone* pas.

5. Remember that in sentences with a verb + infinitive, the pronoun comes right before the infinitive.

> Je vais *lui* téléphoner.
> Je ne veux pas *leur* offrir de cadeaux.

Exercices

A **Guy offre un cadeau.** Récrivez les phrases d'après le modèle.

> Guy offre un cadeau *à sa nouvelle amie française*.
> Guy *lui offre un cadeau*.

1. Guy offre un cadeau *à Danielle*.
2. Il donne le cadeau *à Danielle* au restaurant.
3. Elle est contente. Elle dit «merci» *à Guy*.
4. Elle téléphone *à sa copine Sandrine* pour décrire le cadeau.
5. Danielle dit *à sa copine*: «Guy est sympa, n'est-ce pas?»
6. Sandrine répond *à Danielle*: «Oh, oui, c'est un garçon vraiment chouette!»

B **Un match de foot.** Complétez avec «lui» ou «leur».

1. Il lance le ballon à Gilles?
   Oui, il ___ lance le ballon.
2. Les joueurs parlent à l'arbitre?
   Oui, ils ___ parlent.
3. Et l'arbitre parle aux joueurs?
   Oui, il ___ parle.
4. L'arbitre explique les règles aux joueurs?
   Oui, il ___ explique les règles.
5. L'employée au guichet parle à un spectateur?
   Oui, elle ___ parle.
6. Le spectateur pose une question à l'employée?
   Oui, il ___ pose une question.
7. L'employée vend des billets aux spectateurs?
   Oui, elle ___ vend des billets.

C **Personnellement.** Répondez en utilisant «lui» ou «leur».

1. Tu parles à tes professeurs?
2. Tu dis «bonjour» à ton professeur de français?
3. Tu vas téléphoner à tes copains ce week-end?
4. Tu aimes parler à tes copains au téléphone?
5. Tu parles souvent à tes copains?
6. Tu vas écrire à ta grand-mère?
7. Tu écris souvent à ta grand-mère?

CONVERSATION

Scènes de la vie *À la réception de l'hôtel*

LINDA: Bonjour, Madame. J'ai réservé une chambre pour deux personnes.

LA RÉCEPTIONNISTE: C'est à quel nom, s'il vous plaît?

LINDA: Au nom de Collins.

LA RÉCEPTIONNISTE: Vous avez votre confirmation?

LINDA: Oui, je l'ai. La voilà. (*Elle lui montre sa confirmation.*)

LA RÉCEPTIONNISTE: Merci. J'ai une très jolie chambre au troisième qui donne sur la cour.

LINDA: C'est une chambre à deux lits?

LA RÉCEPTIONNISTE: Oui, avec salle de bains.

LINDA: C'est combien, la chambre?

LA RÉCEPTIONNISTE: Trois cent cinquante francs. Et le petit déjeuner est compris. Voilà votre clé.

A **Une jolie chambre d'hôtel.** Répondez d'après la conversation.

1. Linda veut une chambre pour combien de personnes?
2. Elle parle à qui?
3. Elle a réservé une chambre?
4. Qu'est-ce qu'elle a montré à la réceptionniste?
5. La chambre est à quel étage?
6. Elle donne sur la rue?
7. C'est une chambre à combien de lits?
8. La chambre a une salle de bains privée?
9. C'est combien la chambre?
10. Le petit déjeuner est compris ou pas?

Prononciation *Les sons /ó/ et /ò/*

It is important to make a clear distinction between the closed sound /ó/ as in *mot* and the open sound /ò/ as in *sort*. Repeat the following pairs of words.

nos / note   mot / mort   dôme / dort   beau / bonne

Now repeat the following sentences.

> Claude ne dort pas beaucoup.
> Paul sort beaucoup trop.
> Il n'y a pas d'eau chaude dans la chambre 14.

Hôtel de Bordeaux

Activités de communication orale

A   **Au voleur!**   Imagine that one of the rooms in your hotel in Paris was burglarized. The house detective (your partner) asks you and all the other guests what you did from the time you left your room this morning until the time you returned this afternoon. Give a full account of your activities.

> Élève 1: À quelle heure est-ce que vous êtes sorti(e) de votre chambre?
> Élève 2: À dix heures et demie.

B   **Qu'est-ce qu'on fait pour toi?**   Think of a friend or family member you like very much. What does this person do for you? What do you do for him or her? Use the following verbs.

acheter	écrire	préparer
apprendre	faire	répondre
dire	parler	servir
donner	poser des questions	téléphoner

> Mon amie Sylvie me téléphone presque tous les soirs… Moi, je lui
>   écris des lettres pendant les vacances…

C   **Une enquête: Tu es né(e) quand?**   Divide into groups and choose a leader. The leader finds out when group members were born and then tells the class who is the oldest and the youngest in the group.

> Élève 1: Judy, tu es née quand?
> Élève 2: Je suis née le 17 août 1985…
> Élève 1 (*à la classe*): Judy est née le 17 août 1985. Meredith est née le
>   30 janvier 1986. Judy est la plus âgée et Meredith est la plus jeune
>   de notre groupe.

L'HÔTEL DE LA GARE

Monique est arrivée avec quelques copines à Nice. Elles sont descendues du train et sont allées tout de suite au syndicat d'initiative. Le syndicat d'initiative est un bureau de tourisme qui se trouve souvent dans les gares ou près des gares. Les touristes vont au syndicat d'initiative pour trouver une chambre d'hôtel dans la ville où ils sont arrivés, s'ils n'ont pas réservé de chambre à l'avance.

Monique a expliqué à l'employée du syndicat d'initiative que ses copines et elle sont étudiantes. Elles ne veulent pas aller dans un hôtel de grand luxe qui coûte très cher. Pas de problème: l'employée a téléphoné à l'Hôtel de la Gare où elle a réservé une chambre pour les filles. L'Hôtel de la Gare est un hôtel confortable mais pas trop cher. Et il est où, l'Hôtel de la Gare? En face de[1] la gare, bien sûr! Il y a un Hôtel de la Gare dans beaucoup de villes en France.

Monique et ses copines sont sorties de la gare, elles ont traversé la rue et sont arrivées à l'hôtel en deux minutes. Elles ont rempli les fiches d'enregistrement et ont monté leurs bagages à la chambre. Elles sont redescendues tout de suite après et sont allées visiter la ville de Nice.

[1] en face de   *across from*

Hôtel - Restaurant de la Gare
M° OBERHAUSSER

Place de la Gare

54120
BACCARAT
☎ 83 75 12 24

Étude de mots

A **Le français, c'est facile.** Trouvez cinq mots apparentés dans la lecture.

B **C'est-à-dire…** Trouvez les mots ou expressions qui correspondent.

1. le syndicat d'initiative
2. réserver
3. expliquer
4. les bagages
5. cher

a. qui coûte beaucoup
b. les sacs à dos, les valises
c. un bureau de tourisme
d. dire
e. louer à l'avance

Compréhension

C **Un séjour à Nice.** Répondez.

1. Monique et ses copines sont arrivées où?
2. Elles sont allées à Nice comment?
3. Quand elles sont arrivées à la gare, où sont-elles allées?
4. Pourquoi sont-elles allées au syndicat d'initiative?
5. L'employée du syndicat d'initiative a téléphoné à quel hôtel?
6. Où est l'hôtel?
7. Les filles sont allées à l'hôtel?
8. Elles sont allées à l'hôtel à pied, en autobus ou en taxi?
9. Qu'est-ce qu'elles ont fait quand elles sont arrivées à l'hôtel?
10. Qu'est-ce que le syndicat d'initiative?
11. Qu'est-ce que vous avez appris au sujet des hôtels de la Gare?

DÉCOUVERTE CULTURELLE

*E*n France les hôtels sont classés par le Ministère du Tourisme selon leur confort et leur luxe.

★★★★ L	HÔTEL DE GRAND LUXE
★★★★	HÔTEL DE PREMIÈRE CLASSE, TOUT CONFORT
★★★	HÔTEL TRÈS CONFORTABLE
★★	HÔTEL CONFORTABLE
★	HÔTEL AU CONFORT MOYEN, SIMPLE MAIS CONVENABLE[1]

LIGUE FRANÇAISE POUR LES AUBERGES DE LA JEUNESSE
38, Bd RASPAIL 75007 PARIS
TÉL. (1) 45 48 69 84
FAX 45 44 57 47

Quelle catégorie d'hôtel est la plus chère? Et la moins chère?

En France, il y a beaucoup de pensions qui sont souvent très agréables. Une pension est un hôtel simple à caractère familial.

Les jeunes qui voyagent en France aiment aller dans des auberges de jeunesse[2]. Les auberges de jeunesse ont des dortoirs[3] et ne coûtent pas très cher. Beaucoup de randonneurs[4] et cyclistes louent une chambre (ou un lit) dans une de ces auberges, qui se trouvent souvent près des villes. Les jeunes voyageurs les aiment beaucoup parce que dans les auberges de jeunesse ils peuvent faire la connaissance de[5] jeunes gens qui viennent de beaucoup de pays différents.

[1] moyen… convenable *moderately priced, no-frills hotel*
[2] auberges de jeunesse *youth hostels*
[3] dortoirs *dormitories*
[4] randonneurs *hikers*
[5] faire la connaissance de *meet*

1

Voici des jeunes devant une vieille auberge de jeunesse rue des Barres à Paris **1**.

Voilà un château-hôtel **2**. En France il y a une chaîne hôtelière qui s'appelle Relais et Châteaux. On a aménagé certains châteaux en hôtels confortables.

Voici le Golf Hôtel sur la mer Méditerranée **3**. Tous ces gens sont en vacances. Que font-ils?

Voici le classement des hôtels français d'après le Guide Michelin **4**. Le Guide Michelin est un guide distingué pour les touristes français et étrangers qui font du tourisme en France.

2

MICHELIN

Grand luxe	XXXXX
Grand confort	XXXX
Très confortable	XXX
De bon confort	XX
Assez confortable	X
Simple mais convenable	

✳✳✳	La table vaut le voyage
✳✳	La table mérite un détour
✳	Une très bonne table
Repas	Repas soigné à prix modérés 100/130
☕	Petit déjeuner
enf. 55	Menu enfant

471

Activités de communication orale

A **Des vacances formidables.** Using the following question words and phrases, ask your partner about a great vacation he or she once had. Then reverse roles.

1. où
2. quand
3. avec qui
4. quelles activités

B **Allons en France.** Your partner is planning a trip to France and is going to stay in one of the hotels pictured below. Ask your partner which of the hotels he or she prefers and why. Then reverse roles.

Auberge de Combreux

**Combreux
Val de Loire**

21 chambres de 210 à 350 F
Petit déjeuner   30F
Demi-pension   280F

Auberge pleine de charme en forêt, près des châteaux de la Loire. À l'hôtel vélo, tennis, piscine, practice de golf.

Hôtel Idéal Mont Blanc

**Combloux
Haute-Savoie**

Ouvert: été et hiver
26 chambres de 310 à 365F
Petit déjeuner   37F
Demi-pension   277F
Pension complète 322 F

Chalet grand confort dans les Alpes. Séjour idéal pour les sports d'été ou d'hiver.

Hôtel de Paris

**34, boulevard d'Alsace
Cannes, Côte d'Azur**

45 chambres de 250 à 580F
Petit déjeuner 35F en salle,
50F en chambre par personne

Hôtel de grand confort en ville. Près de la mer. Chambres avec télé couleurs, radio, salles de bains. Jardin avec piscine.

Hostellerie du Châteaux d'Agneaux

**Avenue Sainte-Marie
Agneaux, Normandie**

12 chambres de 300 à 600F
Petit déjeuner   37F
Demi-pension   450F
Pension   550F

Trente km. de la plage. Sur la route du Mont-St.-Michel. Confort, calme avec tennis et sauna.

Activités de communication écrite

A **Une publicité.** Write an ad for a hotel (real or imaginary) using the ads above as a guide.

B **Mon journal intime.** Write a diary entry describing your activities last weekend.

C **Une vie antérieure.** Imagine you lived in another century. Write a short paragraph telling where and when you were born and died.

Réintroduction et recombinaison

A **Les loisirs culturels.** Donnez des réponses personnelles.

1. Tu es sorti(e) le week-end dernier ou tu es resté(e) à la maison?
2. Si tu es sorti(e), avec qui es-tu sorti(e)?
3. Tu es allé(e) au cinéma le mois dernier?
4. Tu as vu quel film? Avec quels acteurs?
5. Tes copains et toi, avez-vous déjà visité un musée? Quel musée?
6. Vous avez admiré quels peintres ou quels sculpteurs?
7. Tu connais la Statue de la Liberté? Tu sais dans quelle ville des États-Unis elle est?
8. Si tu vas en France qu'est-ce que tu veux visiter?
9. Tu veux voir une pièce à la Comédie-Française? Quel genre de pièce, une comédie ou une tragédie?
10. Si tu vas voir un film étranger, tu préfères le voir doublé ou en version originale avec des sous-titres?

Vocabulaire

NOMS
l'hôtel (m.)
le hall
l'escalier (m.)
la réception
le/la réceptionniste
la personne
la fiche d'enregistrement
la facture
les frais (m.)
la carte de crédit
le chèque de voyage

la chambre
  à un lit
  à deux lits
la porte
le placard
le cintre
les draps (m.)

la couverture
l'oreiller (m.)
la salle de bains
le savon
le gant de toilette
la serviette
le rouleau de papier hygiénique

VERBES
monter
montrer
réserver
tomber
se sécher
mourir
naître

AUTRES MOTS ET EXPRESSIONS
donner sur
libérer la chambre
payer en espèces

Hôtel **★★** NN
BELLEVUE
Françoise et Jean Pierre CHODORGE
RESTAURANT - LOGIS DE FRANCE
Restaurant plein air - Salle de réunion
Repas de groupe - Service traiteur
Fermeture hebdomadaire le mercredi (hors saison)
55120 CLERMONT-EN-ARGONNE TÉL. 29 87 41 02

R.C. 76 A 16

Imp. Merand / Ste-Ménehould

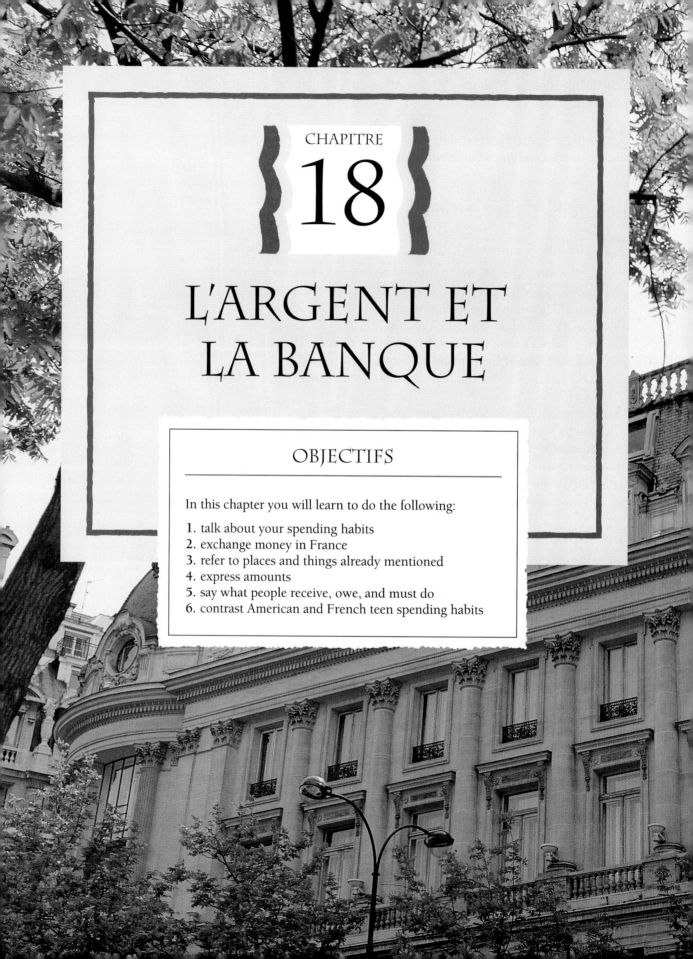

L'ARGENT ET LA BANQUE

OBJECTIFS

In this chapter you will learn to do the following:

1. talk about your spending habits
2. exchange money in France
3. refer to places and things already mentioned
4. express amounts
5. say what people receive, owe, and must do
6. contrast American and French teen spending habits

CREDIT LYONNAIS

VOCABULAIRE

MOTS 1

de l'argent liquide

un billet

une pièce

de la monnaie

un sac

un portefeuille

un porte-monnaie

Tu as de la monnaie?

Oui, j'en ai.

Tu peux me faire de la monnaie?

Oui, je peux.

une poche

À LA BANQUE

un chèque (bancaire)

signer un chèque

toucher un chèque

SOCIÉTÉ NATIONALE

RELEVÉ DE COMPTE

--- 39418 --- 3180 11345800PT03941

code banque
SYLVIE VIDAL 3003
75 BOULEVARD DU TEMPLE code guichet
75010 PARIS 03182
numéro de compte
0048039532

DATE	NATURE DE L'OPÉRATION	DÉBIT	CRÉDIT	VALEUR
2802	VIREMENT ÉPARGNE DECLIC	2802	608,00	010392

```
* * * * * * * * * * * * * * * *
*  CE RELEVÉ CONCERNE VOTRE    *
*            CODEVI            *
* * * * * * * * * * * * * * * *
```

NOUVEAU SOLDE 2.618.12

un relevé de compte d'épargne

Sylvie est allée à la banque.
Elle a ouvert un compte d'épargne.
Elle a versé de l'argent sur son compte.

AU BUREAU DE CHANGE

le cours du change

ETATS UNIS 5,00 F
ITALIE
ALLEMAGNE
JAPON

Steve est allé au bureau de change.
Il y est allé pour changer de l'argent.
Il a changé de l'argent?
Oui, il en a changé.
Il a donné des dollars.
Et il a reçu des francs français.

la monnaie française

Exercices

A **Qu'est-ce que c'est?** Identifiez.

2. C'est de l'argent liquide ou un chèque de voyage?

1. C'est un chèque bancaire ou une carte de crédit?

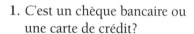

4. C'est un portefeuille ou un porte-monnaie?

5. C'est un sac ou une poche?

3. C'est un billet ou une pièce?

7. Elle signe le chèque ou elle touche le chèque?

6. C'est une banque ou un bureau de change?

8. On fait de la monnaie ou on change de l'argent?

B **Au bureau de change.** Répondez.

1. Où est-ce que Steve est allé?
2. Il a de la monnaie américaine ou de la monnaie française?
3. Il a changé de l'argent?
4. Il a changé combien de dollars?
5. Quel est le cours du change?
6. Steve a reçu combien de francs pour ses dollars?

C **Mon argent.** Donnez des réponses personnelles.

1. Tu as de l'argent sur toi?
2. Tu as combien d'argent sur toi?
3. Tu mets ton argent dans ton portefeuille?
4. Tu mets des pièces ou des billets dans ton portefeuille?
5. Tu mets les pièces dans un portefeuille, dans un porte-monnaie ou dans ta poche?
6. Ton portefeuille est dans ta poche ou dans ton sac?
7. En général, tu paies en espèces, par chèque ou avec une carte de crédit?
8. Tu as un compte d'épargne?
9. Tu regardes ton relevé de compte chaque mois?
10. Tu verses de l'argent sur ton compte?

VOCABULAIRE

MOTS 2

Voici Lise.
Elle aime mettre de l'argent de côté.
Elle ne dépense pas tout son argent.
Elle fait des économies.

Et voilà Denis.
Denis n'a pas d'argent.
Il est fauché.
Il veut emprunter de
l'argent à Lise.

Tu peux me prêter
de l'argent?

Oui, je peux te prêter
de l'argent.
Tu en veux combien?

Denis rembourse Lise.
Il lui rend son argent.

Note: Here are some informal words referring to money.

le fric	*l'argent*
50 balles	*50 francs*
Il est fauché.	*Il n'a pas d'argent.*
Il a plein de fric.	*Il a beaucoup d'argent.*

Exercices

A **C'est qui?** Décidez si c'est Lise ou Denis.

1. Il/Elle dépense tout son argent.
2. Il/Elle met de l'argent de côté.
3. Il/Elle fait des économies.
4. Il/Elle a un compte d'épargne.
5. Il/Elle est toujours fauché(e).
6. Il/Elle emprunte de l'argent à un(e) ami(e).
7. Il/Elle prête de l'argent.
8. Il/Elle rembourse l'argent qu'il/elle emprunte.

B **L'argent et toi!** Donnez des réponses personnelles.

1. Tu travailles?
2. Tu gagnes de l'argent? Tu as de l'argent de poche?
3. Qu'est-ce que tu fais pour gagner de l'argent? Tu travailles dans le jardin des voisins? Tu laves des voitures? Tu gardes des enfants? Tu aides ton père ou ta mère?
4. Tu dépenses tout ton argent de poche ou tu en mets de côté?
5. Tu as un compte d'épargne? Dans quelle banque?
6. De temps en temps, tu empruntes de l'argent à tes parents?
7. Quand tu dois de l'argent à tes parents, tu les rembourses toujours?
8. Tu leur rends vite l'argent?

C **Un peu d'argot.** Dites la même chose d'une autre manière.

DAVID: Tu as *du fric?*
MARIE: Tu me demandes si j'ai *du fric*. Tu sais bien que *je suis toujours fauchée*.
DAVID: Et tu me dois cinquante *balles*.
MARIE: Oui, je sais. Mais tu n'en as pas besoin. Tu as *plein de fric*.
DAVID: C'est pas la question.
MARIE: D'accord. Je te rends les cinquante *balles* demain.

D **Quel est le nom?** Choisissez le mot qui correspond.

1. épargner   a. le versement
2. économiser   b. le remboursement
3. verser   c. le prêt
4. changer   d. l'épargne
5. dépenser   e. l'emprunt
6. emprunter   f. des économies
7. prêter   g. la dépense
8. rembourser   h. le change

Activités de communication orale

Mots 1 et 2

Yves Clemenceau

A Ton argent et toi.   The French exchange student at your school, Yves Clemenceau, wants to know about American teens and money. Answer his questions.

1. Tu travailles pour gagner de l'argent?
2. Tes parents te donnent de l'argent de poche?
3. Qu'est-ce que tu achètes avec ton argent?
4. Tu peux mettre de l'argent de côté?

B Au bureau de change.   You're at a foreign exchange office in France and want to change 50 dollars into francs. Find out the exchange rate from the teller (your partner). The teller asks you if you have traveler's checks or cash. If you have traveler's checks, you'll have to sign them. You'll also have to show the teller your passport.

C Quel cours du change!   You and your partner are French tourists visiting the U.S. You'd like to buy a few gifts for your friends and family. Make a list of the items you want and their price in dollars. Your partner will help you figure out how much each of your gifts costs in francs. (The exchange rate is five francs to the dollar.) When you've gone through your list, reverse roles.

> Élève 1: Je voudrais acheter une cassette pour ma sœur. Ça coûte 9 dollars. Ça fait combien en francs?
> Élève 2: Ça fait 45 francs.

D Un petit problème.   You'd like to buy your mother a birthday present, but you can't afford it at the moment. Your friend (your partner) might be able to help you out. Try to convince your partner to lend you the money.

Le pronom y

Referring to Places Already Mentioned

1. You have already used the pronoun y with the verb *aller* to refer to a place just mentioned. *Aller* cannot stand alone.

> **Tu vas au restaurant?**
> **Oui, j'y vais.**
> **On y va ensemble?**

2. You also use the pronoun y to replace any location introduced by *à* or another preposition.

Tu vas *à Paris*?	**Oui, j'y vais.**
Henri monte *en haut de la Tour Eiffel*?	**Oui, il y monte.**
Il est *à l'Hôtel Racine*?	**Oui, il y est.**
Il veut entrer *dans l'hôtel*?	**Oui, il veut y entrer.**
Tu veux aller *en France*?	**Oui, je veux y aller.**
Ils peuvent dîner *chez leurs amis*?	**Oui, ils peuvent y dîner.**

3. With the *passé composé,* y comes before the helping verb.

Ils sont entrés *dans le musée*?	**Oui, ils y sont entrés.**
Elle est montée *au troisième étage*?	**Oui, elle y est montée.**
Elle a vu de beaux tableaux *au musée*?	**Oui, elle y a vu de beaux tableaux.**

4. Note the placement of y in negative sentences.

PRÉSENT	**Je n'y *vais* pas.**
VERBE + INFINITIF	**Je ne vais pas *y aller*.**
PASSÉ COMPOSÉ	**Je n'y *suis* pas allé(e).**

La fondation Vasarely à Aix-en-Provence

Exercices

A **Au gymnase.** Répétez la petite conversation.

BÉATRICE: Tu vas au gymnase?
HÉLÈNE: Oui, j'y vais tous les samedis.
BÉATRICE: Ton copain y va aussi?
HÉLÈNE: Oui, il y va aussi. Il y va souvent.

B **On y va?** Répondez d'après les dessins en utilisant «y».

1. David est allé au bureau de change?
2. Il est allé au bureau de change le matin?
3. Il est allé au bureau de change pour changer de l'argent?
4. Il est arrivé au bureau de change avant l'ouverture?
5. Il a attendu devant le bureau?
6. Il a attendu cinq minutes devant le bureau?
7. Quand le bureau a ouvert, David est entré dans le bureau?
8. Il a fait la queue devant la caisse?

C **À l'école.** Donnez des réponses personnelles en utilisant «y».

1. Tu vas à l'école tous les jours?
2. Tu prépares tes leçons à la maison?
3. Tu parles français au cours de français?
4. Tu parles français au cours d'anglais?
5. Tu attends tes amis dans la cour?
6. Tu mets tes livres dans ton sac à dos?
7. Tu vas à l'école à pied?
8. Tu aimes aller chez tes copains après les cours?
9. Tu veux aller chez eux aujourd'hui?

Y, *lui ou leur*

Referring to People and Things Already Mentioned

1. You also use the pronoun *y* to replace *à* + a thing.

Georges répond *à la lettre?*	Oui, il *y* répond.
Anne a répondu *au téléphone?*	Non, elle n'*y* a pas répondu.

2. If the preposition *à* is followed by a person, you use *lui* or *leur,* not *y*.

Georges répond *à Marie.*	Il *lui* répond.
Anne a répondu *à ses amis.*	Elle *leur* a répondu.

Exercices

A **Il a téléphoné.** Répondez en utilisant «y».

1. Paul a téléphoné à l'hôtel?
2. Paul a répondu à la question?
3. Il a obéi à la règle?
4. Paul a réussi à l'examen?
5. Paul a participé au match?

B **Y, *lui ou leur*?** Complétez.

1. Tu as répondu à la lettre?
   Oui, j'___ ai répondu.
2. Tu as répondu à tes cousins?
   Oui, je ___ ai répondu.
3. Sa sœur a répondu à une petite annonce? Oui, elle ___ a répondu.
4. Elle a répondu à sa mère?
   Oui, elle ___ a répondu.
5. Elle a téléphoné à ses copains?
   Oui, elle ___ a téléphoné.
6. Tes copains et toi, vous avez obéi au professeur? Oui, nous ___ avons obéi.
7. Vous avez obéi aussi aux règles de l'école?
   Oui, nous ___ avons obéi.

Le pronom *en*

Referring to Things Already Mentioned

1. You use the pronoun *en* to replace a noun that is introduced by *de* or any form of it: *du, de l', de la, des*.

Vous avez *de la monnaie?*	Oui, j'en ai. Non, je n'en ai pas.
Richard veut *de l'argent?*	Oui, il en veut. Non, il n'en veut pas.
Il va changer *des francs?*	Oui, il va en changer. Non, il ne va pas en changer.
Il a besoin *d'argent?*	Oui, il en a besoin. Non, il n'en a pas besoin.
Il a parlé *de ses finances?*	Oui, il en a parlé. Non, il n'en a pas parlé.
Il est venu *de la banque?*	Oui, il en est venu. Non, il n'en est pas venu.
Il y a *des bureaux de change en ville?*	Oui, il y en a. Non, il n'y en a pas.

Exercices

A **La fête de Laurence.** Répondez d'après le dessin.

> **Laurence sert du coca?**
> *Oui, elle en sert.*

1. Elle sert de l'eau minérale?
2. Elle sert des sandwichs?
3. Elle sert de la pizza?
4. Elle sert de la salade?
5. Elle sert du fromage?
6. Elle sert des chocolats?
7. Elle sert de la glace?
8. Elle sert de la mousse au chocolat?

B **Oui, j'en ai.** Donnez des réponses personnelles en utilisant «en».

1. Tu as de l'argent dans ton portefeuille?
2. Tu as de la monnaie dans ta poche?
3. Tu reviens de la banque?
4. Tu as des billets?
5. Tu as des pièces?
6. Tu as besoin d'argent?
7. Tu veux gagner de l'argent?
8. Tu parles de l'argent?
9. Tu as emprunté de l'argent à tes parents?
10. Tu as prêté de l'argent à tes amis?

C **Dans le réfrigérateur.** Répondez d'après le modèle.

> du coca
>
> Élève 1: Il y du coca dans ton réfrigérateur?
> Élève 2: Oui, il y en a dans mon réfrigérateur. (Non, il n'y en a pas.)

1. de l'eau minérale
2. de la glace
3. des légumes surgelés
4. du jambon
5. des tartes
6. de la viande

D'autres emplois du pronom *en*

Expressing Amounts

1. Note that you also use the pronoun *en* with numbers and expressions of quantity. They cannot stand alone in French. They must be accompanied by *en*.

Tu as combien de magazines?	J'*en* ai *deux*.
Et tu as beaucoup de livres?	Oui, j'*en* ai *beaucoup*.

2. Here are some other expressions of quantity. Note the use of *en* with them.

J'*en* ai *une paire*.
J'*en* ai *une douzaine*.

J'*en* ai *très peu*.	*very few, very little*
J'*en* ai *assez*.	*enough*
J'*en* ai *quelques-uns (-unes)*.	*a few*
J'*en* ai *plusieurs*.	*several*
J'*en* ai *trop*.	*too much, too many*

Exercice

A **J'en ai assez.** Donnez des réponses personnelles en utilisant «en».

1. Tu as combien de paires de chaussures?
2. Tu en as assez?
3. Tu as combien de billets d'un dollar? Tu en as quelques-uns?
4. Tu en as assez pour acheter un coca?
5. Tu as beaucoup d'argent ou peu d'argent dans ton portefeuille?
6. Tu as plusieurs cours aujourd'hui?
7. Tu as trop de devoirs tous les soirs?
8. Tu as beaucoup de cassettes de ton groupe de rock préféré ou tu en as seulement quelques-unes?

Les verbes *recevoir* et *devoir*

Saying What People Receive, Owe, and Must Do

1. Study the following forms of the present tense of the irregular verbs *recevoir*, "to receive," and *devoir*, "to owe."

RECEVOIR	DEVOIR
je reçois	je dois
tu reçois	tu dois
il elle on } reçoit	il elle on } doit
nous recevons	nous devons
vous recevez	vous devez
ils elles } reçoivent	ils elles } doivent

Je reçois beaucoup de cadeaux pour mon anniversaire.
Elle reçoit beaucoup de lettres.

Nous devons de l'argent à la banque.
Mon ami me doit de l'argent.

2. When followed by an infinitive, the verb *devoir* also means "must" or "to have to."

Il m'a prêté de l'argent. Je dois lui rendre son argent.
Elle a un examen difficile demain. Elle doit étudier ce soir.

3. Note the past participles of these verbs.

J'ai *reçu* cent dollars.
J'ai *dû* étudier pour réussir à l'examen.

Exercices

A **Je sais que je lui dois de l'argent.**
Mettez au pluriel d'après le modèle.

> **Je lui dois vingt francs.**
> *Nous lui devons vingt francs.*

1. Je lui dois de l'argent.
2. Je lui dois cent dollars.
3. Si je reçois mon chèque aujourd'hui, je vais le rembourser.
4. Je sais que je dois lui rendre l'argent que je lui dois.

Un distributeur automatique de billets

B **Je dois aller au bureau de change.** Répondez.

1. Si tu as besoin de francs, tu dois aller au bureau de change?
2. Si j'ai besoin de francs, je dois y aller aussi?
3. On doit y aller ensemble?
4. Le dollar est à cinq francs. Si je change vingt dollars, je reçois combien de francs?
5. Si un Français change cent francs, il reçoit combien de dollars?
6. Les Français reçoivent leur salaire en dollars ou en francs?
7. Les Américains reçoivent leur salaire en dollars ou en francs?
8. Tu as déjà reçu un salaire?
9. Tu as reçu combien?

C **On doit faire beaucoup de choses.** Complétez au présent avec «devoir» ou «recevoir».

Dans la vie, on ___ faire beaucoup de choses et ce n'est pas toujours agréable!
Moi, tous les matins je ___ me lever à six heures et demie. Je ___ préparer le
petit déjeuner. Ma sœur Aurélie ___ donner à manger au chien. Nous ___
quitter la maison à huit heures pour aller à l'école. Le soir nous ___ aider notre
mère à préparer le dîner. Après le dîner nous ___ faire nos devoirs. Nous ___
beaucoup travailler tous les jours! Mais chaque semaine nous ___ de l'argent
de poche de nos parents. Tes copains et toi, vous ___ de l'argent de poche de
vos parents? Qu'est-ce que vous ___ faire tous les jours pour en avoir? Vous
travaillez? Une question de plus! Qu'est-ce que vous faites de l'argent que vous
___? Vous le dépensez ou vous en mettez quelques dollars de côté? Vos parents
vous disent que vous ___ faire des économies?

CONVERSATION

Scènes de la vie *Au bureau de change*

ROBERT: Je voudrais changer vingt dollars en francs français, s'il vous plaît.
LE CAISSIER: Vous avez des chèques de voyage ou de l'argent liquide?
ROBERT: Des chèques de voyage. Le dollar est à combien aujourd'hui?
LE CAISSIER: À cinq francs quatre-vingts.
ROBERT: Très bien.
LE CAISSIER: Votre passeport, s'il vous plaît. Et signez votre chèque. Votre adresse à Paris?
ROBERT: Hôtel Molière, rue Molière dans le 1er arrondissement.

A **Des francs, s'il vous plaît.** Répondez d'après la conversation.

1. Où est-ce que Robert est allé?
2. Il veut changer combien de dollars?
3. Il va changer des chèques de voyage ou de l'argent liquide?
4. Il veut changer des dollars en quelle monnaie?
5. Quel est le cours du change?
6. Le caissier veut voir son passeport?
7. Robert est à quel hôtel à Paris?

B **Qu'est-ce qu'il a fait?** Corrigez les phrases.

1. Robert est allé à la banque.
2. Il a changé de l'argent liquide.
3. Il a changé cinquante francs.
4. Il a reçu des dollars.
5. Le caissier a voulu voir sa carte de crédit.

LA POSTE
DCV-01

ACHAT ☐ **VENTE** ☐ **DE BILLETS ETRANGER**

à M _____ Johnson, Robert _____
(nom, prénom) Hôtel Molière
(adresse) Rue Molière
Paris 75001

DEVISE	CODE	MONTANT	COURS	CONTRE-VALE
USD	03190	20	5,8000	1,1,

A Paris , LE 26/06
SIGNATURE DU CLIENT,

COMMISSION

NET 1,0,

Robert Johnson

Prononciation *Les sons /p/, /t/, /k/*

1. Repeat the following words with the initial French sounds /p/, /t/, and /k/.

payer   pour   temps   taxi   quand   calme

2. Repeat the following words with the final French sounds /p/, /t/, and /k/.

nappe   soupe   carte   contente   banque   fric

3. Now repeat the following sentences.

Philippe a plein de fric à la banque.
Tes parents vont payer avec une carte de crédit?

payer avec une
carte de crédit

Activités de communication orale

A **Toujours des excuses!**   Your friend (your partner) wants your help decorating the gym for a dance, a chore you detest. Each time he or she suggests a day and time, say you have to do something else then.

Élève 1: Tu peux nous aider jeudi à cinq heures?
Élève 2: Euh, non, je regrette. Jeudi je dois laver la voiture…

B **Où suis-je?**   Think of a place. A classmate has to try and guess which place you're thinking of by asking questions with *y*. Then reverse roles.

C **Il y en a combien?**   Your partner wants to know if there are a lot of the following at your school. Answer with *beaucoup, assez, quelques-un(e)s, très peu,* or *trop*. Then reverse roles.

bons professeurs
élèves sportifs ou sportives
élèves brillant(e)s
clubs intéressants
cours intéressants
examens difficiles

Élève 1: À ton avis il y a beaucoup d'élèves amusants à l'école?
Élève 2: À mon avis il y en a quelques-uns.

LA SEMAINE DES JEUNES FRANÇAIS

Qu'est-ce qu'une semaine? Une période de sept jours? Oui, mais une «semaine» peut être aussi quelque chose d'autre. La semaine peut être de l'argent. La semaine est la somme d'argent qu'un jeune Français ou une jeune Française reçoit de ses parents. C'est de l'argent de poche. Les jeunes Français reçoivent combien d'argent pour leur semaine? On ne peut pas répondre d'une façon générale[1] à cette question. Ça dépend d'abord de la générosité des parents et ensuite de la situation économique de la famille. Nathalie Cassis, par exemple, reçoit 50 francs par semaine de ses parents. Qu'est-ce qu'elle fait avec les 50 francs qu'elle reçoit? Nathalie achète de temps en temps un tee-shirt ou une cassette. Elle achète pas mal de[2] cassettes parce qu'elle aime beaucoup la musique. Elle achète aussi des billets pour les concerts de ses chanteurs favoris. De temps en temps elle va au café prendre un pot[3] avec des copains et bien sûr il faut payer.

Ses parents ont ouvert un compte d'épargne pour Nathalie. Elle aime faire des économies et mettre de l'argent de côté. Quand fait-elle des versements sur son compte? Si elle reçoit de l'argent pour son anniversaire, elle en dépense une partie, pas tout, et met le reste de côté. Quand elle reçoit une très bonne note, ses parents lui donnent aussi un peu d'argent. Souvent elle le dépense mais quelquefois elle le verse sur son compte d'épargne. Tu as une semaine? Tu reçois combien d'argent? Qu'est-ce que tu fais avec ta semaine? Tu fais les mêmes choses que Nathalie?

[1] d'une façon générale   *in a general way*
[2] pas mal de   *a lot of*
[3] prendre un pot   *to have a drink (soda, tea, etc.)*

Étude de mots

A **Des définitions.**   Trouvez le mot dans la lecture.

1. une période de sept jours
2. pas vieux
3. le père et la mère
4. une manière
5. beaucoup
6. une personne qui chante
7. ne pas dépenser trop d'argent

Compréhension

B **Vrai ou faux?** Répondez par «oui» ou «non».

1. Tous les jeunes Français reçoivent de l'argent de leurs parents.
2. Tous les jeunes Français reçoivent la même somme d'argent.
3. Tous les jeunes Français ont un compte d'épargne.
4. Nathalie Cassis a un compte d'épargne.
5. Elle dépense tout son argent.

C **Vous avez compris?** Répondez d'après la lecture.

1. Combien d'argent de poche est-ce que les jeunes Français reçoivent de leurs parents? Ça dépend de quoi?
2. Qu'est-ce que Nathalie achète avec l'argent qu'elle reçoit?
3. Pourquoi achète-t-elle des cassettes?
4. Avec qui va-t-elle au café?
5. Qu'est-ce qu'elle y prend?
6. Qu'est-ce que les parents de Nathalie ont ouvert pour elle?
7. Quand Nathalie fait-elle des versements sur son compte?
8. Quelles sont les deux définitions du mot «semaine»?

DÉCOUVERTE CULTURELLE

La monnaie change d'un pays à l'autre. C'est le dollar aux États-Unis, mais pas en France. Chaque pays a sa monnaie nationale. Les monnaies étrangères s'appellent des «devises». La monnaie française est le franc français. À propos des francs, il y en a plusieurs: le franc belge, le franc suisse, le franc C.F.A. en Afrique et le franc antillais à la Martinique et à la Guadeloupe. Les devises n'ont pas toujours la même valeur. Il y a des fluctuations. Quelquefois le dollar est à dix francs français et quelquefois il tombe à cinq francs. Quand le dollar est à cinq francs, tout est très cher pour les Américains en France. Et si le dollar est à dix francs, tout est bon marché pour eux. Pour toi, il vaut mieux aller en France quand le dollar est haut ou quand le dollar est bas? Quand est-ce que tu reçois le plus pour le dollar?

Des francs tahitiens

RÉALITÉS

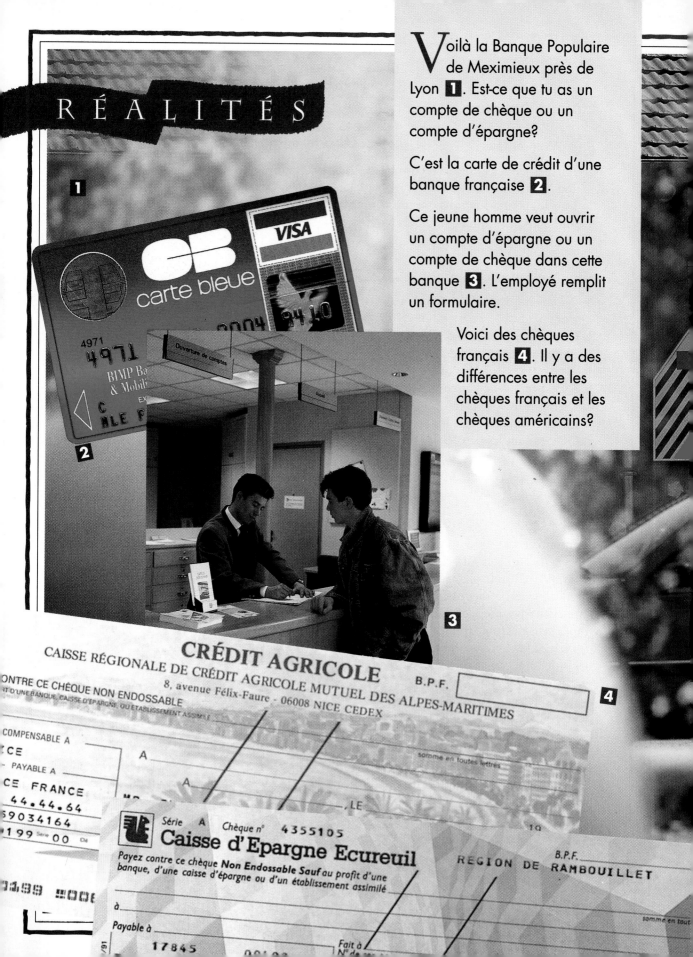

Voilà la Banque Populaire de Meximieux près de Lyon **1**. Est-ce que tu as un compte de chèque ou un compte d'épargne?

C'est la carte de crédit d'une banque française **2**.

Ce jeune homme veut ouvrir un compte d'épargne ou un compte de chèque dans cette banque **3**. L'employé remplit un formulaire.

Voici des chèques français **4**. Il y a des différences entre les chèques français et les chèques américains?

VISA

carte bleue

4971
4971
BIMP B
& Mobil

CRÉDIT AGRICOLE

CAISSE RÉGIONALE DE CRÉDIT AGRICOLE MUTUEL DES ALPES-MARITIMES
8, avenue Félix-Faure - 06008 NICE CEDEX

B.P.F.

ONTRE CE CHÈQUE NON ENDOSSABLE

COMPENSABLE A

PAYABLE A

FRANCE

44.44.64

59034164

199 Série 00

somme en toutes lettres

A

A

LE

10

Série A   Chèque n° 4355105
Caisse d'Epargne Ecureuil

Payez contre ce chèque **Non Endossable Sauf** au profit d'une banque, d'une caisse d'épargne ou d'un établissement assimilé

REGION DE RAMBOUILLET

B.P.F.

à

Payable à

Fait à

17845

somme en tout

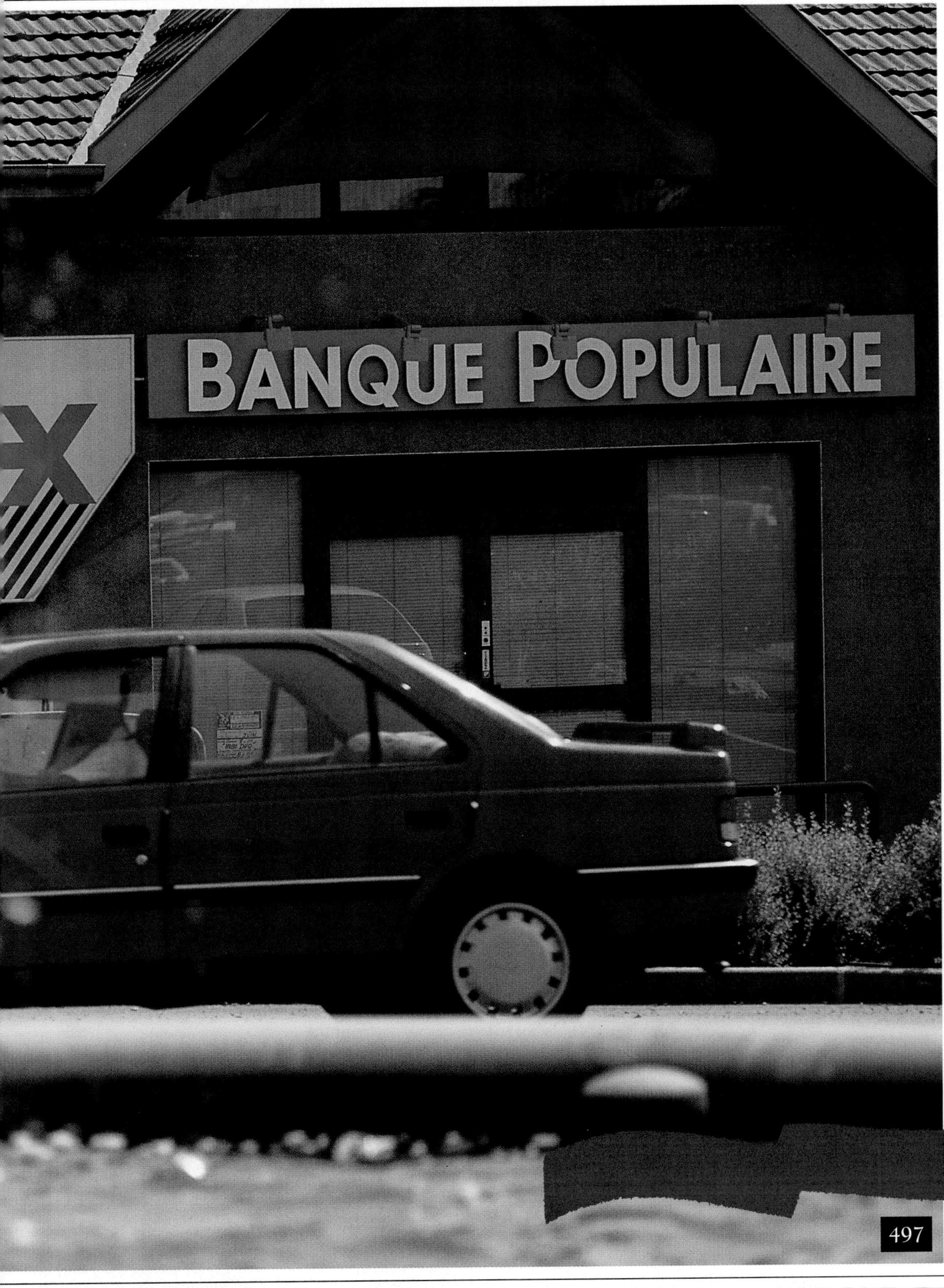
BANQUE POPULAIRE

CULMINATION

Activités de communication orale

A **Devinons.** Play this game in small groups. The items listed below are pieces of mail. Copy the names of the items on separate pieces of paper and fold them. Choose an item, and get your team members to guess what you've just received in the mail by giving them clues. You may not say the words on the paper. The first team to guess three items correctly wins.

une facture
une carte postale
un billet d'avion
une lettre d'amour
un permis de conduire
une carte d'anniversaire

Élève 1: Tiens! Mon oncle m'a donné vingt dollars!
Élève 2: Tu as reçu une carte d'anniversaire.

B **Rêves de voyage, voyages de rêve.** Work in small groups. Write down several places you've visited, then exchange papers with the other group members. Tell whether or not you have visited the places mentioned on the paper you've received. If you have visited a place, tell when and with whom. If you have not visited the place, tell whether or not you would like to.

Montréal

Ah, Montréal. Oui, j'y suis allé l'année dernière avec mes grands-parents. (Ah, non, je ne suis jamais allé à Montréal, mais je voudrais y aller.)

Activité de communication écrite

A **Es-tu comme la cigale ou la fourmi?** Are you careless with your money like the grasshopper or careful with it like the ant? Take the test and see what it reveals about you.

TEST

1. **Pour avoir de l'argent de poche...**
   a. je ne fais rien. Mes parents me donnent de l'argent.
   b. je travaille dans un magasin, dans un restaurant, etc.

2. **Quand je vois quelque chose que j'aime beaucoup...**
   a. je l'achète impulsivement.
   b. je réfléchis avant de l'acheter.

3. **Quand je reçois de l'argent comme cadeau...**
   a. je le dépense tout de suite.
   b. j'en mets de côté.

4. **Quand je veux faire ou acheter quelque chose de spécial...**
   a. j'emprunte de l'argent à mes amis ou à mes parents.
   b. je mets de l'argent de côté à l'avance.

5. **Quand j'emprunte de l'argent à mes copains...**
   a. j'oublie souvent de les rembourser.
   b. je les rembourse tout de suite.

6. **Quand un ami a besoin d'argent...**
   a. je ne peux pas l'aider parce que j'ai déjà dépensé tout mon argent.
   b. je peux lui prêter de l'argent parce que j'en ai mis de côté.

SCORE:

Une majorité de a: Tu es une vraie cigale! Tu aimes beaucoup t'amuser dans la vie. Tu dois peut-être essayer de penser un peu plus au futur.

Une majorité de b: Tu es une petite fourmi, responsable et toujours bien organisé(e). Tu es sûr(e) de t'amuser assez dans la vie?

Réintroduction et recombinaison

A À l'hôtel. Répondez d'après les indications.

1. Où est-ce que Gilbert est allé? (à l'hôtel)
2. À qui a-t-il parlé? (au réceptionniste)
3. Il a demandé quel type de chambre? (pour une personne)
4. Qu'est-ce qu'il a rempli? (une fiche d'enregistrement)
5. À quel étage est la chambre? (au premier)
6. La chambre donne sur la rue ou sur la cour? (sur la cour)
7. Comment Gilbert est-il monté? (par l'escalier)
8. Qu'est-ce qu'il a monté? (ses bagages)

B Le séjour de Robert. Complétez avec «y» ou «en».

1. Robert est allé à l'hôtel?
   Oui, il ___ est allé.
2. Il est entré dans le hall?
   Oui, il ___ est entré.
3. Il est dans le hall maintenant?
   Oui, il ___ est.
4. Il va à la réception?
   Oui, il ___ va.
5. Il a des bagages?
   Oui, il ___ a.
6. Il a combien de valises?
   Il ___ a deux.
7. Robert monte dans sa chambre?
   Oui, il ___ monte.
8. Il reste une semaine à l'hôtel?
   Oui, il ___ reste une semaine.

L'Hôtel Carlton à Cannes

Vocabulaire

NOMS		VERBES	AUTRES MOTS ET EXPRESSIONS
l'argent de poche (m.)	le relevé de compte (d'épargne)	changer	avoir plein de fric
l'argent liquide (m.)	le bureau de change	emprunter	être fauché(e)
le billet	le cours du change	prêter	faire des économies
la pièce	la poche	rembourser	faire de la monnaie
la monnaie	le sac	signer	mettre de l'argent de côté
le chèque (bancaire)	le portefeuille	toucher	
le franc	le porte-monnaie	verser	assez
la balle		devoir	peu
le dollar		recevoir	plusieurs
la banque		rendre	quelques-un(e)s
le compte d'épargne			trop

RÉVISION

CHAPITRES 17–18

Conversation   *L'arrivée à l'hôtel*

M. BOUDREAU: Bonjour, Monsieur. Je m'appelle Michel Boudreau. J'ai réservé une chambre pour ce soir et demain.

L'EMPLOYÉ: Oui, Monsieur. Voilà. Une chambre avec salle de bains pour une personne. Vous êtes de quelle nationalité?

M. BOUDREAU: Je suis français.

L'EMPLOYÉ: Alors, si vous voulez bien remplir cette fiche, s'il vous plaît. *(Il lui donne la fiche.)* C'est votre premier voyage à Montréal?

M. BOUDREAU: Oh non. Je suis déjà venu plusieurs fois.

L'EMPLOYÉ: Si vous voulez changer de l'argent, il y a un bureau de change juste à côté.

M. BOUDREAU: Je sais. J'y suis allé avant de venir ici. Par contre, si vous avez la monnaie de 50 dollars canadiens… Je dois prendre un taxi…

L'EMPLOYÉ: Mais bien sûr, Monsieur.

A **À l'hôtel.**   Répondez d'après la conversation.

1. Comment s'appelle le client?
2. Il est de quelle nationalité?
3. Qu'est-ce qu'il doit remplir?
4. M. Boudreau est déjà venu à Montréal?
5. Il est allé où avant d'arriver à l'hôtel? Qu'est-ce qu'il y a fait?
6. De quoi est-ce qu'il a besoin?
7. Pour quoi faire?
8. D'après vous, M. Boudreau habite au Canada?

Structure

Le passé composé avec *être*

1. Review the verbs that use *être* as a helping verb in the *passé composé*. Remember that they are mostly verbs of motion.

arriver	sortir	aller	devenir	tomber
partir	monter	venir	rentrer	naître
entrer	descendre	revenir	rester	mourir

2. Remember that the past participle of verbs conjugated with *être* agrees in gender (masculine or feminine) and in number (singular or plural) with the subject of the verb.

   Elle est arrivée.   **Nous sommes venus.**

A Un groupe de jeunes en visite à Paris.
Répondez d'après le modèle.

> Alain (aller au Louvre)
> *Alain est allé au Louvre.*

1. Caroline et Stéphanie (aller au Musée d'Orsay)
2. Olivier (monter sur la Grande Arche)
3. Bernadette (aller à Versailles)
4. Christian et Marc (descendre à pied du haut de la tour Eiffel)
5. Alain (rester tout l'après-midi au Louvre)

Les Grandes Eaux du Château de Versailles

Le passé composé avec *être* ou *avoir*

In the *passé composé*, the verbs *monter, descendre, sortir,* and *rentrer* take either *être* or *avoir*. They take *avoir* when they are followed by a direct object. Otherwise they take *être*.

> Il a monté ses bagages dans   Il est monté dans sa chambre.
>   sa chambre.

B Le client et l'employée.   M. Delcour est un client de l'hôtel. Mlle Dubois travaille à l'hôtel. Dites qui a fait quoi. (Utilisez le passé composé.)

> monter dans sa chambre   descendre pour changer de l'argent
> descendre les bagages   sortir en ville
> monter le petit déjeuner   sortir sa carte de crédit

Les pronoms d'objet indirect *lui* et *leur*

You use the indirect object pronoun *lui* to replace *à* + a person and the indirect object pronoun *leur* to replace *à* + more than one person. Remember that in negative constructions, the pronoun cannot be separated from the verb by a negative word.

> Je parle *à mon père.*   Je *lui* parle.
> J'écris *à mes parents.*   Je *leur* écris.
> Tu parles souvent *à Marie?*   Je ne *lui* parle jamais!
> Elle va téléphoner *à ses amis?*   Non, elle ne va pas *leur* téléphoner.

C Personnellement.   Répondez en utilisant «lui» ou «leur».

1. Tu téléphones souvent à tes copains?
2. Tu vas téléphoner à un(e) ami(e) ce soir?
3. Tu aimes parler à tes amis?
4. Tes copains obéissent à leurs parents? Et toi?
5. Tu réponds à ton professeur quand il te pose une question?

Le pronom y

1. The pronoun *y* replaces any expression of location introduced by *à* or another preposition (*sur, en, dans, chez, en haut de, en bas de,* etc.).

Tu vas *à Versailles?*	Oui, j'y vais.
Tu es allé *en haut de la* *tour Eiffel?*	Oui, j'y suis allé.

2. Remember that *y* can also replace *à* + a thing, not referring to a place.

Je vais répondre *à sa lettre.*	Je vais y répondre.
Elle ne fait pas attention *aux autres voitures.*	Elle n'y fait pas attention.

3. In the *passé composé, y* comes before the helping verb.

Il est entré dans l'hôtel?	Oui, il y est entré.
Elle a vu son nom sur la liste?	Non, elle n'y a pas vu son nom.

D **La visite de Paris continue.** Répondez en utilisant «y».

1. Vous êtes allés à Paris?
2. Vous allez souvent en Europe?
3. Vous êtes montés en haut de la tour Eiffel?
4. Vous êtes entrés dans Notre-Dame?
5. Vous êtes descendus dans les Catacombes?
6. Vous rentrez bientôt aux États-Unis?

E **Y, *lui* ou *leur?*** Remplacez les mots en italique par «y», «lui» ou «leur».

1. Ils n'écrivent jamais *à leurs cousins.*
2. Marie-France répond *au téléphone.*
3. Le professeur pose des questions *aux élèves.*
4. Les élèves vont répondre *aux questions du professeur.*
5. Vous n'obéissez pas toujours *à votre mère.*
6. Gilles et Lisa disent «Joyeux anniversaire» *à Olivier.*
7. Michel a offert un cadeau *à Laurence.*
8. Tu n'as pas réussi *à l'examen.*
9. Carole et Luc n'ont pas changé 500 francs *au bureau de change.*
10. Nous sommes souvent tombés *sur la piste noire.*

Le pronom en

Review the object pronoun *en*. It replaces *de* (*du, de l', de la, des*) + a thing.

Tu as *de l'argent?*	Oui, j'en ai.
Ils ont offert *des boissons?*	Non, ils n'en ont pas offert.

F **On fait un pique-nique.** Répondez d'après le modèle.

Je voudrais du pain. (apporter)
Qui en apporte?

1. Je voudrais du coca. (acheter)
2. Je voudrais des sandwichs. (préparer)
3. Je voudrais de la citronnade. (faire)

4. Je voudrais des chips. (apporter)
5. Je voudrais de la limonade. (acheter)
6. Je voudrais de l'orangeade. (faire)

Les verbes *devoir* et *recevoir*

1. Review the forms of these two irregular verbs.

	DEVOIR	RECEVOIR
PRÉSENT	je dois tu dois il/elle/on doit nous devons vous devez ils/elles doivent	je reçois tu reçois il/elle/on reçoit nous recevons vous recevez ils/elles reçoivent
PARTICIPE PASSÉ	dû	reçu

2. Remember that *devoir* means "must" or "ought to" as well as "to owe."

G **Questions d'argent.** Complétez.

1. Si tu ___ (recevoir) un chèque demain, n'oublie pas de lui rendre l'argent que tu lui ___. (devoir)
2. Vous me ___ (devoir) encore 100 francs.
3. Nous ne voulons pas lui demander de l'argent; nous lui ___ (devoir) déjà 1.000 francs.
4. Vous ___ (recevoir) mon chèque la semaine dernière?
5. Ils ___ (recevoir) de l'argent de leurs parents toutes les semaines.
6. Je ___ (ne... jamais recevoir) votre chèque!

Activité de communication orale

A **Au syndicat d'initiative.** Working with a partner, make up a conversation between a student looking for an inexpensive hotel in Paris and an agent in the *syndicat d'initiative*.

LA FRANCE

La Mer d'Irlande

L'ANGLETERRE

Londres

La Mer du Nord

Amsterdam

LES PAYS-BAS

L'ALLEMAGN

Bonn

Calais

Bruxelles

Lille

LA BELGIQUE

LE LUXEMBOURG

Luxembourg

La Manche

Amiens

Reims

Metz

Strasbourg

Nancy

LES VOSGES

Les Îles Anglo-Normandes

Cherbourg

Le Havre

Rouen

Caen

Paris

Troyes

Chaumont

Ballon de Guebwiller
1424 m

Mulhouse

Brest

Rennes

Le Mans

Orléans

Dijon

Besançon

L'AUTR

Berne

LA SUISSE

Angers

Tours

Nantes

LE JURA

Crêt de la Neige
1723 m

Genève

ALPES

Poitiers

LA FRANCE

Le Lac Léman

L'Océan Atlantique

La Rochelle

Vichy

Limoges

Clermont-Ferrand

Lyon

Chamonix

Mont Blanc
4807 m

L'ITA

Le puy de Sancy
1886 m

St-Étienne

LES

Grenoble

Bordeaux

LE MASSIF CENTRAL

Rodez

Nîmes

Avignon

Nice

Bayonne

Toulouse

Montpellier

Aix-en-Provence

Cannes

MONACO

LES PYRÉNÉES

Marseille

Vignemale
3298 m

Toulon

Perpignan

L'ANDORRE

La Mer Méditerranée

Ajaccio

L'ESPAGNE

504

Madrid

N

O — E

S

0   100   200

Kilomètres

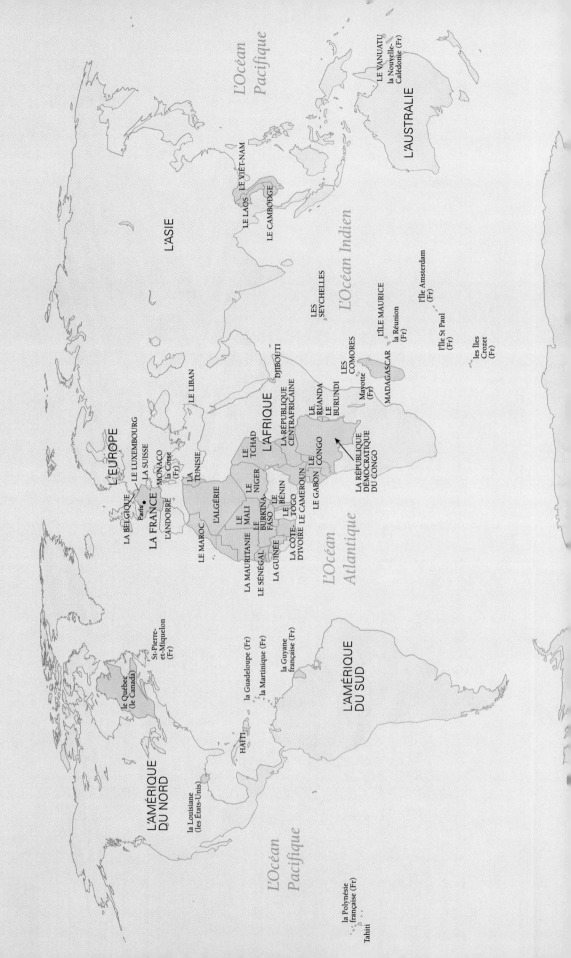

LE MONDE FRANCOPHONE

PRONONCIATION ET ORTHOGRAPHE

I. La transcription phonétique

The following are phonetic symbols used in this book.

[a]	la, là, avec	[ã]	dans, encore, temps
[é]	télé, chez, dîner, les	[õ]	non, regardons
[è]	elle, êtes, frère	[ẽ]	fin, demain
[i]	qui, il, lycée, dîne	[œ̃]	un
[ü]	tu, une		
[u]	vous, où, bonjour	[y]	fille, travailler
[ó]	au, beaucoup, allô		
[ò]	homme, alors	[sh]	chez, Michel
[œ]	deux, veut	[zh]	je, âge
[œ]	heure, sœur	[g]	garder, goûter, Guy

II. L'alphabet français

a b c d e f g h i j k l m n o p q r s t u v w x y z
Voyelles: a e i (y) o u
Consonnes: b c d f g h j k l m n p q r s t v w x z

III. Les accents

There are five written accent marks on French letters. These accents are part of the spelling of the word and cannot be omitted.

1. L'accent aigu (´) occurs over the letter *e*.

le téléphone   élémentaire

2. L'accent grave (`) occurs over the letters *a*, *e*, and *u*.

voilà   frère   où

3. L'accent circonflexe (^) occurs over all vowels.

le château   la fenêtre   le dîner   l'hôtel   août

4. La cédille (ç) appears only under the letter *c*. When the letter *c* is followed by an *a*, *o*, or *u* it has a hard /k/ sound as in *ca*ve, *co*ca, *cu*lmination. The cedilla changes the hard /k/ sound to a soft /s/ sound.

ça   garçon   commençons   reçu

5. Le tréma (¨) indicates that two vowels next to each other are pronounced separately.

Noël   égoïste

VERBES

A. Verbes réguliers

INFINITIF	**parler** *to speak*	**finir** *to finish*	**répondre** *to answer*
PRÉSENT	je parle tu parles il parle nous parlons vous parlez ils parlent	je finis tu finis il finit nous finissons vous finissez ils finissent	je réponds tu réponds il répond nous répondons vous répondez ils répondent
IMPÉRATIF	parle parlons parlez	finis finissons finissez	réponds répondons répondez
PASSÉ COMPOSÉ	j'ai parlé tu as parlé il a parlé nous avons parlé vous avez parlé ils ont parlé	j'ai fini tu as fini il a fini nous avons fini vous avez fini ils ont fini	j'ai répondu tu as répondu il a répondu nous avons répondu vous avez répondu ils ont répondu

B. Verbes avec changements d'orthographe
(Verbs with spelling changes)

INFINITIF	**acheter**[1] *to buy*	**appeler** *to call*	**commencer** *to begin*
PRÉSENT	j'achète tu achètes il achète nous achetons vous achetez ils achètent	j'appelle tu appelles il appelle nous appelons vous appelez ils appellent	je commence tu commences il commence nous commençons vous commencez ils commencent
INFINITIF	**manger**[2] *to eat*	**payer**[3] *to pay*	**préférer**[4] *to prefer*
PRÉSENT	je mange tu manges il mange nous mangeons vous mangez ils mangent	je paie tu paies il paie nous payons vous payez ils paient	je préfère tu préfères il préfère nous préférons vous préférez ils préfèrent

[1] Verbes similaires: *se lever, se promener*
[2] Verbes similaires: *nager, voyager*
[3] Verbes similaires: *essayer, renvoyer, employer, envoyer*
[4] Verbes similaires: *célébrer, espérer, suggérer*

C. Verbes irréguliers

INFINITIF	**aller** *to go*	**avoir** *to have*	**conduire** *to drive*
PRÉSENT	je vais tu vas il va nous allons vous allez ils vont	j'ai tu as il a nous avons vous avez ils ont	je conduis tu conduis il conduit nous conduisons vous conduisez ils conduisent
PASSÉ COMPOSÉ	je suis allé(e)	j'ai eu	j'ai conduit
INFINITIF	**connaître** *to know*	**croire** *to believe*	**devoir** *to have to, to owe* MUST
PRÉSENT	je connais tu connais il connaît nous connaissons vous connaissez ils connaissent	je crois tu crois il croit nous croyons vous croyez ils croient	je dois tu dois il doit nous devons vous devez ils doivent
PASSÉ COMPOSÉ	j'ai connu	j'ai cru	j'ai dû
INFINITIF	**dire** *to say*	**dormir** *to sleep*	**écrire** *to write*
PRÉSENT	je dis tu dis il dit nous disons vous dites ils disent	je dors tu dors il dort nous dormons vous dormez ils dorment	j'écris tu écris il écrit nous écrivons vous écrivez ils écrivent
PASSÉ COMPOSÉ	j'ai dit	j'ai dormi	j'ai écrit
INFINITIF	**être** *to be*	**faire** *to do, to make*	**lire** *to read*
PRÉSENT	je suis tu es il est nous sommes vous êtes ils sont	je fais tu fais il fait nous faisons vous faites ils font	je lis tu lis il lit nous lisons vous lisez ils lisent
PASSÉ COMPOSÉ	j'ai été	j'ai fait	j'ai lu

INFINITIF	**mettre** *to put*	**ouvrir**[5] *to open*	**partir** *to leave*
PRÉSENT	je mets tu mets il met nous mettons vous mettez ils mettent	j'ouvre tu ouvres il ouvre nous ouvrons vous ouvrez ils ouvrent	je pars tu pars il part nous partons vous partez ils partent
PASSÉ COMPOSÉ	j'ai mis	j'ai ouvert	je suis parti(e)
INFINITIF	**pouvoir** *to be able to*	**prendre**[6] *to take*	**recevoir** *to receive*
PRÉSENT	je peux tu peux il peut nous pouvons vous pouvez ils peuvent	je prends tu prends il prend nous prenons vous prenez ils prennent	je reçois tu reçois il reçoit nous recevons vous recevez ils reçoivent
PASSÉ COMPOSÉ	j'ai pu	j'ai pris	j'ai reçu
INFINITIF	**savoir** *to know*	**servir** *to serve*	**sortir** *to go out*
PRÉSENT	je sais tu sais il sait nous savons vous savez ils savent	je sers tu sers il sert nous servons vous servez ils servent	je sors tu sors il sort nous sortons vous sortez ils sortent
PASSÉ COMPOSÉ	j'ai su	j'ai servi	je suis sorti(e)
INFINITIF	**venir**[7] *to come*	**voir** *to see*	**vouloir** *to want*
PRÉSENT	je viens tu viens il vient nous venons vous venez ils viennent	je vois tu vois il voit nous voyons vous voyez ils voient	je veux tu veux il veut nous voulons vous voulez ils veulent
PASSÉ COMPOSÉ	je suis venu(e)	j'ai vu	j'ai voulu

[5] Verbes similaires: *couvrir, découvrir, offrir, souffrir*
[6] Verbes similaires: *apprendre, comprendre*
[7] Verbes similaires: *devenir, revenir*

D. Verbes avec *être* au passé composé

aller *(to go)*	je suis allé(e)
arriver *(to arrive)*	je suis arrivé(e)
descendre *(to go down, to get off)*	je suis descendu(e)
entrer *(to enter)*	je suis entré(e)
monter *(to go up)*	je suis monté(e)
mourir *(to die)*	je suis mort(e)
naître *(to be born)*	je suis né(e)
partir *(to leave)*	je suis parti(e)
passer *(to go by)*	je suis passé(e)
rentrer *(to go home)*	je suis rentré(e)
rester *(to stay)*	je suis resté(e)
retourner *(to return)*	je suis retourné(e)
revenir *(to come back)*	je suis revenu(e)
sortir *(to go out)*	je suis sorti(e)
tomber *(to fall)*	je suis tombé(e)
venir *(to come)*	je suis venu(e)

VOCABULAIRE FRANÇAIS–ANGLAIS

The *Vocabulaire français–anglais* contains all productive and receptive vocabulary from the text.

The numbers following each productive entry indicate the chapter and vocabulary section in which the word is introduced. For example, **2.2** means that the word first appeared in *Chapitre 2, Mots 2.* BV refers to the introductory *Bienvenue* chapter.

The following abbreviations are used in this glossary.

abbrev.	abbreviation
adj.	adjective
adv.	adverb
conj.	conjunction
dem. adj.	demonstrative adjective
dem. pron.	demonstrative pronoun
dir. obj.	direct object
f.	feminine
fam.	familiar
form.	formal
ind. obj.	indirect object
inf.	infinitive
inform.	informal
inv.	invariable
m.	masculine
n.	noun
pl.	plural
poss. adj.	possessive adjective
prep.	preposition
pron.	pronoun
sing.	singular
subj.	subject

A

à at, in, to, 3.1
  à l'avance in advance
  à bord de on board, 7.2
  à côté next door
  à côté de next to, 5
  À demain. See you tomorrow., **BV**
  à demi-tarif half-price
  à destination de to (plane, train, etc.), 7.1
  à domicile to the home
  à droite de to, on the right of, 5
  à l'étranger abroad, in a foreign country
  à gauche de to, on the left of, 5
  à l'heure on time, 8.1; an (per) hour (speed)
  à l'intérieur inside
  à mi-temps part-time, 3.2
  à la mode in style, "in"
  à mon (ton, son, etc.) avis in my (your, his, etc.) opinion, 10.2
  à l'origine originally
  à partir de from … on; based on
  à peu près about, approximately
  à pied on foot, 5.2
  à plein temps full-time, 3.2
  à point medium-rare (meat), 5.2
  à propos de concerning, as regards
  à quelle heure? at what time?, 2
  À tout à l'heure. See you later., **BV**
l' **abricot (m.)** apricot
absolument absolutely
absorber to absorb
accélérer to speed up, go faster, **12.1**
accepter to accept
l' **accessoire (m.)** accessory
l' **accident (m.)** accident, **14.2**
accompagné(e) (de) accompanied (by)
accueilli(e): bien accueilli(e) well-received
l' **achat (m.)** purchase
  faire des achats to shop, **10.1**

acheter to buy, **6.1**
l' **acidité (f.)** acidity
l' **acte (m.)** act, **16.1**
l' **acteur (m.)** actor (m.), **16.1**
actif, active active, **10**
l' **action (f.)** action
l' **activité (f.)** activity
l' **actrice (f.)** actress, **16.1**
l' **addition (f.)** check, bill (restaurant), **5.2**
admirer to admire
l' **adolescent(e)** adolescent, teenager
adopter to adopt
adorable adorable
adorer to love, **3.2**
l' **adresse (f.)** address
l' **adulte (m. et f.)** adult
adverse opposing, **13.1**
aérien(ne) air, flight (adj.), **9**
  les tarifs aériens airfares
l' **aérogare (f.)** terminal with bus to airport, **7.2**
l' **aéroport (m.)** airport, **7.1**
aérospatial(e) aerospace
les **affaires (f. pl.)** business; belongings
  l'homme (m.) d'affaires businessman
affolé(e) panic-stricken
s' **affronter** to collide
africain(e) African
l' **âge (m.)** age, **4.1**
  Tu as quel âge? How old are you? (fam.), **4.1**
âgé(e) old
l' **agenda (m.)** appointment book, **2.2**
l' **agent (m.)** agent (m. and f.), **7.1**
  l'agent de police police officer (m. and f.)
l' **agglomération (f.)** populated area
agité(e) agitated
agréable pleasant
l' **agriculteur (m.)** farmer (m. and f.)
aider to help
aimable nice (person), **1.2**
aimer to like, love, **3.2**
l' **air (m.)** air
  en plein air outdoor(s)
ajouter to add
l' **algèbre (f.)** algebra, **2.2**
l' **aliment (m.)** food

alimentaire: le régime alimentaire diet
l' **alimentation (f.)** nutrition, diet
l' **Algérie (f.)** Algeria
l' **Allemagne (f.)** Germany, **16**
l' **allemand (m.)** German (language)
allemand(e) German
aller to go, **5.1**
   aller à la pêche to go fishing, **9.1**
   aller pêcher to go fishing
l' **allergie (f.)** allergy, **15.1**
allergique allergic, **15.1**
l' **aller-retour (m.)** round-trip ticket, **8.1**
l' **aller simple (m.)** one-way ticket, **8.1**
alors so, then, well then
les **algues (f. pl.)** algae
les **Alpes (f. pl.)** the Alps
l' **alpinisme (m.)** mountain climbing
l' **altitude (f.)** altitude
l' **amateur (m.): l'amateur d'art** art lover
aménager to renovate, transform
l' **Américain(e)** American (person)
américain(e) American, **1.1**
l' **Amérique (f.)** America, **16**
   l'Amérique (f.) du Nord North America, **16**
   l'Amérique (f.) du Sud South America, **16**
l' **ami(e)** friend, **1.2**
l' **amitié (f.)** friendship
ample large, full
amusant(e) funny, **1.1**
s' **amuser** to have fun, **11.2**
l' **an (m.): avoir... ans** to be … years old, **4.1**
l' **ananas (m.)** pineapple
l' **anatomie (f.)** anatomy
ancien(ne) old, ancient; former
l' **angine (f.)** throat infection, tonsillitis, **15.1**
l' **anglais (m.)** English (language), **2.2**
l' **Anglais(e)** Englishman (woman)
l' **Angleterre (f.)** England, **16**
l' **animal (m.)** animal
animé(e) lively, animated
l' **année (f.)** year, **4.1**
   l'année dernière last year, **13**
l' **anniversaire (m.)** birthday, **4.1**
   Bon (Joyeux) anniversaire! Happy birthday!

C'est quand, ton anniversaire? When is your birthday? (fam.), **4.1**
l' **annonce (f.)** announcement, **8.1**
   la petite annonce classified ad
annoncer to announce, **8.1**
l' **anorak (m.)** ski jacket, **14.1**
antérieur(e) previous, former
l' **anthropologie (f.)** anthropology
l' **antibiotique (m.)** antibiotic, **15.1**
l' **anticyclone (m.)** high pressure area
antillais(e) West Indian
antipathique unpleasant (person), **1.2**
l' **Antiquité (f.)** ancient times
anxieux, anxieuse anxious
août (m.) August, **4.1**
apparenté: le mot apparenté cognate
l' **appartement (m.)** apartment, **4.2**
appeler to call
s' **appeler** to be called, be named, **11.1**
applaudir to applaud
apporter to bring
apprendre (à) to learn (to), **9.1**
   apprendre à quelqu'un à faire quelque chose to teach someone to do something, **14.1**
l' **apprenti(e)** apprentice
appuyer sur le bouton to push the button
après after, **3.2**
   d'après according to
l' **après-midi (m.)** afternoon, **2**
l' **arbitre (m.)** referee, **13.1**
l' **arbre (m.)** tree
l' **arche (f.)** arch
l' **archipel (m.)** archipelago
l' **architecte (m. et f.)** architect
l' **architecture (f.)** architecture
l' **argent (m.)** money, **3.2**
   l'argent liquide cash, **18.1**
   l'argent de poche allowance, small change
l' **Argentine (f.)** Argentina, **16**
l' **argot (m.)** slang
l' **aristocrate (m. et f.)** aristocrat
l' **arme (f.)** weapon
l' **armée (f.)** army
s' **arrêter** to stop, **12.1**
l' **arrivée (f.)** arrival, **7.2**
   la ligne d'arrivée finish line
   le tableau des départs et des

arrivés arrival and departure board
arriver to arrive, **3.1**; to happen
l' **arrondissement (m.)** district (in Paris)
l' **art (m.)** art, **2.2**
l' **article (m.)** article
   les articles de luxe luxury items
   les articles de sport sporting goods
l' **artiste peintre (m. et f.)** painter
artistique artistic
l' **ascenseur (m.)** elevator, **4.2**
l' **asepsie (f.): pratiquer l'asepsie** to sterilize, disinfect
l' **Asie (f.)** Asia, **16**
aspiré(e) pulled in
l' **aspirine (f.)** aspirin, **15.1**
assez fairly, quite; enough
   assez de (+ nom) enough (+ noun), **18**
l' **assiette (f.)** plate, **5.2**
   ne pas être dans son assiette to be feeling out of sorts, **15.1**
assis(e) seated, **8.2**
l' **assistant(e)** assistant
l' **association (f.)** association
associer to associate
l' **assurance (f.)** insurance
l' **astronome (m. et f.)** astronomer
l' **atmosphère (f.)** atmosphere
attendre to wait (for), **8.1**
l' **attente (f.): la salle d'attente** waiting room, **8.1**
l' **attention (f.)** attention
   Attention! Careful! Watch out!
   faire attention to pay attention, **6**; to be careful, **9.1**
atterrir to land, **7.1**
l' **atterrissage (m.)** landing (plane)
attirer to attract
attraper un coup de soleil to get a sunburn, **9.1**
au at the, to the, in the, on the (sing.), **5**
   au bord de la mer by the ocean; seaside, **9.1**
   au contraire on the contrary
   au debut at the beginning
   au-dessus (de) above
   au-dessous (de) below
   au fond de at the bottom of
   au moins at least
   au revoir good-bye, **BV**

au sujet de about

l' **auberge (f.) de jeunesse** youth hostel

audacieux, audacieuse audacious, bold

au-dessous: la taille au-dessous the next smaller size, **10.2**

au-dessus: la taille au-dessus the next larger size, **10.2**

augmenter to increase

aujourd'hui today, **2.2**

ausculter to listen with a stethoscope, **15.2**

aussi also, too, **1.1**; as (comparisons), **10**

l' **Australie (f.)** Australia, **16**

l' **auteur (m.)** author (m. and f.)

l' **autocar (m.)** bus, coach, **7.2**

l' **autodidacte (m. et f.)** self-taught person

l' **auto-école (f.)** driving school, **12.2**

automatique: le distributeur automatique de billets automated teller machine (ATM)

l' **automne (m.)** autumn, **13.2**

l' **autoroute (f.)** highway
l'**autoroute à péage** toll highway, **12.2**

autour de around

autre other, **BV**
Autre chose? Anything else? (shopping), **6.2**

aux at the, to the, in the, on the (pl.), **5**

l' **avance (f.): à l'avance** in advance
en avance early, ahead of time, **8.1**

avancé(e) advanced

avant before, **7.1**
avant de (+ inf.) before (+ verb)
avant-hier the day before yesterday, **13**

avec with, **5.1**
Avec ça? What else? (shopping), **6.2**

l' **aventure (f.)** adventure

l' **avion (m.)** plane, **7.1**
en avion by plane; plane (adj.), **7.1**

l' **avis (m.)** opinion
à mon avis in my opinion, **10.2**

avoir to have, **4.1**
avoir... ans to be … years old, **4.1**
avoir besoin de to need, **11.1**

avoir de la chance to be lucky

avoir faim to be hungry, **5.1**

avoir une faim de loup to be very hungry

avoir lieu to take place

avoir mal à to have a(n) … ache, to hurt, **15.2**

avoir l'occasion de (+ inf.) to have the opportunity (+ inf.)

avoir raison to be right

avoir soif to be thirsty, **5.1**

avoir tendance à (+ inf.) to tend (+ inf.)

avril (m.) April, **4.1**

B

le **baccalauréat** French high school exam

le **bacon** bacon

bactérien(ne) bacterial, **15.1**

les **bagages (m. pl.)** luggage, **7.1**
les **bagages à main** carry-on luggage, **7.1**

la **baguette** loaf of French bread, **6.1**

le **bain** bath, **11.1**
prendre un bain to take a bath, **11.1**
le **bain de soleil: prendre un bain de soleil** to sunbathe, **9.1**

le **balcon** balcony, **4.2**

la **balle** ball (tennis, etc.), **9.2**; franc (slang), **18.2**

le **ballon** ball (soccer, etc.), **13.1**

la **banane** banana, **6.2**

la **bande dessinée** comic strip

la **banlieue** suburbs

la **banque** bank, **18.1**

le **banquier, la banquière** banker

baptiser to christen

Barcelone Barcelona, **16**

bas(se) low, **10**
à talons bas low-heeled (shoes), **10**

la **base: de base** basic

le **base-ball** baseball, **13.2**

le **basket(-ball)** basketball, **13.2**

le **bateau** boat

le **bâtiment** building

le **bâton** ski pole, **14.1**

battre des tambours to beat drums

bavarder to chat, **4.2**

beau (bel) beautiful (m.), handsome, **4**
Il fait beau. It's nice weather., **9.2**

beaucoup a lot, **3.1**
beaucoup de a lot of, many, **10.1**

la **beauté** beauty

les **Beaux-Arts (m. pl.)** fine arts

beige (inv.) beige, **10.2**

le/la **Belge** Belgian (person)
belge Belgian

la **Belgique** Belgium

belle beautiful (f.), **4**

le **béribéri** beriberi

le **besoin** need
avoir besoin de to need, **11.1**

la **bêtise** stupid thing, nonsense

le **beurre** butter, **6.2**

le **bicentenaire** bicentennial

bien fine, well, **BV**
bien accueilli(e) well-received
bien cuit(e) well-done (meat), **5.2**
bien élevé(e) well-mannered
bien sûr of course

bientôt soon

Bienvenue! Welcome!

la **bière** beer

le **bijou** jewel

le **billet** bill (currency), **18.1**; ticket, **7.1**
le **billet aller-retour** round-trip ticket, **8.1**

la **biologie** biology, **2.2**

le/la **biologiste** biologist

bizarre strange, odd

la **blague: Sans blague!** No kidding!

blanc, blanche white, **10.2**

bleu(e) blue, **10.2**
bleu marine (inv.) navy blue, **10.2**

blond(e) blond, **1.1**

bloquer to block

le **blouson** jacket, **10.1**

le **bœuf** beef, **6.1**

la **boisson** beverage, **5.1**

la **boîte de conserve** can of food, **6.2**

bon(ne) correct; good, **9**

bon marché (inv.) inexpensive, **10.1**

Bonjour. Hello., **BV**

le **bonnet** ski cap, hat, **14.1**
le **bonnet de bain** bathing cap

le **bord: à bord de** aboard (plane, etc.), **7.2**
au bord de la mer by the ocean, seaside, **9.1**

bordé(e) (de) bordered, lined (with)

le **bordereau** receipt
la **bosse** mogul (ski), **14.2**
la **botanique** botany
la **botte** boot
la **bouche** mouth, **15.1**
la **boucherie** butcher shop, **6.1**
le **bouchon** traffic jam
bouger to move
le **bouillon de poulet** chicken soup
la **boulangerie-pâtisserie** bakery, **6.1**
la **boule de neige** snowball, **14.2**
le/la **bourgeois(e)** burgher; townsperson
bout (inf. bouillir) boils (verb)
la **bouteille** bottle, **6.2**
la **boutique** shop, boutique
le **bouton** button; bud
la **brasse papillon** butterfly (swim stroke)
Bravo! Good! Well done!
le **break** station wagon, **12.1**
le **Brésil** Brazil, **16**
la **Bretagne** Brittany
breton(ne) Breton, from Brittany
la **brioche** sweet roll
bronzé(e) tan
bronzer to tan, **9.1**
se **brosser** to brush, **11.1**
se **brosser les dents (f. pl.)** to brush one's teeth, **11.1**
le **bruit** noise
brun(e) brunette, **1.1**; brown, **10.2**
le **bulletin** card; report
le **bulletin de notes** report card
le **bulletin météorologique** weather report
le **bureau** desk, **BV**; office, bureau
le **bureau de change** foreign exchange office (for foreign currency), **18.1**
le **bus: en bus** by bus, **5**
le **but** goal, **13.1**
marquer un but to score a goal, **13.1**

C

ça that (dem. pron.), **BV**
Ça coûte cher. It's (That's) expensive.
Ça fait combien? How much is it (that)?, **6.2**
Ça fait... francs. It's (That's) … francs., **6.2**
Ça fait mal. It (That) hurts., **15.2**

Ça va. Fine., O.K., **BV**
Ça va? How's it going?, How are you? (inform.), **BV**
la **cabine** cabin (plane), **7.1**
le **cabinet** office (doctor's)
le **cadeau** gift, present, **10.2**
le **café** café; coffee, **5.1**
le **café au lait** coffee with milk
le **cahier** notebook, **BV**
la **caisse** cash register, checkout counter, **6.2**
le **caissier, la caissière** cashier
le **calcium** calcium
le **calcul** calculation
la **calculatrice** calculator, **BV**
calculer to calculate
calme quiet, calm
calmer: Calmez-vous. Calm down.
la **calorie** calorie
le/la **camarade** companion, friend
le/la **camarade de classe** classmate
le **camp** side (in a sport or game), **13.1**
le **camp adverse** opponents, other side, **13.1**
la **campagne** country(side)
la **maison de campagne** country house
le **Canada** Canada, **16**
canadien(ne) Canadian, **9**
le/la **candidat(e)** candidate
le **canoë** canoe
la **cantine** school restaurant
la **capitale** capital
le **car** bus (coach)
le **caractère: à caractère familial** family-style
la **caractéristique** characteristic
le **carnet** small book
la **carotte** carrot, **6.2**
carré(e) square
les **carreaux (m. pl.)** tiles
le **carrefour** intersection, **12.2**
la **carrière** career
la **carte** menu, **5.1**; map
la **carte d'anniversaire** birthday card
la **carte de crédit** credit card, **17.2**
la **carte de débarquement** landing card, **7.2**
la **carte d'embarquement** boarding pass, **7.1**
la **carte postale** postcard
le **cas** case
en cas d'urgence in an emergency

en tout cas in any case
le **casque** helmet
le **casse-cou** daredevil
la **cassette** cassette, **3.2**
la **catégorie** category
la **cathédrale** cathedral
le **cauchemar** nightmare
la **cause** cause
causer to cause
ce (cet) (m.) this, that (dem. adj.), **8**
ce que c'est what it is
Ce n'est rien. You're welcome., **BV**
la **ceinture de sécurité** seat belt, **12.2**
célèbre famous, **1.2**
célibataire single, unmarried
cellulaire cellular
la **cellule** cell
la **cellule nerveuse** nerve cell
cent hundred, **5.2**
les **centaines (f. pl.)** hundreds
le **centre** center, middle
au centre de in the heart of
le **centre commercial** shopping center
les **céréales (f. pl.)** cereal, grains
la **cérémonie** ceremony
la **cerise** cherry
certainement certainly
certains: pour certains for some people
ces (m. et f. pl.) these, those (dem. adj.), **8**
c'est it is, it's, **BV**
c'est-à-dire that is, **1.16**
C'est ça. That's right.
C'est combien? How much is it?, **BV**
C'est quand, ton anniversaire? When is your birthday? (fam.), **4.1**
C'est quel jour? What day is it?, **2.2**
C'est tout? Is that all?, **6.2**
cette (f.) this, that (dem. adj.), **8**
chacun(e) each (one)
la **chaîne** TV channel
la **chaîne hôtelière** hotel chain
la **chaise** chair, **BV**
le **chalet** chalet
la **chambre** room (in a hotel), **17.1**
la **chambre à coucher** bedroom, **4.2**
la **chambre à deux lits** double room, **17.1**
la **chambre à un lit** single room, **17.1**

libérer la chambre to vacate the room, **17.2**

le **champ** field

le **champ de manœuvres** parade ground

le/la **champion(ne)** champion

le **championnat** championship

la **chance** luck

avoir de la chance to be lucky

changer (de) to change, **8.2**; to exchange, **18.1**

chanter to sing, **3.2**

le **chanteur**, la **chanteuse** singer

chaque each, every, **16.1**

la **charcuterie** deli(catessen), **6.1**

charger to put in charge

le **chariot** shopping cart

charmant(e) charming

le **chat** cat, **4.1**

avoir un chat dans la gorge to have a frog in one's throat, **15.2**

le **château** castle, mansion

chaud(e) warm, hot

Il fait chaud. It's hot. (weather), **9.2**

chauffer to heat

les **chaussettes** (f. pl.) socks, **10.1**

les **chaussons** (m. pl.) slippers

les **chaussures** (f. pl.) shoes, **10.1**

les chaussures de ski ski boots, **14.1**

les chaussures de tennis sneakers, tennis shoes, **9.2**

le **chef** head, boss

la **cheminée** chimney

la **chemise** shirt, **10.1**

le **chemisier** blouse, **10.1**

le **chèque (bancaire)** check, **18.1**

le chèque de voyage traveler's check, **17.2**

le compte de chèque checking account

cher, **chère** dear; expensive, **10**

Ça coûte cher. It's (That's) expensive.

chercher to look for, seek, **5.1**

le **cheval** (pl. les **chevaux**) horse

les **cheveux** (m. pl.) hair, **11.1**

chez at the home (business) of, **5**

chez soi home

chic (inv.) chic, stylish

le **chien** dog, **4.1**

le **chiffre** number

le **Chili** Chile, **16**

la **chimie** chemistry, **2.2**

chimique chemical

le/la **chimiste** chemist

la **Chine** China, **16**

chinois(e) Chinese

le **chirurgien** surgeon (m. and f.)

le **chocolat: au chocolat** chocolate (adj.), **5.1**

choisir to choose, **7.1**

le **choix** choice

le **choléra** cholera

le **cholestérol** cholesterol

la **chose** thing

Chouette! Great! (inform.), **2.2**

la **chute: faire une chute** to fall, **14.2**

ciao good-bye (inform.), **BV**

ci-dessus above

le **ciel** sky, **14.2**

la **cigale** grasshopper, cicada

le **cinéma** movie theater, movies, **16.1**

le/la **cinéphile** movie buff

cinq five, **BV**

cinquante fifty, **BV**

le **cintre** hanger, **17.2**

la **circulation** traffic, **12.2**; circulation

la circulation à double sens two-way traffic

citer to cite, mention

le **citron pressé** lemonade, **5.1**

le/la **civilisé(e)** civilized person

la **classe** class (people), **2.1**; class (course)

en classe économique in coach class (plane)

le **classement** classification

classer to classify

la **clé** key, **12.1**

le/la **client(e)** customer, **10.1**

le **climat** climate

les **clous** (m. pl.) pedestrian crossing, **12.2**

le **club** club

le club d'art dramatique drama club

le club de forme health club, **11.2**

le **coca** Coca-Cola, **5.1**

le **cœur** heart

le **coffre** trunk (of car)

le **coin: du coin** neighborhood (adj.)

le **collaborateur**, la **collaboratrice** co-worker, associate

le **collant** pantyhose, **10.1**

le **collège** junior high, middle school

la **colonie de vacances** summer camp

combattre to combat, fight

combien (de) how much, how many, **6.2**

Ça fait combien? How much is it (that)?, **6.2**

C'est combien? How much is it (that)?, **BV**

comble packed (stadium), **13.1**

la **comédie** comedy, **16.1**

la comédie musicale musical comedy, **16.1**

comique funny, **1.2**

commander to order, **5.1**

comme like, as; for

Et comme dessert? What would you like for dessert?

le **commencement** beginning

commencer to begin

comment how, what, **1.2**

Comment est... ? What is ... like? (description), **1.1**

Comment t'appelles-tu? What's your name? (fam.), **11.1**

Comment vas-tu? How are you? (fam.), **BV**

Comment vous appelez-vous? What's your name? (form.), **11.1**

commun(e) common

en commun in common

la **communauté** community

le **compact disc** compact disc, **3.2**

la **compagnie aérienne** airline, **7.1**

le **compartiment** compartment, **7.2**

le **complet** suit (man's), **10.1**

complet, **complète** full, complete

compléter to complete

le **comportement** behavior

composer to compose

composter to stamp, validate (a ticket), **8.1**

comprendre to understand, **9.1**

le **comprimé** pill, **15.2**

compris(e) included (in the bill)

Le service est compris. The tip is included., **5.2**

le **compte d'épargne** savings account, **18.1**

le **comptoir** counter, **7.1**

le/la **concierge** concierge, caretaker

le **concours** competition, contest

le **conducteur**, la **conductrice** driver, **12.1**

conduire to drive, **12.2**

la **conduite: les leçons** (f.) **de conduite** driving lessons, **12.2**

confiant(e) confident, **1.1**

le **confort** comfort

confortable comfortable

la **connaissance: faire la connaissance de** to meet
connaître to know, **16.2**
connu(e) known
la **conquête** conquest
conservateur, conservatrice conservative
conserver to conserve
la **conserve: la boîte de conserve** can of food, **6.2**
la **consigne** checkroom, **8.1**
la **consigne automatique** locker, **8.1**
consommer to consume
construit(e) built
la **consultation** medical visit
le **contact: mettre le contact** to start (a car), **12.1**
contaminer to contaminate
le **conte** tale
contenir to contain
content(e) happy, **1.1**
continu(e) continual, ongoing
continuer to continue
la **contractuelle** meter maid, **12.2**
le **contraire** opposite
au contraire on the contrary
la **contravention** traffic ticket, **12.2**
contre against, **13.1**
par contre on the other hand, however
le **contrôle de sécurité** security (airport), **7.1**
passer par le contrôle de sécurité to go through security (airport), **7**
le **contrôleur** conductor (train), **8.2**
convenable correct
la **conversation** conversation
la **coopération** cooperation
le **copain** friend, pal (m.), **2.1**
la **copine** friend, pal (f.), **2.1**
la **coqueluche** whooping cough
le **corps** body
correspondre to correspond
corriger to correct
le **costume** costume, **16.1**
la **côte** coast
la **Côte d'Azur** French Riviera
la **Côte-d'Ivoire** Ivory Coast, **16**
le **côté** side
côté couloir aisle (seat) (adj.), **7.1**
côté fenêtre window (seat) (adj.), **7.1**
coucher to put (someone) to bed, **11**

se **coucher** to go to bed, **11.1**
la **couchette** bunk (on a train), **8.2**
la **couleur** color, **10.2**
De quelle couleur est... ? What color is … ?, **10.2**
les **coulisses: dans les coulisses** backstage
le **couloir** aisle, corridor, **8.2**
le **coup: donner un coup (de pied, de tête, etc.)** to kick, hit (with one's foot, head, etc.)
la **coupe** winner's cup, **13.2**
la **cour** courtyard, **4.2**; court
courageux, courageuse courageous, brave
le **coureur** runner, **13.2**
le **coureur cycliste** racing cyclist, **13.2**
couronné(e) crowned
le **courrier** mail service
le **cours** course, class, **2.2**
le **cours du change** exchange rate, **18.1**
la **course** race, **13.2**
la **course cycliste** bicycle race
les **courses (f. pl.): faire les courses** to go grocery shopping, **6.1**
court(e) short, **10.2**
le **court de tennis** tennis court, **9.2**
le/la **cousin(e)** cousin, **4.1**
le **couteau** knife, **5.2**
coûter to cost
Ça coûte cher. It's (That's) expensive.
la **coutume** custom
le **couturier** designer (of clothes), **10.1**
couvert: Le ciel est couvert. The sky is overcast., **14.2**
le **couvert** table setting, **5.2**
mettre le couvert to set the table, **8**
la **couverture** blanket, **17.2**
couvrir to cover, **15**
le **crabe** crab, **6.1**
la **craie: le morceau de craie** piece of chalk, **BV**
la **cravate** tie, **10.1**
le **crayon** pencil, **BV**
la **crèche** day-care center
créer to create
la **crème** cream, **6.1**
la **crème solaire** suntan lotion, **9.1**
le **crème** coffee with cream (in a café), **5.1**
la **crémerie** dairy store, **6.1**

le **créole** creole (language)
la **crêpe** crepe, pancake, **5.1**
la **crêperie** crepe restaurant
crevé(e) exhausted
la **crevette** shrimp, **6.1**
crier to shout
la **crise** crisis
la **critique** criticism
le/la **critique** critic
critiquer to criticize
croire to believe, think, **10.2**
le **croisement** intersection, **12.2**
la **croissance** growth
le **croissant** croissant, crescent roll, **6.1**
le **croque-monsieur** grilled ham and cheese sandwich, **5.1**
croustillant(e) crusty
la **croyance** belief
le **cube** cube
le **cubisme** Cubism
la **cuillère** spoon, **5.2**
la **cuisine** kitchen, **4.2**; cuisine (food)
faire la cuisine to cook, **6**
cuit(e): bien cuit(e) well-done (meat), **5.2**
la **culture** culture
culturel(le) cultural
la **cure** cure
le **cycle: le cycle de l'eau** water cycle
le **cyclisme** cycling, bicycle riding, **13.2**
le/la **cycliste** cyclist, bicycle rider

D

d'abord first, **11.1**
d'accord O.K., **3**
être d'accord to agree, **2.1**
la **dame** lady
le **danger: en danger** in danger
dangereux, dangereuse dangerous
dans in, **BV**
la **danse** dance
danser to dance, **3.2**
la **danseuse** dancer, ballerina
d'après according to
la **date: Quelle est la date aujourd'hui?** What is today's date?, **4.1**
de from, **1.1**; of, belonging to, **5**
de bonne heure early
de côté aside, **17.2**
de loin by far
de nos jours today, nowadays
de plus en plus more and more

De quelle couleur est... ?
What color is … ?, **10.2**
de rêve dream (adj.)
De rien. You're welcome.
(inform.), **BV**
de temps en temps from
time to time, occasionally
le **débarquement** landing,
deplaning
débarquer to get off (plane), **7.2**
déborder to overflow
debout standing, **8.2**
le **début** beginning
au début at the beginning
le/la **débutant(e)** beginner, **14.1**
le **décalage horaire** time
difference
la **décapotable** convertible (car),
12.1
décembre (m.) December, **4.1**
le **déchet** waste
décider (de) to decide (to)
déclarer to declare, call
décoller to take off (plane), **7.1**
le **décor** set (for a play), **16.1**
le **décorateur (de porcelaine)**
painter (of china)
la **découverte** discovery
découvrir to discover, **15**
décrire to describe
dédié(e) dedicated
défense de doubler no passing
(traffic sign)
définir to define
la **définition** definition
le **degré** degree, **14.2**
Il fait... degrés (Celsius).
It's … degrees (Celsius).,
14.2
dehors outside
en dehors de outside (of)
déjà already, **14**
déjeuner to eat lunch, **5.2**
le **déjeuner** lunch
délicieux, délicieuse delicious,
10
le **delta** delta
demain tomorrow, **2.2**
À demain. See you
tomorrow., **BV**
demander to ask (for)
se **demander** to wonder
demi(e) half
et demie half past (time)
le **demi-cercle** semi-circle; top of
the key (on a basketball
court), **13.2**
le **demi-kilo** half a kilo, 500 grams
le **demi-tarif: à demi-tarif** half-
price

la **dent** tooth, **11.1**
avoir mal aux dents to have
a toothache, **15**
se **brosser les dents** to brush
one's teeth, **11.1**
le **dentifrice** toothpaste, **11.1**
le **déodorant** deodorant, **11.1**
le **départ** departure, **7.1**
le **département d'outre-mer**
French overseas department
dépendre (de) to depend (on)
dépenser to spend (money),
10.1
la **dépression** low-pressure area
(weather)
depuis since, for, **8.2**
dériver to derive
dernier, dernière last, **10**
derrière behind, **BV**
des some, any, **3**; **6**; of the, from
the (pl.), **4**
désagréable unpleasant, **1.2**
descendre to get off (train, bus,
etc.), **8.2**; to take down, **8**;
to go down, **14.1**
la **descente** descent; getting off
(bus, etc.)
le **désert** desert
se **déshabiller** to get undressed
désirer to want
Vous désirez? May I help
you? (store); What would
you like? (café, restaurant)
le **dessert** dessert
desservir to serve, fly to, etc.
(transportation)
le **dessin** illustration, drawing
le **dessin animé** cartoon,
16.1
la **dessinatrice** illustrator (f.)
dessous: au-dessous smaller
(size), **10.2**; below
dessus: au-dessus larger (size),
10.2; above
la **destruction** destruction
le **détergent** detergent
détester to hate, **3.2**
deux two, **BV**
les deux roues (f. pl.) two-
wheeled vehicles
tous (toutes) les deux both
deuxième second, **4.2**
**la Deuxième Guerre
mondiale** World War II
deuxièmement second of all,
secondly
devant in front of, **BV**
le **développement** development
devenir to become, **16**

la **devise** currency
le **devoir** homework (assignment),
BV
faire les devoirs to do
homework, **6**
devoir to owe, **18.2**; must, to
have to (+ verb), **18**
le **diagnostic: faire un diagnostic**
to diagnose, **15.2**
dicter to dictate
la **différence** difference
différent(e) different
difficile difficult, **2.1**
la **difficulté: être en difficulté** to
be in trouble
dimanche (m.) Sunday, **2.2**
le **dîner** dinner, **4.2**
dîner to eat dinner, **4.2**
la **diphtérie** diphtheria
diplômé(e): être diplômé(e)
to graduate
dire to say, tell, **12.2**
la **direction** direction
diriger to direct
discuter to discuss
disparaître to disappear
disponible available
le **disque** record, **3.2**
la **disquette** diskette (computer)
la **distance** distance
distingué(e) distinguished
le **distributeur automatique de
billets** automated teller
machine (ATM)
divisé(e) divided
le **divorce** divorce
dix ten, **BV**
dix-huit eighteen, **BV**
dix-neuf nineteen, **BV**
dix-sept seventeen, **BV**
le **docteur** doctor (title)
le **documentaire** documentary,
16.1
le **dollar** dollar, **3.2**
le **domaine** domain, field
le **domicile: à domicile** to the
home
donner to give, **3.2**
donner à manger à to feed
donner un coup de pied to
kick, **13.1**
donner une fête to throw a
party, **3.2**
donner sur to face, overlook,
17.1
doré(e) golden
dormir to sleep, **7.2**
le **dortoir** dormitory
le **dos** back (body)
la **douane** customs, **7.2**

passer à la douane to go through customs, **7.2**

doublé(e) dubbed (movies), **16.1**

la **douche** shower

prendre une douche to take a shower, **11.1**

douloureux, douloureuse painful

le **doute: sans aucun doute** without a doubt

douter to doubt

la **douzaine** dozen, **6.2**

douze twelve, **BV**

le **drame** drama, **16.1**

le **drap** sheet, **17.2**

le **drapeau** flag

dribbler to dribble (basketball), **13.2**

droite: à droite de to, on the right of, **5**

du of the, from the (sing.), **5**; some, any, **6**

du coin neighborhood (adj.)

pas du tout not at all

la **durée** length (of time)

durer to last

E

l' **eau (f.)** water

l'eau minérale mineral water, **6.2**

l' **échange (m.)** exchange

s' **échapper** to escape

l' **écharpe (f.)** scarf, **14.1**

l' **école (f.)** school, **1.2**

l' **école primaire** elementary school

l' **école secondaire** junior high, high school

l' **écolier, l'écolière** pupil, schoolchild

l' **écologiste (m. et f.)** ecologist

les **économies (f. pl.): faire des économies** to save money, **18.2**

économique economical

en classe économique in coach class (plane), **7**

écouter to listen (to), **3.1**

l' **écran (m.)** screen, **7.1**

l' **écrevisse (f.)** crawfish

écrire to write, **12.2**

l' **écrivain (m.)** writer (m. and f.)

éducatif, éducative educational

l' **éducation (f.): l'éducation civique** social studies, **2.2**

l'éducation physique physical education

efficace efficient

égaliser to tie (score)

l' **électricité (f.)** electricity

électrique electric

l' **élément (m.)** element

l' **élève (m. et f.)** student, **1.2**

élevé(e) high, **15**

bien élevé(e) well brought-up

éliminer to eliminate

elle she, it, **1**; her (stress pron.), **9**

elles they (f.), **2**; them (stress pron.), **9**

l' **embarquement (m.)** boarding, leaving

embarquer to board (plane, etc.), **7.2**

l' **embouteillage (m.)** traffic jam

émigrer to emigrate

l' **emploi (m.) du temps** schedule

l' **employé(e)** employee (m. and f.)

emprunter to borrow, **18.2**

en of it, of them, etc., **18.2**; in; as

en avance early, ahead of time, **8.1**

en avion plane (adj.), by plane, **7.1**

en baisse coming down (in value)

en bas to, at the bottom

en ce moment right now

en classe in class

en commun in common

en dehors de outside (of); besides

en effet in fact

en exclusivité first-run (movie)

en face de across from, opposite

en fait in fact

en fonction de in terms of, in accordance with

en général in general

en hausse going up (in value)

en haut de on, to the top of

en plein(e) (+ nom) right (in, on, etc.) (+ noun)

en plein air outdoor(s)

en plus de besides, in addition

en première (seconde) in first (second) class, **8.1**

en provenance de arriving from (flight, train), **7.1**

en retard late, **8.2**

en solde on sale, **10.2**

en tout cas in any case

en version originale original language version, **16.1**

en ville in town, in the city

encore still (adv.); another; again

encourager to encourage

s' **endormir** to fall asleep, **11.1**

l' **endroit (m.)** place

l' **énergie (f.)** energy

énergique energetic, **1.2**

l' **enfant (m. et f.)** child (m. and f.), **4.1**

enfin finally

l' **engrais (m.)** fertilizer

énormément enormously

l' **enquête (f.)** survey, opinion poll

enragé(e) rabid, enraged

enrhumé(e): être enrhumé(e) to have a cold, **15.1**

l' **enseignement (m.)** teaching

l' **ensemble (m.)** body, collection

ensemble together, **5.1**

ensuite then (adv.), **11.1**

entendre to hear, **8.1**

l' **enthousiasme (m.)** enthusiasm

entier, entière entire, whole, **10**

l' **entracte (m.)** intermission, **16.1**

entraîner to carry along

entre between, among, **9.2**

l' **entrée (f.)** entrance, **4.2**; admission

entrer to enter, **3.1**

l' **environnement (m.)** environment

envoyer to send, **13.1**

l' **épargne: le compte d'épargne** savings account, **18.1**

épicé(e) spicy

l' **épicerie (f.)** grocery store, **6.1**

l' **époque (f.)** period, times

l' **équilibre (m.)** balance

équilibré(e) balanced

l' **équipe (f.)** team, **13.1**

l' **équipement (m.)** equipment

l' **érable (m.)** maple (tree)

le sirop d'érable maple syrup

l' **escalier (m.)** staircase, **17.1**

l' **espace (m.)** space

l' **Espagne (f.)** Spain, **16**

l' **espagnol (m.)** Spanish (language), **2.2**

espagnol(e) Spanish

les **espèces (f. pl.): payer en espèces** to pay cash, **17.2**

l' **espionnage (m.)** spying

l' **essence (f.)** gas(oline), **12.1**

(l'essence) ordinaire regular gas, **12.1**

(l'essence) super sans plomb super unleaded gas, **12.1**

essentiel(le) essential
essentiellement essentially
l' est (m.) east
estimer to consider
l' estomac (m.) stomach
et and, 1
et toi? and you? (fam.), BV
établir to establish
l' étage (m.) floor (of a building), 4.2
l' étal (m.) (market) stall
l' état (m.) state
l'homme (m.) d'état diplomat, statesman
les États-Unis (m. pl.) United States, 13.2
l' été (m.) summer, 9.1
en été in summer, 9.1
éternuer to sneeze, 15.1
étranger, étrangère foreign, 16.1
à l'étranger abroad, in a foreign country
être to be, 2.1
être à l'heure to be on time, 8.1
être d'accord to agree, 2.1
être en avance to be early, 8.1
être en bonne (mauvaise) santé to be in good (poor) health, 15.1
être en retard to be late, 8.2
être enrhumé(e) to have a cold, 15.1
être vite sur pied to be back on one's feet in no time, 15.2
ne pas être dans son assiette to be feeling out of sorts, 15.2
l' être (m.) humain human being
étroit(e) tight (shoes), narrow, 10.2
l' étudiant(e) (university) student
étudier to study, 3.1
européen(ne) European, 9
eux them (m. pl. stress pron.), 9
s' évaporer to evaporate
éventuellement possibly
évoquer to evoke
l' examen (m.) test, exam, 3.1
passer un examen to take a test, 3.1
réussir à un examen to pass a test, 7
examiner to examine, 15.2
excellent(e) excellent
exceptionnel(le) exceptional
l' exemple (m.) example

par exemple for example
s' exercer to practice
l' expansion (f.) expansion
l' expédition (f.) expedition
expliquer to explain
l' explorateur (m.) explorer
explorer to explore
exposer to exhibit
l' exposition (f.) exhibit, show, 16.2
l' express (m.) espresso, black coffee, 5.1
s' exprimer to express onself
expulser to expel, banish
exquis(e) exquisite
l' extérieur (m.) exterior, outside
extra terrific (inform.), 2.2
extraordinaire extraordinary
extrêmement extremely

F

fabriqué(e) made
fabriquer to make
fabuleux, fabuleuse fabulous
fâché(e) angry, 12.2
facile easy, 2.1
la façon way, manner
d'une façon générale in a general way
le facteur factor
la facture bill (hotel, etc.), 17.2
facultatif, facultative elective
faire to do, make, 6.1
faire du (+ nombre) to take size (+ number), 10.2
faire des achats to shop, make purchases, 10.1
faire de l'aérobic to do aerobics, 11.2
faire l'annonce to announce, 8
faire attention to pay attention, 6; to be careful, 9.1
faire une chute to fall, take a fall, 14.2
faire la connaissance de to meet
faire les courses to do the grocery shopping, 6.1
faire la cuisine to cook, 6
faire les devoirs to do homework, 6
faire un diagnostic to diagnose, 15.2
faire des économies to save money, 18.2
faire enregistrer to check (luggage), 7.1
faire des études to study, 6

faire de l'exercice to exercise, 11.2
faire du français (des maths, etc.) to study French (math, etc.), 6
faire de la gymnastique to do gymnastics, 11.2
faire du jogging to jog, 11.2
faire le levé topographique to survey (land)
faire de la monnaie to make change, 18.1
faire de la natation to swim, go swimming
faire la navette to go back and forth
faire une ordonnance to write a prescription, 15.2
faire partie de to be a part of
faire du patin to skate, 14.2
faire du patin à glace to ice-skate, 14.2
faire du patin à roulettes to roller-skate
faire peur à to frighten
faire un pique-nique to have a picnic, 6
faire de la planche à voile to go windsurfing, 9.1
faire le plein to fill up (a gas tank), 12.1
faire de la plongée sous-marine to go deep-sea diving, 9.1
faire une promenade to take a walk, 9.1
faire la queue to wait in line, 8.1
faire un régime to go on a diet
faire du ski to ski, 14.1
faire du ski nautique to water-ski, 9.1
faire du sport to play sports
faire du surf to go surfing, 9.1
faire du surf des neiges to go snowboarding
faire sa toilette to wash and groom oneself, 11.1
faire les valises to pack (suitcases), 7.1
faire un voyage to take a trip, 7.1
le fait fact
fait(e) à la main handmade
la famille family, 4.1
la famille à parent unique single-parent family
le/la fana fan

fantaisiste whimsical

fantastique fantastic, **1.2**

fatigué(e) tired

fauché(e) broke (slang), **18.2**

faut: il faut (+ nom) (noun) is (are) necessary

    il faut (+ inf.) one must, it is necessary to (+ verb), **9.1**

la **faute** mistake

faux, fausse false

favori(te) favorite, **10**

la **femme** woman, **2.1**; wife, **4.1**

    la **femme médecin** (woman) doctor

la **fenêtre** window

    côté fenêtre window (seat) (adj.), **7.1**

fermé(e) closed, **16.2**

la **fertilité** fertility

la **fête** party, **3.2**

    donner une fête to throw a party, **3.2**

    la **Fête des Mères (Pères)** Mother's (Father's) Day

le **feu** traffic light, **12.2**

    le **feu orange** yellow traffic light, **12.2**

    le **feu rouge** red traffic light, **12.2**

    le **feu vert** green traffic light, **12.2**

la **feuille** leaf

    la **feuille de papier** sheet of paper, **BV**

février (m.) February, **4.1**

la **fiche d'enregistrement** registration card (hotel), **17.1**

la **fièvre** fever, **15.1**

    la **fièvre jaune** yellow fever

    avoir une fièvre de cheval to have a high fever, **15.2**

la **figure** face, **11.1**

le **filet** net shopping bag, **6.1**; net (tennis, etc.), **9.2**; rack (train)

la **fille** girl, **BV**; daughter, **4.1**

le **film** film, movie, **16.1**

    le **film d'amour** love story, **16.1**

    le **film d'aventures** adventure movie, **16.1**

    le **film étranger** foreign film, **16.1**

    le **film d'horreur** horror film, **16.1**

    le **film policier** detective movie, **16.1**

    le **film de science-fiction** science-fiction movie, **16.1**

le **fils** son, **4.1**

fin(e) fine

    aux fines herbes with herbs, **5.1**

finalement finally

finir to finish, **7**

fixe: à prix fixe at a fixed price

flamand(e) Flemish

flambé(e) flaming

flâner to stroll

le **fleuve** river

flotter to float

la **fluctuation** fluctuation

le **foie** liver

    avoir mal au foie to have indigestion, **15**

la **fois** time (in a series)

le **fonctionnement** functioning

fonctionner to function, work

fond: au fond de at the bottom of

le **fondateur, la fondatrice** founder

fonder to found

la **fontaine** fountain

la **forêt** forest

le **forfait-journée** lift ticket (skiing)

la **forme** form, shape

    le **club de forme** health club, **11.2**

    être en forme to be in shape, **11.2**

    la **forme (physique)** physical fitness

    rester en forme to stay in shape, **11.2**

    se **mettre en forme** to get in shape, **11.2**

former to form; to train

le **formulaire** form, data sheet

la **formule** formula

le **fort** fort

fort(e) strong; good

fort (adv.) hard, **9.2**

fou, folle crazy

le **foulard** scarf

la **foule: venir en foule** to crowd (into)

la **fourchette** fork, **5.2**

la **fourmi** ant

les **frais (m. pl.)** expenses, charges, **17.2**

la **fraise** strawberry

le **franc** franc, **18.1**

le **français** French (language), **2.2**

le/la **Français(e)** Frenchman (woman)

français(e) French, **1.1**

la **France** France, **16**

franchement frankly

francophone French-speaking

frapper to hit, **9.2**

freiner to brake, put on the brakes, **12.1**

fréquemment frequently

fréquent(e) frequent

fréquenter to frequent, patronize

le **frère** brother, **1.2**

le **fric** money, dough (slang), **18.2**

    avoir plein de fric to have lots of money (slang), **18.2**

les **frissons (m. pl.)** chills, **15.1**

les **frites (f. pl.)** French fries, **5.1**

froid(e) cold, **14.2**

    avoir froid to be cold

    Il fait froid. It's cold. (weather), **9.2**

le **fromage** cheese, **5.1**

le **front** front (weather)

la **frontière** border

le **fruit** fruit, **6.2**

    les **fruits de mer** seafood

fumer to smoke

fumeurs (adj. inv.) smoking (section), **7.1**

    non-fumeurs no smoking (section), **7.1**

furieux, furieuse furious

la **fusée** rocket

le **futur** future

G

le/la **gagnant(e)** winner, **13.2**

gagner to earn, **3.2**; to win, **9.2**

la **galaxie** galaxy

le **galet** pebble

le **Gange** Ganges River

le **gant** glove, **14.1**

    le **gant de toilette** washcloth, **17.2**

le **garage** garage, **4.2**

le **garçon** boy, **BV**

garder to guard

le **gardien de but** goalie, **13.1**

la **gare** train station, **8.1**

    garer la voiture to park the car, **12.2**

    gastronomique gastronomic, gourmet

le **gâteau** cake, **6.1**

    gauche: à gauche de to, on the left of, **5**

le **gaz** gas

geler to freeze

Il gèle. It's freezing. (weather), **14.2**

le **gendarme** police officer

le **général** general, **7**

général: en général in general

généralement generally

généraliser to generalize

généraliste: le médecin généraliste general practitioner

généreux, généreuse generous, **10**

la **générosité** generosity

le **genre** type, kind, **16.1**

les **gens (m. pl.)** people

gentil(le) nice (person), **9**

la **géographie** geography, **2.2**

la **géométrie** geometry, **2.2**

géométrique geometric

la **glace** ice cream, **5.1**; mirror, **11.1**; ice, **14.2**

glisser to slip, slide

le **globe** globe

la **glucide** carbohydrate

le **golfe** gulf

la **gorge** throat, **15.1**

avoir un chat dans la gorge to have a frog in one's throat, **15.2**

avoir la gorge qui gratte to have a scratchy throat, **15.1**

avoir mal à la gorge to have a sore throat, **15.1**

gourmand(e) fond of eating

goûter to taste

le **gouvernement** government

grâce à thanks to

le **gradin** bleacher (stadium), **13.1**

la **graisse** fat

la graisse animale animal fat

la **grammaire** grammar

le **gramme** gram, **6.2**

grand(e) tall, big, **1.1**

pas grand-chose not much

le grand couturier clothing designer, **10.1**

le grand magasin department store, **10.1**

de grand standing luxury (adj.)

la Grande-Bretagne Great Britain, **16**

les Grands Lacs (m. pl.) the Great Lakes

grandir to grow (up) (children)

la **grand-mère** grandmother, **4.1**

le **grand-père** grandfather, **4.1**

les **grands-parents (m. pl.)** grandparents, **4.1**

grave serious

la **Grèce** Greece

la **griffe** label

le **grill-express** snack bar (train)

la **grippe** flu, **15.1**

gris(e) gray, **10.2**

grossir to gain weight, **11.2**

la **Guadeloupe** Guadeloupe

la **guerre: la Deuxième Guerre mondiale** World War II

le **guichet** ticket window, **8.1**; box office, **16.1**

le **guide** guidebook, **12.2**

le **gymnase** gym(nasium), **11.2**

la **gymnastique** gymnastics, **2.2**

faire de la gymnastique to do gymnastics, **11.2**

H

habillé(e) dressy, **10.1**

s' **habiller** to get dressed, **11.1**

l' **habitant(e)** resident

habiter to live (in a city, house, etc.), **3.1**

le **hall** lobby, **17.1**

les **haricots (m. pl.) verts** green beans, **6.2**

haut(e) high, **10.2**

avoir... mètres de haut to be ... meters high

du haut de from the top of

en haut de to, at the top of

la haute couture high fashion

à talons hauts high-heeled (shoes)

le **haut-parleur** loudspeaker, **8.1**

le **héros** hero

l' **heure (f.)** time (of day), **2**

à quelle heure? at what time?, **2**

À tout à l'heure. See you later., **BV**

de bonne heure early

être à l'heure to be on time, **8.1**

Il est quelle heure? What time is it?, **2**

heureux, heureuse happy, **10.2**

l' **hexagone (m.)** hexagon

hier yesterday, **13.1**

avant-hier the day before yesterday, **13**

hier matin yesterday morning, **13**

hier soir last night, **13**

l' **histoire (f.)** history, **2.2**

l' **hiver (m.)** winter, **14.1**

en hiver in winter, **14.2**

le **H.L.M.** low-income housing

le **hockey** hockey

le **hockey sur glace** ice hockey

la **Hollande** Holland, the Netherlands, **16**

l' **homme (m.)** man, **2.1**

l'homme d'affaires businessman

l'homme d'état diplomat, statesman

les **honoraires (m. pl.)** fees (doctor)

l' **hôpital (m.)** hospital

l' **horaire (m.)** schedule, timetable, **8.1**

hors des limites out of bounds, **9.2**

l' **hôtel (m.)** hotel, **17.1**

l' **hôtesse (f.) de l'air** flight attendant (f.), **7.2**

huit eight, **BV**

humain(e) human

humide wet, humid

humoristique humorous

l' **hydrate (m.) de carbone** carbohydrate

hystérique hysterical

I

idéal(e) ideal

l' **idée (f.)** idea

identifier to identify

il he, it, **1**

Il est... heure(s). It's ... o'clock., **2**

Il est quelle heure? What time is it?, **2**

il faut (+ nom) (noun) is (are) needed

il faut (+ inf.) one must, it is necessary to (+ verb), **9.1**

Il n'y a pas de quoi. You're welcome., **BV**

il vaut mieux it is better

il y a there is, there are, **4.2**

l' **île (f.)** island

illustré(e) illustrated

ils they (m.), **2**

l' **immeuble (m.)** apartment building, **4.2**

l' **immigration (f.)** immigration, **7.2**

passer à l'immigration to go through immigration (airport), **7.2**

impatient(e) impatient, **1.1**

important(e) important

les **Impressionnistes (m. pl.)** Impressionists (painters)

inauguré(e) inaugurated

inclure to include

inconnu(e) unknown
incroyable incredible
l' **Inde** (f.) India
l' **indication** (f.) cue
indiquer to indicate
industrialisé(e) industrialized
l' **industrie** (f.) industry
infectieux, infectieuse
    infectious
l' **infection** (f.) infection, **15.1**
infiltrer to seep (into)
influencer to influence
l' **informatique** (f.) computer
    science, **2.2**
l' **inondation** (f.) flood
s' **installer** to settle (down), move
    in
l' **institut** (m.) institute
l' **institution** (f.) institution
les **instructions** (f. pl.)
    instructions, **9.1**
l' **instrument** (m.) instrument
intelligent(e) intelligent, **1.1**
interdit(e) forbidden,
    prohibited
    Il est interdit de stationner.
    No parking., **12.2**
intéressant(e) interesting, **1.1**
intéresser to interest
s' **intéresser à** to be interested in
l' **intérieur** (m.) interior, inside
intérieur(e) domestic (flight)
    (adj.), **7.1**
international(e) international,
    7.1
intitulé(e) titled
inviter to invite, **3.2**
isoler to isolate
l' **Italie** (f.) Italy, **16**
italien(ne) Italian, **9**

J

jamais ever
    ne... jamais never
le **jambon** ham, **5.1**
janvier (m.) January, **4.1**
le **Japon** Japan, **16**
japonais(e) Japanese
le **jardin** garden, **4.2**
jaune yellow, **10.2**
je I, **1.2**
    Je t'en prie. You're welcome.
    (fam.), **BV**
    je voudrais I would like, **5.1**
    Je vous en prie. You're
    welcome. (form.), **BV**;
    Please, I beg of you.
le **jean** jeans, **10.1**
jeter to throw

le **jeu: les jeux de la lumière** play
    of light
jeudi (m.) Thursday, **2.2**
jeune young, **4.1**
la **jeune fille** girl
les **jeunes** (m. pl.) young people
le **jogging: faire du jogging** to jog,
    11.2
joli(e) pretty, **4.2**
jouer to play, to perform, **16.1**
    jouer à (un sport) to play (a
    sport), **9.2**
le **joueur, la joueuse** player, **9.2**
le **jour** day, **2.2**
    C'est quel jour? What day is
    it?, **2.2**
    de nos jours today, nowadays
    par jour a (per) day, **3**
    tous les jours every day
le **journal** newspaper, **8.1**
    le journal intime diary
    le journal télévisé newscast
la **journée** day
juillet (m.) July, **4.1**
juin (m.) June, **4.1**
la **jupe** skirt, **10.1**
la **jupette** tennis skirt, **9.2**
le **Jura** Jura Mountains
le **jury** selection committee
jusqu'à (up) to, until, **13.2**
jusqu'en bas de la piste to the
    bottom of the trail

K

le **kilo(gramme)** kilogram, **6.2**
le **kilomètre** kilometer
le **kiosque** newsstand, **8.1**
le **kleenex** tissue, Kleenex, **15.1**

L

la the (f.), **1**; her, it (dir. obj.),
    16
là there
là-bas over there, **BV**
le **laboratoire** laboratory
le **lac** lake
    les Grands Lacs (m. pl.) the
    Great Lakes
laisser to leave (something
    behind), **5.2**
    laisser un pourboire to leave
    a tip, **5.2**
le **lait** milk, **6.1**
la **laitue** lettuce, **6.2**
lancer to throw, **13.2**
la **langue** language, **2.2**
large loose, wide, **10.2**
le **latin** Latin, **2.2**
la **latitude** latitude
laver to wash, **11.1**

se **laver** to wash oneself, **11.1**
    **se laver les cheveux (la
    figure, etc.)** to wash one's
    hair (face, etc.), **11.1**
le the (m.), **1**; him, it (dir. obj.),
    16.1
la **leçon** lesson, **9.1**
    la leçon de conduite driving
    lesson, **12.2**
la **lecture** reading
légendaire legendary
la **légende** legend
le **légume** vegetable, **6.2**
lent(e) slow
lentement slowly
les the (pl.), **2**; them (dir. obj.),
    16
leur their (sing. poss. adj.), **5**;
    (to) them (ind. obj.), **17**
leurs their (pl. poss. adj.), **5**
levant rising
le **levé: faire le levé
    topographique** to survey
se **lever** to get up, **11.1**
le **lexique** vocabulary
    libérer la chambre to vacate the
    room, **17.2**
libre free, **2.2**
le **lieu** place
    avoir lieu to take place
la **ligne** line
    les grandes lignes main lines
    (trains)
    les lignes de banlieue
    commuter trains
la **limitation de vitesse** speed
    limit
les **limites** (f. pl.) boundaries (on
    tennis court), **9.2**
    hors des limites out of
    bounds, **9.2**
la **limonade** lemon-lime drink
la **lipide** fat
    lire to read, **12.2**
    Lisbonne Lisbon
le **lit** bed, **8.2**
le **litre** liter, **6.2**
    littéraire literary
la **littérature** literature, **2.2**
la **livre** pound, **6.2**
le **livre** book, **BV**
la **location** rental
    loin de far from, **4.2**
les **loisirs** (m. pl.) leisure activities,
    16
    Londres London
le **long: le long de** along
    long(ue) long, **10.2**
la **longitude** longitude
    longtemps (for) a long time

la **longueur** length
lorsque while
louer to rent
lourd(e) heavy
lui him (m. sing. stress pron.), 9; (to) him, (to) her (ind. obj.), 17.1
la **lumière** light
lundi (m.) Monday, 2.2
les **lunettes (f. pl.)** (ski) goggles, 14.1
   les **lunettes de soleil** sunglasses, 9.1
lutter to fight
le **luxe** luxury
luxueux, luxueuse luxurious
le **lycée** high school, 1.2
le/la **lycéen(ne)** high school student

M

ma my (f. sing. poss. adj.), 4
Madame (Mme) Mrs., Ms., BV
Mademoiselle (Mlle) Miss, Ms., BV
le **magasin** store, 3.2
le **magazine** magazine, 3.2
magnifique magnificent
mai (m.) May, 4.1
maigrir to lose weight, 11.2
le **maillot de bain** bathing suit, 9.1
la **main** hand, 11.1
   fait(e) à la main handmade
maintenant now, 2.1
mais but, 1
   Mais oui (non)! Of course (not)!
la **maison** house, 3.1
le **maître** master
   le **maître d'hôtel** maitre d', 5.2
mal badly
   avoir mal à to have a(n) … -ache, to hurt, 15.1
   Où avez-vous mal? Where does it hurt?, 15.2
   Pas mal. Not bad., BV
le/la **malade** sick person, patient, 15.1
malade sick, 15.1
la **maladie** illness
malheureusement unfortunately
la **Manche** English Channel
la **manche** sleeve, 10.1
   à manches longues (courtes) long- (short-)sleeved, 10.2
manger to eat
la **mangue** mango
la **manière** manner, way

avoir de bonnes manières to have good manners
manquer: il en manque deux two are missing
se **maquiller** to put on make-up, 11.1
le **marathon** marathon
le **marbre** marble
le/la **marchand(e) (de fruits et légumes)** (produce) seller, 6.2; merchant
la **marchandise** merchandise
le **marché** market, 6.2
mardi (m.) Tuesday, 2.2
la **marée** tide
le **mari** husband, 4.1
le **mariage** marriage
marié(e) married
le **marin** sailor
le **Maroc** Morocco, 16
la **marque** make (of car), 12.1
   marquer un but to score a goal, 13.1
marron (inv.) brown, 10.2
mars (m.) March, 4.1
martiniquais(e) from Martinique
la **Martinique** Martinique
la **masse** mass
le **match** game, 9.2
les **mathématiques (f. pl.)** mathematics
les **maths (f. pl.)** math, 2.2
la **matière** subject (school), 2.2; matter
le **matin** morning, in the morning, 2
   du matin A.M. (time), 2
mauvais(e) bad; wrong
   Il fait mauvais. It's bad weather., 9.2
le **mazout** fuel oil
me (to) me (dir. and ind. obj.), 15.2
la **médaille** medal
le **médecin** doctor (m. and f.), 15.2
   chez le médecin at, to the doctor's, 15.2
   le **femme médecin** (woman) doctor
la **médecine** medicine (medical profession), 15
médical(e) medical
le **médicament** medicine (remedy), 15.2
la **médina** medina (old Arab section of northwestern African town)
meilleur(e) better (adj.), 10

le **membre** member
même same (adj.), 2.1; even (adv.)
le/la **mennonite** Mennonite
mental(e) mental
la **menthe: le thé à la menthe** mint tea
le **menu: le menu touristique** budget (fixed price) meal
la **mer** sea, 9.1
   la **mer des Caraïbes** Caribbean Sea
   la **mer Méditerranée** Mediterranean Sea
merci thank you, BV
mercredi (m.) Wednesday, 2.2
la **mère** mother, 4.1
le **méridien** meridian
merveilleux, merveilleuse marvelous, 10.2
mes my (pl. poss. adj.), 4
la **mesure** measurement
   sur mesure tailored (to one's measurements), tailor-made
mesurer to measure
le **métabolisme** metabolism
la **météo** weather forecast
la **météorologie** meteorology, the study of weather
météorologique meteorological
le **métier** profession
le **mètre** meter
métrique metric
le **métro** subway, 4.2
   en métro by subway, 5.2
   la **station de métro** subway station, 4.2
mettre to put (on), to place, 8.1; to put on (clothes), 10; to turn on (appliance), 8
   mettre au point to come out with, develop
   mettre de l'argent de côté to put money aside, save, 18.2
   mettre le contact to start the car, 12.1
   mettre le couvert to set the table, 8
se **mettre en forme** to get in shape, 11.1
le **Mexique** Mexico, 16
le **microbe** microbe
la **microbiologie** microbiology
le **microscope** microscope
midi (m.) noon, 2.2
le **militaire** soldier
militaire military
mille (one) thousand, 6.2
les **milliers (m. pl.)** thousands
le **minéral** mineral

le **ministère** ministry
minuit (m.) midnight, **2.2**
la **mission** mission
la **mi-temps** half (sporting event)
moche terrible, ugly, **2.2**
le **modèle** model
moderne modern
moderniser to modernize
modeste modest, reasonably
    priced
moi me (sing. stress pron.),
    1.2; 9
moins less
    au moins at least
    Il est une heure moins dix.
      It's ten to one. (time), **2**
    moins… que less … than
le **mois** month, **4.1**
le **moment: en ce moment** right
    now
mon my (m. sing. poss. adj.), **4**
le **monde** world
    beaucoup de monde a lot of
      people, **13.1**
    tout le monde everyone,
      everybody, **BV**
le **moniteur**, la **monitrice**
    instructor, **9.1**; camp
    counselor
la **monnaie** change; currency, **18.1**
    faire de la monnaie to make
      change, **18.1**
Monsieur (M.) Mr., sir, **BV**
la **montagne** mountain, **14.1**
    à la montagne in the
      mountains
    monter to go up, get on, get in,
      8.2; to take upstairs, **17.1**
    monter une pièce to put on a
      play, **16.1**
    montrer to show, **17.1**
moral(e) moral
le **morceau de craie** piece of
    chalk, **BV**
mordu(e) bitten
la **mort** death
mort(e) dead
mortel(le) fatal
Moscou Moscow
la **mosquée** mosque
le **mot** word
    le mot apparenté cognate
le **motard** motorcycle cop, **12.2**
le **moteur** engine (car, etc.), **12.1**
la **moto** motorcycle, **12.1**
le **mouchoir** handkerchief, **15.1**
mourir to die, **17**
la **moutarde** mustard, **6.2**
le **mouvement** movement
mouvementé(e) eventful

moyen(ne) average,
    intermediate
le **moyen de transport** mode of
    transportation
municipal(e) municipal
musclé(e) muscular
le **musée** museum, **16.2**
la **musique** music, **2.2**
la **mythologie** mythology

N

nager to swim, **9.1**
    nager la brasse papillon to
      do the butterfly (swim
      stroke)
le **nageur**, la **nageuse** swimmer
naître to be born, **17**
la **nappe** tablecloth, **5.2**
la **natation** swimming, **9.1**
la **nation** nation
national(e) national
la **nature** nature
nature plain (adj.), **5.1**
la **navette: faire la navette** to go
    back and forth
    ne: ne… jamais never, **12**
    ne… pas not, **1.2**
    ne… personne no one,
      nobody, **12.2**
    ne… rien nothing, **12.2**
né: il est né he was born
nécessaire necessary
négatif, négative negative
la **neige** snow, **14.2**
neige (inf. **neiger**): **Il neige.** It's
    snowing., **14.1**
nerveux, nerveuse nervous
    les cellules nerveuses
      (f. pl.) nerve cells
n'est-ce pas? isn't it?, doesn't it
    (he, she, etc.)?, **1.2**
neuf nine, **BV**
neutraliser to neutralize
le **neveu** nephew, **4.1**
le **nez** nose, **15.1**
    avoir le nez qui coule to
      have a runny nose, **15.1**
ni… ni neither … nor
la **nièce** niece, **4.1**
le **niveau** level
    vérifier les niveaux to check
      under the hood, **12.1**
noir(e) black, **10.2**
    le tableau noir blackboard,
      3.1
le **nom** name, **16.2**; noun
le **nombre** number, **5.2**
nombreux, nombreuse
    numerous
nommer to name, mention

non no
    non-fumeurs no smoking
      (section), **7.1**
    non seulement not only
le **nord** north
normal(e) normal
normalement normally, usually
nos our (pl. poss. adj.), **5**
la **nostalgie** nostalgia
la **note** bill (currency), **17.2**; grade
notre our (sing. poss. adj.), **5**
nourrir to feed
la **nourriture** food, nutrition
nous we, **2**; us (stress pron.), **9**;
    (to) us (dir. and ind. obj.), **15**
nouveau (nouvel) new (m.), **4**
nouvelle new (f.), **4**
les **nouvelles** (f. pl.) news
novembre (m.) November, **4.1**
le **nuage** cloud, **9.2**
la **nuit** night
le **numéro** number
    Quel est le numéro de
      téléphone de… ? What is
      the phone number of … ?,
      5.2

O

obéir (à) to obey, **7**
l' **objet** (m.) object
obligatoire mandatory
obliger to oblige
obtenir to obtain
occidental(e) western
occupé(e) busy, **2.2**
occuper to occupy
l' **océan** (m.) ocean
octobre (m.) October, **4.1**
l' **odeur** (f.) scent, smell
l' **œil** (m., pl. **yeux**) eye
l' **œuf** (m.) egg, **6.2**
    l'œuf sur le plat fried egg
l' **œuvre** (f.) work (of art), **16**
officiel(le) official
offrir to offer, give, **15**
l' **oignon** (m.) onion, **6.2**
l' **omelette** (f.) omelette, **5.1**
    l'omelette aux fines herbes
      omelette with herbs, **5.1**
    l'omelette nature plain
      omelette, **5.1**
on we, they, people, **3**
    On y va.(?) Let's go.; Shall we
      go?, **5**
l' **oncle** (m.) uncle, **4.1**
onze eleven, **BV**
l' **opéra** (m.) opera, **16.1**
opérer to operate
opposer to oppose, **13.1**
l' **or** (m.) gold

l' **orage** (m.) storm
l' **orange** (f.) orange, **6.2**
orange (inv.) orange (color), **10**
l' **Orangina** (m.) orange soda, **5.1**
ordinaire regular (gasoline), **12.1**
l' **ordinateur** (m.) computer, **BV**
l' **ordonnance** (f.) prescription, **15.2**
faire une ordonnance to write a prescription, **15.2**
l' **oreille** (f.) ear, **15.1**
avoir mal aux oreilles to have an earache, **15**
l' **oreiller** (m.) pillow, **17.2**
les **oreillons** (m. pl.) mumps
organisé(e) organized
l' **organisme** (m.) organism
original(e) original
l' **origine** (f.): **à l'origine** originally
d'origine américaine (française, etc.) from the U.S. (France, etc.)
orner to decorate
l' **os** (m.) bone
ôter to take off (clothing)
ou or, **1.1**
où where, **BV**
oublier to forget
l' **ouest** (m.) west
oui yes, **1**
ouvert(e) open, **16**
l' **ouverture** (f.) opening
l' **ouvrier**, l'**ouvrière** worker
ouvrir to open, **15**
ovale oval
l' **oxygène** (m.) oxygen

P

le **pain** bread, **6.1**
la **paire** pair, **10**
le **palais** palace
le **panier** basket, **13.2**
le **panneau** backboard (basketball), **13.2**
le panneau routier road sign
panoramique panoramic
le **pantalon** pants, **10.1**
la **papeterie** stationery store
le **papier** paper, **6**
la feuille de papier sheet of paper, **BV**
le papier hygiénique toilet paper, **17.2**
le **paquet** package, **6.2**
par by, through
par dessus over (prep.), **13**
par exemple for example
par jour a (per) day, **3**

par semaine a (per) week, **3.2**
le **paradis** paradise, heaven
le **paragraphe** paragraph
le **parallèle** parallel
le **parc** park, **11.2**
parce que because, **9.1**
parcourir to travel, go through
pardon excuse me, pardon me
le **parebrise** windshield, **12**
les **parents** (m. pl.) parents, **4.1**
parfait(e) perfect
parisien(ne) Parisian, **9**
le **parking** parking lot
le **parlement** parliament
parler to speak, talk, **3.1**
parler au téléphone to talk on the phone, **3.2**
parmi among
participer (à) to participate (in)
particulièrement particularly
la **partie** game, match, **9.2**; part
faire partie de to be a part of
la partie en simple (en double) singles (doubles) match (tennis), **9.2**
partir to leave, **7.1**
partout everywhere
pas not
pas de (+ nom) no (+ noun)
Pas de quoi. You're welcome. (inform.), **BV**
pas du tout not at all
Pas mal. Not bad., **BV**
pas mal de quite a few
le **passager**, la **passagère** passenger, **7.1**
le **passé** past
le **passeport** passport, **7.1**
passer to spend (time), **3**; to pass, go through, **7.2**
passer à la douane to go through customs, **7.2**
passer à l'immigration to go through immigration
passer par le contrôle de sécurité to go through security (airport), **7**
passer un examen to take an exam, **3.1**
passer un film to show a movie, **16.1**
passionné(e) de excited by
passionner to excite
le **pâté** pâté, **5.1**
patient(e) patient, **1.1**
le **patin** skate; skating, **14.2**
faire du patin to skate, **14.2**
faire du patin à glace to ice-skate, **14.2**

faire du patin à roulettes to roller-skate
le patin à glace ice skate, **14.2**
le **patinage** skating, **14.2**
le **patineur**, la **patineuse** skater, **14.2**
la **patinoire** skating rink, **14.2**
le/la **pauvre** poor thing, **15.1**
pauvre poor, **15.1**
le **pavillon** small house, bungalow
payer to pay, **6.1**
payer en espèces to pay cash, **17**
le **pays** country, **7.1**
le **paysage** landscape
les **Pays-Bas** (m. pl.) the Netherlands, **16**
le **péage: l'autoroute** (f.) **à péage** toll road
la **pêche** fishing
aller à la pêche to go fishing, **9.1**
faire une belle pêche to catch a lot of fish
le port de pêche fishing port
le **peigne** comb
se **peigner** to comb (one's hair), **11.1**
peindre to paint
le/la **peintre** painter, artist, **16.2**
la **peinture** painting, **16.2**
péjoratif, péjorative pejorative, disparaging
le **penalty** penalty (soccer)
pendant during, for (time), **3.2**
pendant que while
la **pénicilline** penicillin, **15.2**
penser to think, **10.1**
le **penseur** thinker
la **pension** small hotel
perdre to lose, **8.2**
perdre des kilos to lose weight
perdre patience to lose patience, **8.2**
le **père** father, **4.1**
la **périphérie** outskirts
la **perle** pearl
permettre to permit, allow, **14**
le **permis** license
le permis de conduire driver's license, **12.2**
le **personnage** character
la **personne** person
ne... personne no one, nobody, **12.2**
personnel(le) personal
le **personnel de bord** flight attendants, **7.2**

personnellement personally, **16.2**

la **perte** loss

peser to weigh

petit(e) short, small, **1.1**

  la **petite annonce** classified ad

  le **petit déjeuner** breakfast, **9**

  prendre le petit déjeuner to eat breakfast, **9**

la **petite-fille** granddaughter, **4.1**

le **petit-fils** grandson, **4.1**

le **pétrolier** oil tanker

peu (de) few, little, **18**

  un peu (de) a little

la **pharmacie** pharmacy, **15.2**

le/la **pharmacien(ne)** pharmacist, **15.2**

la **photo** photograph

la **phrase** sentence

la **physique** physics, **2.2**

physique physical

  la **forme physique** physical fitness, **13**

la **pièce** room, **4.2**; play, **16.1**; coin, **18.1**

le **pied** foot, **13.1**

  à pied on foot, **5.2**

la **pierre** stone

le/la **piéton(ne)** pedestrian, **12.2**

le/la **pilote** pilot

  le/la **pilote de ligne** airline pilot

  piloter to pilot

le **pique-nique: faire un pique-nique** to have a picnic, **6**

la **piscine** pool, **9.2**

  la **piscine couverte** indoor pool

la **piste** track, **13.2**; ski trail, **14.1**

pittoresque picturesque

le **placard** closet, **17.2**

la **place** seat (plane, train, etc.), **7.1**; parking space, **12.2**; place

la **plage** beach, **9.1**

la **plaine** plain

le **plan** map

la **planche à voile: faire de la planche à voile** to windsurf, **9.1**

la **plante** plant

  les **plantes aquatiques** aquatic vegetation

le **plastique: en plastique** plastic (adj.)

le **plat** dish (food)

le **plateau** plateau

plein(e) full, **13.1**

avoir plein de fric to have lots of money (slang), **18.2**

en pleine zone tempérée right in the temperate zone

faire le plein to fill up (a gas tank), **12.1**

pleut (inf. pleuvoir): Il pleut. It's raining., **9.2**

la **plongée sous-marine: faire de la plongée sous-marine** to go deep-sea diving, **9.1**

plonger to dive, **9.1**

la **pluie** rain

  les **pluies acides** acid rain

la **plupart (des)** most (of), **8.2**

le **pluriel** plural

plus more (comparative), **10**

  en plus de in addition to

  plus ou moins more or less

  plus tard later

plusieurs several, **18**

le **pneu** tire, **12.1**

  le **pneu à plat** flat tire, **12.1**

la **poche** pocket, **18.1**

le **poème** poem

la **poésie** poetry

le **poète** poet (m. and f.)

le **poids** weight

le **point** point; period

  à point medium-rare (meat), **5.2**

la **pointure** size (shoes), **10.2**

  Vous faites quelle pointure? What (shoe) size do you take?, **10.2**

le **poisson** fish, **6.1**

la **poissonnerie** fish store, **6.1**

le **pôle** pole

la **poliomyélite** polio

polluer to pollute

la **pollution** pollution

la **Polynésie française** French Polynesia

la **pomme** apple, **6.2**

la **pomme de terre** potato, **6.2**

le/la **pompiste** gas station attendant, **12.1**

populaire popular, **1.2**

la **porcelaine** porcelaine, china

le **port** port, harbor

  le **port de pêche** fishing port

le **portail** doorway (church)

la **porte** gate (airport), **7.1**; door, **17.1**

le **portefeuille** wallet, **18.1**

le **porte-monnaie** change purse, **18.1**

porter to wear, **10.1**

le **porteur** porter, **8.1**

le **portrait** portrait

le **Portugal** Portugal, **16**

poser une question to ask a question, **3.1**

la **possibilité** possibility

le **pot** jar, **6.2**

le **pouce** inch, thumb

le **poulet** chicken, **6.1**

la **poupée** doll

pour for; in order to, **2**

le **pourboire** tip (restaurant), **5.2**

  laisser un pourboire to leave a tip, **5.2**

le **pourcentage** percentage

pourquoi why, **9.1**

pourtant yet, still, nevertheless

pouvoir to be able to, **6**

pratiquer un sport to play a sport, **11.2**

précieux, précieuse precious

précis(e) precise, exact

  à l'heure précise right on time

préféré(e) favorite

préférer to prefer, **5**

le **préfixe** prefix

premier, première first, **4.1**

  en première in first class, **8.1**

  les **tout (inv.) premiers (m. pl.)** very first

premièrement first of all

prendre to take, **9.1**; to buy; to eat (drink) (in café, restaurant, etc.)

  prendre un bain (une douche) to take a bath (shower), **11.1**

  prendre un bain de soleil to sunbathe, **9.1**

  prendre un billet to buy a ticket, **9**

  prendre des kilos to gain weight

  prendre part à to take part in

  prendre le petit déjeuner to eat breakfast, **9**

  prendre possession de to take possession of

  prendre un pot to have a drink

  prendre rendez-vous to make an appointment

  prendre le train (l'avion, etc.) to take the train (plane, etc.), **9**

préparer to prepare, **4.2**

près de near, **4.2**

prescrire to prescribe, **15.2**

présenter to present, introduce

la **préservation** preservation

presque almost

pressé(e) in a hurry

la **pression artérielle** blood pressure

prêt(e) ready

prêt-à-porter ready-to-wear (adj.), **10**

    le **rayon prêt-à-porter** ready-to-wear department, **10.1**

prêter to lend, **18.2**

la **preuve** proof

la **prévision** prediction

prévoir to predict

prie: Je vous en prie. Please, I beg of you., You're welcome., **BV**

la **prière** prayer

    appeler à la prière to call to worship

primaire: l'école (f.) primaire elementary school

principal(e) main, principal

la **principauté** principality

le **printemps** spring, **13.2**

pris(e) taken, **5.1**

privé(e) private

le **prix** price, cost, **10.1**

    à prix fixe at a fixed price

probablement probably

le **problème** problem, **11.2**

prochain(e) next, **8.2**

produire to produce

le **produit** product

le/la **prof** teacher (inform.), **2.1**

le **professeur** teacher (m. and f.), **2.1**

professionnel(le) professional

profiter de to take advantage of, profit from

profond(e) deep

le **programme** TV program

le **progrès** progress

progressif, progressive progressive

le **projet** project, plan

la **promenade: faire une promenade** to take a walk, **9.1**

se promener to walk, **11.2**

proposer to suggest

propre own (adj.); clean

protéger to protect

la **protéine** protein

provenance: en provenance de arriving from (train, plane, etc.), **7.1**

provençal(e) from Provence, the south of France

les **provisions (f. pl.)** groceries

prudemment carefully, **12.2**

le **public** public

la **publicité** advertisement

les **puces (f. pl.): le marché aux puces** flea market

puissant(e) powerful

le **pull** sweater, **10.1**

punir to punish, **7**

pur(e) pure

la **pureté** purity

la **pyramide** pyramid

Q

le **quai** platform (railroad), **8.1**

la **qualité** quality

quand when, **3.1**

quarante forty, **BV**

le **quart: et quart** a quarter past (time), **2**

    moins le quart a quarter to (time), **2**

le **quartier** neighborhood, district, **4.2**

quatorze fourteen, **BV**

quatre four, **BV**

quatre-vingt-dix ninety, **5.2**

quatre-vingts eighty, **5.2**

quel(le) which, what, **7**

    Quel est le numéro de téléphone de... ? What is the phone number of … ?, **5**

    Quelle est la date aujourd'hui? What is today's date?, **4.1**

    Quel temps fait-il? What's the weather like?, **9.2**

quelque some (sing.)

    quelque chose à manger something to eat, **5.1**

quelquefois sometimes, **5**

quelques some (pl.), **8.2**

quelqu'un somebody, someone, **12**

Qu'est-ce que c'est? What is it?, **BV**

Qu'est-ce qu'il a? What's wrong with him?, **15.1**

la **question: poser une question** to ask a question, **3.1**

la **queue: faire la queue** to wait in line, **8.1**

qui who, **BV**; whom, **11**; which, that

    Qui ça? Who (do you mean)?, **BV**

    Qui est-ce? Who is it?, **BV**

quinze fifteen, **BV**

quitter to leave (a room, etc.), **3.1**

quoi what (after prep.), **14**

quotidien(ne) daily, everyday

R

raconter to tell (about)

le **racquet(-ball)** racquetball

la **radio** radio, **3.2**

radioactif, radioactive radioactive

la **rage** rabies

raide steep, **14.2**

la **raison** reason

ralentir to slow down

le **randonneur, la randonneuse** hiker

rapide quick, fast

le **rapport** relationship; report

rapporter to report

la **raquette** racket, **9.2**

rare rare

se raser to shave, **11.1**

le **rasoir** razer, shaver

rassembler to collect, gather together

le **rayon** department (in a store), **10.1**

la **réaction** reaction

réaliser to realize (an ambition), achieve

la **réalité** reality

la **réception** front desk (hotel), **17.1**

le/la **réceptionniste** desk clerk, **17.1**

la **recette** recipe

recevoir to receive, **18.1**

la **recherche: faire de la recherche** to do research

rechercher to seek

recommandé(e) recommended

reconnu(e) recognized

la **récréation** recess

récrire to rewrite

récupérer to claim (luggage), **7.2**

refléter to reflect

regarder to look at, **3.1**

se regarder to look at oneself, look at one another

le **régime: faire un régime** to go on a diet

    le régime alimentaire diet

la **région** region

la **règle** rule

le **règlement** rule

régler to direct (traffic)

regretter to be sorry

régulier, régulière regular

régulièrement regularly

le **relevé de compte** statement (bank), **18**

relié(e) connected

remarquer to notice

rembourser to pay back, reimburse, **18.2**
remplir to fill out, **7.2**
la **rencontre** meeting
rencontrer to meet
le **rendez-vous: prendre rendez-vous** to make an appointment
rendre to give back, **18.2**
les **renseignements (m. pl.)** information
rentrer to go home, **3.1**
renvoyer to return (tennis ball), **9.2**
la **répartition** distribution
le **repas** meal
répéter to repeat
répondre to answer, **8**
la **réponse** answer
se **reposer** to rest
repoussé(e) pushed back
représenter to represent
la **reprise** reshowing
reproduire to reproduce
la **république** republic, democracy
la **réserve** resource, supply
réservé(e) reserved
réserver to reserve
le **réservoir** gas tank, **12.1**
résidentiel(le) residential
la **résistance** resistance
respecter to respect
la **respiration** breathing
respirer (à fond) to breathe (deeply), **15.2**
ressembler à to resemble
ressentir to feel
le **restaurant** restaurant, **5.2**
la **restauration** food service
rester to stay, remain, **17**
rester en forme to stay in shape, **11.1**
le **retard** delay
en retard late, **8.2**
retomber to fall back down
le **retour** return
à votre retour when you return
la **retransmission** rebroadcast
réunir to bring together
réussir (à) to succeed; to pass (exam), **7**
le **rêve** dream
se **réveiller** to wake up, **11.1**
la **révélation** revelation
revenir to come back, **16**
rêver to dream
la **révolution** revolution
révolutionner to revolutionize
le **rez-de-chaussée** ground floor, **4.2**

le **rhume** cold (illness), **15.1**
avoir un rhume to have a cold, **15.1**
riche rich
la **richesse** wealth
le **rideau** curtain, **16.1**
le lever du rideau at curtain time (theatre)
Rien d'autre. Nothing else., **6.2**
rigoler to joke around, **3.2**
Tu veux rigoler! Are you kidding?!
le **rite** rite, ritual
la **rivière** river
le **riz** rice
la **robe** dress, **10.1**; robe
le **rocher** rock
le **roi** king
le **rôle** role
le **roman** novel
le roman policier detective novel, mystery
le **romancier**, la **romancière** novelist
rond(e) round
rose pink, **10.2**
le **rosier** rosebush
la **roue** wheel, **12.1**
la roue de secours spare tire, **12.1**
les deux roues two-wheeled vehicles
rouge red, **10.2**
la **rougeole** measles
le **rouleau de papier hygiénique** roll of toilet paper, **17.2**
rouler (vite) to go, drive (fast), **12.1**
la **route** road, **12.1**
En route! Let's go!
prendre la route to take to the road
la **rubéole** German measles
la **rue** street, **3.1**
le **rugby** rugby
rural(e) rural
le/la **Russe** Russian (person)
le **rythme** rhythm

S

sa his, her (f. sing. poss. adj.), **4**
le **sable** sand, **9.1**
le **sac** bag, **6.1**; pocketbook, purse, **18.1**
le sac à dos backpack, BV
saignant(e) rare (meat), **5.2**
la **saison** season
la belle saison summer
la **salade** salad, **5.1**
le **salaire** salary

la **salle** room
la salle à manger dining room, **4.2**
la salle d'attente waiting room, **8.1**
la salle de bains bathroom, **4.2**
la salle de cinéma movie theatre, **16.1**
la salle de classe classroom, **2.1**
la salle de séjour living room, **4.2**
le **Salon** official art show
Salut. Hi., BV
samedi (m.) Saturday, **2.2**
le **sandwich** sandwich, **5.1**
sans without, **12.1**
sans aucun doute without a doubt
Sans blague! No kidding!
sans plomb unleaded, **12.1**
la **santé** health, **15.1**
être en bonne (mauvaise) santé to be in good (poor) health, **15.1**
la **saucisse de Francfort** hot dog, **5.1**
le **saucisson** salami, **6.1**
sauf except, **16.2**
sauver to save
le **savant** scientist
savoir to know (information), **16.2**
le **savon** soap, **11.1**
scandalisé(e) scandalized, shocked
la **scène** stage; scene, **16.1**
les **sciences (f. pl.)** science, **2.2**
les sciences humaines social sciences
les sciences naturelles natural sciences
le **scorbut** scurvy
le **score** score, **9.2**
le **sculpteur** sculptor (m. and f.), **16.2**
la **sculpture** sculpture, **16.2**
la **séance** show (movie), **16.1**
sec, sèche dry
se **sécher** to dry (off), **17.2**
la **sécheresse** dryness, drought
secondaire: l'école (f.) secondaire junior high, high school
la **seconde** second (time)
seconde: en seconde in second class, **8.1**
seize sixteen, BV
le **séjour** stay

selon according to

la **semaine** week, **2.2**; allowance

par semaine a (per) week, **3.2**

sembler to seem

le **Sénégal** Senegal, **16**

le **sens** direction; meaning

sens interdit (m.) wrong way (traffic sign)

sens unique (m.) one way (traffic sign)

se **sentir** to feel (well, etc.), **15.1**

séparer to separate

sept seven, **BV**

septembre (m.) September, **4.1**

la **série** series

sérieux, sérieuse serious, **10**

serré(e) tight, **10.2**

le **serveur,** la **serveuse** waiter, waitress, **5.1**

le **service** tip; service, **5.2**

Le service est compris. The tip is included., **5.2**

la **serviette** napkin, **5.2**; towel, **17.2**

servir to serve (food), **7.2**; to serve (a ball in tennis, etc.), **9.2**

ses his, her (pl. poss. adj.), **5**

seul(e) alone; single; only (adj.)

tout(e) seul(e) all alone, by himself/herself

seulement only (adv.)

la **sève** sap

tirer la sève to tap (maple sugar)

sévère strict

le **sexe** sex

le **shampooing** shampoo

le **short** shorts, **9.2**

si if; yes (after neg. question)

le **SIDA (Syndrome Immuno-Déficitaire Acquis)** AIDS

le **siècle** century

le **siège** seat, **7.1**

siffler to (blow a) whistle, **13.1**

le **signal** sign

signer to sign, **18.1**

signifier to mean

s'il te plaît please (fam.), **BV**

s'il vous plaît please (form.), **BV**

simplement simply

sincère sincere, **1.2**

le **sirop: le sirop d'érable** maple syrup

situé(e) located

six six, **BV**

le **ski** ski, skiing, **14.1**

faire du ski to ski, **14.1**

faire du ski nautique to water-ski, **9.1**

le **ski alpin** downhill skiing, **14.1**

le **ski de fond** cross-country skiing, **14.1**

le **skieur,** la **skieuse** skier, **14.1**

social(e) social

la **société** society

la **sociologie** sociology

la **sœur** sister, **1.2**

soi: chez soi home

la **soie: en soie** silk (adj.)

le **soir** evening, in the evening, **2**

du soir in the evening, P.M. (time), **2**

la **soirée** evening

soit is, exists (subjunctive)

soixante sixty, **BV**

soixante-dix seventy, **5.2**

le **sol** ground, **13.2**

les **soldes (f. pl.)** sale (in a store), **10.2**

le **soleil** sun

Il fait du soleil. It's sunny., **9.2**

le **soleil levant** rising sun

soluble dans l'eau water-soluble

soluble dans la graisse fat-soluble

sombre dark

la **somme** sum

le **sommeil** sleep

le **sommet** summit, mountaintop, **14.1**

son his, her (m. sing. poss. adj.), **4**

le **sondage** survey, opinion poll

la **sorte** sort, kind

la **sortie** exit, **7.1**

sortir to go out, take out, **7**

souffrir to suffer, **15.2**

la **soupe à l'oignon** onion soup, **5.1**

la **source** source

sous under, **BV**

les **sous-titres (m. pl.)** subtitles, **16.1**

souterrain(e) underground

souvent often, **5**

se **spécialiser** to specialize

le **spectacle** show

le **spectateur** spectator, **13.1**

la **splendeur** splendor

splendide splendid

le **sport: faire du sport** to play sports

pratiquer un sport to play a sport

le **sport collectif** team sport

le **sport d'équipe** team sport

les **sports d'hiver** winter sports, skiing, **14.1**

sport (inv.) casual (clothes), **10.1**

sportif, sportive athletic

le **stade** stadium, **13.1**

la **station** station; resort

la **station balnéaire** seaside resort, **9.1**

la **station de métro** subway station, **4.2**

la **station-service** gas station, **12.1**

la **station de sports d'hiver** ski resort, **14.1**

le **stationnement** parking

Stationnement interdit No parking (traffic sign)

stationner to park, **12.2**

Il est interdit de stationner. No parking. (traffic sign), **12.2**

la **statue** statue

le **steak frites** steak and French fries, **5.2**

le **steward** flight attendant (m.), **7.2**

stop stop (traffic sign)

strict(e) strict

le **stylo** (ballpoint) pen, **BV**

se **succéder** to follow one another

le **succès** success

le **sucre** sugar

sucré(e) sweet, with sugar

le **sud** south

le **sud-est** southeast

suffir to suffice, be enough

la **Suisse** Switzerland

suisse Swiss

suivant(e) following

suivre to follow

le **sujet** subject

super terrific, super, **2.2**; super (gasoline), **12.1**

superbe superb

la **superficie** area (geography)

le **supermarché** supermarket, **6.1**

supersonique supersonic

le **supplément** surcharge (train fare), **8**

payer un supplément to pay a surcharge

sur on, **BV**

sûr(e) sure

le **surf: faire du surf (des neiges)** to go surfing (snowboarding)

la **surface** surface

surgelé(e) frozen, **6.2**

surtout especially, above all
surveiller to watch, 12.2
le survêtement warmup suit, 11.2
le swahili Swahili
le sweat-shirt sweatshirt, 10.1
sympa (inv.) nice (abbrev. for sympathique), 1.2
sympathique nice (person), 1.2
le symptôme symptom
le syndicat d'initiative tourist office
le synonyme synonym
le système system

T

ta your (f. sing. poss. adj.), 4
la table table, BV
le tableau blackboard, BV; painting, 16.2
le tableau des départs et des arrivées arrival and departure board
la taille size (clothes), 10.2
la taille au-dessous next smaller size, 10.2
la taille au-dessus next larger size, 10.2
Vous faites quelle taille? What size do you take?, 10.2
le tailleur suit (woman's), 10.1; tailor
le talon heel, 10.2
à talons hauts (bas) high-(low-)heeled (shoes)
le tambour drum
la tante aunt, 4.1
tard late
plus tard later
le tarif fare
les tarifs aériens airfares
la tarte pie, tart, 6.1
la tarte aux fruits fruit tart, pie
la tasse cup, 5.2
le taux rate, level
le taxi taxi, 7.2
te (to) you (fam.) (dir. and ind. obj.), 15.2
technique technical
technologiquement technologically
le tee-shirt T-shirt, 9.2
la télé TV, 3.2
à la télé on TV
le téléphone telephone
le télésiège chairlift, 14.1
la température temperature, 14.1
le temps weather, 9.2; time

de temps en temps from time to time
Quel temps fait-il? What's the weather like?, 9.2
la tendance: avoir tendance à (+ inf.) to tend (+ inf.)
le tennis tennis, 9.2
les tennis (f. pl.) sneakers
le terrain de football soccer field, 13.1
la terrasse terrace, 4.2
la terrasse d'un café sidewalk café, 5.1
la terre earth, land
la Terre the Earth
la Terre-Neuve Newfoundland
terrible terrible; terrific (inform.), 2.2
le territoire territory
le tétanos tetanus
la tête head, 13.1
avoir mal à la tête to have a headache, 15.1
le thé citron tea with lemon, 5.1
le théâtre theater, 16.1
la théorie theory
Tiens! Hey!, Well!, Look!, 10.1
le tilleul linden tree
timide timid, shy, 1.2
le tissu fabric
toi you (sing. stress pron.), 9
la toilette: faire sa toilette to wash and groom oneself, 11.1
les toilettes (f. pl.) bathroom, 4.2
la tomate tomato, 6.2
tomber to fall, 17
ton your (m. sing. poss. adj.), 4
la tonne ton
le topographe topographer (m. and f.)
tôt early
total(e) total
toucher to cash (a check), 18.1; to touch
toujours always, 5; still
la tour tower
la tour Eiffel Eiffel Tower
le tour: à son tour in turn
À votre tour. (It's) your turn.
le/la touriste tourist
tous, toutes all, every, 7
tous (toutes) les deux both
tousser to cough
tout(e) the whole, the entire, 7; all, any
À tout à l'heure. See you later., BV
C'est tout? Is that all?, 6.2
en tout cas in any case

tout autour de all around (prep.)
tout de suite right away, 11.1
tout le monde everyone, everybody, BV
tout(e) seul(e) all alone, all by himself/herself, 5.2
les tout (inv.) premiers (m. pl.) the very first
toxique toxic
la tragédie tragedy, 16.1
le train train, 8.1
le train à grande vitesse (TGV) high-speed train, 8
traiter to treat (illness)
le trajet distance
transporter to transport
le travail work
travailler to work, 3.1
travailleur, travailleuse hardworking
traverser to cross, 12.2
treize thirteen, BV
trente thirty, BV
très very, 1.2
le tricolore French flag
la trigonométrie trigonometry, 2.2
trois three, BV
troisième third, 4.2
trop too (excessive), 10.2
trop de too many, too much
le trophée trophy
tropical(e) tropical, 9
le trottoir sidewalk, 12.2
le trouble digestif indigestion, upset stomach
trouver to find, 5.1; to think (opinion), 10.2
se trouver to be located, found
tu you (fam., subj. pron.), 1
la tuberculose tuberculosis
tuer to kill
la Tunisie Tunisia, 16
le type guy (inform.)
le typhoïde typhoid
typique typical

U

un, une a, one, BV
unique: l'enfant unique only child
unir to unite
unisexe unisex
l' unité (f.) unit
universitaire university
l' université (f.) university
l' urgence (f.): en cas d'urgence in an emergency
l' ustensile (m.) utensil

utiliser to use
    en utilisant using

V

les **vacances (f. pl.)** vacation
    en vacances on vacation
le **vaccin** vaccination (shot)
la **vaccination** vaccination
    vacciner to vaccinate
    vachement really (inform.)
la **vague** wave, **9.1**
la **valeur** value
la **valise** suitcase, **7.1**
    faire les valises to pack, **7.1**
la **vallée** valley, **14.1**
la **vanille: à la vanille** vanilla
    (adj.), **5.1**
la **vapeur d'eau** water vapor
la **variation** variation
    varié(e) varied
    varier to vary
la **variété** variety
    vaste vast, enormous
    vaut: il vaut mieux it's better
la **vedette** star (actor or actress),
    16.1
le **végétal** vegetable, plant
    végétarien(ne) vegetarian
le **vélo** bicycle, bike, **13.2**
    à vélo by bicycle
    le vélo tout terrain (VTT)
      mountain bike
le **vélodrome** bicycle racing track
le **vélomoteur** moped, **12.1**
le **vendeur, la vendeuse**
    salesperson, **10.1**
    vendre to sell, **8.1**
    vendredi (m.) Friday, **2.2**
    venir to come, **16**
    venir de (+ inf.) to have just
      (done something)
    venir en tête to rate above
le **vent** wind, **14.2**
    Il fait du vent. It's windy., **9.2**
la **vente** sale
le **ventre** abdomen, stomach, **15.1**
    avoir mal au ventre to have a
      stomachache, **15.1**
    au ventre de in the depths of
le **ver à soie** silkworm
le **verbe** verb
    vérifier to check, verify, **7.1**
    vérifier les niveaux (m. pl.)
      to check under the hood,
      12.1
    véritable real
le **verre** glass, **5.2**
    vers around (time); towards
le **versement** deposit

    verser to deposit; to pour
la **version originale** original
    language version (of a movie),
    16.1
    vert(e) green, **10.2**
    vertical(e) vertical
la **veste** (sport) jacket, **10.1**
    vestimentaire: les normes
      vestimentaires (f.) dress
      code
le **veston** (suit) jacket
les **vêtements (m. pl.)** clothes,
    10.1
la **viande** meat, **6.1**
la **victoire** victory
le **vide** vacuum, space
    vide empty
la **vidéo(cassette)** videocassette,
    3.2
la **vie** life
    vieille old (f.), **4.1**
    vieux (vieil) old (m.), **4.1**
    vif, vive bright (color)
    vigilant(e) vigilant, watchful
le **vignoble** vineyard
la **villa** house
le **village** village, small town
la **ville** city, town
le **vin (rouge, blanc)** (red, white)
    wine
    vingt twenty, **BV**
    violent(e) violent
    viral(e) viral, **15.1**
la **virgule** comma
le **virus** virus
la **visite** visit
    visiter to visit (a place), **16.2**
la **vitamine** vitamin
    vite fast (adv.), **12.2**
la **vitrine** (store) window
    Vive... ! Long live ... !, Hooray
      for ... !
    vivre to live (exist)
    voici here is, here are, **1.1**
la **voie** track (railroad), **8.1**; lane
    (of a road), **12.1**
    voilà there is, there are
      (emphatic)
    voir to see, **10.1**
le/la **voisin(e)** neighbor, **4.2**
la **voiture** car, **4.2**
    en voiture by car, **5.2**; "All
      aboard!", **8**
    la voiture de sport sports
      car, **12.1**
    monter en voiture to board
      the train, **8**
la **voiture-lit** sleeping car, **8.2**
la **voiture-restaurant** dining car
le **vol** flight, **7.1**

    le vol intérieur domestic
      flight, **7.1**
    le vol international
      international flight, **7.1**
le **volley-ball** volleyball, **13.2**
le **volume** volume
    vos your (pl. poss. adj.), **5**
    votre your (sing. poss. adj.), **5**
    voudrais: je voudrais I would
      like, **5.1**
    vouloir to want, **6.1**
    vous you (sing. form. and pl.),
      2; you (stress pron.), **9**; (to)
      you (dir. and ind. obj.), **15**
le **voyage** trip
    faire un voyage to take a trip,
      7.1
    voyager to travel, **8.1**
le **voyageur, la voyageuse** traveler,
    passenger, **8.1**
    vrai(e) true, real
    vraiment really, **2.1**
la **vue** view
la **vulgarité** vulgarity

W

le **walkman** Walkman, **3.2**
le **week-end** weekend, **2.2**

Y

    y there, **5.2**
le **yaourt** yogurt, **6.1**
les **yeux (m. pl; sing. œil)** eyes,
    15.1
    avoir les yeux qui piquent
      to have stinging eyes, **15.1**

Z

    zéro zero, **BV**
la **zone** area, zone, section, **7.1**
    en pleine zone tempérée
      right in the temperate zone
la **zoologie** zoology
    Zut! Darn!, **12.2**

VOCABULAIRE ANGLAIS–FRANÇAIS

The *Vocabulaire anglais–français* contains all productive vocabulary from the text.

The numbers following each entry indicate the chapter and vocabulary section in which the word is introduced. For example, **2.2** means that the word first appeared in *Chapitre 2, Mots 2*. **BV** refers to the introductory *Bienvenue* chapter.

The following abbreviations are used in this glossary.

adj.	adjective
adv.	adverb
conj.	conjunction
dem. adj.	demonstrative adjective
dem. pron.	demonstrative pronoun
dir. obj.	direct object
f.	feminine
fam.	familiar
form.	formal
ind. obj.	indirect object
inf.	infinitive
inform.	informal
interrog. adj.	interrogative adjective
inv.	invariable
m.	masculine
n.	noun
pl.	plural
poss. adj.	possessive adjective
prep.	preposition
pron.	pronoun
sing.	singular
subj.	subject

A

a un, une, **1.1**
  a day (week) par jour (semaine), **3.2**
  a lot beaucoup, **3.1**
abdomen le ventre, **15.1**
accident l'accident (m.), **14.2**
act l'acte, (m.), **16.1**
active actif, active, **10**
actor l'acteur, (m.), **16.1**
actress l'actrice, (f.), **16.1**
aerobics: to do aerobics faire de l'aérobic, **11.2**
after après, **3.2**
afternoon l'après-midi (m.), **2**
against contre, **13.1**
age l'âge (m.), **4.1**
agent (m. and f.) l'agent (m.), **7.1**
to **agree** être d'accord, **2.1**
air aérien(ne) (adj.), **9**
air terminal l'aérogare (f.), **7.2**
airline la compagnie aérienne, **7.1**
airplane l'avion (m.), **7.1**
airport l'aéroport (m.), **7.1**
aisle le couloir, **8.2**
  aisle seat (une place) côté couloir, **7.1**
algebra l'algèbre (f.), **2.2**
all tous, toutes, **7**
  all alone tout(e) seul(e), **5.2**
  all right (agreement) d'accord, **3**
  Is that all? C'est tout?, **6.2**
allergic allergique, **15.1**
allergy l'allergie (f.), **15.1**
already déjà, **14**
also aussi, **1.1**
always toujours, **5**
American (adj.) américain(e), **1.1**
among entre, **9.2**
and et, **1**
  and you? et toi? (fam.), **BV**
angry fâché(e), **12.2**
announcement l'annonce, (f.), **8.1**
to **answer** répondre, **8**
antibiotic l'antibiotique (m.), **15.1**
Anything else? Autre chose?, Avec ça?, **6.2**
apartment l'appartement (m.), **4.2**
  apartment building l'immeuble (m.), **4.2**
apple la pomme, **6.2**
appointment: appointment book l'agenda (m.), **2.2**
April avril (m.), **4.1**
arrival l'arrivée (f.), **7.2**

to **arrive** arriver, **3.1**
> **arriving from (flight)** en
> provenance de, **7.1**

art l'art (m.), **2.2**

to **ask (for)** demander, **5**
> **to ask a question** poser une
> question, **3.1**

aspirin l'aspirine (f.), **15.1**

at à, **3.1**
> **at the** au, à la, à l', aux, **5**
> **at the home (business) of**
> chez, **5**
> **at what time?** à quelle heure?, **2**

athletic sportif, sportive, **10**

August août, (m.), **4.1**

aunt la tante, **4.1**

autumn l'automne (m.), **13.2**

B

backboard (basketball) le
panneau, **13.2**

backpack le sac à dos, **BV**

bacterial bactérien(ne), **15.1**

bag le sac, **6.1**

bakery la boulangerie-pâtisserie,
6.1

balcony le balcon, **4.2**

ball (tennis, etc.) la balle, **9.2**;
(soccer, etc.) le ballon, **13.1**

banana la banane, **6.2**

bank la banque, **18.1**

baseball le base-ball, **13.2**

basket le panier, **13.2**

basketball le basket(-ball), **13.2**

bathing suit le maillot (de bain),
9.1

bathroom la salle de bains, les
toilettes (f. pl.), **4.2**

to **be** être, **2.1**
> **to be able to** pouvoir, **6**
> **to be better soon** être vite sur
> pied, **15.2**
> **to be born** naître, **17**
> **to be called** s'appeler, **11.1**
> **to be careful** faire attention, **9.1**
> **to be early** être en avance, **8.1**
> **to be hungry** avoir faim, **5.1**
> **to be in shape** être en forme,
> **11.2**
> **to be late** être en retard, **8.2**
> **to be on time** être à l'heure, **8.1**
> **to be out of sorts** ne pas être
> dans son assiette, **15.2**
> **to be thirsty** avoir soif, **5.2**
> **to be ... years old** avoir... ans,
> **4.1**

beach la plage, **9.1**

beautiful beau (bel), belle, **4**

because parce que, **9.1**

to **become** devenir, **16**

bed le lit, **8.2**
> **to go to bed** se coucher, **11.1**

bedroom la chambre à coucher,
4.2

beef le bœuf, **6.1**

before avant, **7.1**

beginner le/la débutant(e), **14.1**

behind derrière, **BV**

beige beige, **10.2**

to **believe** croire, **10.2**

better meilleur(e) (adj.), **10**

between entre, **9.2**

beverage la boisson, **5.2**

bicycle le vélo, **13.2**
> **bicycle racer** le coureur cycliste,
> **13.2**

big grand(e), **1.1**

bill (currency) le billet, **18.1**;
(invoice) la facture, **17.2**

biology la biologie, **2.2**

birthday l'anniversaire (m.), **4.1**
> **When is your birthday?** C'est
> quand, ton anniversaire?
> (fam.), **4.1**

black noir(e), **10.2**

blackboard le tableau, **BV**

blanket la couverture, **17.2**

bleacher le gradin, **13.1**

blond blond(e), **1.1**

blouse le chemisier, **10.1**

blue bleu(e), **10.2**
> **navy blue** bleu marine (inv.),
> **10.2**

to **board (plane)** embarquer, **7.2**;
(train) monter, **8.2**

boarding pass la carte
d'embarquement, **7.1**

book le livre, **BV**

born: to be born naître, **17**

to **borrow** emprunter, **18.2**

bottle la bouteille, **6.2**

boundaries (on a tennis court)
les limites (f. pl.), **9.2**

box office le guichet, **16.1**

boy le garçon, **BV**

to **brake** freiner, **12.2**

bread le pain, **6.1**
> **loaf of French bread** la
> baguette, **6.1**

to **breathe (deeply)** respirer (à fond),
15.2

broke (slang) fauché(e), **18.2**

brother le frère, **1.2**

brown brun(e), marron (inv.),
10.2

brunette brun(e), **1.1**

to **brush (one's teeth, hair, etc.)** se
brosser (les dents, les cheveux,
etc.), **11.1**

bunk (on a train) la couchette,
8.2

bus le bus, **5.2**; l'autocar (m.), **7.2**
> **by bus** en bus, **5.2**

busy occupé(e), **2.2**

but mais, **1**

butcher shop la boucherie, **6.1**

butter le beurre, **6.2**

to **buy** acheter, **6.1**
> **to buy a ticket** prendre un
> billet, **7**

C

cabin (plane) la cabine, **7.1**

café le café, **5.1**

cake le gâteau, **6.1**

calculator la calculatrice, **BV**

can of food la boîte de conserve,
6.2

Canadian (adj.) canadien(ne), **7**

cap (ski) le bonnet, **14.1**

car la voiture, **4.2**
> **by car** en voiture, **5.2**
> **sports car** la voiture de sport,
> **12.2**

carefully prudemment, **12.2**

carrot la carotte, **6.2**

carry-on luggage les bagages (m.
pl.) à main, **7.1**

cartoon le dessin animé, **16.1**

cash l'argent liquide (m.), **18.1**
> **cash register** la caisse, **6.2**

to **cash (a check)** toucher (un
chèque), **18.1**

cassette la cassette, **3.2**

casual (clothes) sport (adj. inv.),
10.1

cat le chat, **4.1**

chair la chaise, **BV**

chairlift le télésiège, **14.1**

chalk: piece of chalk le morceau
de craie, **BV**

change la monnaie, **18.1**
> **change purse** le porte-monnaie,
> **18.1**
> **to make change** faire de la
> monnaie, **18.1**

to **change** changer (de), **8.2**

to **chat** bavarder, **4.2**

check (in restaurant) l'addition
(f.), **5.2**; (bank) le chèque
(bancaire), **18.1**
> **traveler's check** le chèque de
> voyage, **17.2**

to **check** vérifier, **7.1**
> **to check (luggage)** faire
> enregistrer, **7.1**
> **to check out (of hotel)** libérer
> une chambre, **17.2**

to check under the hood
vérifier les niveaux, **12.2**
checkout counter la caisse, **6.2**
checkroom la consigne, **8.1**
cheese le fromage, **5.1**
chemistry la chimie, **2.2**
chicken le poulet, **6.1**
child l'enfant (m. and f.), **4.1**
chills les frissons (m. pl.), **15.1**
chocolate (adj.) au chocolat, **5.1**
to **choose** choisir, **7.1**
to **claim (luggage)** récupérer, **7.2**
class (people) la classe, **2.1**;
(course) le cours, **2.2**
first (second) class en première
(seconde), **8.1**
classroom la salle de classe, **2.1**
closed fermé(e), **16.2**
closet le placard, **17.2**
clothes les vêtements (m. pl.),
10.1
clothing designer le grand
couturier, **10.1**
cloud le nuage, **9.2**
Coca-Cola le coca, **5.1**
coffee le café, **5.1**
black coffee l'express (m.), **5.1**
coffee with cream (in a café)
le crème, **5.1**
coin la pièce, **18.1**
cold froid(e) (adj.), **14.2**; (illness)
le rhume, **15.1**
It's cold (weather). Il fait froid.,
9.2
to have a cold être enrhumé(e),
15.1
color la couleur, **10.2**
What color is … ? De quelle
couleur est... ?, **10.2**
to **comb (one's hair)** se peigner, **11.1**
to **come** venir, **16**
to come back revenir, **16**
comedy la comédie, **16.1**
musical comedy la comédie
musicale, **16.1**
comic strip la bande dessinée, **16**
compact disc le compact disc, **3.2**
compartment le compartiment,
7.2
computer l'ordinateur (m.), **BV**
computer science
l'informatique (f.), **2.2**
conductor (train) le contrôleur,
8.2
confident confiant(e), **1.1**
convertible (car) la décapotable,
12.2
to **cook** faire la cuisine, **6**
corridor le couloir, **8.2**
costume le costume, **16.1**

to **cough** tousser, **15.1**
counter le comptoir, **7.1**
country le pays, **7.1**
course le cours, **2.2**
courtyard la cour, **4.2**
cousin le/la cousin(e), **4.1**
to **cover** couvrir, **15**
crab le crabe, **6.1**
cream la crème, **6.1**
credit card la carte de crédit, **17.2**
crepe la crêpe, **5.1**
croissant le croissant, **6.1**
to **cross** traverser, **12.2**
crossroads le carrefour, **12.2**
cup la tasse, **5.2**
winner's cup la coupe, **13.2**
currency la monnaie, **18.1**
curtain le rideau, **16.1**
customer le/la client(e), **10.1**
customs la douane, **7.2**
to go through customs passer à
la douane, **7.2**
cycling le cyclisme, **13.2**
cyclist (in race) le coureur
cycliste, **13.2**

D

dairy store la crémerie, **6.1**
to **dance** danser, **3.2**
dark hair brun(e), **1.1**
Darn! Zut!, **12.2**
date la date, **4.1**
What is the date today? Quelle
est la date aujourd'hui?, **4.1**
daughter la fille, **4.1**
day le jour, **2.2**
a (per) day par jour, **3**
What day is it? C'est quel jour?,
2.2
December décembre (m.), **4.1**
degree: It's … degrees Celsius. Il
fait... degrés Celsius., **14.2**
delicatessen la charcuterie, **6.1**
delicious délicieux, délicieuse, **10**
deodorant le déodorant, **11.1**
department store le grand
magasin, **10.1**
departure le départ, **7.1**
to **deposit** verser, **18.1**
to **descend** descendre, **14.1**
desk le bureau, **BV**
desk clerk le/la réceptionniste,
17.1
diagnosis: to make a diagnosis
faire un diagnostic, **15.2**
to **die** mourir, **17**
difficult difficile, **2.1**
dining car la voiture-restaurant,
8.2
dining room la salle à manger, **4.2**

dinner le dîner, **4.2**
to eat dinner dîner, **4.2**
to **discover** découvrir, **15**
district le quartier, **4.2**; (Paris)
l'arrondissement (m.)
to **dive** plonger, **9.1**
diving: to go deep-sea diving faire
de la plongée sous-marine, **9.1**
to **do** faire, **6.1**
to do the shopping faire les
courses, **6.1**
doctor le médecin (m. et f.), **15.2**
documentary le documentaire,
16.1
dog le chien, **4.1**
dollar le dollar, **3.2**
domestic (flight) intérieur(e), **7.1**
door la porte, **17.1**
dozen la douzaine, **6.2**
drama le drame, **16.1**
dress la robe, **10.1**
dressed: to get dressed s'habiller,
11.1
dressy habillé(e), **10.1**
to **dribble (a basketball)** dribbler,
13.2
to **drive** conduire, **12.2**
driver le conducteur, la
conductrice, **12.2**
driver's license le permis de
conduire, **12.2**
driving lesson la leçon de
conduite, **12.2**
driving school l'auto-école (f.),
12.2
to **dry (off)** se sécher, **17.2**
dubbed (movie) doublé(e), **16.1**
during pendant, **3.2**

E

each (adj.) chaque, **16.1**
ear l'oreille (f.), **15.1**
earache: to have an earache avoir
mal aux oreilles, **15.1**
early: to be early être en avance,
8.1
to **earn** gagner, **3.2**
easy facile, **2.1**
to **eat** manger, **5**
to eat breakfast prendre le petit
déjeuner, **7**
to eat dinner dîner, **4.2**
to eat lunch déjeuner, **5.2**
egg l'œuf (m.), **6.2**
eight huit, **BV**
eighteen dix-huit, **BV**
eighty quatre-vingts, **5.2**
elevator l'ascenseur (m.), **4.2**
eleven onze, **BV**
energetic énergique, **1.2**

English (language) l'anglais (m.), 2.2

to **enter** entrer, 3.1

entire entier, entière, 10

entrance l'entrée (f.), 4.2

espresso l'express (m.), 5.1

European (adj.) européen(ne), 7

evening le soir, 2

in the evening (p.m.) du soir, 2

every tous, toutes, 7; chaque, 16.1

everybody, everyone tout le monde, BV

everywhere partout

exam l'examen (m.), 3.1

to pass an exam réussir à un examen, 7

to take an exam passer un examen, 3.1

to **examine** examiner, 15.2

except sauf, 16.2

to **exchange (money)** changer, 18.1

exchange office (for foreign currency) le bureau de change, 18.1

exchange rate le cours du change, 18.1

to **exercise** faire de l'exercice, 11.2

exhibit l'exposition (f.), 16.2

exit la sortie, 7.1

expenses les frais (m. pl.), 17.2

expensive cher, chère, 10.1

eye l'œil (m., pl. yeux), 15.1

to have stinging eyes avoir les yeux qui piquent, 15.1

F

face la figure, 11.1

to **face** donner sur, 17.1

fairly assez, 1.1

fall (season) l'automne (m.), 13.2

to **fall** faire une chute, 14.2; tomber, 17

to fall asleep s'endormir, 11.1

family la famille, 4.1

famous célèbre, 1.2

fantastic fantastique, 1.2

far from loin de, 4.2

fast vite, 12.2

father le père, 4.1

favorite favori(te), 10

February février (m.), 4.1

to **feel (well, etc.)** se sentir, 15.1

to feel out of sorts ne pas être dans son assiette, 15.2

fever la fièvre, 15.1

to have a high fever avoir une fièvre de cheval, 15.2

few peu (de), 18

fifteen quinze, BV

fifty cinquante, BV

to **fill out** remplir, 7.2

to **fill up (gas tank)** faire le plein, 12.2

film le film, 16.1

adventure film/movie le film d'aventures, 16.1

detective film/movie le film policier, 16.1

foreign film le film étranger, 16.1

horror film/movie le film d'horreur, 16.1

science fiction film/movie le film de science-fiction, 16.1

finally enfin, 11.1

to **find** trouver, 5.1

fine ça va, bien, BV

to **finish** finir, 7

first premier, première (adj.), 4.2; d'abord (adv.), 11.1

in first class en première, 8.1

fish le poisson, 6.1

fish store la poissonnerie, 6.1

fishing: to go fishing aller à la pêche, 9.1

fitness (physical) la forme physique, 11

five cinq, BV

flight le vol, 7.1

flight attendant l'hôtesse (f.) de l'air, le steward, 7.2

flight attendants le personnel de bord, 7.2

floor (of a building) l'étage (m.), 4.2

flu la grippe, 15.1

foot le pied, 13.1

on foot à pied, 5.2

for (time) depuis, 8.2

forbidden interdit(e), 12.2

foreign étranger, étrangère, 16.1

fork la fourchette, 5.2

forty quarante, BV

four quatre, BV

fourteen quatorze, BV

franc le franc, 18.1

France la France, 16

free libre, 2.2

freezing: It's freezing (weather). Il gèle., 14.2

French français(e) (adj.), 1.1; (language) le français, 2.2

French fries les frites (f. pl.), 5.2

Friday vendredi (m.), 2.2

friend l'ami(e), 1.2; (pal) le copain, la copine, 2.1

from de, 1.1

from the du, de la, de l', des, 5

frozen surgelé(e), 6.2

fruit le fruit, 6.2

full plein(e), 13.1

full-time à plein temps, 3.2

fun: to have fun s'amuser, 11.2

funny amusant(e), 1.1; comique, 1.2

G

to **gain weight** grossir, 11.2

game le match, 9.2

garage le garage, 4.2

garden le jardin, 4.2

gas(oline) l'essence (f.), 12.1

regular (gas) (de l'essence) ordinaire, 12.1

super (gas) (de l'essence) super, 12.1

unleaded (gas) (de l'essence) sans plomb, 12.1

gas station la station-service, 12.2

gas station attendant le/la pompiste, 12.2

gas tank le réservoir, 12.2

gate (airport) la porte, 7.1

geography la géographie, 2.2

geometry la géométrie, 2.2

to **get** recevoir, 18.1

to get a sunburn attraper un coup de soleil, 9.1

to get in shape se mettre en forme, 11.1

to get off (plane, train, etc.) descendre, 8.2

to get on (board) monter, 8.2

to get up se lever, 11.1

gift le cadeau, 10.2

girl la fille, BV

to **give** donner, 3.2

to give back rendre, 18.2

glass le verre, 5.2

glove le gant, 14.1

to **go** aller, 5.1

to go (in a car, etc.) rouler, 12.2

to go deep-sea diving faire de la plongée sous-marine, 9.1

to go down descendre, 14.1

to go fast rouler vite, 12.2

to go fishing aller à la pêche, 9.1

to go home rentrer, 3.1

to go out sortir, 7

to go to bed se coucher, 11.1

to go through customs passer à la douane, 7.2

to go up monter, 17.1

to go windsurfing faire de la planche à voile, 9.1

Shall we go? On y va?, 5

goal le but, 13.1

goalie le gardien de but, **13.1**

goggles (ski) les lunettes (f. pl.), **14.1**

good bon(ne), **7**

good-bye au revoir, ciao (inform.), **BV**

gram le gramme, **6.2**

granddaughter la petite-fille, **4.1**

grandfather le grand-père, **4.1**

grandmother la grand-mère, **4.1**

grandparents les grands-parents (m. pl.), **4.1**

grandson le petit-fils, **4.1**

gray gris(e), **10.2**

Great! Chouette! (inform.), **2.2**

green vert(e), **10.2**

   green beans les haricots (m. pl.) verts, **6.2**

grilled ham and cheese sandwich le croque-monsieur, **5.1**

grocery store l'épicerie (f.), **6.1**

ground le sol, **13.2**

   ground floor le rez-de-chaussée, **4.2**

guide(book) le guide, **12.2**

gym(nasium) le gymnase, **11.2**

gymnastics la gymnastique, **2.2**

   to do gymnastics faire de la gymnastique, **11.2**

H

hair les cheveux (m. pl.), **11.1**

half demi(e)

   half past (time) et demie, **2**

ham le jambon, **5.1**

hand la main, **11.1**

handkerchief le mouchoir, **15.1**

hanger le cintre, **17.2**

happy content(e), **1.1**; heureux, heureuse, **10.2**

hard (adv.) fort, **9.2**

hat (ski) le bonnet, **14.1**

to **hate** détester, **3.2**

to **have** avoir, **4.1**

   to have a(n) … -ache avoir mal à (aux)… , **15.2**

   to have a cold être enrhumé(e), **15.1**

   to have a picnic faire un pique-nique, **6**

   to have to devoir, **18.2**

he il, **1**

head la tête, **13.1**

headache: to have a headache avoir mal à la tête, **15.1**

health la santé, **15.1**

   to be in good (poor) health être en bonne (mauvaise) santé, **15.1**

health club le club de forme, **11.2**

to **hear** entendre, **8.1**

heel le talon, **10.2**

   high (low)-heeled (shoes) à talons hauts (bas), **10.2**

hello bonjour, **BV**

her elle (stress pron.), **9**; la (dir. obj.), **16**; lui (ind. obj.), **17.1**; sa, son, ses (poss. adj.), **4**

here is, here are voici, **1.1**

hi salut, **BV**

high élevé(e), **15**; haut(e), **10.2**

   high school le lycée, **1.2**

highway l'autoroute (f.), **12**

him le (dir. obj.), **16.1**; lui (stress pron.), **9**; lui (ind. obj.), **17.1**

his sa, son, ses, **4**

history l'histoire (f.), **2.2**

to **hit** frapper, **9.2**

homework (assignment) le devoir, **BV**

   to do homework faire les devoirs, **6**

hot: hot dog la saucisse de Francfort, **5.1**

   It's hot (weather). Il fait chaud., **9.2**

hotel l'hôtel (m.), **17.1**

house la maison, **3.1**

how: How are you? Ça va? (inform.); Comment vas-tu? (fam.); Comment allez-vous? (form.), **BV**

   How beautiful they are! Qu'elles (ils) sont belles (beaux)!

   How much? Combien?, **6.2**

   How much is it? C'est combien?, **BV**

   How much is that? Ça fait combien?, **5.2**

   How's it going? Ça va?, **BV**

hundred cent, **5.2**

to **hurt** avoir mal à, **15.1**

   It hurts. Ça fait mal., **15.2**

   Where does it hurt (you)? Où avez-vous mal?, **15.2**

husband le mari, **4.1**

I

I je, **1**

ice la glace, **14.2**

   ice cream la glace, **5.1**

   ice skate le patin à glace, **14.2**

   (ice) skating le patinage, **14.2**

to **(ice-)skate** faire du patin (à glace), **14.2**

immigration l'immigration (f.), **7.2**

impatient impatient(e), **1.1**

in dans, **BV**; à, **3.1**

   in back of derrière, **BV**

   in first (second) class en première (seconde), **8.1**

   in front of devant, **BV**

inexpensive bon marché (inv.), **10.1**

infection l'infection (f.), **15.1**

instructor le moniteur, la monitrice, **9.1**

intelligent intelligent(e), **1.1**

interesting intéressant(e), **1.1**

intermission l'entracte (m.), **16.1**

international international(e), **7.1**

intersection le croisement, **12.2**

to **invite** inviter, **3.2**

   it (dir. obj.) le, la, **16.1**

   it is, it's c'est, **BV**

   It's (That's) expensive. Ça coûte cher., **7.2**

   it is necessary (+ inf.) il faut (+ inf.), **9.1**

Italian (adj.) italien(ne), **7**

Italy l'Italie (f.), **16**

J

jacket le blouson, **10.1**

   (suit) jacket la veste, **10.1**

   ski jacket l'anorak (m.), **14.1**

January janvier (m.), **4.1**

jar le pot, **6.2**

jeans le jean, **10.1**

to **jog** faire du jogging, **11.2**

to **joke around** rigoler, **3.2**

July juillet (m.), **4.1**

June juin (m.), **4.1**

K

key la clé, **12.2**; le demi-cercle (basketball), **13.2**

to **kick** donner un coup de pied, **13.1**

kilogram le kilo, **6.2**

kind le genre, **16.1**

kitchen la cuisine, **4.2**

kleenex le kleenex, **15.1**

knife le couteau, **5.2**

to **know** connaître (be acquainted with), savoir (information), **16.2**

L

to **land** atterrir, **7.1**

   landing card la carte de débarquement, **7.2**

   lane (of a road) la voie, **12.2**

language la langue, **2.2**

last dernier, dernière, **10**

   last night hier soir, **13**

last year l'année (f.) dernière, 13

late: to be late être en retard, 8.2

Latin le latin, 2.2

to learn (to) apprendre (à), 9.1

to leave partir, 7.1

    to leave (a room, etc.) quitter, 3.1

    to leave (something behind) laisser, 5.2

    to leave a tip laisser un pourboire, 5.2

left: to the left of à gauche de, 5

lemonade le citron pressé, 5.1

to lend prêter, 18.2

lesson la leçon, 9.1

lettuce la laitue, 6.2

level le niveau, 12.2

to like aimer, 3.2

    I would like je voudrais, 5.1

line: to wait in line faire la queue, 8.1

to listen (to) écouter, 3.2

    to listen with a stethoscope ausculter, 15.2

liter le litre, 6.2

literature la littérature, 2.2

to live (in a city, house, etc.) habiter, 3.1

living room la salle de séjour, 4.2

lobby le hall, 17.1

locker la consigne automatique, 8.1

long long(ue), 10.2

to look at regarder, 3.1

to look for chercher, 5.1

to lose perdre, 8.2

    to lose patience perdre patience, 8.2

    to lose weight maigrir, 11.2

lot: a lot of beaucoup de, 10.1

    a lot of people beaucoup de monde, 13.1

loudspeaker le haut-parleur, 8.1

to love aimer, adorer, 3.2

love story (movie) le film d'amour, 16.1

low bas(se), 10

luggage les bagages (m. pl.), 7.1

    carry-on luggage les bagages à main, 7.1

M

ma'am madame, BV

magazine le magazine, 3.2

maitre d' le maître d'hôtel, 5.2

make (of car) la marque, 12.2

to make faire, 6.1

man l'homme (m.), 2.1

March mars (m.), 4.1

market le marché, 6.2

marvelous merveilleux, merveilleuse, 10.2

match (singles, doubles) (tennis) la partie (en simple, en double), 9.2

math les maths (f. pl.), 2.2

May mai (m.), 4.1

me me (dir. and ind. obj.), 15.2; moi (stress pron.), 1.2

meat la viande, 6.1

medicine (medical profession) la médecine 15; (remedy) le médicament, 15.2

medium-rare (meat) à point, 5.2

menu la carte, 5.1

merchant le/la marchand(e), 6.2

    produce merchant le/la marchand(e) de fruits et légumes, 6.2

meter maid la contractuelle, 12.2

midnight minuit (m.), 2.2

milk le lait, 6.1

mineral water l'eau (f.) minérale, 6.2

mirror la glace, 11.1

Miss (Ms.) Mademoiselle (Mlle), BV

mogul la bosse, 14.1

Monday lundi (m.), 2.2

money l'argent (m.), 3.2

    to have lots of money avoir plein de fric (slang), 18.2

month le mois, 4.1

moped le vélomoteur, 12.2

morning le matin, 2

    in the morning (A.M.) du matin, 2

Morocco le Maroc, 16

most (of) la plupart (des), 8.2

mother la mère, 4.1

motorcycle la moto, 12.2

    motorcycle cop le motard, 12.2

mountain la montagne, 14.1

mouth la bouche, 15.1

movie le film, 16.1

    movie theater le cinéma, la salle de cinéma, 16.1

Mr. Monsieur (M.), BV

Mrs. (Ms.) Madame (Mme), BV

museum le musée, 16.2

music la musique, 2.2

must devoir, 18.2

mustard la moutarde, 6.2

my ma, mon, mes, 4

N

name le nom, 16.2

What is your name? Tu t'appelles comment? (fam.), 11.1

napkin la serviette, 5.2

narrow étroit(e), 10.2

near près de, 4.2

necessary: it is necessary (+ inf.) il faut (+ inf.), 9.1

to need avoir besoin de, 11.1

neighbor le/la voisin(e), 4.2

neighborhood le quartier, 4.2

nephew le neveu, 4.1

net le filet, 9.2

    net bag le filet, 6.1

never ne... jamais, 12

new nouveau (nouvel), nouvelle, 4

newspaper le journal, 8.1

newsstand le kiosque, 8.1

next prochain(e), 8.2

    next to à côté de, 5

nice (person) aimable, sympathique, 1.2; gentil(le), 9

niece la nièce, 4.1

nine neuf, BV

nineteen dix-neuf, BV

ninety quatre-vingt-dix, 5.2

no non, BV

    no one, nobody ne... personne, 12.2

    No parking. Il est interdit de stationner., 12.2

    no smoking (section) (la zone) non-fumeurs, 7.1

noon midi (m.), 2.2

nose le nez, 15.1

    to have a runny nose avoir le nez qui coule, 15.1

not ne... pas, 1

    not bad pas mal, BV

notebook le cahier, BV

nothing ne... rien, 12.2

    Nothing else. Rien d'autre., 6.2

novel le roman, 16

November novembre (m.), 4.1

now maintenant, 2

number le numéro, 5.2

    What is the phone number of … ? Quel est le numéro de téléphone de... ?, 5.2

O

to obey obéir (à), 7

o'clock: It's … o'clock. Il est... heure(s)., 2.2

October octobre (m.), 4.1

of (belonging to) de, 5

    of the du, de la, de l', des, 5

to offer offrir, 15

often souvent, 5

O.K. (health) Ça va.; (agreement) d'accord, BV

old vieux (vieil), vieille, 4.1

 How old are you? Tu as quel âge? (fam.), 4.1

omelette (with herbs/plain) l'omelette (f.) (aux fines herbes/nature), 5.1

on sur, BV

 on board à bord de, 7.2

 on foot à pied, 5.2

 on time à l'heure, 8.1

one un, une, 1

one-way ticket l'aller simple (m.), 8.1

onion l'oignon (m.), 6.2

 onion soup la soupe à l'oignon, 5.1

open ouvert(e), 16.2

to **open** ouvrir, 15.2

opera l'opéra (m.), 16.1

opinion: in my opinion à mon avis, 10.2

to **oppose** opposer, 13.1

opposing adverse, 13.1

or ou, 1.1

orange (fruit) l'orange (f.), 6.2; (color) orange (inv.), 10.2

 orange soda l'Orangina (m.), 5.1

to **order** commander, 5.1

original language version (of a film) la version originale, 16.1

other autre, BV

our notre, nos, 5

out of bounds hors des limites, 9.2

over (prep.) par dessus, 13.2

 over there là-bas, BV

overcast (cloudy) couvert(e), 14.2

to **overlook** donner sur, 17.1

to **owe** devoir, 18.2

P

to **pack (suitcases)** faire les valises, 7.1

package le paquet, 6.2

packed (stadium) comble, 13.1

painter le/la peintre, 16.2

painting la peinture; le tableau, 16.2

pair la paire, 10.1

pal le copain, la copine, 2.1

pancake la crêpe, 5.1

pants le pantalon, 10.1

pantyhose le collant, 10.1

paper: sheet of paper la feuille de papier, BV

parents les parents (m. pl.), 4.1

Parisian (adj.) parisien(ne), 7

park le parc, 11.2

to **park the car** garer la voiture, 12.2

parking: No parking. Il est interdit de stationner., 12.2

part-time à mi-temps, 3.2

party la fête, 3.2

 to throw a party donner une fête, 3.2

to **pass** passer, 7.2

 to pass an exam réussir à un examen, 7

passenger le passager, la passagère, 7.1; (train) le voyageur, la voyageuse, 8

passport le passeport, 7.1

pâté le pâté, 5.1

patient patient(e), 1.1

to **pay** payer, 6.1

 to pay attention faire attention, 6

 to pay back rembourser, 18.2

 to pay cash payer en espèces, 17.2

pedestrian le/la piéton(ne), 12.2

 pedestrian crossing les clous (m. pl.), 12.2

pen (ballpoint) le stylo, BV

pencil le crayon, BV

penicillin la pénicilline, 15.1

to **perform** jouer, 16

to **permit** permettre, 14

person la personne, 17.1

personally personnellement, 16.2

pharmacist le/la pharmacien(ne), 15.2

pharmacy la pharmacie, 15.2

physical education l'éducation (f.) physique, 2.2

physics la physique, 2.2

picture le tableau, 16.1

pie la tarte, 6.1

pill le comprimé, 15.2

pillow l'oreiller (m.), 17.2

pink rose, 10.2

to **place** mettre, 8.1

plain (adj.) nature, 5.1

plane l'avion (m.), 7.1

plate l'assiette (f.), 5.2

platform (railroad) le quai, 8.1

to **play (perform)** jouer, 16

 to play (a sport) jouer à, 9.2; pratiquer un sport, 11.2

play la pièce, 16.1

 to put on a play monter une pièce, 16.1

player le joueur, 9.2

please s'il vous plaît (form.), s'il te plaît (fam.), BV

pocket la poche, 18.1

pocketbook le sac, 18.1

pool la piscine, 9.2

poor pauvre, 15.1

 poor thing le/la pauvre, 15.1

popular populaire, 1.2

porter le porteur, 8.1

potato la pomme de terre, 6.2

pound la livre, 6.2

to **prepare** préparer, 4.2

to **prescribe** prescrire, 15.2

prescription l'ordonnance (f.), 15.2

 to write a prescription faire une ordonnance, 15.2

pretty joli(e), 4.2

price le prix, 10.1

problem le problème, 11.2

to **punish** punir, 7

purse le sac, 18.1

to **put (on)** mettre, 8.1

 to put money aside mettre de l'argent de côté, 18.2

 to put on makeup se maquiller, 11.1

Q

quarter: quarter after (time) et quart, 2

 quarter to (time) moins le quart, 2

question: to ask a question poser une question, 3.1

R

race la course, 13.2

racket la raquette, 9.2

radio la radio, 3.2

raining: It's raining. Il pleut., 9.2

rare (meat) saignante(e), 5.2

to **read** lire, 12.2

ready-to-wear department le rayon prêt-à-porter, 10.1

really vraiment, 2.1

to **receive** recevoir, 18.1

reception desk la réception, 17.1

record le disque, 3.2

red rouge, 10.2

referee l'arbitre (m.), 13.1

registration card (at hotel desk) la fiche d'enregistrement, 17.1

regular (gasoline) ordinaire, 12.2

to **reserve** réserver, 17

restaurant le restaurant, 5.2

to **return (tennis ball, etc.)** renvoyer, 9.2

right: to the right of à droite de, 5

right away tout de suite, 11.1

road la route, 12.2

role le rôle, 16

room (in house) la pièce, 4.2; (in hotel) la chambre, 17.1

double room la chambre à deux lits, **17.1**

single room la chambre à un lit, **17.1**

to vacate the room libérer la chambre, **17.2**

round-trip ticket le billet aller-retour, **8.1**

runner le coureur, **13.2**

S

salad la salade, **5.1**

sales les soldes (f. pl.), **10.2**

salesperson le vendeur, la vendeuse, **10.1**

same même, **2.1**

sand le sable, **9.1**

sandwich le sandwich, **5.1**

    grilled ham and cheese sandwich le croque-monsieur, **5.1**

Saturday samedi (m.), **2.2**

sausage le saucisson, **6.1**

to save money faire des économies, **18.2**

savings account le compte d'épargne, **18.1**

to say dire, **12.2**

scarf l'écharpe (f.), **14.1**

scene la scène, **16.1**

schedule l'horaire (m.), **8.1**

school l'école (f.), **1.2**

    high school le lycée, **1.2**

science les sciences (f. pl.), **2.2**

score le score, **9.2**

to score a goal marquer un but, **13.1**

screen l'écran (m.), **7.1**

sculptor le sculpteur (m. et f.), **16.2**

sculpture la sculpture, **16.2**

sea la mer, **9.1**

    by the sea au bord de la mer, **9.1**

seashore le bord de la mer, **9.1**

seaside resort la station balnéaire, **9.1**

seat le siège, **7.1**

    seat (on plane, at movies, etc.) la place, **7.1**

    seat belt la ceinture de sécurité, **12.2**

seated assis(e), **8.2**

second (adj.) deuxième, **4.2**

section la zone, **7.1**

    smoking (no smoking) section la zone (non-)fumeurs, **7.1**

security (airport) le contrôle de sécurité, **7.1**

to see voir, **10.1**

See you later. À tout à l'heure., **BV**

See you tomorrow. À demain., **BV**

to sell vendre, **8.1**

to send (hit) envoyer, **13.1**

September septembre (m.), **4.1**

to serve servir, **7.2**

service le service, **5.2**

    service station la station-service, **12.2**

    service station attendant le/la pompiste, **12.2**

set (for a play) le décor, **16.1**

to set the table mettre le couvert, **8**

seven sept, **BV**

seventeen dix-sept, **BV**

seventy soixante-dix, **5.2**

several plusieurs, **18.2**

Shall we go? On y va?, **5**

to shave se raser, **11.1**

she elle, **1**

sheet le drap, **17.2**

    sheet of paper la feuille de papier, **BV**

shirt la chemise, **10.1**

shoes les chaussures (f. pl.), **10.1**

shop la boutique, **10.1**

to shop faire des achats, **10.1**

short petit(e), **1.1**; court(e), **10.2**

shorts le short, **9.2**

show (movies) la séance, **16.1**

to show montrer, **17.1**

    to show a movie passer un film, **16.1**

shrimp la crevette, **6.1**

shy timide, **1.2**

sick malade, **15.1**

    sick person le/la malade, **15.2**

side (in a sporting event) le camp, **13.1**

sidewalk le trottoir, **12.2**

    sidewalk café la terrasse (d'un café), **5.1**

to sign signer, **18.1**

since (time) depuis, **8.2**

sincere sincère, **1.2**

to sing chanter, **3.2**

sir monsieur, **BV**

sister la sœur, **1.2**

six six, **BV**

sixteen seize, **BV**

sixty soixante, **BV**

size (clothes) la taille; **(shoes)** la pointure, **10.2**

    the next larger size la taille au-dessus, **10.2**

    the next smaller size la taille au-dessous, **10.2**

to take size (number) faire du (nombre), **10.2**

What size do you take? Vous faites quelle pointure (taille)?, **10.2**

skate (ice) le patin à glace, **14.2**

to skate (ice) faire du patin (à glace), **14.2**

skater le patineur, la patineuse, **14.2**

skating le patinage, **14.2**

    skating rink la patinoire, **14.2**

ski le ski, **14.1**

    ski boot la chaussure de ski, **14.1**

    ski jacket l'anorak (m.), **14.1**

    ski pole le bâton, **14.1**

    ski resort la station de sports d'hiver, **14.1**

to ski faire du ski, **14.1**

skier le skieur, la skieuse, **14.1**

skiing le ski, **14.1**

    cross-country skiing le ski de fond, **14.1**

    downhill skiing le ski alpin, **14.1**

skirt la jupe, **10.1**

sky le ciel, **14.2**

to sleep dormir, **7.2**

sleeping car la voiture-lit, **8.2**

sleeve la manche, **10.2**

    long- (short-)sleeved à manches longues (courtes), **10.2**

small petit(e), **1.1**

smoking (section) (la zone) fumeurs, **7.1**

snack bar (train) le grill-express, **8**

sneakers les chaussures (f. pl.) de tennis, **9.2**

to sneeze éternuer, **15.1**

snowball la boule de neige, **14.2**

snowing: It's snowing. Il neige., **14.2**

soap le savon, **11.1**

soccer le foot(ball), **13.1**

    soccer field le terrain de football, **13.1**

socks les chaussettes (f. pl.), **10.1**

some quelques (pl.), **8.2**

somebody, someone quelqu'un, **12.2**

something to eat quelque chose à manger, **5.1**

sometimes quelquefois, **5**

son le fils, **4.1**

sore throat: to have a sore throat avoir mal à la gorge, **15.1**

space (parking) la place, **12.2**

Spanish (language) l'espagnol (m.), **2.2**

to **speak** parler, **3.1**

　to speak on the telephone parler au téléphone, **3.2**

spectator le spectateur, **13.1**

speed limit la limitation de vitesse, **12.2**

to **speed up** accélérer, **12.2**

to **spend (money)** dépenser, **10.1**

spoon la cuillère, **5.2**

sporty (clothes) sport (adj. inv.), **10.1**

spring (season) le printemps, **13.2**

stadium le stade, **13.1**

stage la scène, **16.1**

staircase l'escalier (m.), **17.1**

to **stamp (a ticket)** composter, **8.1**

standing debout, **8.2**

star (actor or actress) la vedette, **16.1**

to **start the car** mettre le contact, **12.2**

station wagon le break, **12.2**

statue la statue, **16.2**

to **stay in shape** rester en forme, **11.1**

steak and French fries le steak frites, **5.2**

steep raide, **14.1**

stomach le ventre, **15.1**

stomachache: to have a stomachache avoir mal au ventre, **15.1**

to **stop** s'arrêter, **12.2**

store le magasin, **3.2**

street la rue, **3.1**

student l'élève (m. et f.), **1.2**

to **study** étudier, **3.1**; faire des études, **6**

　to study French (math, etc.) faire du français (des maths, etc.), **6**

subject (in school) la matière, **2.2**

subtitles les sous-titres (m. pl.), **16.1**

subway le métro, **4.2**

　by subway en métro, **5.2**

　subway station la station de métro, **4.2**

to **succeed** réussir (à), **7**

to **suffer** souffrir, **15.2**

suit (men's) le complet; **(women's)** le tailleur, **10.1**; **(suit) jacket** la veste, **10.1**

suitcase la valise, **7.1**

summer l'été (m.), **9.1**

summit le sommet, **14.1**

to **sunbathe** prendre un bain de soleil, **9.1**

Sunday dimanche (m.), **2.2**

sunglasses les lunettes (f. pl.) de soleil, **9.1**

sunny: It's sunny. Il fait du soleil., **9.2**

suntan lotion la crème solaire, **9.1**

super extra, super (inform.), **2.2**

　super (gasoline) (de l'essence) super, **12.2**

supermarket le supermarché, **6.1**

to **surf** faire du surf, **9.1**

sweater le pull, **10.1**

sweatshirt le sweat-shirt, **10.1**

sweatsuit le survêtement, **11.2**

to **swim** nager, **9.1**

swimming la natation, **9.1**

T

table la table, **BV**

　table setting le couvert, **5.2**

　to set the table mettre le couvert, **8.2**

tablecloth la nappe, **5.2**

to **take** prendre, **9.1**

　to take a bath (a shower) prendre un bain (une douche), **11.1**

　to take an exam passer un examen, **3.1**

　to take off (plane) décoller, **7.1**

　to take size (number) faire du (+ nombre), **10.2**

　to take something upstairs monter, **17.1**

　to take the train (plane, etc.) prendre le train (l'avion, etc.), **7**

　to take a trip faire un voyage, **7.1**

　to take a walk faire une promenade, **9.1**

taken pris(e), **5.1**

to **talk** parler, **3.1**

　to talk on the phone parler au téléphone, **3.2**

to **tan** bronzer, **9.1**

tart la tarte, **6.1**

taxi le taxi, **7.2**

tea with lemon le thé citron, **5.1**

to **teach someone to do something** apprendre à quelqu'un à faire quelque chose, **14.1**

teacher le professeur; le/la prof (inform.), **2.1**

team l'équipe (f.), **13.1**

television la télé, **3.2**

to **tell** dire, **12.2**

temperature la température, **15.1**

ten dix, **BV**

tennis le tennis, **9.2**

　tennis court le court de tennis, **9.2**

　tennis shoes les chaussures (f. pl.) de tennis, **9.2**

　tennis skirt la jupette, **9.2**

terminal (bus to airport) l'aérogare (f.), **7.2**

terrace la terrasse, **4.2**

terrible terrible, **2.2**

terrific super, extra, terrible, **2.2**

test l'examen (m.), **3.1**

　to pass a test réussir à un examen, **7**

　to take a test passer un examen, **3.1**

thank you merci, **BV**

that ce (cet), cette (dem. adj.), **8**; ça (pron.), **BV**

　that is to say c'est-à-dire, **16.1**

　That's (It's) expensive. Ça coûte cher., **18**

the la, le, l', **1**; les, **2**

theater le théâtre, **16.1**

their leur, leurs, **5**

them elles, eux (stress pron.), **9**; les (dir. obj.), **16**; leur (ind. obj.), **17**

then (adv.) ensuite, **11.1**

there y, **5**

　there is, there are il y a, **4.2**; voilà (emphatic), **BV**

these (dem. adj.) ces (m. and f. pl.), **8**

they elles, ils, **2**

to **think** penser, **10.2**

third troisième, **4.2**

thirteen treize, **BV**

thirty trente, **BV**

this (dem. adj.) ce (cet), cette, **8**

those (dem. adj.) ces (m. and f. pl.), **8**

thousand mille, **6.2**

three trois, **BV**

throat la gorge, **15.1**

　to have a frog in one's throat avoir un chat dans la gorge, **15.2**

　to have a scratchy throat avoir la gorge qui gratte, **15.1**

　to have a sore throat avoir mal à la gorge, **15.1**

　to have a throat infection avoir une angine, **18.1**

to **throw** lancer, **13.2**

Thursday jeudi (m.), **2.2**

ticket le billet, **7.1**

　one-way ticket l'aller simple (m.), **8.1**

round-trip ticket le billet aller-retour, **8.1**
ticket window le guichet, **8.1**
traffic ticket la contravention, **12.2**
tie la cravate, **10.1**
tight serré(e); **(shoes)** étroit(e), **10.2**
time (of day) l'heure (f.), **2**
  at what time? à quelle heure?, **2**
  to be on time être à l'heure, **8.1**
  What time is it? Il est quelle heure?, **2**
timid timide, **1.2**
tip (restaurant) le service, le pourboire, **5.2**
  The tip is included. Le service est compris., **5.2**
  to leave a tip laisser un pourboire, **5.2**
tire le pneu, **12.2**
  flat tire le pneu à plat, **12.2**
  spare tire la roue de secours, **12.2**
to à, **3.1**; à destination de (flight, etc.), **7.1**
  to the au, à la, à l', aux, **5**
  to the left of à gauche de, **5**
  to the right of à droite de, **5**
today aujourd'hui, **2.2**
together ensemble, **5.1**
toilet (bathroom) les toilettes (f. pl.), **4.2**
  toilet paper: roll of toilet paper le rouleau de papier hygiénique, **17.2**
toll highway l'autoroute (f.) à péage, **12.2**
tomato la tomate, **6.2**
tomorrow demain, **2.2**
  See you tomorrow. À demain., **BV**
too (also) aussi, **1.1**; (excessively) trop, **10.2**
tooth la dent, **11.1**
  se brosser les dents to brush one's teeth, **11.1**
toothpaste le dentifrice, **11.1**
towel la serviette, **17.2**
track (race) la piste, **13.2**; (train) la voie, **8.1**
traffic la circulation, **12.2**
  traffic light le feu, **12.2**
  green (traffic) light le feu vert, **12.2**
  red (traffic) light le feu rouge, **12.2**
  yellow (traffic) light le feu orange, **12.2**
tragedy la tragédie, **16.1**

trail la piste, **14.1**
  slalom trail la piste de slalom, **14.1**
train le train, **8.1**
  train station la gare, **8.1**
traveler le voyageur, la voyageuse, **8.1**
trigonometry la trigonométrie, **2.2**
T-shirt le tee-shirt, **9.2**
Tuesday mardi (m.), **2.2**
TV la télé, **3.2**
twelve douze, **BV**
twenty vingt, **BV**
two deux, **BV**
type le genre, **16.1**

U

uncle l'oncle (m.), **4.1**
under sous, **BV**
to **understand** comprendre, **9.1**
United States les États-Unis (m. pl.), **9.1**
unleaded sans plomb, **12.2**
unpleasant désagréable, antipathique (person), **1.2**
up to jusqu'à, **13.2**
us nous, **7**

V

to **vacate the room** libérer la chambre, **17.2**
valley la vallée, **14.1**
vanilla (adj.) à la vanille, **5.1**
vegetable le légume, **6.2**
very très, **1.1**
videocassette la vidéo(cassette), **3.2**
viral viral(e), **15.1**
volleyball le volley-ball, **13.2**

W

to **wait (for)** attendre, **8.1**
  to wait in line faire la queue, **8.1**
waiter le serveur, **5.1**
waiting room la salle d'attente, **8.1**
waitress la serveuse, **5.1**
to **wake up** se réveiller, **11.1**
to **walk** se promener, **11.2**
Walkman le walkman, **3.2**
wallet le portefeuille, **18.1**
to **want** vouloir, **6.1**
  warm-up suit le survêtement, **11.2**
to **wash (one's face, hair, etc.)** se laver (la figure, les cheveux, etc.), **11.1**
  to wash and groom oneself faire sa toilette, **11.1**

washcloth le gant de toilette, **17.2**
to **watch** surveiller, **12.2**
water l'eau, **6.2**
to **water-ski** faire du ski nautique, **9.1**
wave la vague, **9.1**
we nous, **2**
to **wear** porter, **10.1**
weather le temps, **9.2**
  It's bad weather. Il fait mauvais., **9.2**
  It's nice weather. Il fait beau., **9.2**
  What's the weather like? Quel temps fait-il?, **9.2**
Wednesday mercredi (m.), **2.2**
week la semaine, **2.2**
  a (per) week par semaine, **3.2**
weekend le week-end, **2.2**
weight: to gain weight grossir, **11.2**
  to lose weight maigrir, **11.2**
well bien, **BV**
well-done (meat) bien cuit(e), **5.2**
what quel(le) (interrog. adj.), **7**; qu'est-ce que, **13**; quoi, **14**
  What else? (shopping) Avec ça?, **6.2**
  What is it? Qu'est-ce que c'est?, **BV**
  What is … like? Comment est… ? (description), **1.1**
wheel la roue, **12.2**
when quand, **3.1**
  When is your birthday? C'est quand, ton anniversaire? (fam.), **4.1**
where où, **BV**
which (interrog. adj.) quel(le), **7**
to **whistle (blow a whistle)** siffler, **13.1**
white blanc, blanche, **10.2**
who qui, **BV**
  Who is it? Qui est-ce?, **BV**
  Who(m) (do you mean)? Qui ça?, **BV**
whole (adj.) tout(e)
whom qui, **14**
why pourquoi, **9.1**
wide large, **10.2**
wife la femme, **4.1**
to **win** gagner, **9.2**
wind le vent, **14.2**
window (seat in plane) (une place) côté fenêtre, **7.1**
to **windsurf** faire de la planche à voile, **9.1**
windy: It's windy. Il fait du vent., **9.2**
winner le/la gagnant(e), **13.2**

winter l'hiver (m.), **14.1**
with avec, **5.1**
without sans, **12.2**
woman la femme, **2.1**
work (art) l'œuvre, **16.2**
to **work** travailler, **3.2**
to **write** écrire, **12.2**
wrong: What's wrong with him?
    Qu'est-ce qu'il a?, **15.1**

Y

year l'an (m.), l'année (f.), **4.1**
    years: to be … years old
        avoir… ans, **4.1**
yellow jaune, **10.2**

yes oui, **BV**
yesterday hier, **13.1**
    the day before yesterday
        avant-hier, **13**
    yesterday morning hier matin,
    13
yogurt le yaourt, **6.1**
you te (dir. and ind. obj.), **15**; toi
    (stress pron.), **9**; tu (fam. sing.),
    1; vous (sing. form. and pl.), **2**
    You're welcome. De rien., Je
    t'en prie., Pas de quoi. (fam.);
    Ce n'est rien., Il n'y a pas
    de quoi., Je vous en prie.
    (form.), **BV**

young jeune, **4.1**
your ta, ton, tes (fam.), **4**; votre,
    vos (form.), **5**

Z

zero zéro, **BV**

INDEX GRAMMATICAL